5G 环境下智慧图书馆的服务研究

周玉英 王 远 著

北京燕山出版社

BEIJING YANSHAN PRESS

图书在版编目（CIP）数据

5G 环境下智慧图书馆的服务研究 ／ 周玉英，王远著 .
－－ 北京 ：北京燕山出版社，2022.9
ISBN 978-7-5402-6640-0

Ⅰ . ① 5… Ⅱ . ①周… ②王… Ⅲ . ①数字图书馆－
图书馆服务－研究 Ⅳ . ① G250.76

中国版本图书馆 CIP 数据核字 (2022) 第 161658 号

作 者	周玉英 王 远
责任编辑	金贝仑
封面设计	杨海珍
出版发行	北京燕山出版社有限公司
社 址	北京市丰台区动铁匠营围子坑 138 号 C 座
电 话	010-65240430
邮 编	100079
印 刷	临沂玉文印刷有限公司
开 本	165mm×230mm 1/16
字 数	346 千字
印 张	20.125
版 次	2022 年 9 月第 1 次印刷
印 次	2022 年 9 月第 1 次印刷
定 价	79.00 元

目　录

前　言

随着时间的推移，技术的发展，5G 在人们生活中发挥越来越重要的作用，并直接改善了群众生活。随着 5G 技术的飞速发展，我国的智能图书馆将实现更加全面、立体的服务体验，为广大用户提供全新的服务方式，以适应不同的读者需要。

本文从理论上对当前国内外有关智能图书馆的服务方式进行了分析，并逐渐认识到其发展过程，并对其进行了总结。其次是运用调查问卷来理解服务的需要，通过个案研究与调研，发掘出智能、个人化的服务模式，以及 5G 时代对数字图书馆管理的益处，再结合 5G 对智能图书馆的便利进行剖析，为 5G 时代智能图书馆的服务创新模式探索。5G 时代的到来，不但能给读者带来便捷、舒适的服务，同时也能促进管理人员的工作，转变服务方式，实现数字服务，从而提升服务的质量和工作量，更要注重阅读对象的经验与情感，以达到与满足他们的需要。本文经过多年的探索，结合目前智能图书馆面临的问题，提出了相应的改进方案。

第1章 绪论

1.1 研究背景及研究意义

1.1.1 研究背景

中国是一个具有悠久历史的民族，图书馆传播与推广是一个民族发展的必然要求。而同时，随着图书馆的发展，人们的服务水平也在逐步提高，形成了良好的读书气氛，科学技术的持续发展促进了智慧图书馆的发展。在历史发展的今天，图书馆已由过去的传统图书馆逐步向智能图书馆、智慧图书馆转变，图书馆的功能也会因时代、环境的变化而发生变化。而在传统的图书馆里，由于书柜里堆积如山的纸质图书，要想要借书，就得用手工记录，甚至连借阅的记录都要用手工记录。随着计算机和通讯技术的发展，数字化的图书馆将为读者提供更为方便的信息资源，利用代码对图书进行分类、编号，便于读者查阅、录入，科技进步与革新让智慧图书馆逐步进入人们的日常生活。智慧图书馆在技术发展的同时，也在不断地提高着自己的业务水平。"智能图书馆"将"以人为中心"，将"传统图书馆的功能"与"智能图书馆"相融合，使"智能"与"智能"相融合，在提高科技水平的基础上，增添更多的"新"的服务，让"以人为中心""更便捷""更好地为"读者"和"工作"。

当前5G的发展已经进入了白热化阶段，世界上很多国家和区域加速了5G技术的发展，而与5G融合的产业也越来越多，5G逐渐渗透到我们的日常生活中，逐渐地改变着我们的生活，推动大众资讯的使用，更是为未来的信息化社会打下了一个坚实的基石。高速、低时延、大容量、高移动性、高密度等特性使得技术的发展与研发都得到了极大的加速，同时也使低延迟的数据传送不会受到时空的限制，将使人们、事物、人物和事物彼此联系起来。同时，也会推动其他行业的发展，使其从产品的开发、制造、到服务等方面向智能发展。5G技术的发展与实践，使5G与智能图书馆相融合，这样我们就能看到一座崭新的图书馆，为广大的读者提供了一种崭新的体验。把传统的书香气息延伸到高技术高经验智能图书馆，将大数据与人工智能技术与云技术相结合，使其成为具有高科技与实践能力的智能图书馆。

5G 是利用新的标准和技术发展起来的，它是以知识、数据和组织为基础的，5G 的最新技术和新的技术对图书馆的信息传输和组织都有很大的冲击和变化。随着读者逐渐转变最终的消费习惯，图书馆在内容形态和信息结构上的持续革新是必然的。在 5G 的基础上，智能图书馆的业务将会更加的丰富和完善。在终端所收到的信息量上，由于 5G 具有较大的传输能力和较小的延迟，因此可以迅速地将信息与服务器端进行连接，并将其进行即时分配，从而达到了其应有的作用。这使之前的品质有了很大的改善。5G 在不同的阅览环境中的不同应用，将会给人们带来一次崭新的阅读体验，让人们从传统的传统观念中转变成崭新的智能图书馆。从系统的角度来看，智能图书馆的运行将会更方便、快捷，通过数据和信息的快捷链接，无论是对图书的使用，还是对智能图书馆的安全，都有很大的提升。

1.1.2 研究意义

以 5G 为基础的智能图书馆业务改革，无论是从实际出发，在理论上也有一定的推进作用，其意义体现在理论层面和现实层面。

（1）理论意义

当今世界，资讯科技日新月异，使阅读与使用者的物质生活日益丰富，人们追求的是心灵的享受与个性化、多样化的服务。提高智能图书馆的服务水平，加强其服务的创新，是提高其服务水平的关键。随着 5G 技术的迅猛发展，智能图书馆成为提高信息技术的重要技术支持，并进一步丰富了智能图书馆在数字化技术中的服务革新，特别是在智能图书馆中进行了知识服务的探索。本文丰富了智慧图书馆的研究理论，同时对图书馆的服务的相关理论也进行了进一步的研究。

（2）现实意义

本文具有三个重要的实践价值。一是对实施智能化图书馆的创新实践活动具有一定的指导意义。二是对智能图书馆建设的发展与改革提出了切实可行的意见。三是让广大的读者体验到多样化、个性化的服务，突破传统的观念认知，提高大众的读书热情，构建智能图书馆，构建智能城市。

1.2　国内外研究现状综述

为更好的理解和改变的图书馆的发展历程，伴随着数字化技术的持续发展，从常规向智能化的转变，再到智能图书馆，甚至是当今 5G 融合智能图书馆服务的变迁，在这个过程中，图书馆的功能也在不断地得到提升。综合智慧的图书馆，提供了持续的信息服务。本书采用关键词、主题、参考文献、摘要等方式在CNKI 门户站点中进行查询，并将所获取的信息纳入智慧图书馆、图书馆服务、5G 智慧图书馆等系统中进行参考和研究。为了保证文献和检索数据更加准确和完整，更好地对研究进行更深入的分析，这样才能对结果进行更充分的分析，这是一部从 2010 到 2021 年度的杂志文章，以及 2021 年在 2 月份进行的搜索从关键字、题目和总结中获得 459 个相关的文章。本书将从国内和国际两个层次来考察我国的发展，并体会到其所带来的改变。

1.2.1　国外研究现状

在我国，关于智能图书馆的研究比较早，学者也比较多，各种不同的观点被提出来。通过对国内外有关文献的分析，探讨智能图书馆和智慧图书馆的转变。

（1）关于智慧图书馆的概念的研究

智能图书馆的构想起源于欧美，而智慧图书馆则这项技术首先在北美得到了应用，而欧洲、澳大利亚等国也开始了相应的研究和应用。智能图书馆的诞生，也是一项重要的进步和突破。芬兰奥卢大学的 Aitola 等人于 2003 年度第一次出版关于智慧图书馆的文章，作者是一名以《智慧图书馆：出于位置感知的移动图书馆服务》为主题的专家和学者，以上就是对智能图书馆进行的研究和剖析。智慧图书馆是一种方便的、方便的、能够让人们在不受限于空间和时间的情况下，方便地查找所需的图书。在此期间，智能图书馆的发展速度相对较慢，但是它却是最先被提出来的。至今本学术领域在界定智慧图书馆方面缺乏统一定义，每个学者对此都给出了自己的看法。乌恩在智慧设施层面认为：智慧图书馆是今后的发展方向，也是今后的发展方向。基于云计算与互联网的智能图书馆，体现了"以人为中心"的思想，运用智能设施对用户构建个性服务的新型图书馆。

在 2004 年底，Miller 等人认为，利用科技手段与软体技术，不仅能够保障使用者的人身安全，而且能够有效地阻止使用者资讯的外泄，并能够有效地解决所造成的危险。读者和图书管理员都可以利用智慧的图书馆软件进行无缝连接，从而有效地规避了图书馆的矛盾。加拿大渥太华的几家图书馆在 2004 联合成立了一个叫做"智慧图书馆"的联合组织，它通过一个搜索引擎来获取来自于所有相关的图书馆的资料。通过本系统，使用者可以通过本系统获取各参与本协会的相关资讯。在《为何建设智慧城市就要建设智慧图书馆：例如，阿拉斯加故事》（Ken Wheaton）中写道：如何设计一个都市的脑子是最重要的，而不是指那些能操纵红绿灯和温度调节器的机械。智慧城市大脑为将人关联在一起的一种中央地区，旨在构建社会凝聚力，运用知识落实经济的可持续发展，这才可称为智慧图书馆。阿拉斯加土著可以共享超过 15,000 年的丰富的知识和经历，我们应该把它们结合起来，建立一个有价值的智能图书馆，为子孙后代创造一个更加美好的家。Terry Lee Ballard 和 Anna Blaine 认为，通过手机技术，人们可以在任何时间、任何地点访问智慧的图书馆。新加坡国立图书馆于 2006 年利用射频识别技术来进行图书馆标记的开发，现在许多的图书馆还在采用这种技术，该技术能够使图书的辨识更为简便，使行政工作的工作效率和图书的分类更为精确。使阅览者可以凭本人的身分及借阅资料，无须向以往的借阅报名表办理借阅手续。

D.S.Kushal 等探讨了一种利用无线传感技术来实现智慧图书馆的体系，它可以实现对图书的自动删减和增加，并能够实现对条目和指导条目的自动化储存。他论述了这一智慧图书馆在软件、硬件方面的综合架构。韩国学者 Byung-WonMin 提道：图书馆作为一个提供信息服务的场所，并且聚集知识，对用户构建全新、个性化、特殊的知识服务，如此复杂烦琐的工作需要开发一个基于最新信息和通信技术的下一代信息服务系统，也就是智慧图书馆。智慧图书馆需要增加以知识为基础的网上教学体系来增加图书馆的使用率，拓展用户群体，建立"群体交互"网页，提高"群体智力"和"创新能力"。能够提高阅读人的创意和逻辑思考能力。最后，他尝试利用云计算和 SaaS 技术为智能手机和平板电脑搭建智能图书馆。Byung-WonMin 还提到，目前大部分的图书馆都采用了 Client/Server 和 ASP 来提供难以实现的、昂贵的管理的软件。于是尝试实现和构建智慧图书馆管理体系，其在概念图书馆服务、系统架构、开发环境层面进行这一系统的设计，且在服务方案、开发范围、多租户环境层面分析了这一系统的可行性，最终论述了该系统的性能。APEX 技术是一项技术，它可以将 3D 程序服务器与实体上的设备相结合，从而提高使用者的使用经验。利用 APEX 架构，Tiago

Abade 等对智能图书馆进行了研究，探讨了 APEX 架构的优越性，并绘制了智慧图书馆的设计蓝图。整个藏书楼共有三个楼层，一楼是接待处，二楼是借书处和自习室。这个图书馆配备有一个借阅识别系统，而其他的自习室则充当 LED 屏幕，它终于带来了使用者的经验。

美国的肯维顿等人于 2012 年论述了在建设城市中智慧图书馆的重要意义，且将阿拉斯加图书馆为研究案例论述了在建设未来城市中必然需要建设智慧图书馆，该理念比较超前，表示不但要将图书馆演变为智慧图书馆，并且还需要将城市演变为智慧城市。2013 年澳大利亚的 Bilandzic M 利用对用户发放调查学习的问卷，汇总和研究了智慧图书馆的服务方式。在 2015，Walsh 等人相信 RFID 的智慧体系能够实现图书馆流程、快速交易以及长期的安全。

（2）关于智慧图书馆的服务的研究

在 Oachim 看来，智慧图书馆是把"绿色"与"第三维度"有机地融合起来。Webb 则相信，出版者和图书馆应当携手合作，实现出版物的分发、资源的数字化和资源的共享。荷兰国立图书馆在实践中，将"以空间为服务"的思想引入到高校的图书馆中。芬兰赫尔辛基的一座图书馆为读者们准备了各种与读书没有关系的消遣。例如，可以在图书馆里谈心，也可以在这里娱乐喝茶吃饭，让图书馆成为一种可以让人进行沟通的地方，而不是单纯的阅读与研究。这不仅为当今智慧图书馆的建设打下了坚实的理论与现实依据，同时也为今后的科研与实务工作提出了一些思考与借鉴。

Shu-hsien Tseng 指出：公共阅读室与智慧图书馆相比较，智慧图书馆在人力资源、资金投入以及开放时限上都有着明显的优越性。就连一些纠结的人，都没有开口询问。图书馆员求助。从曾树贤的观点来看，台北图书馆已建成智慧图书馆，利用 RFID 技术为使用者提供自助的功能。本文对未来我国公共图书馆开展同类智慧图书馆工作具有一定的借鉴意义。Webb T．D 说：考虑到今天的资讯传输业务已经发生了很大的改变，未来的图书馆也许会是一个新的基石。因此，为了满足智慧图书馆的要求，他对位于夏威夷大学的 Kapiolani 的社会学院进行了改造和计划。新的图书馆做了精心的设计，学生可在电视广播体系内清晰查看到近段时间的期刊区、参考文献资源区、一般或特色馆藏区等。这种空间设计可让群众迅速获得和不同主题有关的资料且开展深度学习。在一层，设置计算机教室、语言室、近期大型活动、视听教室等。最近的大型活动墙上，电视、公告栏、近期重大活动都在反复播放。多媒体教学室共有 56 间，分别与图书馆的电视和网路相连通，方便同学查阅，并设有 CARL 资料库。二层普通或特殊藏品也有丰富的中日文库。Giacomo Patrizi 对罗马大学的 SIBILLA 进行了一次关于利用 SIBILLA 建立一个智慧化的图书馆的研究。介绍了罗马大学利用 SIBILLA 进行智能图书馆的建设，基于多语种的检索检索系统，SIBILLA 的最初版本有 4 种：英语，德语，法语，意大利语．无可信档案，无初级或次级口令，且均能存取。通过对 SIBILLA 的优化，可以将关键词的正确拼错、对不准确的关键词进行智慧修正，并为使用者提供全方位的检索，以发现潜在的利益。新西兰的克赖斯特市现在利用了一项智慧化的图书馆技术，让读者可以实现自动化的书籍的阅读。Fu-ren Lin 等学者认为，当前许多的知识服务正在发展与知识使用者相适应的平台。但是，大部分的知识服务都有一个共性：他们无法为知识使用者提供即时的专业服务。咨询人应该把问题发布在公众场合，并有足够的时间耐心地等候有更多的信息。Fu-ren Lin 在维基百科中，建议建立一个基于知识的服务模式。这样就可以让潜在的知识提供者提供更多的知识。研究还研发了知识活动地图体系被使用在识别、区别维基百科。研究证明维基百科特别适合被应用在知识服务中。Swanson 等表示：国外有的专家学者表示知识服务重点涵盖了三个类别：产品开发、内容服务、解决方案。产品开发涵盖了技术报告、数据库、炫彩资料、科学论文、政策、信息系统、规则、技术报告等。内容服务涵盖了解答、讲解、建议；解决方案涵盖了方向、规划、整合、态度等。A．S．Rath 等人认为，知识服务大致可以分成三大类：一是文献搜索，二是注重建立知识，让使用者完成工作，三是，个人共享相似的工作所必需的资讯与知识。

国内外关于智慧图书馆的研究和实践一直在持续。科技的发展，不但提高了服务质量，用户体验，而且还提高了管理者的工作效率。在信息技术和其他技术领域的飞速发展下，国内外的学者对智慧图书馆进行了深入的探索。从过去的存放图书的地方转变为智慧服务的可移动的服务平台。

1.2.2 国内研究现状

中国在分析智慧图书馆方面的起步时间比较晚，中国的专家和学者从对传统的图书馆的探索，逐步转向了智能的、智慧的。我国在 21 世纪开始了对智慧图书馆的探索与尝试，而在我国的文献中，最早出现在 2010，该时期的华侨大学严栋在其文献资料《建立在物联网基础中智慧图书馆》就论述了该看法，其为中国第一次有专家学者对智慧图书馆的分析论述了自身的想法和观点。其后，中国的王世伟等人均开始分析和研究了"智慧图书馆"。按照我国对智慧图书馆的学术期刊、专著、论文等资料的检索和收集，典型的研究和其理念为如下内容：

（1）关于智慧图书馆的概念和内涵的研究

第 79 届国际图联大会中的《国际图联报告》论述了未来的发展态势：新技术会对国际信息经济产生较大影响。其论述道，网络传感器、超链接移动设施、网络基建设施、语言翻译技术、3D 打印技术目前对信息经济产生了较大改变，当下的商业方式面对较大的破坏。创新技术的产生，信息沟通、工作信息、发现新事物、寻求新事物的方式开始被改变。2017 年 7 月，国际上第一家共享书店产生于安徽新华合肥三孝口，该书店正式拉开了革新传统书店的篇章。在该革命环节中，图书馆也不得不面对升级、转型挑战。当下，图书馆的服务对象——读者也产生较大的改变。90 后、80 后读者演变为新生代的读者主力军。倘若说上一代读者害怕自身不能完成任务，则新生代年轻用户恐惧害怕错过人生。由此要获得新生代用户的支持和喜爱，最重要的是对其提供想象的人生，构建全新的答案，其必然会演变为提升图书馆服务效能的重点和核心。2017 年，按照一份调研新消费主体的报告表示，在调查的 20 000 多人中，其中有 54% 的调查对象为80 后群体，有 72% 的群体在沿海一线城市生活，消费最多的为自我提升以及自我学习，在知识产权消费环节，83% 的调查对象会选择购买书籍，对比看电影的数量高 10%，而选择购买数据的用户中，有 67% 的群众有每天定时阅读的习惯。该消费升级转型调研结果对研究新生代读者群体需求有显著的参照价值。以 80后、90 后为核心的新读者，有更强的提高自我能力的意愿，图书馆提供的知识服务是其当下迫切需求的。目前要解决提高知识服务可达性的问题，优化用户体验。其为图书馆提升服务能效环节中要解决的主要问题和核心问题。

自 2010 以来，我国一直在进行智慧图书馆的探索，而在全球范围内，智能图书馆的构建也在不断推进。在 2005，我国建立了首个智能的图书馆。上海图书馆率先试点了"手机图书馆"，以方便读者查找图书、快速查找所需要图书。台北图书馆于同年推出首家采用 RFID 技术的无人图书馆，所有书籍均附有电子版的标记。没有看守人，只有一个电子化的售票窗口和一个自动借还台，利用计算机取代以前的管理员工作，通过电子标记实现书籍的管理已被普遍采用。严栋于 2010 提出了"智慧图书馆"概念。智慧图书馆是物联网，图书馆，智慧设备，以及云计算的集合体。虽然当时的技术还不够完善，但因为理念的先进性，让智慧图书馆成为了现实。我国首座智慧图书馆于 2015 年在深圳市盐田区建成，它包括智慧资源、认知、服务、管理四个方面，概括和归纳了智慧图书馆的中心位置。一、智慧资源智慧化的图书馆要实现为广大的读者提供优质的信息，就需要意识到：而经营是每个图书馆必须要实现的内外协同工作。同时，在智能图书馆的构建中，还应用了大量的大数据和云计算。

　　智慧图书馆是建立在云计算、物联网基础中的，其是以人为核心的理念，运用智能设施对其构建智慧服务的全新图书馆。严栋在计算感知层面表示：智慧图书馆是使用高新智慧技术不断改变用户交互模式、图书馆资源，实现更高效、智慧、灵活的交互，实现智慧管理以及智慧服务。智慧图书馆是智慧技术、传统图书馆、智能设施的融合。王世伟在用户的层面研究：在公共图书馆并非单独注重文献资源、信息技术的智能化管理，而其注重公共文化的环境、社会以及用户的知识服务；将用户添加到图书馆管理中且构建智慧服务，且将该理念当作未来图书馆发展的核心和目标，则该图书馆可被当作是智慧图书馆。陈鸿鹄在智能构建的层面表示：智慧图书馆为智能、智慧的设施和建筑，为在数字图书馆中，使用智能技术产生的全自动管理环节，为升级版本的数字图书馆。张振玉提道：近几年互联网的发展之迅速远超人们的想象。智慧图书馆的建设必然离不开互联网且要将其作为基础技术，具体表现在三方面：①把图书馆中的文献、书馆员、读者的信息互相连接在一起，例如，2012 年 5 月，盛大文学和上海图书馆合作设计了"市民数字阅读网"网站，并上线，这一网站的上线代表数字资源渐渐演变为图书馆馆藏的基本内容。2013 年 3 月"云中上图"应用上线，用户可应用诸多移动便携的智能化设施浏览大量的资源和网络文学。②突破时空限制的立体互联，该互联突破了空间、时间中的制约，可以是跨国界、跨地区、跨部门、跨楼层等的互联，也可以是人机互联。例如，涂心浩等设计了手机 APP，可通过手机预订图书馆的座位，用户可通过买电影片的模式挑选图书馆座位。其实现了物体和人之间的立体互联；③协同共享，在共享原有信息基础中，突破了此前体制的制约，深度协同信息资源。

梁转琴表示：智慧图书馆有便捷灵敏、低碳节能、高效整合集群的特性。例如，使用 RFID 技术的自助 24 小时图书馆。用户可通过简单的自助操作进行借还书等。与此同时，邓蓉敬表示：智慧图书馆是建立在物联网之中的，读者可使用二维码、RFID、红外线感应器等设施，突破空间和时间的限制获得自身需要的资料，落实测量、识别、跟踪资料。与此同时，智慧图书馆可使用大数据、云计算等技术，深挖庞大的信息和数据，挖掘知识，汇总和归纳信息和数据，最后呈现给用户，实现个性化的知识服务模式。根据韩丽研究的成果：智慧图书馆需要秉持以人为本的理念，强调用户自身的体验，让社会均可以感受到自身为图书馆的核心和焦点，智慧图书馆可对用户提供多样化的人性服务，例如，移动端阅读、个性化推动等，在建设智慧图书馆方面的意义中，夏雪还表示道：智慧图书馆需要研发诸多的智能应用，提供给用户应用，如智能人工服务、自助服务、智能手机服务等，确保图书馆有更加快捷、高效的智慧服务。

当前多数高校已具备网上选座、馆藏快速检索、期刊文章、资料在线查询、邮箱发送等方便快捷的服务。这是我国智慧图书馆发展的一大趋势。印蓉蓉和刘婧于 2018 年开展了对大学智慧图书馆的调研，并提出了发展高校智能图书馆的对策与对剖析，并对其发展策略进行了探讨。其次是智能化的服务，以及最后智慧化的经营。

（2）关于智慧图书馆的特征研究

关于智慧图书馆的特征，很多人都有自己的见解。李锦曾经建议，智慧图书馆应以提高服务效能为核心，以便利利用为基础，实现信息的分享。刘炜指出，智慧图书馆以智慧、移动和个性为主，智慧是其主要特征。金鹏、曾子明都指出，智慧图书馆的最大特色就是方便，而最主要的特色就是提高用户的使用习惯。综合而言，智慧图书馆是建立在网络化、数字化、智能化技术中的，在广泛使用物联网、移动通信技术、云计算、物联网、数据挖掘等技术中，并非限制在建设物理基础设施，将全媒体信息和资源当作核心，将对用户提供智慧化服务当作基本目标，利用新时期的信息技术和网络技术，落实共享资源，产生复合图书馆形态，并且有智能化、网络化、数字化的发展特性，落实知识资源、空间场所、实体感知、服务、管理等诸多方面的智慧化发展。

（3）关于智慧图书馆的服务研究

柯平教授认为，目前我国的服务方式处于不断发展和前进之中，可以分为信息服务、文献服务和知识服务三个阶段。这说明了图书馆工作日益向知识、资源和技术等方面的发展趋势。在智慧图书馆体系和环境中，需要增加一个服务台阶，也就是智慧服务。王梅、张延贤表示：图书馆智慧服务是建立在用户、馆员合作基础中，为全新的服务模式。智慧服务具有五大特点：宣传、智慧、资源丰富、技术与服务。为图书馆提供优质的服务，为图书馆人员的智力发展，另外，要实现"智慧"服务要遵循以下原则和方法：坚持"平等""公正性""公益性"原则、"教化"；建立健全的图书馆资源保证机制，为图书馆建设高素质的人才，并重视知识的发掘。徐小敏认为，本文对传统的图书馆的服务模式进行了分析，并对其进行了分析，并对其进行了分析。传统的图书馆工作组织、封闭、被动、低级、单一、公益性。互联网环境下的图书馆工作开放的、主动的、多元化的、有针对性的、免费的、付费的、行业的服务等，这些看似互相冲突的，实际上却是以一种不同的方式结合起来的。我们为广大的读者提供高质量的产品。杨小青和武智强等都提出了图书馆服务要人性化、个性化的观点。王敏提出了一种解决图书馆工作中遇到的问题。一是加强人才的培训、改善读书方法与技术的革新、建立图书馆制度、改革经营模式、细化服务等。将我们的业务拓展到其它方面去。焦扬从技术应用、管理制度、理念三个层面对公共图书馆的建设进行了论述。柯平指出，图书馆的服务创新必须以用户、新环境、新需求为基础，以不断的革新来适应不同需求。张晓青认为，要改进图书馆的手机业务，可以增强人力资源，扩大数字阅读业务。赵发珍等人从新的角度出发，对高校图书馆的流动业务进行了探讨，以期对不同类型的图书馆进行互补与融合。朱红涛等人对图书馆的智慧化管理进行了深入的探讨，从理论上和服务的角度出发，提出了更加功能化、智慧化的服务理念。

（4）关于5G角度下智慧图书馆的发展研究

我国首次对5G智慧图书馆进行了深入的探讨。5G将于2016发布，将有助于智慧图书馆的各种不同的应用环境。这也是很多人关注的话题和联系。岳和平将5G技术与实际运用进行剖析，重点讨论了5G智慧图书馆的六大领域：超高清视频、增强与虚拟现实、智慧场所、智慧阅读、智慧服务、AI设备、安全防范。刘伟、陈晨和张磊对 5G 技术的应用进行了深入的剖析，并从图书馆服务、管理和业务三个层面上，分别阐述了 10 种智慧服务方案：导航、无意义借贷、智慧场所、智慧科研、精准推送、云课堂、区域服务、机器人服务、区域服务、智能安防。同时，本文还对 5G 对图书馆产业所面临的风险与挑战进行了深入的探讨。通过运用信息媒介的方式，实现了多媒体信息资源的服务和建设。李歌维在本文中着重阐述了 5G 技术对于图书馆改革的意义和对策。他说，在 5G 时代，许多资料都要通过智慧的终端来获取，并且要储存很多的资料，5G 资讯业务的高速存取、多平台写作与协同计算的模式。任娟莉和王若鸿表示，5G 将为图书馆带来虚拟现实，为多个领域的综合服务，提高用户对多领域的认识。李路根据国家 5G 发展策略，将 5G 的使用方式包括导览导航、隐形借阅、超清全景交互、云课堂、精准推送、智慧场所、智慧安防、口袋图书馆等 5G 技术。赵伯锐指出，5G 技术对于我国的发展来说，是一个巨大的挑战和机会，在研究工作者的指导下，技术与云计算可以不断地研究，逐步发展，实现科学的经营。程冰等人相信 5G 将会使图书馆的业务更加多样化。任广阔和苏沐阵等人对 5G 智慧图书馆建设的构想，其中既有新技术的运用，也有新业务的推广。

20 世纪初期，传统的图书馆在"以人为本"和"用户需求"的基础上，由于受到技术的制约，"以人为本"的图书馆在实现过程中，常常能有效地促进图书馆的工作，减少读者的工作压力。在大数据的今天，智慧图书馆已不能象以往的传统图书馆一样，只需要对馆内的少量读者进行搜集，并对其潜在的需要进行全面的搜集和分析。这是建立在高品质的基础上的。

在后信息化时代来临的今天，我国现存的图书资料数量日益增多，其内容也日益丰富。由于 DC 与 MARC 无法对各种资源进行精确、明确的描述，因此各种元数据的转化成为当前图书馆领域面临的一个问题，同时也造成了对各种元数据进行统一的管理。处理一些小小的困难。其次，在目前的图书馆管理体系中，即便是以纸质的资料为基础，也不可能真正做到智慧的管理。因此，在馆内的信息资源无法与外部的其它信息系统进行更大程度的连通，因此，如果要将信息资源用于服务使用者，则必须将这些信息共享给不同的图书馆。这是非常不便的。另外，由于缺乏对数字资源的元数据资料的本地储存，使得图书馆很难开展诸如知识发掘等价值的业务。最后，本文认为目前的图书馆管理体系与以往的智慧化图书馆相比，其总体体系架构对于这种新的信息资源的利用具有较大的局限性，因此，在解决这种新型的资源时，整个架构必然存在不足之处，即便是持续地进行升级和优化，也很难改进这种问题。在智慧图书馆中，要把各种不同的信息进行整合，既要与图书馆的经营相结合，又要根据读者的需要，为读者提供检索和利用服务，这也是理所当然的事情。

当前的图书馆管理体系，除存在着大量的资源管理不足之外，在界面规范与标准上也未完全整合。以往，图书馆的管理工作通常都是委托专业的企业来完成，因此，企业在图书馆中设置多种模式，并针对不同的条件进行技术上的修改。因此，由于管理体系结构已被确立，因此，只有将其委托给外部员工进行少量的升级和改进，才有可能发生变化。而在不同的企业中，对于图书馆的管理体系，其界面的规格与标准也不尽相同。当我们一起建立和分享各种类类群时，会产生一些非相容性问题。在必要时，自行建立自己的管理体系是一种浪费，而将其外包则是对企业与图书馆的一种共赢。所以，在建立智慧图书馆的过程中，要考虑到不同的规范，如：通过建立不同的规范，比如：通过建立不同的规范来实现信息的分享。界面不相容所引起的多种问题。

总体上，智慧图书馆的经营是全方位的、立体的，能够将各种信息的信息进行有效的集成。同时，智慧馆员还利用云计算和人工智能等新型的资讯科技来进行数据的分析和加工，使其能够有效地提高知识的价值，使读者能够更好地利用这些资源为读者提供全方位的服务。同时，通过对使用者的习惯、习惯等信息进行分析，并对其进行分析，使读者能够更好地提供个性化的信息和建议。通用化、立体化的智慧图书信息管理体系与管理方式，能为馆员减少工作量、提升工作效能、提升管理水平、规范标准等提供了有力的保障。

综观目前我国智慧图书馆的相关研究，除理论上的探讨及部分智能库的建设，还没有完全实现，而在国内学者的前面，则是在理论上的探索与实践。但现在，国内的发展速度很快，尽管发展缓慢，但在技术上却逐渐走在了前列，更多的还是在理论上的实践，以及技术的广泛运用，智慧图书馆实施智能化管理与应用，目前，在信息化时代，图书馆的信息化建设还处在起步阶段，而在 5G 时代，信息技术的飞速发展，智慧图书馆将永远为广大的用户带来创新的帮助与服务。从 5G 的角度看，智慧图书馆的发展已经引起了人们的广泛重视，今后的智慧图书馆工作还必须继续与 5G 智慧图书馆紧密联系，毕竟这是一个服务性的组织。本文通过对当前国内外文献的研究状况进行了分析，提出了以 5G 为基础的智能图书馆的创新业务。

1.3 研究创新点

本文创新点重点呈现在如下两个层面：

一，随着 5G 技术和 5G 技术的不断发展，在世界各地都有大量的项目被采用，而将 5G 技术引入到智慧图书馆仅仅是一个方面。在查阅了许多的资料后，目前的智能图书馆大都是从理论上和在智能的基础上建立起来的，从概念和智能图书馆的雏形，以及 5G 技术的应用，以及当前的突发事件，云计算技术将逐渐融入人民的日常生活，同时，我们也希望能够更好的实现智能的都市化，让更多的人能够更好地利用智能的优势。

二是立足于读者与员工的需要，对智能图书馆进行了深入的探讨。从服务性角度，利用中新友好的 5G 网络，以了解目前存在的问题，在 5G 时代，我们将为读者和工作人员提供个性化的信息。不同的读者和工作人员不同的精神需要和不同的服务需要，根据不同的心理需要，制定相应的应对措施，从而使其更好地为图书馆提供更多的信息。

第 2 章　智慧图书馆与 5G 的内涵

本章是对以 5G 为基础的智慧图书馆的服务进行分析，并对其进行深入的探讨。其次，要对图书馆的服务进行深入的探讨，必须要搞清楚目前的智能图书馆的功能，以及如何运用 5G 技术来提高信息的质量和效果。

2.1　5G 的内涵与特点

在科学技术和云计算技术迅猛发展的今天，5G 正逐步提高人们的日常生活，尽管 5G 还在实验中，但它已经引起了各个行业的极大兴趣，而它的主要应用领域就是手机的增强。随着宽带服务的发展，5G 将在各行各业中得到广泛的使用，而 4G 所不能提供的超高清图像的传送也将在 5G 时代到来。5G 作为一种新的技术，将其与其他的应用程序结合起来，让生活成为智慧生活，让生活之城成为智慧之都。

2.1.1　5G 的内涵

5G 是中国移动通讯领域的一项最新技术，也被称作 5G。5G 技术的首要目的是提高速度，减少延迟，进一步节约能源，减少操作费用。5G 技术相对于以前的 4 G 通讯技术，其最大优点是其最大的传输速度提高了 100 多倍。由于 5G 技术的快速发展，到了 2020 年，将会有更多的商用产品进入市场，从而更好地服务于用户和公司。5G 不但能提高数据的传输速率，而且能解决很多问题。比如，在发生自然灾害时，提供每日通讯及因特网的广播，有较大的市场发展空间。最开始提出 "5G" 的为麦肯锡。该企业在《5G：竞争、创新、生产力的前沿领域》中表示："数据，目前已经逐渐渗透到所有的业务职能、行业中，演变为特别重要的一种生产要素，群众运用和深挖大量数据，代表新一波消费者盈余、生产率增长的来临。"在界定 5G 中是：5G 为大小高于常规的数据库工具存储、获取、分析、管理能力的数据集。并且注重，并非一定要高于某 TB 级的数据集方为 5G。5G 为物联网、云计算后的颠覆性的技术革新和革命。

5G 作为当今国际上最为先进的通讯技术之一，而 5G 作为未来发展的基石，也受到了世界各国的广泛关注。当前中国正在进行 5G 的发展，马凯在 2015 年九月第一次建议中国将在 2020 年前完成 5G 商业。自 2019 年起，随着 5G 的持续兴建，三大电信公司亦纷纷投入资金，其中通讯网路装备已占据总投资额 39.2%，无线基站的无线电频率为 11.1%，通信设备和软件业务为 12.1%，9.8% 为网络计划维护，3.1% 为光学组件，基站天线占比 3.1%。我们可以预见，5G 将会被大量地推广，并且会逐步融入我们的日常工作和日常生活。

"5G"唯有使用新处理方式方可产生更多的洞察力、决策力、优化流程能力的高增长率、海量、多样信息资产。5G 技术的战略意义并非是掌握诸多的数据资源和信息，其对该数据予以专业分析和处置。可以说，倘若将 5G 视为某一产业，则该产业落实盈利的重点，为提升加工数据的能力，运用加工可落实数据增值。综合来说，5G 为不能在某时间范围中使用常规软件管理、抓取、处置内容的数据集合。

2.1.2 5G 的特点

其高速的传送速率是目前 4 G 的 100 倍。一是对 5G 技术的应用情况进行了剖析。当前，在 4 G 技术中，手机网络是其最重要的应用领域。5G 拥有许多 4 G 所不具备的功能，并且它的使用范围将更加广泛。在将来，5G 将会出现在智能交通，智能医疗，智能家居，超高清视频等诸多方面。4 G 技术使人们的生活发生了巨大的变化，而 5G 则是对人们的生活方式产生了深刻的影响。二是 5G 技术应用的发展方向。在 4 G 的年代里，人们相互联系。在 5G 的到来下，所有的一切都会被连接起来。可以想像，在 5G 技术的每个阶段，将会有各种不同的应用方案。首先，在 5G 技术发展的早期阶段，我们会把重点放在 UHD、AR/VR 等方面。在 5G 的发展中，5G 将会是一个全面的连接，用户的使用体验将会更加广泛。5G 的应用已经步入了成熟期：在 5G 技术的基础上，将获得更多的医疗服务，并将迎来一个数字化的世纪。

蜂窝式移动端通讯是利用蜂窝式的无线网路方式，将网路装置与终端机经由无线通道进行连结，使使用者能够在行动中彼此进行通讯。在蜂窝式移动通讯网路中，运营商在其所处的业务范围中分成若干个"小区"，再将其所表示的影像及语音进行数字处理，再利用模数变换将其转变成比特。接着就会发出一个流程。"蜂窝"通讯采用了一种无线电波，它是一种用当地的天线和一个小功耗的自动收发器组成的。共用的频池会把频道分配到低能的自动接收机和低能的自动发送机，而其它的"小区"则可以重复使用。和先前的移动端装置类似，当使用者在两个"单元"中行走时，Antenna Array Connect 会将其与新"单元"相连。

要说 5G 与 4 G 相比，最明显的区别在于：速度快，延迟低，可靠性高，宽带高。但是实际上，认为较小的延时更为精确。delay 在英文中是 delay，这个词的含义是 delay，指两项工作中间的等候。delay 就是 Latency，它的含义是 latency。一个潜在的因子，代表了该装置所需的信息的数量。

除可让使用者清楚地感觉到的主要功能之外，国际电信联盟的无线通讯部为 5G 技术建立了一套包含 8 项指数的"主要性能指数"系统，并在此基础上，提出 5G 技术的特征。从速率上看，5G 的最大速率要超过 20 Gbit/s，比 4 G 快十多倍，其次是 100 Mbit/s 的使用体验。5G 的传输速度不超过 1 分钟，而 5G 的终端到终端的延时大约为 1 ms，这是远距离外科和汽车因特网的关键。从连接装置的密集程度和网络传输的密集程度来看，5G 网络可以接入超过一百万个的网络，是 4 G 网络的 10–100 倍，网络传输的带宽将会超过 10 Mbps，相当于 4 G 网络的 1000 多倍，这将大大提高网络的通讯性能。5G 的传输速率比 4 G 快 3、100 多，因此要加强协作，智慧程度将大幅提升，其移动性将会达到每小时 500 km，并且要求各系统之间的协作。网络之间的自动调节更为灵活，即是指在高速运行时，使用者仍能享有优质的通讯业务。

5G 技术极大地加强了对物联网的支持，使得 5G 中的终端将会出现更多的可能性，不仅仅是移动端、平板电脑等移动端，还有 70% 以上的非移动端产品都会采用 5G。5G 将带来诸如火车、地铁等持续、大容量热点场景（如住宅区、商业区等）、低功耗、大规模连接（如智慧社会、智慧城市等）、低时高可靠场景（例如车载互联网、远程医疗、VR/AR）是四大技术场景。5G 的出现，只是让通讯的基本问题发生了变化，更重要的是，我们可以看到，人与人之间的联系，将会得到极大的提升，让这个世界成为现实。"

使用者的便利，5G 网速快，能快速的进行快速的传输和响应，提供了前所未有的宽频率。李海峰等人在 5G 网络环境下，提出了一种新型的网络写作教学模式。5G 技术在汽车、医疗、教学乃至智慧都市等领域的运用，可以说是全方位的，不但能提高我们的移动速率，还能提高我们的影像质量，同时也能将其与各行各业相融合，让我们有一种全新的视觉感受。通过以往的"春节联欢晚会"等高品质的节目，为观众们提供了5G的跨地域同步观看和360°的虚拟实况转播。我们也非常喜欢技术的吸引力。在一个盛大的晚会上观看的人。5G高速网络能使图像传送更加方便，5G网络延迟更小，更好的播放体验更好。随着5G技术在智能图书馆中的运用，王秀艳和王红等学者对国内外智能图书馆的热点问题进行了深入的探讨和剖析。为智能图书馆的建设做出贡献，我们将会迎接一种崭新的服务方式。

2.1.3 5G 的作用

第一，处理分析5G目前已经演变为新时期信息技术融合的关键点。物联网、移动网络、数字家庭、社交网络、电子商务等全新信息技术的使用，该应用不间断地形成5G。云计算对该多样、海量的5G构建运算和存储平台。运用对不同数据来源的信息的处理、管理、优化、研究，在如上应用中反馈结果，会创造诸多的社会价值以及经济价值。

第二，5G有社会变革催生的能量。但该能量的释放，就需要有洞见的数据研究、严谨的数据治理、激发创新管理的环境。

第三，5G为信息产业持续发展、高速发展的引擎。结合5G市场的新产品、新技术、新业态、新服务的产生。在集成设施和硬件设施层面，5G对存储产业、芯片等有重大影响，必然会产生一体化的内存计算、数据服务器等。在服务和软件层面，大数据会引发快速处置数据、软件产品发展以及挖掘数据技术。

第四，5G利用会演变为提高公司核心竞争力的重点要素。不同行业的决策渐渐将"业务驱动"演变为"数据驱动"。研究5G，可让零售商掌控动态市场，且快速回应和应对；可对商家构建更有效、精准的营销策略，提供给其支持决策；可帮助公司对消费者构建更加个性化、及时的服务；公共事业层面，5G可发挥维持社会稳定、推动经济发展的功效；医疗层面，可提升药物有效性以及诊断精准性的功效。在5G时期科研方式会产生重大更改，例如，在社会科学分析中抽样调查为基本研究方法。5G时期，可运用跟踪研究对象、实时检测的方式获得网络海量行为数据，深挖数据，呈现规律性的事物，论述研究对策和结论。

第五，5G技术目前在改变计算机的运行方式，在改变世界。其可以处置诸多种类的海量数据，不管是在文章、微博、文档、电子邮件、视频、音频还是其他形态数据中，均可高效、实时、可视化地表现结果。其依托云计算将任务遍布在计算机构成的资源池中，让用户可按照自身需求获得存储资源、计算资源、信息服务、网络资源。云计算技术的使用让 5G 利用和处置演变为可能。5G 为信息金矿，对其传输、采集、应用、处置的技术为 5G 处理技术，为应用非传统工具对诸多的半结构化、结构化、非结构化数据予以处置，进而获得预测和研究结果的数据处理技术，也就被叫作 5G 技术。

2.1.4 5G 管理

2.1.4.1 5G 的发展

（1）运营式系统阶段

数据库的产生可显著降低数据管理的繁杂情况，实际数据库中普遍是运营系统应用的，为运营体系的管理子系统，如超市、银行、医院的营销记录、交易记录、医疗记录等系统。人类社会数据量首次飞跃发展是建立在大量使用运营系统的数据库中，该时期的主要属性为数据通常会伴随运营活动而产生且记录在数据库内，形成数据的模式为被动模式。

（2）用户原创内容阶段

网络的产生推动人类社会数据量产生二次飞跃。但数据爆发形成于 Web 2.0 时代，而 Web 2.0 最主要的标志为原创内容。该类型的数据一直以来持续表现出爆炸增长态势，重点有两个层面的原因：第一是以微博、博客为典型的新型社会网络的快速发展和产生，让用户形成更强烈的数据意愿；第二是以平板电脑、智能手机为典型的新型移动设施的产生，这种全天 24 小时接入网络和容易携带的移动设施让群众可以更便捷地在网络中发表自身意见，该时期产生数据的模式为主动产生。

（3）感知式系统阶段

人类社会数据量第三次的飞跃发展就形成了 5G，5G 飞跃的本质原因为大量应用感知式系统。伴随技术的演变和发展，群众开始有能力制造有处理技能的传感器，且将该设计大量应用在社会的诸多方面，运用该设施监控社会的运转和演变。该设施会不断形成新数据。

简单而言，数据产生历经主动、被动、自动的时期。该主动、被动、自动的数据组建了 5G 的数据来源，自动式数据为产生的本质原因。

2.1.4.2 5G 的处理

（1）流处理

流处理的理念为伴随时间的发展数据价值会持续降低，由此最大可能性地研究最新数据，且给出结果为全部流数据处理模式的目标。要使用处置流数据的 5G 应用场景，并且有实时统计网页点击数量，金融和传感器网络内的高频交易等。流处理的模式将数据当作流，持续的数据产生了数据流。在新数据到来的时期，就要循序处置，且返回需要的结果。

（2）批处理

批处理也被叫作对脚本的批量处理。可以说，批处理为批量的对某对象予以处置。5G 管理最重要的思想为分治问题，将该计算推送到数据，并非将数据推送到计算，合理规避在传输数据环节形成的诸多问题。不管是流处理、批处理，均为 5G 处理的可行方法，5G 有很多的应用类别，在日常的 5G 处理环节，并非单纯应用某一种类别，需要结合两者。

2.1.4.3 5G 的分析

5G 价值形成于分析环节，在集成数据、异构数据源抽取获得了数据研究的原始数据，按照各不相同的使用需求，可在该数据内挑选部分或全部研究。传统研究技术，如机器学习、挖掘数据、统计研究等在 5G 时代进行调整，由此在 5G 时期该技术面对全新的挑战。

较大的数据量并非代表增加数据价值，相反，其一般代表数据噪声逐渐递增。由此，在研究数据前就需要开展预处理数据清洗等，但对如此诸多的数据对于算法和机器硬件的预处理是严峻考验。

（1）5G 时代的算法需要进行调整

第一，5G 的使用一般均有实时性的特性，算法精准率并非是大数据的主要应用指标，诸多场景中算法要在处理的准确率、实时性中获得均衡点；第二，云计算为处理 5G 的有力工具，进而需要诸多算法来调整以适应云计算框架，算法要有可扩展性的特点；第三，在挑选算法对 5G 处理时期需要特别谨慎。在数据量提高到一定规模后，可在小量数据中深挖有效信息的算法并非一定可以被应用在 5G 中。

（2）数据结果好坏的衡量

数据结果优劣的衡量为数据研究面对的主要问题。要获得研究结果并不是特别困难，但结果的优劣为在 5G 时期研究数据的全新挑战。在大数据时期有诸多数据类型、数据量大的特点，在分析时一般并没有清晰地掌握数据分布特性，造成最终在设计衡量指标和方法中遇到很多的问题和困难。

2.1.5 5G 时代

当下的社会存在诸多的数据，并且数据是随时存在的，在一个层面而言，人们在学习、生活、工作中形成诸多数据，例如，在数据库中记录的学习记录、形成在手机终端的信息行为等数据；另一层面，群众依托诸多数据支持学习、工作、生活，例如，建立在很多实验数据基础中的科学研究、数据统计的展望分析等，社会也开始步入数据来源丰富、种类多样、价值巨大、数量庞大的 5G 时期，对数据的管理、获得、应用也演变为 5G 时期群众必要的一种技能素养。

为了区别于自组织网络（Ad Hoc Network），LTE 标准将 SON（Self-Organizing Network，简称 SON）称为自优化网络。与已有的通讯网路比较，该网路更适于平面型、弹性型网路架构，无须人力网路配置与维护，且网路的最佳化效能较佳。因而，自适应网络能够有效地减少运营人员的人力资源，改善网络的最佳化。

CDN（Content Delivery Network，内容分发网络）又叫内容传递网络。在很大程度上，内容分布的网络依靠不同的高速缓存服务。CDN 将若干高速缓存伺服器置于网路的各个高存取点。当有使用者存取时，CDN 会利用全域装入技术，从快取伺服器来回应使用者的要求。该技术可以避免影响数据传送的稳定性和速率，从而提高了信息的传送可靠性和速度。其中，在实现视频的实时播放时，视频的传播速率和视频质量都有很大的提升。

2.1.5.1 5G 与数据素养

5G 时代，数据充斥在群众的学习环境、生活环境、工作环境中，例如，在学术研究体系中，群众利用的实验过程、研究资料等都是以数据的方式存在的，科学分析则重点是分析该数据的呈现态势、发展规律等，由此产生以对数据检索、存储、利用、组织为特性的密集型数据科研环境。产生密集型数据科研直接推动了社会发展，并且对群众技能素养等构建了更高需求,例如,怎样落实对异构数据、大量数据的分析、组织和利用；怎样保护个人隐私等。数据素养定义为对信息素养、媒介素养等定义的扩展和延续，最少涵盖了如下 5 个层面的维度：收集数据的能力、数据敏感性、研究数据、使用数据决策能力、处理能力；批判数据的思维。在将网络和计算机利用为主要特性的信息时代中，群众要满足信息社会发展的基本素养，如有信息组织、信息检索等能力，但在 5G 时代，群众要求有 5G 时代社会发展需求、对比信息素养有更高需求的特殊素养，如有数据分析和组织能力。

2.1.5.2　5G 时代的变革

（1）人类思维方法、行为方式的改变

在模拟数据和小数据时期，群众注重为何认知世界。化学、物理等学科中，科学家要在实验室运用检验理论、反复实验、定律何为正确的；天文学等学科则按照理论推测发展，或按照历史数据进行检验。唯有数据和理论检验一致，方可呈现产生该问题的因果关系，解答了为何。

由于 5G 不能完全替代以前的网络，目前的基站接入的网络有很多类型的无线网络，5G 的应用范围更大，因此，5G 的带宽将会更多地用于高速的应用。随着宽带技术的发展，各类网络设备的使用日益频繁，对无线通信系统的接收能力要求越来越高。因此，要实现 5G 的高速率、低延迟、高流量密度和大容量，必须采用超高密度的高密度异构网络，因此，在 5G 时代，也离不开超密异构的技术。

5G 时代，群众更为获得隐藏在事物之后的关系。例如，群众使用 5G，并非试图明白消失药物副作用和发动机抛锚的主要原因，群众可研究和该类型事件的所有素材和信息，获得可帮助预测未来事件产生的规律。

5G 时代，群众的行为模式会产生一定的改变。此前一般均是提前想好要解决什么问题，再获得有关的信息。但是发展到 5G 时代，思维模式演变为最大可能性地获得信息，遇到问题时在诸多信息中深挖解决方案和模式。

（2）企业经营方面的变革

5G 目前正在更改公司的营销方式。公司的传统营销模式会集中广告宣传和推销，原始的方式为使用诸多的劳动力通过发传单的模式推销产品。5G 时代，公司可使用 5G 开展低成本营销以及高效、精准营销。

5G 目前正影响公司的管理决策。5G 时代中的知识含量、技术含量持续提升，对 5G 的有效使用演变为公司决策的重点，由此管理诸多数据为一个难题和挑战，倘若无法获得数据，公司无法收集信息和数据，可丢失该数据。5G时代不但要求公司有分析数据和收集数据的能力，还要求公司有利用、处理数据的能力。

公共部门服务于管理的变革。诸多的事实证明，5G在公共服务、政府中的使用，可合理推动政务工作的实施和开展，提升政府机构的决策能力和水平，形成很大的社会价值。

2.2 智慧图书馆的内涵与服务

对智能图书馆进行深入的探讨，首先要理解智能图书馆的含义，然后才能为读者提供什么样的服务。

2.2.1 智慧图书馆的内涵

在数字网络技术飞速发展的今天，IBM于2009年早些时候推出了"智慧地球"，这是由于数字网路技术的迅速发展。为了顺应世界的飞速发展，"智慧地球"能让社会和人都聪明起来，以便能与世界快速发展相匹配。而随着"智慧地球"的出现，一个"智慧城市"也必将随之而生。"智能图书馆"是我国"智慧城市"建设中的一个关键环节，是当前国内外众多学者研究的热点。当前，国内外智能图书馆的分析尚处在起步阶段，在理论与实务上均有待深入的探讨与深入。现在，人们在百度上搜寻"智能图书馆"时，首先想到的并非百度百科全书，而是一种还没有被广为重视和重视的智能图书馆。目前国内关于智能图书馆的主要内容是利用物联网技术和云计算技术来提升其服务质量。但是，智能图书馆的实质是为使用者提供更加人性化、智能化的知识服务，注重对信息的集成和利用。Ken Wheaton说，在我们讨论智慧城市的时候，如何设计一个都市的脑子是钥匙，而不是指那些操控红绿灯和温度调节器的机械。智慧城市大脑为将人关联起来的中央地区，提升社会凝聚能力，运用知识直接推动经济发展，创造智慧图书馆。土著阿拉斯加人以共享1.5万年以上的丰富的知识和经历，但是大部分人都在忙着自己的事情，没有注意到那些人，结果许多的知识和经历都在海洋中遗失了。这就要求我们要建设一座智慧的图书馆，把所有的学问集中起来，为后代创造一个方便的环境，让我们的家乡变得更强。智慧图书馆是一种全新的、基于现代信息技术的图书馆，它的核心是"以人为中心"的智能服务，以适应人们不断提高的个性要求。"智慧图书馆"的出现必将导致传统的知识服务方式的变革。

自从2010智慧图书馆的理念被提出后，许多学者和研究者对其进行了界定，并对其性质及其创新的服务进行了深入的探讨。最早期的概念是严栋提出的，他把智慧图书馆看作是将使用者与资讯系统进行互联的一种方式，并与互联网紧密相连。其后的学者对智能库的探讨，大都与严栋的看法相近，并以其思想为根基展开探讨。林黎南从智能角度，为我国图书馆的重构提供了思路，陈红梅在智能手机上开展了智慧图书馆的探索，颜湘原则是在智能化的今天，我们提出了一个新的理念：智能图书馆要注重使用者的体验、个性化、一体化服务、智能化的经营、系统的知识供应和有效的信息分享。倪娜等人以书目学为基础，周玲元等从使用者的知觉视角来探讨智慧图书馆的品质；单轸等作为一个生态体系，智能库不仅具有建筑的功能，那么，智能图书馆就是其中的一项重要内容，也是一项重要的工作。孙洁和李伟超等人对智慧图书馆进行了深入的探讨，总结出十多年来在我国开展的智慧图书馆的发展历程，智慧图书馆是一种有别于常规的新形式的新型图书馆，与传统的图书馆的形式有很大的区别。倪菊和董同强等人致力于利用智能化的服务来解决读者的需求，以智慧化的方式满足了人们的阅读需求，而在过去的图书馆中，人们常常要靠自己的能力来寻找和阅读书籍。而智慧图书馆则大大缩短了人们寻找书籍的花费，大大降低了员工的工作量。

卢文辉从 AI+5G 的视角来探讨，兰国帅等人相信，图书馆可以推动智慧教育的建设，钱国富则是在思考未来的图书馆，杨文建等人也相信，随着网络和大数据的发展，未来的图书馆将会发生翻天覆地的变化，无论是建筑的整体布置，书籍的布置，空间的布置，照明的效果，都必须要符合这个世界的要求，才能让人更加的方便和优质的生活，在满足上述外在环境的前提下，为广大读者提供方便、高质量的产品，而阿里等超市已基本做到了无人经营。我们的智慧图书馆就像没有人值班一样。同时，智能图书馆24小时开放，不仅能让学生们在这里学习，还能让他们尽情地看书，方便广大市民免费查阅所需要的书籍。信息技术、云计算、物联网是智能图书馆建设的重要组成部分，在通信技术水平的不断提升下，智能图书馆将逐渐发挥出更多的作用。在如上专家学者的研究可了解到，智慧图书馆为使用互联网、大数据、云计算、物联网等通信技术、现代信息感知研究集成图书馆核心体系的诸多关键信息，延伸到服务和管理的诸多层面。为了实现对网络服务空间的全面的涵盖，物理空间的构建，社会协作的空间等，实现了对图书馆的全面智能化。智能图书馆在建设智能校园、建设智能都市中具有举足轻重的作用。

2.2.1.1 馆内相连的图书馆

馆内相连是指图书馆内部的资源和书籍之间的互动，也就是所谓的"书书互动"。书与书之间的联系是智慧图书馆的知识库。所谓"书与书"，就是将书与书之间的联系，在这儿，不仅有纸质的图书，还有电子版和网络版的图书或文件。书书结合就是把整个图书馆的全部资料集中起来，利用云计算、物联网和大数据技术，将图书信息资源进行集成，并与其它高校进行信息共享。通过图书馆的图书阅览，使图书馆的馆藏资源得以集中，为图书馆的图书馆提供更为人文的信息服务。深圳于 2012 出台了一条新的图书馆"综合服务"制度。"综合服务"是对各大图书馆实行统一管理的一种方式。读者可以通过一个阅览证进入全部的资料库和信息。这项规定为用户提供了巨大便利，使他们不必到各个图书馆去寻找一册书籍，也不必为了满足各个图书馆的不同需求而调整自己的需求。另外，在其自身的阅览卡中，用户可以将一定数量的数额存于自己的阅览卡中。"综合服务"的基本原则就是公共利益，所以，为广大的受众提供的是一种基本的自由。这样的一体化服务，即是一种"书书联办"，既为广大群众提供便利，又为基层的"孤岛"提供了便利。

2.2.1.2 书人相联的图书馆

在智能图书馆中，书人相联的联系是其核心和关键所在，它反映了"以人为中心"的图书馆服务思想。书人相联涵盖了馆员和书的关联，涵盖了读者和书的联系。24 小时的城市自助式图书馆，是一种可以沟通读者的图书馆。全街道自助图书馆突破传统的服务方式，具有人性化和智能化的特点，能够为读者在自助借阅、还书、预约、查询等方面的基础知识。它将数字化技术与公共文化的有机结合，为市民的日常生活、精神文化带来极大的方便，是建设现代社会公共文化的基础。

不必为图书馆的关闭而发愁，最大的优势在于，可以随时去图书馆借阅和归还书籍。这样的借出和还方法可以极大地减少费用，增加读者的阅读量，而且使用起来更加便捷。24 小时的图书馆把书籍和人（读者）紧密地连接在一起，使人们能互相交流。不过，书人相联仍然把书书相联的形式结合起来，例如，当一个读者从自助图书馆借阅一本书，却发现自己想要的书没有，而其他图书馆却没有，那就必须通过网络技术，将图书馆和图书馆连接起来，然后通过图书馆管理人员送到读者所在的自助图书馆。又或者，如果要预定一部书，在图书馆内设置了自动终端，或者通过网站查询，查询所需要的书籍，并提出提前借用的要求。当图书馆的管理员接到预定的书籍时，会将书籍发送给离他们比较近的图书馆，并告知他们要去哪里取出来。在收到通知后，读者应立即前往图书馆领取书籍，期限为一日。这种自助式的借阅方式把书籍与读者连接起来，既使读者更加便捷，又能极大地增加借阅的数量。

2.2.1.3 人人相联的图书馆

将人人相联是智慧图书馆的关键。将每个人都连接在一起，使他们与图书管理员形成了一种有机的联系，同时也使他们与图书管理员产生了一种互动。在互联网技术日趋完善的今天，我国各大高校图书馆纷纷推出了"智慧服务导航"等个性化网络业务，开启了"全民互联"的时代。借助于互联网技术，图书馆人员能够将中外杰出的图书工作者链接起来，从而为广大的图书馆工作者创造一个巨大的人才队伍，从而为广大的图书馆工作者和图书馆的工作人员提供更好的参考和咨询。Ken Wheaton 在《智慧都市为何要有智慧的图书馆：阿拉斯加》一文中，阿拉斯加土著居民，他们坚持认为，阿拉斯加将会在这个冬季遭遇严重的降温、暴风雪和大风。他是怎么预知那些大而精密的气象预报师所不能探测到的呢？很多人将信将疑，但是他们说得没错，阿拉斯加正遭遇有史以来最坏的冬季。这个阿拉斯加土著居民所掌握的东西在课本上是无法学习的，但是却是我们的先辈的经验和智慧的结晶。因此，人必须即时沟通，并运用别人的经历使自己更加聪明和聪明。在漫长的岁月中，这座城市的图书馆一定会有很大的改变。现在，这间藏书室里除了一条长廊和一个堆满了书的架子。如今，人们不再购买这种传统的藏书。我们得回归到最早的人获得信息的方式：把人们，也就是所有人都联系起来，这是一个最基本的目标。

2.2.1.4 摆脱时间限制的图书馆

摆脱时间限制是智慧图书馆的一种时间延伸。这就意味着，在不受常规图书馆规定的时限（开馆和关门）的情况下，用户可以 24 小时地查看图书馆的藏品。借助数字化、智慧化和网络化的技术，用户可以在任何时间、任何地点都可以象一台便携式计算机那样随意地利用图书馆的资源。虽然传统的图书馆仍有其自身的魅力，但是，这种智慧的服务让使用者从有限的时空中解脱出来，使他们能够更好的安排自己的阅读。它突破了以往的传统的服务方式，使读者有一种近在咫尺、随时随地都可以使用的错觉。

2.2.1.5 摆脱空间限制的图书馆

摆脱空间限制的图书馆，使读者随时随地都能享用到图书馆的各种功能。很多人都知道，这是一个庞大的建筑物和一个实体的场所。智慧图书馆已经在改变着人们的思维方式。借助智慧化技术，人们可以在没有时空限制的情况下，在餐厅、火车上、家里都可以体验到图书馆在身的感觉。可以在任何地方都能用到。举例来说，密歇根州特拉弗斯的飞机场为其使用者建立了一个类似于图书馆的系统。这项业务可以让通过机场 WIFI 网络的网络扫描二维码，把软件下载到手机上。使用此软件，用户可以自由阅读海量的电子书，而且用户可以自由地阅读所需的图书，而且可以在很长一段时间内不会到期。现在许多航空公司都提供了电子阅览的免费下载，使人们可以在任何地方都可以感受到图书馆的人文关怀。

2.2.2 智慧图书馆的主要特征

2.2.2.1 人性化

智慧图书馆服务，除了依靠智慧化技术的支撑外，人性化的智能服务是其最核心、最主要的特征。要实现真正意义上的智慧化，图书馆就需要抛弃以前的"服务性"观念：

（1）转变以读者为本的图书馆理念，以读者为本，以读者为本的图书馆理念。

（2）转变以往机械化、僵化的服务模式，创造出个性化、人性化的服务模式。

（3）转变以拥有为主，而不以利用为主的思想。一个国家的图书馆，其强大与否，除了在于其馆藏资源的数量和所具有的独特的文学价值之外，还在于其能否为广大读者所接受和利用，增强其对读者的服务意识，树立"以人为本"的观念。

（4）转变以往的消极的服务观念。在以往的"消极"服务时期，图书管理员只有在读者提问的时候，方能及时处理问题，从而导致读者对图书馆工作的淡漠和服务质量差。使读者在遇到困难时，能感觉到温馨、体贴的关怀，从而提高了图书馆的整体面貌。

2.2.2.2 知识化

知识化是建立在数字的基础上，在互联网的今天，很多资源和信息都能被数字处理，充分利用和分享信息，充分利用使用者的智力和社会资源和物质资源。在数字技术的飞速发展下，今后，在公共图书馆中，纸质文献的数量将会逐渐减少，今后我国公共图书馆的纸质文献数量将逐步减少，电子文献将逐步替代传统的传统文献。过去，有学者预言，以数字化为主、纸本为辅的智慧虚拟图书馆，图书馆应该是一个智能的、借助最先进的数码技术的虚拟图书馆，现在它的梦想已经成为了事实。美国亚马逊公司于 2007 年推出了 KINDLE 的电子图书阅览机。KINDLE 电子书读者可以在亚马逊网站上直接买到，还可以下载电子书，杂志，报纸等。2011 年 5 月，亚马逊第一次公布了图书销售比电子图书少的消息。亚马逊在销量上占到了 1:1.05 的份额。大不列颠图书馆于 2011 年 6 月与GOOGLE 公司签订了一项将大约 25 万件 18 世纪的文档转化成电子书籍的合同。所有人都将重新看见这一幕。大英图书馆的负责人达梅·琳内·布林德说，历代的馆长，都是为了让更多的人获得更多的信息，而他们的目的，就是为了扩大自己的目的。馆长同时表示，此次与 GOOGLE 的联合，目的在于将这些珍贵的文物永久地保留下来，让每一个人都能享受到这些珍贵的知识，而知识的核心思想就是要不断地去学习和创造知识，而在这个数码时代，毫无疑问会进一步促进知识的发展。知识的发展使人们能够在互联网上学习、交流和创造新知识。

当前的图书馆系统还没有适应于新的信息技术，各图书馆的业务系统兼容程度还不高，难以形成有效的协作。首先，利用云计算平台取代原有的资源，可以节约资源，为企业提供更好的平台管理和资源配置。二是利用目前的图书馆服务系统，实现了对馆藏的浏览与利用，实现了对馆际协作的功能，实现了对馆藏的各种信息的浏览与利用。有些是从协作的图书馆中直接获得的，而其它的则通过云端的服务平台来实现。在集成了多种标准和接口的智慧图书馆中，云服务平台的构建很容易，可以节约资源，公有云和私有云之间的协作结构可以提高信息的安全性。

在充分利用新一代的信息技术基础上，实现与图书馆的互动，是实现数字化、智慧化和智慧化的重要手段。互动是指使用者能够与之互动、操控，且其接口应遵循人类的本能，且不应过于繁琐，以免造成使用者的负担。同时，利用智慧技术和大数据对使用者的操作进行预判，使其工作更加顺畅。智慧图书馆不仅具备互动的功能，而且能够为使用者提供源码。使用者不但是图书馆的读者，也是透过游戏推广所雇用的机构或机构，以减少开发费用，减少开发周期。同时，使用者可以通过对开放源码的了解与发展，使系统在使用者的不断升级中得到完善，达到共赢的目的。智慧图书馆的扩充能力也超过了常规的图书馆，这种体系可以让各个模块之间的模块可以随意组合，从而使得数据和程序之间的连接变得松弛，模块增加，递减，并且可以在任何时候进行升级。

2.2.2.3 网络化

随着网络的不断发展，网络也越来越多地为人们提供了新的信息。随着互联网的飞速发展，图书馆的网上业务得到了极大的发展，读者可以在任何时间、任何地点享受到检索、电子书阅读、咨询等各种服务。根据 ICT 于 2014 五月发表的一项报道，世界范围内的因特网使用者将在 2014 年底前增至三十亿，移动电话使用者将会突破 70 亿。2015 年 2 月份 CNNIC 公布的数据显示，到 2014年 12 月，中国有 6.49 亿的网民和 5.57 亿的手机用户，在全球排名第一。随着互联网时代的到来，公众的图书馆服务也随之改变，人们可以在任何时候、任何地点都可以随意的进入到图书馆，而不会受到时空的制约。此外，近些年来各大图书馆纷纷购置计算机，提高网速，并建立了海量的海量数据资源，以满足读者的需求。越来越多的人利用手机上网查阅电子资料，利用手机浏览各种手机，享用各种手机应用。在今后的发展过程中，网络将扮演着举足轻重的角色，是实现智慧图书馆发展的必要前提。

2.2.2.4 集群化

而集群化，则是将知识与资讯完美地融合在一起，随时可以获取、转换、跨越时空。随着我国高校图书馆经营的日益集中，我国高校图书馆的数字化建设进一步走向智慧化。图书馆的集中体现在以下三个层面：

（1）整合：图书馆一体化是指不同图书馆馆藏、不同知识库、人类智慧的综合。目前，各种公立和事业单位的馆藏资源数量庞大，但大部分都处于停滞状态，缺乏互联互通和共享。很难。这就要求我们要转变传统的方式，将不同的文献资料进行集成与分享，并将其进行集成，使其更好地为用户提供更方便快捷的获取所需资料。

（2）集群：美国学者迈克尔波特在 90 年代首次提出了聚类的概念。图书馆改革的顺利进行。这是必不可少的要素。通过集中的方式，各图书馆可以进行协作，并将其各自的信息进行分享，这样就可以使各图书馆获得更多的信息，这样就可以减少图书采购的费用，并显著地改善了服务的品质。这会让使用者的使用感觉更舒服，更顺畅。

（3）协同：加强合作，促进图书馆建设，以实现更多的弹性。近些年来，协同工作获得了国内和世界各国的普遍认同，成为我国图书馆今后发展的一个重要方向。协同的方式主要有企业间合作、跨区域合作、国内合作和全球合作。协同服务将分布于全国的各大高校图书馆进行综合的整合、统一的管理体制和业务系统的改造，转变分散式的建设模式，减少图书馆开支，提高读者的服务品质。

2.2.3 智慧图书馆的建设内容

2.2.3.1 电子读者证

用户进入馆舍要依托有自身信息的教育信息、身份信息、借阅功能、门禁记录等诸多功能为一身的电子图书证，运用读卡设施可将在图书馆中用户的个人行为（如离开和进入的时间、借还书的记录、次数、借还时间记录等）在后台中存储，给所有用户构建信息数据库，进而对用户行为和馆员信息进行管理研究。对诸多新许可的用户：步入图书馆后，在手机或服务台中输入其他信息和身份信息，建立全新的读者二维码以及证件号码，其后运用微信、短信、电子邮件的模式传送给用户。图像为电子证书，可节约成本，电子证书就没有由于图书证丢失而造成的换证的问题。与此同时，应用电子注册可简化用户的操作流程，实现纸质资源的节约。用户可在网站中填写信息。在后台图书管理员批准申请之后，完成注册可将其传送到用户手中，便于之后随意入馆。其节省了用户时间，且简化了认证和发布流程。当下该电子读者证可和支付宝、微信展开合作，在支付宝和微信的卡包中绑定，依托支付宝和微信对用户缴费。例如，浙江图书馆就和支付宝展开合作，在支付宝卡包中放入了电子读者证。

2.2.3.2 自助借还系统

图书自助借还系统主要采用射频识别技术、条码技术、软件工程技术以及网络化技术，通过互联网技术，对借阅和归还进行自动的管理。按照肖焕忠的分析证明，目前图书馆的返还系统和自助借还涵盖了如下两个类别：无线射频识别以及条形码识别。条形码识别方式的特点是便宜的标签价格、很强抗干扰能力的特性，并且图书馆书目不需要换条码。射频识别模型依旧有诸多的问题，例如，替换书籍、投入较高的成本、升级图书馆系统等；近段时间，RFID 标签成本在最初的几元钱降低为几分钱，但对有巨大藏书数量的图书馆而言均是较大的开支，并且还没有计算更换条码的人工成本，当下使用的最佳方式为通用 RFID 码和条形码。自助借还体系的硬件涵盖了读卡设施、电脑终端、书籍充电、扫描条码设施、书籍监控器、消磁设施等。这一系统重点涵盖了自助借还机系统、自动借还系统、自助设施、管理系统等。在用户申请图书的时期，系统获得图书证的具体信息，判断用户是不是应允借书人（书是否有拖欠欠款、图书过期等），其后提示用户将图书放置在指定区域，且描述条形码，实现借书步骤，自助还书和自助借书的流程具体为图 2-1。

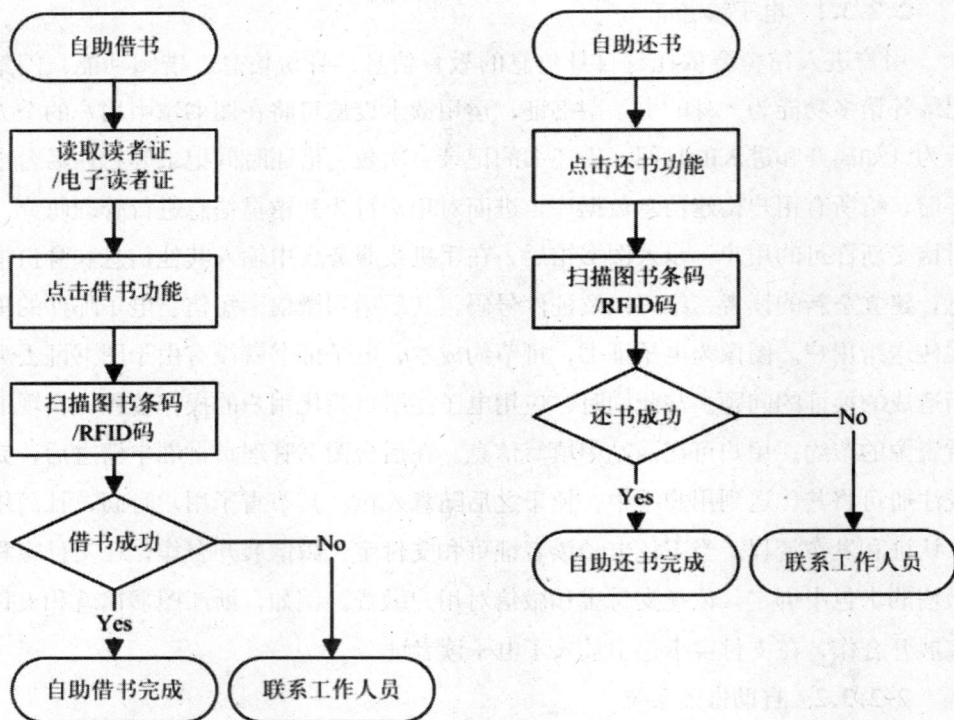

图 2-1 自助借还系统工作流程

在当下水平中持续完善和升级，将 RFID 技术为支持的自动借还体系，安装摄像头监督设施和破损书籍、乱涂的即时检测设施，检测后台用户是不是有合法的行为，呈现出赏罚体系；每天自动借还体系的排队时段制定借还时间，降低用

30

户排队的时间，进而呈现出人性化服务的特点。评价 RFID、IoT 技术实现自动化管理书籍可降低图书馆工作者的工作量，实现功效效率的提升。新加坡国家图书馆在 2002 年 11 月使用 RFID 技术构建了国际上首个智能馆。东莞市图书馆在 2005 年 11 月开创性地制定了自助借还处；近段时间我国不同图书馆特别是高校，先后开启了自助借还，其代表目前在向着智慧图书馆方向发展。

2.2.3.3　智能书架系统

尽管自助借还体系的功能，更多地是为读者提供便利，也是为广大员工提供便利，而"智慧书架"则是员工的视线和眼睛。然而，当前的电子阅读器还仅限于射频识别（RFID）技术，距离真正的推广应用尚需时日。

传统库存法需要管理员扫描条形码扫描设施，则需要按照其自身记忆对书籍予以存储和分类，其需要消耗大量的时间，并且很难落实。按照 RFID 的空间定位功能，让 RFID 库存系统不但可以轻松查找到杂乱架子或没有放置在货架中的书籍，并且可迅速确认位置，则可有效解决反向货架和货架的问题和 RFID 系统。落实扫描多本书籍，可降低书籍的搜索工作量和库藏。第一步骤在所有书架和所有藏书中均安装了 RFID 码，应用读写 RFID 设施扫描 RFID 标签的码，可获得收集查询馆藏的信息。智能书架系统使用 RFID 阅读设施，运用该业务流程识别精准的定位书本位置和架位置。运用该系统可迅速了解该书籍是不是被借走。在该智慧图书馆系统内智能书架的首要功效为帮助馆员、读者精准地发现书籍定位，且实现图书搜索。由此在设计该智能书架系统环节中，可将该系统划分为 3 个模块：数据服务、采集信息、读者服务，具体为图 2-2。

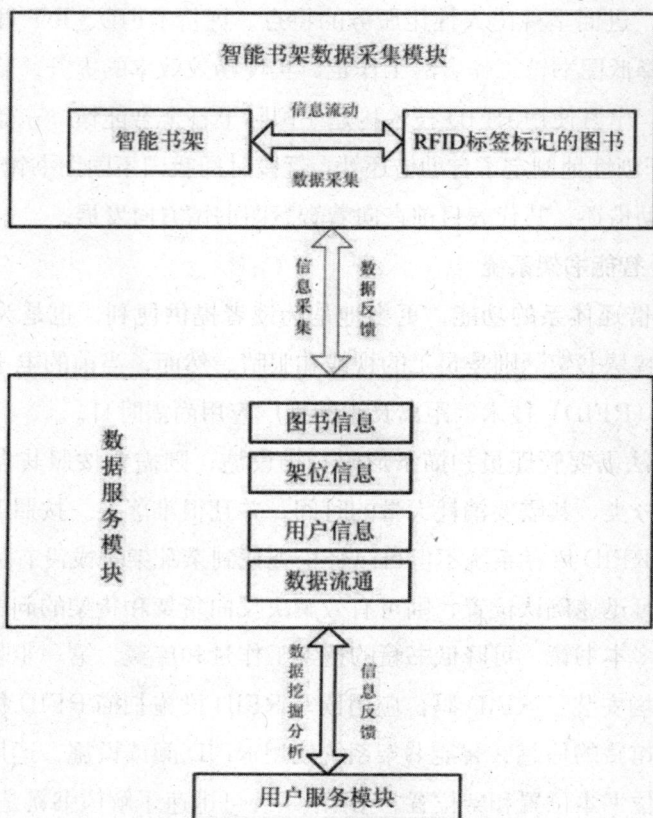

図 2-2 智能书架系统设计框架图

数据采集模块：系统应用阅读器、UHF 标签落实硬件架构。所有书籍均有 RFID 码，其中涵盖了书籍的初始货架位置、基本信息。所有的书架均有诸多的天线阵列组，货架中的天线阵列组设置了很多的标签。天线多路复用器可运用口台开关实现端口的控制，由此落实控制和监视 RFID 读写设施和天线设施的连接情况，进而让读写设施可以精准地扫描到 RFID 码。

数据服务模块：该模块为智能书架体系的数据库。RFID 读写设施获得的信息可运用数据线或内部传输体系传输到达数据库中。其涵盖了书架信息、书籍信息、是不是放错书目的信息。数据服务器需要对该信息予以处置，且进行深层的二次数据挖掘。

用户服务模块：用户服务重点呈现后台管理体系的查询界面。在系统中其作用是对读写器发送控制天线的辐射地区和控制指令。

32

大量应用建立在 RFID 技术基础中的智能书架系统，一个层面可以降低日常工作成员的工作内容，实现管理能力的提升；另一层面可保障图书馆对用户服务的人性化以及便捷性。

2.2.3.4　基于大数据的用户行为分析

研究用户的行为数据，这一研究重点是对借阅书目、用户检索、下载的文献信息等予以研究，进而获得用户的需求，调整分配馆藏资源，完善服务定位，开展个性化服务。不断提升在服务方面用户的满意度。智慧图书馆需要按照所有用户的理解、感受为基准，尤其是智能知识服务。智慧图书馆的用户不但涵盖了访问图书馆的成员，还涵盖了有的不能到馆访问的用户。针对用户有的数据记录，其研究和挖掘读者访问、借阅、离开、下载等有关信息，获得用户的借阅习惯，为什么学科范围，喜欢的研究课题、书目等。作为情报提供的方式，个性化、主动性地发布消息，学科导航等，通过大数据研究用户行为，必然要连贯系统，进而可实现科学指引，其为所有智慧服务的根本以及基础。

比如上海交大，通过对毕业生的个性化信息进行深度的发掘，对学生们的校园内的海量数据进行整理和整合，对学生们离开校园的影响尤为显著。在数据分析方面，要综合各个学校的信息和数据，例如：毕业生访问总数，外借书目，下载数据，图书馆到达时间等，并且对毕业生构建就业咨询等有关服务。并且可使用诸多的模式表现信息，如 H5 页面等，不但有情怀作用，并且可有实际功效。

2.2.3.5　基于大数据的资源数据分析

研究资源数据：在图书馆中存储很多的数据资源，运用研究该纸质资料，涵盖了科学数据、专利信息等有关内容，便于科研工作者跟踪热点问题，有效预测科学前言，评估主题等，并且对科研工作者论述了参考凭证。业务信息研究是运用研究馆内业务信息（涵盖了咨询、访谈、搜索信息、传递文件、采购数字资源、诸多的管理信息等），清楚了解分配图书馆资源的现状，且将其发布到有针对性的服务内容中，实现最大收益，明确将来发展和优先事项发展计划，优化服务流程对开发智慧馆和规划决策构建数据支持。大数据时期，由于信息的扩散式发展造成学术界和各学科获得迅猛发展，可精准处置不同用户的诸多需求。在智慧馆服务用户中，提供和提取知识推送、个性化信息为最主要的内容和信息。

构建以专家学者为中心的知识网络。数据研究，汇集了很多文献信息，且予以研究汇总，在用户分析目标信息时，可以全面、精准地获得以该关键词为核心的信息网络，涵盖目标的教育背景、自然信息、科研成果、科研团队、出版目录、论文、其他信息和有关作者等，对用户构建科学、高效的研究保障。

2.2.3.6　智能节能减排系统

智能节能减排系统使用 LoT 技术内的核心技术，例如，红外技术以及射频识别技术，运用在图书馆有关区域安装传感器固件，在网络层面中产生了实时监控馆内环境。在这一系统中获得图书馆之中的读者数据以及环境数据，其将汇集采集的照明控制和数据、空调系统、温控系统、门禁系统等整合起来，实现了综合智能调节空气循环、馆内照明的作用，落实了节能减排的最终目标和效果。本系统包括温度控制系统、照明控制系统、环境数据传感系统、数据传感系统及空调系统。系统使用环境检测体系对室内使用的所有环境参数信息均呈现在采集的数据到所有的子系统内。所有的子系统均将获得的数据（涵盖了源于门禁系统数据）整合，且对比系统预设参数和将数据打开。有关的调整功能，监控中心可检测和调控系统，在某流程产生问题时，可颁布有关的对策，以保障其综合合理运转。其总体框架结构为图 2—3。

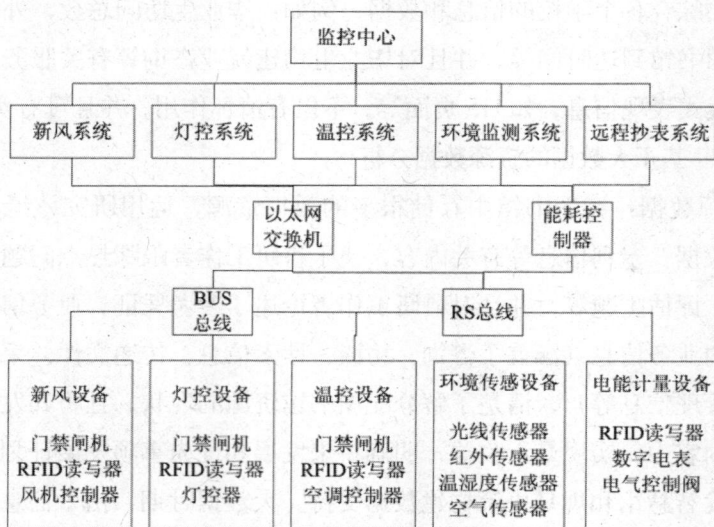

图 2-3 的智能节能降耗智慧化体系的框架图

环境监测系统。这一系统首先在图书馆不同区域安装有关的传感模块，运用获得有关的数据信息，来实时监控馆内环境。这一系统可以被划分为红外线人

34

体检测、光感检测、湿度检测、温度检测、空气流通检测等部分。运用检测该数据，来实时了解图书馆中的湿温度、馆内照明、空气品质等。仪器测量所有区域的人员密度、照度、有害气体浓度、湿度等，且将获得的环境参数传输到服务器中的照明控制体系中，新风系统和温度控制体系以对室内环境控制提供有关数据，室内参数可在大屏幕中呈现，帮助用户获得图书馆中的信息。并且便于图书馆工作者合理地预防风险问题，调节防控。

智能灯控系统。在所有的阅览室的所有桌子中设置和安装了来电刷卡设施，运用这一设施可刷读者卡，实现阅读灯的控制。并且可对桌面供电。读者在离开的时期，阅读灯自动灭，可实现节能功效。在诸多阅读地区安装可以控制的智能灯，在用户在该区域经过，红外感应器就可以感受到人员的到来，其后控制器将该区域的灯光开启，在用户远离这一地区的区域，会自动关闭灯光。

智能温控系统。可运用在阅读室中的所有空调中安装节能控制设施，实现温控系统的控制。这一系统可感受到实时湿度和温度的信息，可按照提前制定的消息，开启调节温湿度模式，发送有关的信号，落实除湿或温控，最后达到适合人体的最佳温湿环境。

湿度的自动调节。对珍贵书籍而言，例如，古籍的保存和收藏条件，实时对书库调节干湿度和除尘，以确保有优良的存储环境。

新风系统。研究实时获得的控制质量信号，对比设置系统的规定数值，在达标的时期要开启应急循环空气功能。在普通状态中，这一系统位于低能耗状态，倘若产生空气质量有害有毒的特殊情况，立马开启预警体系，迅速交换空气，消解危机。其和传统新风换气有不同的模式，室外新风可被当作气源。这一系统可合理导出室内存在的多余热量，持续降低消耗室内空调，进而实现节约能源的成效和功效。

遥控电表抄报做到自给自足，节约能源和减少排放。该系统包括三个模块：垂直、无线和分布式的网络结构，用于实现远程设备的数据收集。星型网路被用来把网路上的资料与计量机相连，再利用垂直网路把资料采集装置与无线电资料终端机相连，且运用垂直网络将获得的所有信息传送给诸多的用户终端。这一智能体系可以迅速、便捷、高效地获得图书馆中不同电气产品的能耗。其可以被使用在每日1次、每月1次、一天几次的定期读书，实现历史数据的自动保存。这一体系还可以持续存储、研究、反馈获得的信息，将耗电图导出，提供给工作者备案和查询。

利用环保能源。图书馆可使用风力发电、太阳能发电模块，按照图书馆区域的其后现状在馆外墙等区域安装，在图书馆中产生停电的时期，可使用风能、太阳能存储电量供电，不但实现了能源节约，还便于服务的改良。

2.2.3.7 自动安防功能

安全系统的根本可理解为应用。例如，处理、存储、数据、识别，图像选择和图像操作等的技术。在探测器、传感器、安全产品的支持中，保护公共安全的主要目的是为环境构建日常条件，使用在生活记录方面，监控存在的潜在危机的预警技术。图书馆内部存在着高度的人员聚集和流动，因此，必须在图书馆内部构建起一套完整的保安系统。本发明的安全监控设备主要包括。

自动化门禁。在图书馆的入口区域需要设置自动门禁，可运用刷电子读者证二维码、刷卡的方式进入，并且还需要和公安系统联网，拥有人脸识别等，可学习借鉴用户的合法身份，可规避产生顶替的情况，对图书馆中的治安、社会治安有较大的功效。

自动火灾处置和预警。图书馆出于独特的功能，为重要的防火机构，由此需要高度关注安全防火的问题。智慧图书馆的消防管理与消防警报，在火灾产生的第一时间发现火情的时期可合理处置，将电源切断、开启应急喷射设施，这一体系可对海量藏书和图书馆内用户构建合理保障。

自动突发事件预警。图书馆智能监控设施可 24 小时不间断地监控监控地区，且配合自动数据影像处置技术，自动识别物体、人物、环境、轨迹。研究处置异常的画面信息，并且启动报警系统。例如，在图书馆中产生异常的人流密度、人流轨迹、地震、火灾等的时期，报警，并且还需要监控图书馆之中的水电线路，倘若形成异常，需要迅速将其告诉给工作人员。

自动化应急疏散。倘若在图书馆中产生突发重大情况，如火情、地震，的时期，需要迅速开启应急疏散模式，可对群众提供最好的逃生路线，规避在逃生环节形成的踩踏事件。产生火灾的时期，应急疏散体系需要使用灯光闪烁、广播通知的模式引导用户逃生。并且馆中的消防栓可提供水，短时间内启动，优化调配有关的供水。

2.2.3.8 智能座位预订

图书馆中均设计了自习区域，并且在自习区域均有占座问题，为规避占座问题，不同高校均不断思考，但尚未本质性地解决占座的问题。占座会造成浪费图书馆资源，有需求的用户难以获得满足，很可能会造成用户之间产生口角。通过制定智能座位预订的方式可直接解决该问题，当下很多图书馆使用的模式为在图书馆中设计了选座机，读者运用卡机刷卡的方式落实这一功能。但这一功能也有问题和缺陷，例如，在选座高峰期刷卡机前有排队情况，离开的时候要提前退刷卡，到某时间需要续时刷卡等，尽管在较大层面解决了占座问题，但也给用户带来了很多的不便，进而在该系统中使用了人性化、科学化的模式。

图书馆的智慧预订服务是基于 LOT 三大功能的综合。在感应层面设置了红外线感应器，以确定座椅状况， RFID 读取器可辨识预定位置及相关资讯。运用蓝牙通信实时传输数据信息。传输层内，数据交换和传输重点是运用以太网、蓝牙开展，最终，将数据存储到 SQL 数据库中，并将所获得的信息返回到用户选择的界面中，并将其返回到 Wecha 的"选项"中。系统框架具体为图 2-4。

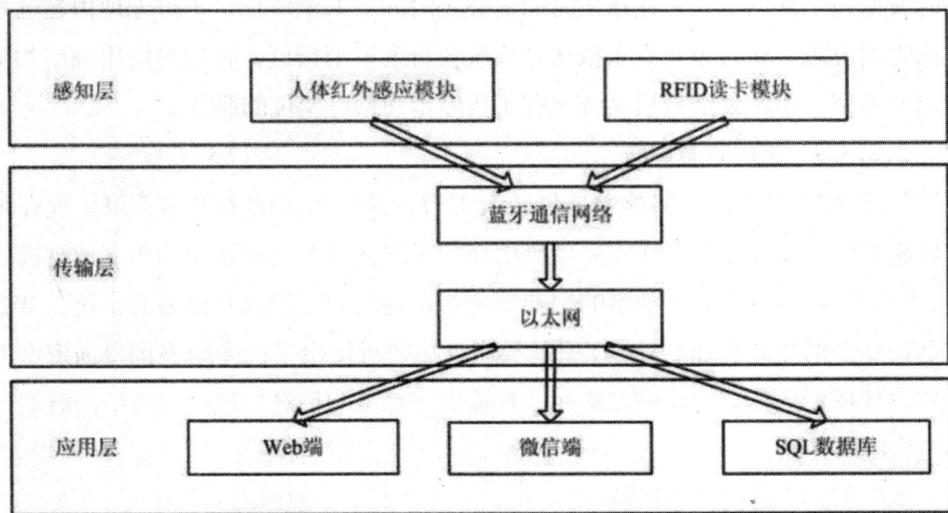

图 2-4 智能座位预定系统框架图

利用红外人体感应装置可以有效地解决座椅的拥塞问题。可以使用红外线设备来查看图书馆的职位。该设计为运用物品在传感器前遮挡，红外传感器可判断该座位目前有人应用，结合该问题就需要使用人体红外感应。该模块是按照生物传输的电磁波固定红外线开展工作。利用人体红外线感应器，实现了对乘客占位和客位占位的判定，从而解决了传统红外线感应器存在的问题。

与大学图书馆的入座制度相配合，可以利用学校的学生卡片来决定位置，以便于所有的用户和读者运用校园卡内存储的信息校对身份，且明确已经应用了座位。使用 RFID 读卡设施，获得用户信息后，可运用蓝牙通信设施传播信息，通过将身体的无线电波读取机和红外线导航装置相连，将相关的数据传送至后台的资料库，再由使用者自行作出抉择。

要在软体层次上完成选座系统的整合，网页界面要针对各部分及各层进行可视化的布局，以不同的色彩标示出各位置的位置，并在应用程序中加以展示。使用者可以临时离开，在付款后使用移动终端检查，或者在 PC 终端上刷一下确定离开，再利用软体来避免占位现象的产生。

系统保留预订限制时间的权利（涵盖了预订的结束和开始的时间和座位使用的时间）；应用智能预约座位系统，用户可通过登录账号的方式登录终端；成功预订之后，预约访问控制模块和图书馆工作者之间监督和交互；倘若用户由于临时改变而不能练习，可在指定时间前规定时间中取消座位，不得无理由超过规定的时间要求。倘若用户尚未抵达，系统会自发取消预订，将用户信用额度扣除后退出座位，扣除某金额后系统就有了暂停用户预订座位的服务。

2.2.3.9　馆内智慧导航

出于国家在建设图书馆中提供较大支持，持续增长的图书馆不但呈现在硬件设施方面，并且还可以在空间规模中获得呈现。诸多全新建设的图书馆规模宏大、空间布局奇特，对不熟悉的用户产生新奇感受的时期也有很多的不便。智慧图书馆需要对用户构建智能 3D 全景导航，用户可使用手机终端查询目前资金的位置，且规划到某一阅览室的路途，且提供阅览室的信息，进而实现节约时间、少走弯路的功效。

2.2.3.10　自助打印服务

智能自助打印机对比传统打印机的服务有一定的优势，例如，较小的占地面积，多样的安装模式，分散式设置，便捷支付、远程监控，完善的管理体系，完善的后期管理方式、服务体系和维护体系等。针对应用者而言，在图书馆中放置自助打印机可免除用户到打印店的路途时间。在线支付，读者应用在线支付就可以付款，免除了找零和支付零钱的问题，确保消费金额没有错误。便捷简单的操控，给用户打印自由权利，消除了烦琐的沟通，且保障私密打印资料。针对智能自助打印机该软件系统、硬件设施、线下支持融合的服务项目而言，智能联网技术和云存储技术的推动中，让自助打印机服务有更好的发展机遇，持续完善服务体系，实现多样化发展，实现服务的高效和便利化发展。未来智能自助打印机可通过云技术提升服务的便利性，可运用云输入的模式提升输入打印效率，可运用诸多的平台和渠道上传、接收、编辑打印的内容；运用云存储在打印系统的网上云盘中存储文件，且绑定到用户的移动端和PC端的个人中心中，落实便捷存储，实现无须硬盘的传输效果；还可以运用云共享关联诸多种类的云盘账号，通过诸多模式获得共享信息和文件，并且可绑定诸多账号，便于多用户一起在云端共享文件。

2.2.4　智慧图书馆的本质追求

2.2.4.1　数字惠民

智慧图书馆的数字惠民优势是通过数字化技术为用户提供方便、优质的图书馆信息。本公司致力于为全体人民提供是高效快速的服务，是仔细精确的服务、全方位追踪、全方位的问题解答、多元化的服务。互联网科技让不用走出家门就能查询到相，更有一个崭新的资讯发现及整合的服务，让使用者可以通过图书馆的网站查询书籍及网上搜寻资料。智慧图书馆为读者提供了方便，也为其提供了新的生机。

2.2.4.2　智慧服务

为使用者提供智慧的服务是智慧图书馆的根本目标。从传统的被动转变到积极的转变，使图书馆工作者的思想观念发生了变化，同时也成为了信息和知识的传递者。智慧和使用者的连接。在智慧图书馆中，无论图书馆自身或工作人员，都应坚持"以人为本"的服务观念，与使用者进行积极的交互，在协同工作、学习和与智慧服务的交互中实现彼此的了解。

2.2.5　智慧图书馆服务分析

2.2.5.1　智慧图书馆服务的定义

对于读者来说，智慧图书馆的主要职能是智慧，由于科技与软硬件的发展，目前的智慧图书馆能够通过电脑对所要书籍的定位进行即时查询，并使其能够自主地进行预定的坐席。图书馆的选定大大的便利了和简化了人们到这里来读书的过程。

电脑录入的方式极大地减轻了雇员的工作负担，同时也为雇员节约了大量的人力物力。智慧图书馆除了为人类提供的信息服务外，还包括了由计算机所产生的信息。说到机械，最关键的还是科技，并非每个智慧的图书馆都可以配备技术完善的机械与装备，科技与性能完善的设施，这就造成了，并不是每一个图书馆都能拥有升级和改造的资金。智能图书馆不仅要有技术上的支持，还要有财力上的支撑。协助完成智能图书馆整体更新。

图书馆服务理念为在图书情报工作实施环节中，以图书馆方便服务读者为切入点，综合看待图书馆产生的问题。其观念为：文献信息服务作为图书馆产出，用户和读者为直接的图书馆顾客，持续满足用户和读者潜在的或确定的知识信息需求，为发展和改革图书馆的落脚点以及出发点。

图书馆服务理念的首要特征是有典型的选择权，在现实基础中，图书馆将服务产品提供给社会群众，广大用户和读者是服务产品的消费者以及利用者，消费者和利用者有权利选择和使用图书馆服务。图书馆服务的选择涵盖了图书馆供方之间的竞争，由此对图书馆而言，其不但是提供文献信息服务的成员，并且在用户和读者自由选择图书馆的竞争体制中，也需要持续提高图书馆的服务品位和服务质量，对社会构建优良的服务合理满足用户的需求。图书馆服务理念的其他属性为层次性，用户和读者的消费需求有不同层次的划分，由此图书馆需要对其进行分层服务和区别对待。

2.2.5.2 智慧图书馆服务理念的内容

（1）服务是图书馆的宗旨

服务是推动社会发展的能动力。社会中的人和群体、人和人、群体和群体是运用服务活动维持彼此的发展和存在，在社会中人人为我、我为人人的基本法则，也是社会生存的基础。图书馆作为一种社会文献信息中心和文化教育机构，其任务和性质直接决定了其需要将服务读者、服务社会当作基本核心，其主要职能是间接或直接地满足用户需求，呈现出图书馆不同工作的归宿点和出发点是建立在服务基础中的。服务为存在图书馆社会的基础和前提，为检验办馆效益的主要标准，并且是评估图书馆工作的主要指标。实践证明，但凡是遵照服务读者、服务社会的唯一宗旨的图书馆，其可以获得社会支持，在服务中获得动力，维持长期发展，保障日常生存。

（2）服务是要正视竞争

图书馆服务和社会其他服务活动紧密关联，不但可以彼此竞争还可以互相补充。结合精神文化服务来说，文娱体育、电视信息网络的逐渐提升和发展，任何人均不能摆脱社会文化的制约、影响，且参与到文化的创造和活动。图书馆生存条件面对较大挑战，目前群众不但可以享受大量的网络信息和电视节目，还可以在家庭中就可通过网络图书馆，获得诸多的信息，还可以运用网络书店购买书籍。信息网络的发展和大众传媒动力为社会需求和科学技术，其可以直接冲击图书馆，并且提供了机遇和动力。以追求美、愉悦和精神文化的兼收并蓄为特征的图书馆，它既是全面的社会信息的传播者，也是精神的精神的引导。

（3）服务要提倡奉献

图书馆是国家办理的，为一种全额拨款类型的公益单位，其并不将盈利当作基本目的。"公共图书馆的基本原则为免费。"依法开展社会文化教育工作，并不对纳税人索要薪酬报酬，并不以其他名目索要非法收入。由此，图书馆工作者需要有乐于奉献、清贫的职业道德；在社会上全面提倡义工、服务者、读者等积极分子到图书馆参与服务。在诸多的地区或国家中，其将服务用户为荣，提供给博物馆、图书馆的知识殿堂引以为傲；把对知识的传播和加工当作是精神财富的拥有者、追求者。图书馆的服务为公益和公共的，倘若就物质待遇来说，要弘扬奉献精神和培养奉献精神，对于精神享用则需要秉持执着追求精神财富为富有者。所有图书馆工作者均要树立对社会、读者奉献的理念和价值观。

（4）服务必须明确主体

图书馆为文献服务、文化教育服务机构，在供需关系中需要按照"服务第一、用户至上"的基本原则，也就是图书馆为客体，用户为主题，其为图书馆均不会改变的信条。但在服务工作中经常会产生主客颠倒的现象，还有可能确定提出"读者第一"演变为"图书馆第一"。服务客体和主体的关系，也就是客观对象和认识者的关系为图书馆哲学的基本问题。客体和主体的关系呈现为认识关系、实践关系、价值关系层面。"实务"是指"主、物"的转换，"认识"是"主"与"对象"的"表象"，""主"与"物"的""义"。在认识与实际的联系中，价值观是最根本的驱动力量。读者需要是图书馆的重要组成部分。

（5）服务要重视成果

服务为智力劳动的形成成果，构建服务成果的理念对于强化服务的目的性是特别重要的。其重点涵盖了三层意思：

第一，不但需要将服务当作图书馆工作环节，更主要的是将其当作一个目的。主要目的是强调服务成果。该成果涵盖了服务活动的开发信息产品、工作成果。由此，服务工作要一致秉持需求观念，开展频繁性调研，且构建长时间的反馈系统，持续改变服务，提升工作品质，获得最多的收益和效益。

第二，要在服务态度、服务环境、服务效果、服务质量等层面实施优质服务，构建有特色的服务品牌。将营造特色收益，效益呈现特色。重点在数据库、藏书、服务项目和网络中，发展特色服务来提升图书馆的社会美誉度。

第三，要高度关注服务成果，不异化服务成果。正确研究图书馆服务成果，精准看待，其为潜移默化发展环节，有一定的局限性，无法在短时间中获得成效，通常是在量变到质变的过程。异化服务成果，其为异化用户劳动成果，为打假范围中，而并非提升图书馆社会价值的能力和方式。注重服务成果需要务实精神、树立科学，长期努力，开展具体和优质的有效、特色的服务成果，则工作形成的服务成果就在经济收益和社会效益中表现出来。

（6）服务需要智慧

图书馆工作者尤其是知识服务工作者需要有强烈的信息意识，善于组织信息和捕捉信息、加工信息；在信息加工中要研究信息的知识含量，去伪存真，去粗取精，以精准的信息开展服务；有知识还需要以知识研发智慧潜能，改革创新。一直以来，出于图书馆工作受到守旧、封闭的思想影响，一般造成缺乏信息意识，并不查看新鲜事物，还有可能会产生反感、抵触情绪。不少人也要不断学习，持续充实，提升自身修养，但该知识只停留在了解方面，要形成思想火花，实现创造思维，开创全新的服务局面。知识、信息、智慧彼此之间关系，为因果关系，逐级提升，知识为基本支柱、信息为基础，智慧为核心，三者彼此结合，不可或缺。图书馆的服务人员需要汲取诸多的信息，获得更多的知识营养，且将其升华演变为智慧，以自身智慧充当信息的知识和导航员的工程师，持续开创服务工作全新局面。

（7）服务要求充分

充分服务为图书馆工作的主要原则。充分服务为最大可能性满足用户需要的阅读需求，有效发挥图书馆对社会服务的基本职能。在 20 世纪 30 年代，印度阮冈纳赞（Ranganathan，S.R.）就论述了图书馆学五定律。其前四条定律正集中呈现图书馆对读者有效服务的原则。

"第一定律：所有读者均有书籍。"在"书是为了使用"的基础中，可引发群众思考三方面的问题：第一，书并非是对少数人服务，是对群众服务的，需要消除阶级、性别、城乡、文化程度、年龄、生理缺憾等的差别和障碍，实现最大化的普及率；第二，在藏书数量中需要所有用户均有书籍，确保所有读者均可有书可借、有书可看，获得藏书数量的基本保障；第三，在藏书品质中需要用户有适用性、喜爱的书籍，要解决需求和供求的矛盾。

"第二定律：每个读者有其书。"首先要求图书馆的大门向一切人敞开。图书馆绝不应为少数受优惠者所垄断，而要让每个人都享有利用图书馆的平等权利，真正做到书为每个人和每个人都有其书。

"第三定律：所有书籍均有读者。"立足书的使用，推动图书馆加大图书流通、宣传、利用的力度，提升藏书的流通率、开架率、参考咨询率。

"第四定律：节约用户的时间。"其目的是解决好藏书提供利用的便捷程度。对用户的繁琐手续和限制在较大层面呈现出浪费时间（这一定律要求很多读者在起床后、睡觉前开馆）。

"第五定律：图书馆是一个生长着的有机体。"作为一种机构的图书馆就是一个生长着的有机体，图书馆正是由藏书、读者和馆员三个生长着的有机部分构成的结合体。

（8）服务需要靠群体

当代科技持续发展，文献数量和网络信息迅速发展，不管是什么图书馆均无法做到将某一种信息和学科文献收集齐全；当代社会生活特别丰富，用户对文献信息的需求比较繁杂，不管是什么图书馆都无法全部获得满足。出于专业化的社会高度分工，图书馆群体的功效逐渐凸显，信息服务活动整体化目前已经产生了彼此推动和彼此依存的发展态势，群众开始更加依赖行业之间和行业内的交流和合作，进而让服务和交流表现出多元化发展。目前，运用网络对用户借阅书籍，实现了读者服务和数字图书馆的融合发展，在此前的网络借书到送书上门，或传送图片、期刊文章、事实数据等均是必要的。图书馆服务群体架构的主要目的是提升服务水平和能力，确保更多样和灵活的服务形象，服务内容更加全面和丰富。

2.2.5.3 智慧图书馆服务理念的创新

（1）现代图书馆服务理念的体现

服务品质是衡量高校图书馆发展的重要标志，是推动高校办学改革的重要手段。现代图书馆通过借书的形式为读者提供文献复制、书报信息和参考检索等功能。图书馆的服务职能是对两种类型数据进行管理，为读者提供组织的信息检索。在服务过程中，读者需要从服务文化、服务理念、服务模式、服务人员服务的服务意识、服务人员的服务质量等方面着手，工作人员在活动中表现出的工作态度和个人品质等。因此，可以说，图书馆的基本工作就是文化与感情的交流与互动、价值的确认。

以人为本是图书馆服务理念的价值取向，它是将读者社会化、满足读者需要、以人为中心的服务资源配置、培养人文精神、尊重个体价值、实践人道主义等。构建一个人性化的学习氛围，培育学生的积极性，体现图书馆的真诚、热情、创造力和服务的价值。根据图书馆的经营思想，很多西方国家，其高度关注平等、自由、权利等，该理念根植于群众内心，并被群众普遍接受。但我国在长期等级制度影响中，该理念为图书馆工作的主要构成内容，与图书馆的工作协作指导，展示了图书馆的发展。随着图书馆的不断发展，传统的服务观念逐渐向现代的图书馆服务观念转变。

（2）图书馆服务理念创新的必要性与实质

第一，创新图书馆服务理念的必要性。伴随社会的持续改变和发展，图书馆要服务创新理念。在新形势中，信息技术迅速发展，在创造模式和传播知识等诸多方面予以革新，网络资源演变为群众获得知识的渠道，信息用户可不通过图书馆迅速、直接地获得自身需求的信息，在面对和应对信息化潮流和挑战中，针对图书馆要解放思想，拓展创新，由此落实科学发展。服务为图书馆的生命线和核心，理念为指导行为的基础。图书馆唯有创新服务观念，提升竞争力，契合时代发展的基本需求。

第二，创新图书馆服务理念的本质。要实现创新图书馆服务理念，需要图书馆工作者更新理念，持续创新，主动对用户构建信息服务，提升服务品质为基本目的，创新的根本均是为了用户，确保有更加多姿的服务内容（图书馆）。在信息时代，加速更新知识的速度，为用户构建更好、更快、更细致的信息内容，为一种真正含义的服务创新。由此，图书馆要持续深化信息服务内容，使用虚拟网络资源和馆藏实体资源的优势，现代和传统的结合，满足不同层次用户需求，真正呈现图书馆服务创新的本质内容。

（3）现代图书馆服务理念的创新

创新图书馆服务理念对比传统来说，创新并非是摒弃和批评传统理念，并非是标新立异，要继承优势。创新服务理念涵盖了如下内容：

第一，呈现出平等、自由、博爱。在当下的社会提倡平等、自由、博爱，并且是图书馆引导的服务理念。作为图书馆，需要高度关注人的尊严，以宽容的心包容弱点，特别是为弱势群体提供特色服务，真正呈现出"平等、自由、博爱"的社会公义，让群众拥有可均等获得知识的权利。伴随社会的逐渐发展，该平等服务理念渐渐获得了群众的认可，图书馆产业也接受平等、自由、博爱等服务理念。

第二，树立以人为本的服务理念。图书馆全面贯彻以人为本的理念，呈现出在人性化规章制度层面，满足群众对文献资源的基本需求。呈现在人性化层面的服务设施、文化环境、功能布局等层面。在中国图书馆工作中，重点呈现出在图书馆独有的价值追求，要高度关注，投入诸多的情感，进而可呈现出图书馆以人为本的理念。

第三，树立知识服务理念。知识服务为全新的服务理念和观念，是强调深层利用和开发信息资源，注重知识资源增值的服务。知识服务要图书馆工作者努力塑造为一专多能的复合知识人才，将遍布在有关领域的专业知识进行提炼获得契合用户需求的知识精品。

2.2.6 智慧图书馆需求分析

对智慧图书馆的需求进行了深入的探讨，包括了数据的自动化和业务的多样化。

（1）数据自动化

在智慧图书馆中，最迫切的需求就是实现信息的自动处理。作为一个图书馆，需要大量的资料搜集和整理，而目前最早的资料都是手工登记和登记，这大大提高了工作效率。由于人力资源的迅速发展，以及现代化的科学技术以及海量信息的日益丰富，资料的自动处理为资料的归档提供了方便，利用电脑进行数据的自动处理，大大的提升了工作的速度。首先，研究资料特性时，一般根据资料的离散程度和性质与物件的关系来进行学习与训练，比如方差越趋于零，其特性的离散程度就会愈低，而其离散程度就愈低。差别愈大，特性和物件的关联度愈高，就愈有可能做出更多的抉择。为了使馆内资料的自动处理，必须进一步提高资料的自动化程度，使各种电脑均可使用，使档案资料更精确地分开。

（2）服务多样化

以多样化的服务为特色的智慧图书馆，多样化的服务可以更好的为广大的读者和工作人员提供更好的服务，实现更好的服务。智慧图书馆的首要任务就是从用户的需要出发，为用户的各种图书的阅览、借书等服务。他们的主要目的是为了方便快捷地查找自己想要的图书，而且在开馆之前，他们还可以预定预定位置，也可以查阅已有的图书。以用户的身份进入图书馆的管理体系，能够查看以往的图书借出状况，利用现有的大数据推送的特点，可以按照用户的爱好来进行图书的推介，并与大家共享优秀的作品。二是为职工提供优质的工作，为职工提供好的借阅和还书，还应及时更新和维护书籍，保持读者的资料。为提高工作效率，使图书馆成为一种庞大的信息资源，能使员工对图书的管理和对图书的服务更为精确。

2.2.7 智慧图书馆建设问题和改进对策

2.2.7.1 智慧图书馆建设问题

2.2.7.1.1 配套政策与规范的缺失

在建设智慧馆中，要牵涉诸多层面的系统体系建设，其要有较大的数据信息流。在信息流内数据，能不能合理保障信息安全、怎样规范管理信息流，其均为当下迫切需要面对的问题。智慧图书馆中，要处置很多的电子资料，有关法规法律保护中，知识产权问题也是第一问题。出于数据流内有诸多的用户个人隐私，要进行合理和有效保护。对所有人而言，规范标准的颁布是目前迫切需要解决的问题。由此，为保护馆内资源安全性以及用户个人信息，颁发制定有关的法规和政策。

2.2.7.1.2 数字信息资源相关问题

我国的图书馆业缺乏一个统一的资料查询规范，也没有一个统一的档案储存方式，因此很难对资料进行高效的处理。目前，全国各地的数字化图书馆缺乏统一的网上业务系统，缺乏集约的数字化资源。各类型的智慧博物馆资源分配不均衡，缺乏有效的共享。由于缺乏对信息的需求，导致了信息不均衡，信息质量低，重复的情况下，人们很难获取到有用的信息。在实现智慧图书馆的前提下，要把推广应用于服务方式，构建数字化的信息资源。

2.2.7.1.3 支撑平台与技术问题

智慧馆的建造是基于自动控制的。比如，在新的图书馆的建造与建造中，物理设施、数据服务系统、数据处理后台等外在设施的正常使用，都离不开科技的支持。利用物联网技术、虚拟现实技术、数据挖掘技术等技术，将传统的智慧场馆与传统场馆进行有效的连接。例如，在数字馆内，通过建立电子条码技术、条码 RFID 标签技术、 ILAS 技术等技术，结合二者的协作，建立图书目录管理的后台图书馆咨询服务要依托诸多类型的数据研究系统、信息数据库而存在的，其对系统规模有要求。当前的研究结果都是从理论上来看，什么时候能够在全国范围内实现全支持的平台，还要时间的等待。

2.2.7.1.4 建设成本问题

建立一个智慧化的图书馆面临的最大问题就是资金，购置一个小型 RFID 的智慧设备，其均需要较大的资金支持。尽管 RFID 的价格现在仍保持在 0.1 元一块，但是许多收藏的费用都非常昂贵。需要搭配读卡设施，一套消耗了上千万元的资金。与此同时也有智慧图书馆要引进诸多的数字图书资源，购买版权需要很多开销。其均有了后，还要对新时期的智慧图书馆工作者予以二次培训和学习，配合管理智慧图书馆，其均代表有很大的经济开销。

2.2.7.1.5 馆员队伍建设滞后

智慧图书馆并非单纯是建设硬件设施，智慧图书馆的重点是智慧馆员，馆员直接代表了图书馆的智慧和活力。目前中国图书馆馆员尚未制定规范、标准的资格培训体系，缺乏专业认证体系，造成不能确保图书馆的服务质量，开发图书馆工作者直接制约了中国智慧图书馆的演变和发展。

2.2.7.2 智慧图书馆建设的对策

2.2.7.2.1 制定相关法律法规及政策

中国目前缺乏建设图书馆的法规法律，由此需要最快速度地制定相关的规章制度。该图书馆环境内存在无敌网络，开放海洋数字信息资源、保护知识产权、网络安全、保护用户隐私安全、环境保护的所有书面文件和法律，均需要按照相关的法规政策，结合图书馆的发展，构建优良的政策环境。并且还要让图书馆和诸多的公益组织战略合作。依托政府提供的财政支持产业发展，助力图书馆产业的演变和发展。

逐渐推动国家图书馆规范化操作流程。在设置程序、管理方案、推广推介、民众参与、资金、公开数据等层面，和国际对接，产生有我国特色的流程规范。该标准化建设必然会提升在全球图书馆中我国图书馆的发言权，逐步强化培养图书馆人才。

2.2.7.2.2　资源共建共享

图书馆的智能化、运营的根本涵盖了两个层面：记忆无微不至、解量化资源。智慧图书馆中不但需要设置公开的纸质书籍、网络数据、数字图书资源。智慧图书馆还需要对图书馆中的实物添加智慧模块。这一模块中有很多的信息，进而这一个体演变为唯一的目标。在图书馆网络内，图书馆会依托大数据架构，共享共建图书馆中的诸多资源，给所有图书馆的藏书量提升台阶，对所有图书馆之间构建合作机会，进而迎合用户对图书馆的基本需求。

创建本地资源和精选合集。图书馆需要知己知彼，了解不同图书馆的具体服务环节和流程，优化个性服务模式，构建个性化服务环节和流程，最后实现最优服务。在当下的信息时代，所有图书馆均需要积极构建数字图书资源，数字图书资源需要整合诸多图书馆的馆藏，构建合作联盟，由此资源共享为建设智慧图书馆的未来发展趋势。

2.2.7.2.3　创新技术开发及应用

图书馆员是不是对新技术有兴趣，有没有良好的心态对图书馆未来发展是特别重要的，由此应用信息技术是不是特别重要。新图书馆技术的使用，自动管理体系渐渐演变为自助读物，直接解放了图书馆工作者的体力劳动，突破了服务的时间和空间限制，推动开发专业系统，如馆内服务、学术服务、信息化服务。该技术的开发和应用可强化建设智慧图书馆，由此提升 IoT 技术中的智慧图书馆服务优化。图书馆并不擅长研究和开发新系统和新技术，其为信息服务的社会组织机构。图书馆工作者不能故步自封，只使用新技术就可以了。开发新系统、新技术必然需要图书馆工作者的日常应用，由此图书馆工作者也是联合创作新技术的发明者。

2.2.7.2.4　转变价值观念

图书馆为有使命、有情怀的地方，需要强化和外界的合作和沟通，最大可能性地获得财力，提升社会中的自身地位，让图书馆变得更加重要。其均离不开图书馆的重构。在 IOT 时代，需要重点强调图书馆的价值和使命，在该时期的图书馆就需要依托网络，随处可在，由此图书馆和图书馆之间需要构建优良的合作关系和沟通关系。由此图书馆和图书馆工作者需要强化专业素养，强化建设网络能力，提高获得知识信息的能力。当下很多的图书馆提供收费服务，书店和图书馆合并起来。

2.2.7.2.5　智慧馆员队伍建设

图书馆高度关注图书馆员的发展问题。图书馆要很多有经验、有能力的优秀图书馆员。教育部于 2015 年 12 月修改了《普通图书馆条例》（2002），新《条例》表示高校图书馆的专业工作者需要有 50% 以上的比重。图书馆工作者的素质怎样直接呈现在图书馆服务内。由此图书馆工作者要不断提高自我的知识架构、专业素养，提高自我能力，让自身位于知识的顶端，并不会被时代淘汰。在建设智慧馆员中本人论述了如下建议：

变革目前的招聘方式。目前的图书馆普遍为考试进入事业单位，该招聘模式对自身有较高的起点要求，但在判断专业性方面低效。由此图书馆界能不能和其他行业那样设计准入门槛，要考取统一的图书馆馆员证书，不但可提升群体素质，还可以让招聘变得更加高效。

盘活人力资源存量。对当下已有的图书馆工作者分类，分类不同种类的人才，发配到不同岗位中。倘若为新时代的高素质智慧馆员，则需要全面、大力培养。并且提倡其持续提高创新能力和自身能力。对较低智慧信息素养的馆员需要打造有关的智慧服务能力。

培养学习型馆员。需要培养终身学习观念和意识，社会在迅速发展的环节，需要设立有关的读书交流活动、培训学习活动等，运用彼此交流，落实同步发展和同步进步。

2.3 5G 环境下的智慧图书馆服务内容

5G 技术是一种新兴的技术，它的产生和发展必将加快行业的分块与重新整合。在新技术的支撑下，新的网络媒介呈现出一种光明的发展趋势，推动着人们从精确的注意力转移到精确的要求。面对这种形势，中国图书馆要适应这种变革，调整自己的营销策略，把原有的读者转变成媒介使用者，并对其进行分解和重构，从而形成强大的竞争优势。5G 作为一项具有划时代意义的技术，其发展必将产生大量的人力资源，而中国图书馆在 5G 业务上的发展受到了严重的限制。一是当前 5G 商用的时代，各个产业技术变化迅速，新技术新产品层出不穷，必然需要大批的网络技术人员。中国在过去很久的时间里一直在做图书服务，而在手机和其他相关产业方面，目前还存在着大量的缺乏，这些都会成为阻碍 5G 商业发展的一个主要障碍。中文藏书阁因此，中国图书馆要大力发展 5G，必须大力发展有关专业技术人员，特别是对传统图书馆业务有一定认识和掌握 5G 网络技术的高素质的专业人员。培养和推广专业。因此，中国图书馆应大力发展人力，转变传统的评估与开发队伍，以实现 5G 商用所需的技术和人才支持。中国的数字图书馆以前没有接触过手机网，在 4 G 的业务上也没有太多的实践。因此，在中国的 5G 业务发展过程中，缺乏手机终端业务将成为一个很大的障碍。5G 技术的问世与商业化，必将使现存的媒介形态发生多元化与重组，使使用者的日常行为与认识发生深刻的改变，并在 5G 手机网路上催生新的商业形态。在这样的大环境下，中国图书馆在 5G 商业应用方面必须重视建立新的移动互联网，使各种技术能够相互协作和相互结合。

随着 5G 技术的迅猛发展，5G 和图书馆的融合成为必然，在特定的商业层次上呈现如下发展趋势。

(1) 平台和内容建设将成为重点方向

在 5G 的今天，网络平台的搭建与规划已经是电信运营商面临的一个重大挑战，也是电信企业提高自身竞争力的一个重要依据和手段。当然，搭建一个平台需要大量的资金、技术和资源，单靠一个公司是很难完成的，因此需要整个产业链的各个环节进行横向和纵向的协作，并在这个过程中实现双赢。美国有线电视公司 Comcast 公司的经营模式和经验是很好的。Comcast 公司以其在有线网路技术及资源上的领先地位，发展 4 G 通讯服务。这样做加强了它在 4 G 手机通讯市场中的位置。在 5G 商业应用中，该系统的构建有着十分重大的意义和意义，可以预见，它必然会在 5G 时期对大多数电信企业进行战略部署。5G 技术使移动互联网通讯技术发生了革命性的变化，在网络的传输速率等各个领域都有着巨大的优越性。随着 5G 技术的发展，高清晰度的电视将会逐渐被人们所接受，而"视频新媒体"也将会在 5G 技术的推动下，逐渐发展成为一个巨大的垂直应用市场。随着 5G 的到来，各个电信公司纷纷推出了高清晰度的产品，以满足广大客户的需求。Comcast 公司花大价钱买下了付费电视公司 Sky，而美国 AT& T 公司则花大价钱买下了时代华纳。上述的并购都是为未来 5G 商业计划中的一个重要战略准备。

(2) 全 IP 图书馆的发展

利用 IP 进行多种形式的广播电视服务已经成为当前图书馆事业发展的一个主要方向。目前国际上各大国家的新一代和新一代的卫星电视技术都是通过 IP 进行传送。随着信息技术的飞速发展，尤其是 5G 技术的迅速发展，实现了对终端的完全 IP 资源库，从而克服了技术上的障碍。在图书馆的整个 IP 网络中，要想真正做到完全的 IP 传送，除了要在规约级上进行全媒介的连接，还要具备强有力的 5G 技术支撑，也就是能够与 5G 的高效兼容性。

(3) 图书馆无线化

在互联网通讯技术迅猛发展的今天，混编图书馆已经是世界范围内的一种新潮流，它推动了传统和现代互联网技术的融合，使之发生了翻天覆地的变化。在目前的多媒体图书馆建设中，有些规范是建立在对宽带网络的基础上，而目前，随着 5G 网络的迅速发展，5G 网络在数字图书馆中的应用也越来越多。在 5G 无线传输的复合图书馆中，我们做了大量的研究工作，其目的是使传统图书馆网、无线宽带和 5G 网相互结合。因此，建设新的商业模式，为读者提供更好的服务。

(4) 传统图书馆与家庭物联网的整合

在此方面，因特网通讯技术的迅速发展，使得以互联网为基础的图书馆智慧使得家装公司可以利用已有的图书馆网实现对客户的智慧化管理。另外，在传统的图书馆和家庭物联网，通过融合式的业务，可以有效地进行智慧协作。比如，在用户观看一个美食秀的时候，可以根据节目的信息，分析出消费者在冰箱里需要什么材料，然后用手机告诉他们需要什么。当然，也可以在网上购物，也可以在网上下单，快递到家。可见，该模型能有效地了解读者的需要，打通网络与外部的联系，扩大了图书馆的服务范围。随着 5G 技术的迅猛发展，家用物联网将会是未来 5G 商业应用的一个主要趋势。未来，可将其与 5G mMTC 移动电话相结合，为广大家庭用户带来多种智慧业务，具有很好的发展空间。

(5) 图书馆与车联网的有机融合

随着时代的发展，汽车已经是人类的主要运输方式，高质量、高效率的驾驶技术已经是当今世界各国汽车工业发展的一个主要趋势。汽车业。汽车网络与现有的图书馆的发展展望。有关的调查显示，随著网路资讯科技的快速发展，到了 2020，汽车网路将会广泛应用于国内。在 5-10 年内，汽车网络的市场将会突破 1000 亿，乃至 1 兆。是一项具有巨大发展潜力的新行业。随着汽车网络技术的飞速发展，司机们可以享受到更好的驾驶体验，同时也可以通过车载智慧设备来实现更好的媒介消费。在 5G 技术日趋完善的今天，无人驾驶将逐步实现，而汽车媒介也将迎来高速发展。这就使图书馆可以将其媒介的潜能完全发挥出来，并将其与汽车交通工具相融合，从而为广大读者提供高质量的媒介内容。同时，通过 5G 手机互联网的互动特点，实现汽车和图书馆之间的相互联系，可以有效地解决目前单一应急电台存在的问题，提高汽车广播的互动能力。

(6) 图书馆的沉浸感逐步增强

在计算机技术和智能化终端的飞速发展下，图书馆的发展迎来了前所未有的发展契机，为用户带来了更多的新技术和新产品的沉浸性。欧广联(EBU)的有关调查显示，3D 电视在经历了低迷之后，将会迎来一个新的时期。以 5G 为代表的图书馆，"浸入"这个更广泛的范畴，并不限于在受众的眼前，更多地体现在"家庭网络"和"图书馆"之间的深入结合。在 5G 网络环境下，数字图书馆是一个非常有意义的发展趋势。比如，通过 5G 通讯技术增强了物联网，用户可以通过室内的空气调节来适应图书馆的具体情况，使室内的空气湿度和风速达到最大。并将其它的情况全部呈现在荧光屏上，使广大听众能够完全沉浸于其中，提高了电视的沉浸感。

(7) 图书馆与人工智能 (AI) 有机融合

在当今世界，以 5G 为基础的信息技术和信息技术相结合，其应用前景十分光明，在今后的发展中，它将为用户带来巨大的应用和应用。最宽泛的层面。人们的生产和居住环境正在发生着巨大的改变。我们就拿 Comcast 公司的 X1 语音遥控设备来说吧。本发明是一款智能电视遥控的智能手机。当听众们看到一个电视时，听众可以根据声音的指示进行控制，在不断地完善和发展中，其性能日趋完善，为广大用户所接受，收到了很好的结果。按照现在的行情，大约有两千万的使用者，每个月都会发出 6 亿条以上的声音。伴随式机器人是一种重要的智慧设备，它是一种结合了图书馆与 AI 技术的重要工具，使用者能够对使用者在看电视时的脸部表情进行深入的识别，通过深入地感受到使用者的脸部表情，从而得到使用者的浏览喜好，从而作出适当的建议。目前，该系列产品已经在日本开始商业化，并获得了较好的销售结果。AI 作为互联网和信息技术领域中的一种普遍技术，它也被广泛地运用于 5G 领域。通过智慧技术作为媒介和中介，可以使 5G 与图书馆之间的联系更加密切，从而使其技术实力得到更大的发展。比如，利用 5G 技术，可以在任何地方进行实时的无死角监视，并在需要时，本软件还能对进入的飞机进行实时警报。

(8) 向移动智能终端提供业务

正如前面提到的，美国 Comcast 公司在 Verizon 的 4 G 业务上获得了极大的成就，成为了美国发展最迅速的通信公司。从这里可以看出，该模型很有参考意义，中文库对 5G 商业应用的发展有一定的借鉴意义。以美国 Comcast 公司为例，其快速增长的用户数量有两个重要因素。一是采用虚拟运营商的模式，为客户实现较低的业务费用；二是将 4 G 和已有的服务相结合，为客户提供多种方案。从 Comcast 公司的发展来看，它在手机通讯领域没有任何的商业和经历，但是它却以一种非常活跃的形式，利用移动通讯的虚拟运营商来进行相关的服务并将其商业化，并培育出一批非常出色的人才。其在 5G 时期开发有关的服务提供了很好的依据。

2.3.1 5G 环境下的智慧图书馆服务原则

图书馆服务原则作为承担社会职责时图书馆行业需要遵守的准则。在新环境中图书馆服务需要秉持平等服务、社会开放、以人为本的原则。坚持如上原则，提升与强化高校图书馆在社区中的地位，有着重要的现实和现实的影响。

2.3.1.1 基本保障原则

图书馆学会颁布《图书馆服务宣言》，明确指出："应以保障和落实人民的基本读者权利为己任。"在高职院校教师考核制度中，对阅览室座位数量和平均学生图书册书等均有要求。由此可见，为广大人民群众的基本阅读需求，为广大人民群众的阅读提供基础的服务，是其最根本的要求。基本保障原则重点涵盖了图书馆覆盖率、馆藏资源保障率、提供图书馆服务设施等。

2.3.1.2　开放与共享原则

当代图书馆的开放服务为更广泛含义中的开放，不但涵盖了开放服务对象种类、延长开放时间、不间断的在线服务、一体化的藏借阅的书籍资料的开放，还涵盖了开放图书馆的空间资源、开放馆藏数据、开放设施资源、开放读者互动内容等。

可以说，中国不同级别图书馆有的服务能力、馆藏资源为不均衡的，造成诸多图书馆特别是小型图书馆在提供全面服务环节中会受到限制，还不能完成。由此需要开放思想，通过服务共享和资源共享的方式对用户提供满意服务。

2.3.1.3　公平与平等原则

图书馆面前人人平等，平等、公平的服务表现在对所有读者的合法权益的保障和维护中。平等原则并非单纯是形式中，还涵盖了实际行动。在图书馆方面而言，在图书馆提供服务环节中，需要秉持公正、公平的基本原则，公平对待所有读者，让其可以均等地获得公平服务。

2.3.1.4　公益与免费原则

图书馆的发展靠当地的财政支持，承担服务社会的基本职能和重担，其需要秉持公益性的服务理念。《图书馆服务宣言》第一条宗旨是："以公共利益为基础，以公共利益为基础，以公共服务为基础，以保障和落实群众的基本阅读权，将所有用户的需求为出发点。"对图书馆服务工作的公益理念进行了重新确认。作为一家具有不同于其它市场和文化的重要特点的图书馆，它是图书馆在进行社会文明的过程中所必须遵循的最根本的准则。服务公共利益的基本原理是遵循无偿的服务，所有图书馆均不能乱收费，明确无机构要求与机构要求的界线。

2.3.1.5　便利与高效原则

服务的高效和便利性原则重点呈现在：

在时间和地点上对用户提供便利。例如，深圳福田建设一千米的文化圈，上海建设的十五分钟内的公共文化服务圈等，均呈现出以人为本的基本理念和原则。

细化服务准则，注重弱势群体，提升管理能力。例如，一卡通通还通借的使用、设置流动图书馆、弱势群体专门的设施等。

简化服务流程，依托自动化设施，提升自动化服务的能力，便于用户自行借阅书籍，节约大量的时间，目前在诸多的公共图书馆和高校均已经被应用。

开展好远程访问服务和揭示馆藏资源，开通远程访问系统和应用集成检索系统，让用户在使用诸多类型的数字资源时期均可以高效率、便捷地获得自身需要的资源信息。

为用户提供精准、高效的服务内容，不管是高品质的智能服务，精简的信息服务，均需要让用户感受到图书馆服务的高质量和高效。可以说，让用户感受和体验到服务和方便是随时随地均在的。

2.3.1.6 多样与满意原则

伴随信息环境的改变，用户需求也产生个性化、多样化特征，图书馆也秉承让用户满意、以用户为核心的基本理念，按照读者类型和读者需求在服务中秉承多样化发展原则，运用提供多样服务内容、服务模式、服务方法，满足同一读者和不同种类读者的不同个性需求。

用户对图书馆服务满意情况为分析图书馆服务成效的最终目标，满意原则为提供和开展图书馆服务的基本原则，也是核心原则。唯有让用户满意图书馆的馆藏资源质量和类型，满足图书馆的设施设备、服务、空间服务能力、应用体验等，方可更好地呈现出图书馆的自身价值，发挥图书馆承担文化普及社会职能的功效和作用。

2.3.1.7 创新与发展原则

创新为图书馆持续发展的能动力，唯有持续创新服务方可确保图书馆在社会中有较高的社会地位，在图书馆服务中需要秉持创新原则，其含义为要运用创新的服务形式、服务内容和服务办法，并且针对性解决某一问题，主动积极地分析用户的需求特征，按照用户需求、特征开展创新服务，并非被动迎合用户需求和闭门造车的创新，在创新环节中需要首先确保维护诸多用户群体的信息需求，并且兼顾一定数量用户的个性需求。创新环节中提供的服务需要有易获得性和易用性，需要符合用户的应用行为，让图书馆服务在稳定发展中持续创新，并通过创新推动图书馆发展，运用创新特色服务的模式产生品牌服务效应，逐渐提升服务竞争优势。

2.3.1.8　服务主导原则

《图书馆学五定律》最早被提到是"书是为了用的"。在当代数码科技发展的今天，这个定律还可以扩展到"数字资源是为了用的"。如何有效地使用这些信息，是当前高校图书馆工作的首要任务。数字化技术支持着图书馆的智慧业务，而数据的数量则是衡量其实力的重要指标。缺少了信息资源，智慧服务将成为一句废纸，而将会丧失其核心能力。当我们在为企业提供必要的支持的情况下，我们可以讨论如何提供优质的产品。以协商一致为基础的智慧图书馆，将数字技术、文献资源与服务相融合。数字化技术是服务实施必不可少的工具，而文献资料则是内容的充分与否，而服务则是最终目标。在加强数字技术和扩大文献资源的前提下，智慧图书馆必须注重"以人为本"的理念。在服务方式、服务态度和效率等各环节上，智慧图书馆应该抛弃以往"被动服务""重存轻用"的老思想，取而代之的是人性化服务。高效能、高智商、以一致为基础的智慧化服务，使广大读者能够完全体会到图书馆的变迁，并对其情有独钟！

2.3.1.9　以人为本原则

绿色发展、以人为本是创建和谐社会的主要需求和要求，该特性是建立在共同心智的知识服务原则方面的，尤其是在数字化技术的不断普及和发展下，人们对科技手段的重视程度也日益增加，从而极大地影响了图书馆的工作效率和服务水平。有些图书馆在一味地追求现代元素的同时，往往忽略了最根本的人性思考。比如，过度重视建设和资源的获取，导致了经济上的巨大损失。关注那些表面的工作，忽视他们。这种所谓的图书馆（知识与智力的传递员）所提供的服务，其实并不有效。在以常识为基础的智慧图书馆的知识服务中，应将人力与物力相结合，以 RFID 技术为基础，实现 24 小时自助图书馆等嵌入的智慧化业务。使用者只需使用简易的作业即可完成图书的归还。2008 年 12 月，中国第一次关注到了一座真实的图书馆。真正的藏书；指的是读者借阅书籍，而非借阅。通过这种方式，我们可以了解到，在"以人为中心"的基础上，实现"以人为中心"的智慧图书馆，并获得了广大的用户的认同。

2.3.2　5G 环境下的图书馆服务内容

在信息技术和网络的影响中，当代图书馆服务正面对系列挑战和机遇发展问题。在一个层面而言，有的传统服务方式和服务内容渐渐会被淡出图书馆，并逐渐获得改造；在另一个层面而言，新生服务方式和服务内容会越来越多地演变为图书馆服务的主要内容，目前图书馆服务的重点内容涵盖了如下层面：

2.3.2.1　基本文献和信息服务

近段时间，诸多不同种类的图书馆均不同程度产生了借阅率负增长的问题。但信息服务和基本文献的地位依旧特别重要，其主要是由于当下实体馆藏依旧为很多图书馆馆藏资源的主体内容，依旧以较高的增长速度在逐渐扩充。

不管技术环境怎样改变，发展馆藏文献，特别是传统纸质文献，依旧是图书馆最主要的，馆藏体系提供馆藏文献为图书馆最重要的服务模式，倘若舍弃提供馆藏文献，则图书馆也就丧失了基本服务功能、服务特征和服务作用，与此同时文献传递和馆际互借是建立在共享资源的基础上，合理使用不同种类的馆藏资源，对实体馆藏文献的传递和互借仍属于信息服务和基本文献的体系范畴。

2.3.2.2　知识服务

最近二十多年来，知识服务为图书馆学研究和图书馆界积极探讨的热点问题。互联网直接改变了图书馆的内部、外部环境，也更改了用户获得信息的模式，信息服务和文献检索的传统优势逐渐消失，核心能力面对挑战和困境。由此，图书馆需要顺应时代的发展潮流，主动对用户构建知识服务，不断提升核心竞争力。

2.3.2.3　智能化服务

该区域所说的图书馆智能化服务，为在图书馆诸多服务中使用智能技术，产生高效益、高效率的图书馆服务方式。在使用 RFID 技术前，尽管人们对图书馆智能化服务有诸多遐想，但一直没有成功的案例。在我国深圳图书馆中第一次将 RFID 技术使用到大型图书馆服务方面，首先在借还业务中开展和实施了智能化服务，走出了智能化服务的主要步骤，也是重要的一步。但自助借还只是在智能化服务层面图书馆迈出的第一步。图书馆的现代化、智能化道路是没有止境的。RFID 技术并非万能的，不能直接解决所有的问题。怎样发展和探索图书馆智能服务，需要图书馆专家学者和工作者持续推动和努力。图书馆智能化服务不但是几种或一种技术在图书馆服务中的表现，最主要的是智能化图书馆服务呈现出现代图书馆的服务观念。但凡在服务工作中秉持为用户着想，以用户为中心的理念，就可以获得良好的效益和效果。

2.3.2.4 泛在服务

图书馆泛在服务为在泛在知识环境中产生的全新图书馆服务种类。出于在泛在知识环境中让用户对图书馆开始有越来越少的依赖程度，导致图书馆不得不在服务方式、服务内容、建设资源层面有所突破和革新。尽管提出泛在服务并没有很长时间，但是在图书馆服务中泛在服务思想由来已久。在民国时期，我国的图书馆界就提供了流动图书馆服务，自改革后在不同区域的图书馆流动服务车等，均可以被当作泛在服务的前身或雏形。

泛在图书馆的主要特性是突破了一般意义中的数字图书馆和传统图书馆之间的界限，让群众可以突破空间和时间的限制合理使用图书馆，真正呈现了以人为本的服务理念和服务思想。

2.3.2.5 文化服务

文化工作是为人们的心灵和智力文化服务，涵盖了两个层面的主要内容：

第一，文化展示。以历史回顾，人文地理，科普，社会热点为主题的专题展览。逐步拓展用户的文化视野和知识结构，例如，与此有关的专题展览有李　先生纪念馆，洛阳工学院李进学美术馆，河洛精文博物馆等。

第二，文化活动。运用读书知识竞赛、捐赠图书、精品书籍展览、图书漂流、经典视频展播、污损图书展览、名片名著朗读、影视名著欣赏、评选优秀读者、书法作品展、搜书大赛、读书达人秀、读书摄影比赛、书模表演、一战到底等诸多阅读推广活动逐渐普及文化内容和文化知识，提高综合国民素养。

文化服务并不只是一个简单的联系，并且是服务智慧化的过程，该项目不但为资讯科技提供高水准的服务，还是教育环境，两者是紧密不可区分的。

2.3.2.6 空间服务

空间业务是指为利用图书馆的空间环境而建立的一种业务。该系统包含两个层面：信息空间和环境空间，可以说不管是信息服务、文献服务、文化服务、咨询服务均需要建立在图书馆空间环境基础中，作为人类沟通与沟通的理想之地，也是人类的智慧之地，且提倡用户按照自身意愿和想象，新的空间，超出了传统的图书馆。

由于人们对图书馆的认识和对其利益的改变，我们迫切要求建立一个多样化的空间环境，由此也就衍生了空间服务。用户需求的持续改变，也在设计图书馆空间方面，在传统的信息共享演变为共享学习空间，并逐步向公共学习与创客的领域拓展。丰富的空间服务，既能提升学生的阅读和文化气氛，又能提升图书馆的工作效能和工作效能。

2.3.3 5G 在图书馆服务中的运用

图书馆的 5G 服务发展，需要紧紧依托 5G 时代主题，建立大数据概念，为用户提供优质的数据，在图书馆业务中全面融合和使用物质技术，提高信息技术服务的能力和水平，促进 5G 技术的深度结合，使我国高校图书馆的整体业务和业务水平得到提高。

2.3.3.1 加强图书馆数字信息资源建设

为了更好的在高校图书馆中推行 5G 业务，必须不断拓宽数字化资源的收集渠道，并将其与当地的图书馆进行有效的融合和融合，逐步树立对繁杂数据资源系统优先处理的发展观念，完善 5G 发展的基础设想。

（1）拓展图书馆数字信息资源范围

目前图书馆在社会中要获得良好发展，首先需要合理使用数字信息资源，这也是在 5G 信息化服务中图书馆发挥作用的基础。所以，图书馆在加强纸质文献资料的基础上，既要加强文献资料的利用，又要拓展文献资料的覆盖面，扩大信息资源的使用领域，引入网络热点、热点信息等具有巨大需求的信息资源，开展好建设信息数字资源的业务。还需要将有联系、通过分析挖掘后的数据进行存储和汇总，实现文化和知识的传播，不断提升数字资源的利用和质量。

智慧图书馆的一个特征就是基于"以人为本"的核心思想，即"智慧"这一概念，其目的在于解决使用者的明、暗的需要。针对使用者的需要，目前的图书馆在很大程度上可以做到以最大程度的消极回应。而在智慧图书馆中，要主动地迎合读者的明确需要，充分挖掘读者潜在的需要，根据这些需要不断地进行更新和优化，并适时地对其进行服务的调整。坚持坚持"以人为中心"的中心思想。因此，要使智慧图书馆与新一代资讯科技融合，吸取新技术，改造原有的机构架构，以新的智慧服务方式，将纸质资料资源和资料数字化。我们在各方面都以公平的方式提供优质的服务。本文拟从以下四个层面对其特征进行了阐述：一是以"以人为本"为中心的智慧服务管理模型；二是将智慧数据与智慧技术相结合的智慧图书馆体系结构；三是以信息化技术为中心，利用各类智慧图书馆功能，满足新时代智慧图书馆需求的智慧馆员。

（2）加强图书馆资源组织加工深度

对这些资源的整理与加工，就是对这些数据进行归类的过程，可以构建更有序的信息资源，以便于用户使用和收集、查阅。在图书馆内的结构化信息原本为知识表现方式，但该知识表现的方式只局限于信息资源库内部，通常用户很难理解，由此需要将图书馆外和图书馆内的数字信息资源构建联系，产生完善的数字资源组织架构，并在社会中全面展开，以便于用户收集和查阅，针对有悠久历史的报纸、图书等知识信息，需要合理保存，加工组织，有效发挥自身价值和作用。

2.3.3.2 应用 5G 处理技术

为全面提升图书馆处理数据能力，在图书馆信息服务中使用 5G 技术，解决实际性问题，实施图书馆的信息化改造与更新，并逐渐提升其对信息集成的研究与应用，提升信息服务品质。在综合层面而言，重点涵盖了信息处理、数据采集、知识挖掘、组织架构、结果呈现、分析预测、技术服务等相关内容，通过 5G 技术可以开展好图书馆信息资源服务，是提高图书馆信息服务品质和综合信息分析能力的主要保障。

2.3.3.3 提升图书馆 5G 服务质量

5G 应用对提升图书馆 5G 服务品质构建了优良的发展空间和基础保障。运用 5G 研究，迅速及时了解在服务中现存的难点问题和弱点问题，并快速精准定位用户需求，实现服务的精准化发展和精细化发展，为对用户构建优质的信息资源服务，不但需要合理解决图书馆中不均衡遍布资源的问题，还需要提升信息资源品质，不但需要确保信息资源的深度性、权威性、实用性、针对性，还需要创新服务方式，以主动服务逐渐代替被动服务。

全新的服务方式会按照用户行为有针对性地对其构建个性化服务。例如，当下诸多图书馆使用自助服务方式，对用户构建主动服务平台，提升用户检索信息的精准性和及时性。与此同时，需要将 5G 技术使用在图书馆 5G 服务中，也就是使用 5G 技术全面提升图书馆的服务品质。图书馆提供的数字参考咨询服务需要在建设数字化图书馆基础上。发挥图书馆的智能化服务。例如，落实读者相互应答、人机自动应答、网络专家解答等，让用户可以深入感受该服务的快捷和方便，让其演变为读者学习工作科研的良师益友。由此也需要顺应图书馆主动服务方式，实现 5G 服务和优质服务的融合。

2.3.3.4 创新图书馆 5G 服务理念

图书馆需要在服务理念中全面贯穿 5G 思维。第一，要逐步拓展服务范围，在对单位提供服务渐渐演变为对社会提供服务；第二，逐步拓展服务领域，扩大图书馆可提供服务资源的品种；第三，逐渐改良服务方式，拓展传播信息资源的模式。例如，在开展图书馆资讯服务和自助服务的基础上，按照研究用户的需求浏览行为等，对其构建个性化服务，还需要构建移动网络参照咨询平台，在面向固定网络用户提供服务的层面中，对移动网络用户也提供服务，实现 5G 服务范围的持续拓展。

2.3.4 5G 环境下的图书馆服务职能

2.3.4.1 传统图书馆的服务职能

1975 年，法国里昂，国际图联在一次有关图书馆功能的学术会议上取得了如下一致意见：它具有保护人类文化遗产、开展社会教育、传递科学情报和开发智力资源四大功能。

（1）尽力悉心保存人类文化遗产

收藏典籍与文物的保存既是图书馆的一项基本功能，也是实现其它功能的重要工作和物质依据。如果缺少这一功能，那么其它功能将很难运作。从建立图书馆开始，它肩负着人类的文化遗产继承这一根本任务，从文章到书籍、到全部的文献资源均是图书馆整理、收集、传播、分编、服务给社会群众，倘若缺乏图书馆，则有诸多的著作和文章失传。可以说，人类文化遗产，涵盖了精神文明、物质文明的主要成果，很多均是图书馆等诸多的文化组织不断努力而得以保存的。

首先，对于工业制造的工业互联网来说，5G 的安全性要高得多，而目前使用的无线网路如 Bluetooth 或 Wi-Fi 等，或者是有线宽频网路通讯，距离 5G 还很遥远。而对于供应链协同、在线协同设计等高精度、低延时需求的技术，则需要 5G 技术来实现。

其次，智慧化的制造对延迟的需求也很高，5G 能够很好的适应这种需求。利用移动边界技术，5G 能够加快网络中的各种业务和应用，提高带宽、降低时延、提高系统的运行效率。5G 网络具有的上述特点，能够确保高精密生产技术在生产中的稳定运作。比如，在智慧控制中，真正的操作装备都要听从指挥所的指令，并依据温度、湿度、气压等信息来发布指令。该装置被该装置的感应器探测到。），在此期间，为了确保任务的准确完成，网络的时延和很高的可靠性。

第三，5G 将加快智慧都市的发展。一座从工业发展的观点来看，要具备"智慧"，必须要在"智慧"之前达到"智慧"。无论是自动化还是智慧化，都离不开智慧的硬件。利用互联网和云端的"万物互联"进行了对接。5G 的高可靠、高速率、低时延是实现高质量、高网络连接、高网络通信的重要手段。给予有力的支援。通过将 5G 与人工智能技术的交互作用与协同发展，使智慧装置的配置与操作能够与人工智能有机地联系起来，从而达到一个真实的智慧都市。

（2）传播知识，进行社会教育

图书馆有教育读者、传播知识、推动科学文化事业发展的基本职能。列宁将图书馆当作是提升文化水平和人民教育能力的主要工具，表示图书馆可演变为仅次于学校、全国最普及的文化教育机关。伴随社会的演变和发展，在社会教育中图书馆可发挥更显著的教育职能作用。最近 100 多年来，群众知识更迭速度越来越快，学校教育已经难以满足日常的知识需求，图书馆对群众构建了获得终身教育机会的场地。在图书馆中有大量的藏书，并且涵盖了诸多门类的知识，涉及特别广泛的内容和范围，由此社会不同阶层的成员，从工程技术成员、专家学者到儿童少年、学生，但凡拥有阅读条件均可作为图书馆的用户和读者。其教育对象为遍布在社会诸多方面的广大群体，例如，图书馆界有关专家学者表示，图书馆的重要社会职能是对群众提供终身教育的场地和环境。

（3）传递科学情报

图书馆拥有丰富的科研文献，并将其与现代科学技术相融合，成为图书和资料的利用与编撰的中心。图书馆承担着科技资料的宣传工作，不但对科学分析构建其自身需求的文献资料和图书信息，并且还可以传播最新的科研成果和科学知识，指导科学分析的发展动向以及研究现状，为了使研究者更好的理解世界前沿科学的发展动向，便于精准确定自身未来的研究方向。

在国际上，在工业领域，图书馆的信息化建设受到了极大的重视，将其当作是一种无形财富、国家资产，并且将图书情报工作和材料、能源并列，是科技发展的主要支柱。因此，人们对如何有效地开发和使用图书及资料，就像是开发自然资源，是特别重要的存在。

（4）开发智力资源

图书馆是知识产权是知识的重要来源，智力为人独有的一种心理活动，是人实践能力和认知能力的综合。智力的多少可以呈现出人对客观世界认识的水平多少和正确情况，注意力、观察力、思维力、记忆力、想象力、判断力是构成智力的要素，并且该要素和信息有紧密关系，因此，人们把图书馆视为信息中心、知识库和智力资源。

学习是通向智力资源保障的基础，它具有丰富的人文知识和人文底蕴，营造了舒适、温馨、便捷的学习环境，是发展人才的最佳选择。

2.3.4.2 5G对图书馆职能的冲击

2.3.4.2.1 信息化浪潮的冲击

（1）信息化与5G

在信息社会化大潮流和社会信息化发展中，人类社会的诸多层面均在产生革新改变。信息化的发展对图书馆发展均可产生较大影响，对比传统的信息化，发展5G的价值不但是对此前客观存在事物的综合统计，是建立在统计大量事物的层面中，使用研究工具对目前形势的科学分析和对未来发展的科学预判，对决策构建知识支撑和技术支撑。对比传统信息化而言5G技术最主要的区别为：传统信息化是建立在数据方面，更强调查询功能，大数据技术则注重互通互联，进而落实智能预测、分析、决策和预警等相关功能。5G不但创建在信息化层面中，也直接加速了信息化发展进程。信息化汇聚了一定数据，而唯有该数据产生碰撞时，才会形成较大的价值。

（2）信息化对图书馆服务职能的冲击

20世纪，人类在资讯科技发展上取得了巨大的成绩，计算机的出现使人类储存、处理及检索资讯的效率得到了很大的提升。现代通讯技术的发展与发展，使人类在传播与获取资讯方面的能力得到了极大的提高。由现代通讯与电脑技术相融合而构成的一种电子资讯网路，让人类在获得信息的量和质中实现显著提升。信息革命的到来，对图书馆的发展产生强大考验，图书是一个很容易被虚拟的东西，没有书，没有人，没有建筑物的三无图书馆，尽管并非会如此发展，已存在的程序集的特性和性能可以被改变或减弱。

伴随当代科技的持续发展，资讯的传播已逐步深入到人类的生活中，全球性信息体系开始渐渐产生。在正规意义上，资讯的行为由中央转移到中央，信息组织也会分散。传统的资讯行为仅限于在大的图书馆进行，而在当代，资讯的传播并没有包含多个层级的社会性团体。由于普及和产生了网络信息技术，可以更便捷地获得信息，群众无须抵达图书馆就可以收集获得需要的信息。

如上的改变，在根本上更改了图书馆外部技术环境，在传统图书馆中门庭若市的情况难以在网络图书馆中看到。例如，陈钦智表示："近段时间迅速发展的多媒体、通信、数字技术在根本上更改了信息的收集、生产、应用、传递、组织模式，改变了图书馆的职能作用。在历史层面而言，图书馆开始由传统藏书库演变为主动提供信息的中心。"

(3) 图书馆在信息时代的优势

机遇和挑战并存。在信息社会中图书馆有显著的作用和功效，与此同时在网络环境中图书馆有自身优势。该优势呈现在如下层面：

第一，其有诸多的文献信息资源，其为其他信息机构没有的，唯有开发使用该资源，图书馆可演变为能动的信息中心，演变为主要提供网络信息的成员。

第二，有诸多训练有素的信息工作成员，诸多的图书馆工作者积累了信息服务、信息经验。

第三，有比较稳定的用户群体。

第四，政府支撑。

如上优势证明，所有图书馆均可演变为主动积极提供多媒体信息来源的成员，并且也演变为国际信息网络节点，且运用该节点对全部用户提供需求的信息。

2.3.4.2.2　知识经济的冲击

在近段时间的信息传媒中，知识经济目前已经演变为产生频率最大的词语，知识经济渐渐走来，且演变为 21 世纪发展的未来发展态势。知识经济是配置以及占有智力资源，是将科技为核心的知识的分配、生产、应用为主要要素的经济，知识经济对人的发展产生的影响是巨大的、全面的、深远的，知识经济不但对我国经济领域而言，是一种机遇和挑战，对我国图书馆界来说同样是发展机遇和挑战。

通过知识经济的演变发展，直接推动了知识的交流、创新和利用，不但形成了诸多全新的信息载体，必然会形成信息量大爆炸。近段时间，人类生产信息已经超过几千年来生产的所有信息总和，大量形成的信息潮流已经让群众感觉无所适从，在该发展基础中对信息的管理、加工和利用、开发变得越发重要，此前的文摘刊物、卡片目录等均难以发挥作用，需要积极探索先进的管理、加工、检索技术，这也是目前信息界发展的热点。在另一层面来说，群众更依赖专业的信息工作者和信息机构，希望获得支持和帮助，所以，在信息化时代，不仅要依靠信息组织、图书馆，还要依靠信息组织和图书馆来解决知识经济时代的问题。探讨如何更好地利用和利用信息资源，为使用者提供更好的服务。

知识经济是一种新型的社会，其发展取决于对知识的掌握程度。因而，在知识经济中，人才对工业和农村的作用要比人力资本对工业和农村的作用更大。同时，我们也急需高质量的新型人才 —— 创造性的人才。而在信息化时代，图书馆及资讯工作的工作效率与工作水平也越来越高，因而必须具有高素质的人才，不仅要精通现代资讯技术，还要精通资讯科技。我们要明白客户的需要，市场的需要，才能提供快速、优质的服务及资讯。与此同时，在一方面来说，国家需要加大力度，使用更有拓展性和实操性的方法和形式，在新的图书馆和信息技术人员的培育中，既要加强对图书馆信息技术人员的持续培训，学习诸多的新技能和技术，更好地适应社会基本需求。

2.3.4.3 图书馆服务职能的转变

在 5G 时代，要持续开展阅读推广，就需要契合时代的发展需求，改变传统服务职能，融合 5G 理念转变。

(1) 开展多种服务方式

第一，在馆内将阅读服务推向到馆外。将用户吸引到周围，对用户服务为图书馆所有工作的归宿和出发点。除却对图书馆中的用户实行优质服务之外，对所有的图书馆外用户也需要一视同仁，特别是对军人、老干部、残疾人等执行特殊服务。例如，派专人送书，制定图书流通站对更多用户构建优质服务。

第二，举办展览。举办展览为图书馆服务职能拓展的主要方式和措施。其为宣传社会主义文明的成果，对用户教育的一种模式，还可以定时对用户构建专题资料和新书目等索引。

第三，定期举办诸多类型的知识讲座。图书馆就像是没有围墙的大学，由此图书馆就需要走服务型、开放型的服务路线。敞开大门对用户服务，举办诸多类型的知识讲座不但可以有效发挥图书馆教育作用和职能，并且还可以拓展用户的知识面，有效使用图书馆当下已有的资源，让其可以更好地适应未来社会发展的基本需求。

第四，更好地实施和开展信息资源服务。信息咨询服务为现代图书馆的主要职能，还是信息服务的高级服务模式，是基本的图书馆服务项目。怎样开展咨询服务工作，为衡量图书馆影响作用和社会地位的主要标志。其目的是解答用户和提供目录导引的咨询问题，使用计算机检索帮助用户收集自身需要的信息；信息咨询服务为较高技术含量、知识密集、社会效益高的综合服务产业，建立在深层开发文献资源产品中，开发有高度真实性、精准性、长期收益的较高科学价值的信息产品。

出于有充足的信息资源为开展信息咨询服务的基础，要构建诸多类型的信息咨询组织，构建图书馆信息服务网，强化馆际合作和交流，有效互通，合理使用图书馆资源最大可能性的共享资源；改变此前等人上门的被动服务，主动积极地对社会提供服务，便于用户获得自身需要的资料，提升咨询服务能力，试图扩充服务对象的具体范围，提高市场竞争性和能力。

第五，实施馆际互借。其为图书馆和图书馆之间在文献资料利用中的互为补充、互通有无，对用户提供服务的模式；是落实资源共享、扩充馆藏信息和资源，满足用户需求的主要方式；是图书情报机构协调共建文献资料的基本目的。联合目录是必要的实施馆际互借的基本工具，可以准确、快速、及时地呈现馆藏的流通现状，让互借申请有典型性和代表性，便捷多样的检索途径，便于用户使用。地区间馆际合作的实施，较大层面地缓解用户无限需求和馆藏有限收藏之间的矛盾问题，较大地提升利用率和流通率。

第六，建立信息服务网络。任何图书馆的馆藏资料和文献均是有限的，并且可提供有限的信息产品，由此只可以使用图书馆之间和现代网络技术的协作优势，提供超文本、全文本、多媒体的服务。其可以让用户在查找中央联合目录数据库的时期在系统的随意一处要求网络中的内容，让全部的入网用户均可以在办公室、家中工作，可迅速通过终端检索获得网络中自己需要的信息和文献，有效使用信息资源。

第七，开展特色服务和创新服务。创新服务重点是图书馆的现代服务，是图书馆参与科研，将最新信息使用最快、最精准的方式提供给科研工作者，该参与结果可间接或直接地创造出有关的社会、经济价值，还可以呈现出图书馆工作者的价值。特色服务为图书馆的服务内容、服务形式、服务效果的统一，图书馆开展特色服务，一般都需要在开展常规服务基础上，按照现实可能和需求挑选某一领域或专题当自身优势，在文献的加工、收集、利用、提供方面实现文献资料的综合规划，产生自身特色，进而可集中优势，重点开发某一服务，提供有自身特色的信息服务，合理满足用户的特定需求。

(1)建立合理的规章制度

构建奖惩制度、岗位考核、业务统计、业务档案等相关制度，不断调整岗位结构，按照自身特长设定岗位，有效发挥工作者的积极性，强化图书馆管理工作，在业务操作环节中需要开展有关的检查工作，进而更好地完善和修改规章制度，合理安排和调拨物力、人力，最大可能性地实现物尽其用和人尽其才。

(2)提高图书馆工作人员的服务水平和服务能力

首先，优良的服务为深化改革图书馆工作，推动图书馆事业发展的重要对策和措施。出于图书馆的读者服务均位于一线，一天要接待成千上万的读者，不但对其提供诸多的服务类型，并且还需要宣传、组织、指导阅读和推荐图书，有比较繁重的日常工作，由此需要树立服务至上、读者第一、全心全意对用户服务的理念和思想。并且还需要强化图书馆服务工作者的业务能力和水平，提高自身的服务观念和意识，让图书馆工作者不但拥有情报学、图书馆学的知识和能力，并且还有很强的外语能力以及学习其他学科的知识。

其次，为逐渐适应信息时代的演变发展，需要最快速度地培养有较强信息检索、信息咨询、网络分析的专业性人才，出于缺乏有关的网络技术进行检索技巧和知识。很可能会导致漏检以及误解，由此需要举办短期培训班、业务讲座等短平快的模式对用户进行分批分期的培训工作，主要对其论述检索技巧和检索办法，积极创造机会和用户进行沟通交流，共同制作检索策略，获得满意的结果。不但便于提升用户检索能力和水平，提升检索质量和速度，还可以提升服务质量以及层次，对用户提供更优质的服务和信息，更好地适应社会需求，获得用户的支持以及信任。

综上，图书馆实行诸多服务方式并行、灵活有序的综合运转制度，逐渐提升了工作者的综合素质，更新知识结构，实现服务水平和技能的提高，主动提供高品质的优秀服务，方可让图书馆服务工作更好地符合市场经济需求，进而在深度、广度中不断发展，方可更好地使用图书馆资源，提高图书馆的服务，步入新时期。

2.3.5 5G 环境下的图书馆服务管理

2.3.5.1 图书馆服务管理

(1) 图书馆服务管理概念

图书馆服务为图书馆使用图书馆设施和馆藏对用户提供情报和文献的活动，还有的时期可以将其叫作图书馆读者工作。基本原则为用户至上、读者第一，所有的活动均是建立在用户基础上的，对不同种类的用户提供有一定区别的服务。

图书馆服务是面向用户，服务内容是复印、借阅、讲座、情报、咨询、展览、读者教育、读者研究等。服务的核心为图书馆工作者，表现出一次性的服务模式。图书馆提供繁杂的工作。

图书馆服务管理为对图书馆工作者服务过程和内容的动态管理，和图书馆服务有一定的区别，其为一种宏观管理的存在。

服务管理内容，不但涵盖了对图书馆工作的方面，还涵盖了规章制度方面，并且覆盖了读者管理的方面。

由此，图书馆服务管理为图书馆全面工作的基本，也就是一种全面管理。

（2）图书馆服务管理的内涵

图书馆服务管理为恰当地对图书馆服务系统内的物、人、信息、时间等有关要素进行合理布置、安排和整合，最大可能性地发挥综合收益，是图书馆按照用户感知服务品质的变化和产生，开展服务管理和开发的，进而落实质量效用和各方（读者、图书馆、其他利益相关者、社会）的目标管理活动的统称。服务管理为组成图书馆管理的主要构成，涵盖了如下三个层面的内容：

第一，一直秉持满足用户需求，实现用户满意的原则，对图书馆服务开展战略管理。

第二，将强调卓越服务、优质服务当作基本目标，运用设计、开发、创新、整合服务的全过程管理，持续创新服务方式，拓展服务空间，保障服务品质，增加服务内容，落实图书馆的长期发展以及可持续发展。

第三，以提升利用服务资源的效率当作基本目的，对设施、技术、图书馆工作者、信息资源等服务资源予以最佳利用以及配置，进而落实图书馆社会价值。

（3）图书馆服务管理的特征

服务的异质性、无形性、易逝性、同步性直接决定了在管理图书馆服务环节有如下特性：

第一，服务的个性化以及标准化。其中个性化、标准化为图书馆优质服务的主要构成内容。标准化服务为诸多程序、标准和系列彼此规范和关联的服务环节组成的服务操作体系。标准化需要图书馆工作者按照标准以及程序，将优良的服务技巧、技能直接呈现在服务的诸多环节中。个性化服务为有较强针对性、柔性、强调最大化满意的服务工程。个性化服务需要工作者在服务环节中，逐渐提高自身的服务观念，秉持为顾客服务的基本原则，强调细致服务以及感情投入，并且按照个性需求对其提供有针对性的服务。

个性化服务以及标准化服务，不但彼此依赖还彼此区别、彼此转化，个性化服务需要建立在标准化服务基础中的，倘若缺乏规范服务则难以实现个性化服务。要实现个性化服务，就需要建立标准化服务，这也是基础和标准。个性化服务主要源于标准化，并是高于标准化的存在。但倘若只是满足或停留在标准化服务，并不实现个性化发展，则难以在本质上提升服务质量。个性化服务为一种创造性、灵活性的服务艺术以及行为，其灵活性为并不直接照搬条例，结合现实情况和不同个体而产生改变，让用户可以获得超过传统服务的内容，可以合理满足个性需求的一种服务。

第二，服务管理的柔性管理以及刚性管理，柔性管理和刚性管理在当代管理中是两种基本管理办法。其中刚性管理是运用制定一系列的规定、章程、规则使用强制性的手段方式让工作者执行和遵守，实现图书馆管理的制度化和规范化发展，刚性管理制定了严格的一系列规章体系和制度，可以确保图书馆工作的合理实施和有效开展。柔性管理则是对比刚性管理来说的，是伴随社会的发展和进步而产生的当代管理模式和理念。其是建立在以人为本的理念中的，其实践含义为构建和谐社会，其根本是开展人性化管理，其核心需要关心、尊重、疏导、理解、用好人。柔性管理是建立在发展、引导个人能力基础上的，最大可能性地发挥图书馆的价值，发挥工作者的创造性以及积极性，对用户构建优质服务。服务管理唯有实现柔性管理、刚性管理的融合，方可推进图书馆工作的蓬勃健康发展以及长期发展。

（4）加强图书馆服务管理的意义

目前社会正位于信息化高速发展的时期，5G 的发展、数据爆炸，让更多的用户获得更加宽广的信息渠道，由此，传统图书馆服务目前已经难以满足很多用户在阅读方面的需求。图书馆能不能更好地满足用户的需求，直接决定于图书馆是不是可以管理到位，由此改良对用户的服务是图书馆转型的重点。图书馆需要改良目前使用的服务模式，满足用户的阅读需求，推动图书馆的迅速发展。可以说，需要使用有关的措施强化管理图书馆服务。

不管是在什么时期，在社会中图书馆均是特别重要的存在。首先，在图书馆中有很多的馆藏信息和数据，用户可在其中获得自己需要的信息和资料，并且，图书馆还可以对用户构建优良的学习平台以及安全的读书环境；其次，图书馆可以直接拓展图书馆工作成员的知识广度，出于在图书馆中有很多的储藏信息和数据需要工作者予以整理，而工作成员需要理解不同的图书，由此，图书馆通过管理工作可以直接拓展用户的知识面；最后，优质的图书馆服务管理工作，可以对不同学科的科研工作者构建有针对性的资源以及信息。

2.3.5.2　5G 时代图书馆服务管理创新

（1）图书馆服务管理创新

第一，强化培训图书馆工作者的素质。近段时间，很多图书馆均在提高工作者素质层面投入了很多，提升了图书馆工作者的综合能力和水平，但很多图书馆只注重培养工作者的文化素养，并没有提高综合素养。能不能对用户提供高效率、高质量、高品质的服务，工作者需要有一定的文化水平、知识才能、学识修养，定时培训工作者的文化知识是特别重要的存在；其次，图书馆工作者需要有一定的道德素养，优良的服务态度必然是建立在道德素养基础上的，对很多的服务的用户而言，图书馆工作者需要对其提供优质服务，不能呈现出对用户的不满。图书馆工作者的素养直接关乎图书馆的发展、建设和服务品质，管理者需要高度关注工作者的在职培训，使用定向培训、全面培训结合的方式，塑造可以对用户提供优良服务的高品质、综合型人才。

第二，树立与时俱进的创新服务理念和观念。以人为本的服务理念为与时俱进的创新观念和服务。人作为图书馆所有活动的主体，由此全面贯彻以人为本的理念在管理图书馆服务中是特别重要的存在。①营造人文氛围，图书馆工作者尊重、了解、爱护读者，满足用户需求为自身责任。对用户坦诚，例如，在图书馆开放时间、网点布局、开放程度中照顾所有用户的需求，对其构建人性化、多样化的服务等。尽管读者注重图书馆的先进方式和资源，但也渴望生活在有很浓人情味的人文环境内。图书馆的发展均是按照人文关怀开展的。②最大可能性地提供优良的服务。图书馆工作者对用户的尊重不但单纯表现为微笑中，微笑是最基本的服务，以提升工作效率，满足用户在信息资源方面的基本需求，方是对用户的最大尊重。满足用户所有的合理需求，让用户在图书馆中获得被尊重的感觉。③便捷方便的服务模式。在制定图书馆制度规章的时期，需要有效考量用户的利益以及需求，立足于用户，降低不必要的限制以及规定，降低烦琐，自助式、开放式的服务和管理是用户特别推崇的。并且，图书馆服务工作目前已经开始从满足借阅书刊书籍为主，演变为以知识开发、知识信息为核心。图书馆要持续更新和丰富图书馆的页面内容，构建有自身特性的信息导航系统以及文献馆藏数据库，实现网上咨询业务的完善，深加工文献信息资料，提供完善的参照咨询服务以及信息加工服务。针对不同层次、年龄的用户构建专门的板块进行引导，让用户可以迅速熟悉该图书馆的综合网络功能。

第三，最大可能性地满足用户在信息方面的需求。满足用户的信息需求，并将读者至上、读者第一当作对用户服务的第一准则，图书馆从管理者到基层工作者均需要逐渐深化读者观念，并逐渐深入用户中去，倾听其看法和声音，征求在文献资料方面的需求。注重用户对图书馆服务的反馈信息，迅速进行处置和分析。可对用户予以调查回访，细致了解用户的意见以及需求。逐步看齐国内成熟的服务产业，将用户当作上帝和顾客来看待，进而逐渐发展为社会新型服务业，提高竞争能力。

第四，逐渐改良图书馆工作者的知识结构。强化有关知识的教育，改良图书馆工作者的知识结构，这是必备的存在。其为图书馆工作者接受继续教育的主要内容。当下，信息化技术拓展传统的图书馆职能，图书馆从目前的管理文献资源演变为管理信息资源，必然会在信息活动中涉及经济、人、技术等诸多问题和要素，要求图书馆工作者对管理类、经济类、信息、法律类、其他学科层面的知识可以了解到。例如，运用学习信息管理学、读者心理学、建设信息资源、信息加工、计算机技术和信息检索等诸多知识来强化和用户的沟通，加速传递信息，进而可开发信息资源和利用最佳成效，进而提升服务品质。

创新读者服务管理。伴随接受积累信息的强化和提高，5G 系统实行职能选择且完善自我演变为可能。5G 的主要意义是预见性：运用有机整合大量信息，进行深度数据挖掘，表现出该数据包含的可能性，预测会产生的事件，进而让图书馆构建预见性的服务。图书馆可以使用 5G 技术，将 5G 中的非结构化、结构化信息，按照用户需求的智能选择，且整合逻辑，提高利用图书馆信息资源的时效性，对用户构建有效服务。

5G 背景中的图书馆用户服务的创新管理可运用对用户个性化阅读行为的研究，明确用户信息需求的方向以及范围，运用科学研究诸多的算数技术，预测获得用户的阅读意愿，让图书馆可以对用户提供有前瞻性的信息服务。在 5G 背景中创新图书馆服务管理，利用数据挖掘和研究可对用户构建个性化的专属信息服务。

5G 背景中，图书馆服务的重心产生改变，并非局限于构建一次性的纸质文献服务，演变对用户提供整合、加工后的个性化网络信息服务。在 5G 时代的杂乱信息、海量数据，用户要迅速、精准地获得自身需求的信息，消耗较多的时间和力气，其对用户和图书馆构建个性化服务创建了机遇。用户运用在图书馆系统中登录，就可以按照需求，在专栏中论述个性化服务需求。图书馆使用图书馆的微博、论坛、QQ、微信等交流平台，将制作好的信息迅速地推送到用户手中，可降低用户不能在海量信息中精准获得数据的烦恼，并且还可以显著提升信息的使用率以及时效性。

5G 背景中，图书馆有更加开放的信息服务，可落实社会化创新服务对象，传统图书馆普遍是对科研工作者、在校师生等提供专业的服务，提供面对面的馆内服务，且受到图书馆开馆时间的制约和限制。在 5G 的发展背景和网络环境内，读者和图书馆不再拘泥于空间、时间的制约，不同时空的数字化访问演变为现实，在网络环境内，图书馆信息服务对象会最大范围地拓展，对国际上全部用户提供服务演变为可能。

2.4 5G 对智慧图书馆的影响

本文 SWOT 剖析从 5G 对智能图书馆的作用，探讨 5G 对智能图书馆的作用，以及 5G 技术在智能图书馆中的运用，实现更好的沟通。

2.4.1 优势与劣势

5G 技术对于智能图书馆来说具有很大的好处，它能够为智能图书馆在所需要的网络尺度上的技术支撑。5G 的普及将会让我们的智慧图书馆真正实现。是一个不断深入的应用，以达到商业的价值的智慧图书馆，现在正处在一个政府的建设期。为了使阅读和工作更容易，5G 唯一的功能就是方便我们的读者和工作人员，而且 5G 也在不断地被普及。综合运用智慧图书馆，提高了图书馆的整体服务质量，提高了读者的使用效率，搜集、获得了大量的资料，建立了读者中心，满足了用户的需要，为用户提供了必要的资源。借助智能图书馆的服务，达到"以人为中心"的目的，让广大的读者完全沉浸在"智能"的环境中。通过智能化的图书馆服务，实现了"以人为中心"，让广大的用户能够完全地与智慧图书馆的环境相融合，从而方便了广大的读者。5G 技术对智能图书馆的技术进步具有重要意义，它需要与科学技术、人工智能等技术的融合，并在此基础上进一步发展、改进，并将新技术引入其中，融合新技术为广大读者带来一座充满科技性的智能数字图书馆。

5G 对智能图书馆的弊端是当前 5G 还需要分阶段进行。许多行业和行业都希望与 5G 合作，建立一个 5G 的智能图书馆，这还是一个漫长的过程。与此同时，在技术、经费等方面的大力扶持下，加快 5G 时代智能图书馆的建设。我国尚无一套较为完备的智慧图书馆体系，而现有的智慧图书馆体系也并不完备，仅具备一定的功能，并不属于同一体系，其运用方式也不够智能化，并不是一套完整的体系。

在上世纪 50 年代，计算机科学之父图灵发明了一个具有深刻意义的图灵测验。他相信，假如一个人与一架与其进行沟通而又找不到与其进行沟通的不是人类的机械，则该装置便可以被视为具有智慧。1956 年，麦卡锡（McCarthy）作为两大人工智能的创始人，他在 1971 年创建了 Lisp。1969 年，明斯基创立了一个人工智能的理论体系。IBM 于 1997 年发布了"深蓝"，而在"深蓝"和一位国际象棋的世界冠军之间，"深蓝"获胜后，所有人都知道了人工智能的厉害。

在智慧图书馆中，人工智能就是一种能够自动收集、处理和分析数据、知识等信息，并能够自主地作出决定和管理的行为。智慧装置和自动装置最大的不同之处就是，它能够取代人进行各种繁复的大脑活动，而那些能够让人做的只是简单的、反复的身体活动，而那些机器人，则能够胜任某些工作。人类大脑无法做到，而能够执行的工作也是它最大的特点。在智慧图书馆中，利用大数据技术对信息进行定量，能够找到不同的使用者或不同的信息来源，从而对未来的发展趋势做出预测。

在智慧图书馆的应用中，人工智能将扮演着一个非常关键的角色。而在另一端，融合了云计算、大数据、深度学习等三种技术的智慧，使得图书馆可以快速的识别、收集、组织、分析海量数据，并提供综合模式。通过对文献资料进行分析，将文献资料用于解决问题，使文献资料处理简单，从而为图书馆的科研工作带来新的技术方法；实现了读者的个性化，实现了图书馆的信息化，为实现了图书馆的新的业务模式。

2.4.2 机遇与威胁

5G 对于智能图书馆来说是一个契机，因为全球正在积极推进 5G 的发展，5G 已经建成，5G 的发展仍然是一个热点。当前，国家的大力推动是 5G 的普及，5G 与智能图书馆合作带来了巨大的机会。京东的无人机物流和机器人物流正在试用阶段，而阿里的无人购物中心也在建设中。智能图书馆能够实现智能图书馆的自动分发与无人超市，从而达到了读者的借还需要。比如，图书的发放也是必要的。在阅读的时候，会有一个机器人在面前。经过甄别后，这些书籍会被送往坐着的位置，在顾客退回来后，由它来组织并运送书籍。可以看出，大多数的图书馆工作都是由机器人来做，大大减少了员工的工作量，而且将来还会有一个自动的图书馆。5G 将带来科技的革新，也将会影响我们对将来的思维，智能图书馆的"智慧"这个词与现存的传统的图书馆相比，折射出了一种未来的智能模型。模式，仅仅是对图书进行归类和收集，如果没有足够的藏书，就无法满足更多的需要，那么，就会变成以资料的方式提供信息，也可以有电子图书，辅助印刷图书，并能为用户存储资料信息。

5G 移动端通讯技术有着广阔的发展空间，能够在工业领域得到广泛的运用，将会给人们的生活带来巨大的变化。从实际应用来看，5G 的应用可以分为三大领域：人工智能优化、生活便捷、工业化。

而 5G 将在无人机、无人驾驶、无人超市等方面扮演着举足轻重的角色。按照 5G 网络的主要性能指标，5G 的接入设备和流量的分布，每平方米 5G 必须能够接入超过一百万个的设备，并且传输的密度要超过 10 Mbps。在传输速率上，5G 将会有 20 Gbit/s 的最大速率，而在用户的使用体验上，则需要 100 Mbit/s。在智慧控制与自动驾驶方面，基础结构。此外，自动驾驶技术还可以为智慧社区的发展提供一定的硬件支撑，例如：无人商店能够提升商业的运行速度，自动驾驶技术可以减少潜在的危险并减少人们的教育费用。

而 5G 技术在推进人工智能技术发展的同时，5G 的到来并不代表它对人工智能技术的一种单方面的冲击，反而是对 5G 技术的一种反作用。5G 网络结构中，为了达到 5G 的主要技术要求，它使用了大量 MIMO、自优化网络、虚拟化等先进技术，使得网络和通讯的资源配置更加灵活。对网络操作者来说，部署工作的成本和时间都很高。此时，对人工智能进行优化和提升，将会极大地缓解这个行业的运营压力，节约人力，提升工作效率，达到一举两得的效果。

总之，5G 技术与人工智能技术可以相互影响、相互促进，5G 的出现促进了人工智能技术的发展与发展，而 5G 技术的突破也是 5G 技术的"蝴蝶"。5G 能够提供更快更可靠的信息传递，而人工智能则能够让机械人拥有"智慧"，二者的融合将会给人们的智慧生活和智慧产品创造新的飞跃。

5G 技术对智能图书馆构成了巨大的挑战，即建立 5G 联合智能图书馆从研究到建立要花费很多的时间，同时，我们还必须为那些辛勤工作的人提供经济上的帮助，而在技术的发展过程中，我们也会不断的尝试和尝试，从中汲取经验和教训。

第3章 智慧图书馆服务的需求问卷调查分析

从图书馆诞生之日起，首先，图书馆的作用是让人们更好地阅读，第二，最主要的是，它的服务也在不断地改进。为读者提供个性化、多元化的服务，是一个图书馆不断发展的必然趋势。而图书馆的研究，就是以读者为中心，为读者提供服务。采用问卷调查的方式，对读者和工作人员进行了问卷调查，从各个方面获得了较为完整的问卷调查，并对其进行了分析和研究。通过分析和解决问题，可以为读者提供最好的解决方案，并改善图书馆的服务品质。同时也有助于图书馆工作人员改进工作方式，提升工作品质。

3.1 调查研究说明

而智能图书馆的服务品质与服务要求取决于其使用者的使用经验与回馈。他们对所提供的服务的要求和打分能够真正地反应出他们的工作品质。对读者及工作人员进行调查，对调查的结果进行分析，吸收各方面的观点和观点，能够全面理解所有人所需的各项业务，认识到目前的问题，并提出相应的改进措施。

3.1.1 调查研究对象

为了更全面、客观地研究智能图书馆的服务需要，本研究以网络为研究对象，以图书馆的阅读与工作主管为研究对象。本研究以网上发布为主，根据智能图书馆的需要，编制并编制了一份调查表，通过对280位读者及员工的资料进行调查，了解目前智能图书馆的各项服务，并提出改善意见。目的是让我们对图书馆的工作有一个更好的认识，也能让我们知道你对我们的服务和工作有什么看法。

3.1.2 调查研究内容

通过对读者和管理工作人员的身份不同的认知和考量，可以更加全面地了解不同的服务所带来的便利，以及大家对于智慧图书馆的需求，最后通过问卷的开放式问题"您认为智慧图书馆最应该有什么服务？"来了解对于他们来讲智慧图书馆应该具有什么样的服务才是最便利和实用的，图书馆的智慧化最终的反馈是体现在服务上，只有大家对服务的评价都是积极向上并且都是正面的，才能代表我们的智慧图书馆实现了真正的智慧化。

3.2 问卷调查与分析

通过发放的调查问卷得到的结果进行分析，从而得出对于智慧图书馆的服务方面，从读者和工作人员两个角度进行分析，对服务的需求进行更加深入的了解和分析。

3.2.1 问卷调查的问题分析

第一题，您的身份是？ A．图书馆读者 B．图书馆工作人员。本次调查问卷对读者和工作人员进行了调查研究，全部发放了300份调查问卷，共收获了280份有效的答卷，其中回答本次调查问卷的人员有250位读者和30位工作人员，通过对问卷的回答来分析图书馆的读者和工作人员对于图书馆的服务和需求。

第二题，您多久去图书馆一次？ A．几乎每天　B．一周2～3次　C．每月2～3次　D．每年2～3次　E．几乎不去

对于250份读者的调查问卷中可见，其中占比最大的是有64位选择了每年2～3次去图书馆，其次是28位选择了每月2～3次去图书馆，12位选择几乎每天去图书馆，15位选择一周2～3次，12位选择了几乎不去。由此可见，对于现有的图书馆模式，大部分读者每年来到图书馆的次数并不多。所以我们需要通过图书馆的服务来吸引更多的人，希望他们可以因为图书馆智慧化的服务想要去图书馆打卡学习和看书。

第三题，您平均一个月在图书馆借阅书籍的数量是？

A．0～2本　　　B．3～5本　　　C．5～7本　　　D．7本以上

对全部280份调查问卷中，ABCD四个选项人数分别是109，81，52，38。由此可见目前大多数借阅书籍的数量还是很少的，其中也包括图书馆的工作人员中经常借阅书籍的数量也是很少的。从图（3-2）中可以明显看出借阅书籍呈直线下降，表示大家在借阅书籍上很少有人可以做到很多的数量。

第四题，您是否可以及时找到书籍的所在位置？

A．是　　B．不是

表 3-1 是否可以及时找到书籍的所在位置

	是否可以及时找到书籍的所在位置	
	可以及时找到	不能及时找到
读者回答人数	105	145
工作人员人数	19	11

在能不能找到需要的书籍中，145 人不能及时找到书籍的所在位置。而在 30 份工作人员的调查问卷中显示 19 人可以及时找到书籍所在位置，11 人无法及时找到。由此可见，不管是对于读者还是工作人员来说，是否可以及时找到书籍的所在位置十分重要，对于读者来说，不能及时找到所需要的书籍十分耽误读者的时间同时也影响了读者的心情，带来了不好的服务感受，如果经常出现找不到书籍的问题，那么很有可能导致读者的流失，不会再次光顾此家图书馆。对于工作人员来说，无法及时找到书籍影响了工作人员的工作效率，当智慧图书馆可以实现书籍的自动查找和借阅后，对于读者和工作人员都会是好的体验。

第五题，您在借阅和归还书籍时，觉得哪一步骤花费的时间最多？

A. 选择书籍　　B. 查找书籍位置　　C. 借阅流程　　D. 归还过程

在 280 份调查问卷中，占比最大的是在查找书籍位置中有 133 人选择，而在选择书籍有 67 人，借阅流程 70 人，归还过程 10 人。由此可见，查找书籍的位置对于大多数人用时最多，如果将查找书籍的位置改善，将大大缩短时间，提升读者体验。而对于归还过程则没有占用大家太长的时间，可见在归还书籍这一方面目前的服务还是让人满意的，没有占用大家太长的时间。

第六题，您认为您经常去图书馆的原因有哪些？

A. 喜欢纸质的书籍　　　　B. 可以借到喜欢的书籍

C. 喜欢图书馆学习的氛围　　D. 图书馆的服务很好

经常去图书馆的原因

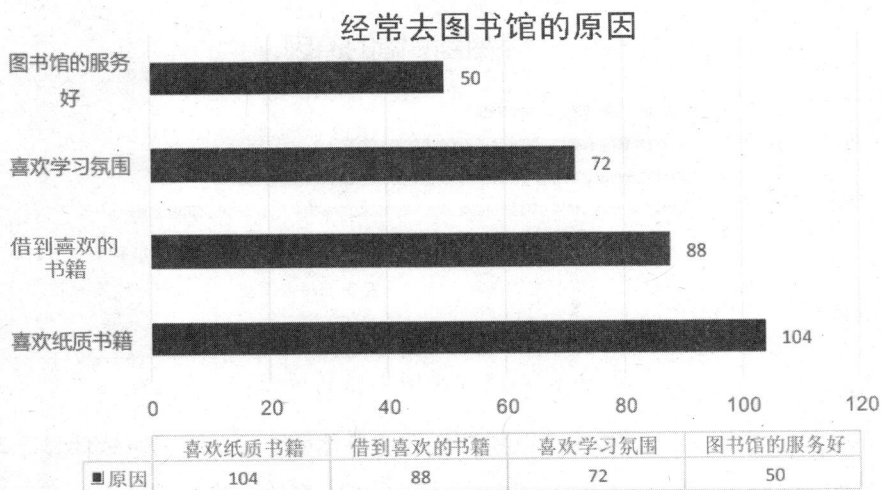

	喜欢纸质书籍	借到喜欢的书籍	喜欢学习氛围	图书馆的服务好
■原因	104	88	72	50

图 3-1 经常去图书馆的原因

通过这个问题可以看到，大多数的人选择了喜欢纸质的书籍，数量最少的是图书馆的服务很好，由此可见，在大多数人心中，吸引他们去到图书馆的原因是尽管现在电子渠道电子图书十分先进发达，但很多人仍然喜欢看纸质书籍，而至于图书馆的服务被很多人忽略掉了，可见图书馆的服务还不足以得到大众的认可，而智慧图书馆需要从服务上进行改进并满足读者们的需求。

第七题，您认为您不经常去图书馆的原因有哪些？

A. 电子书很方便　　　B. 图书馆书籍不全

C. 查找书籍很困难　　D. 自己没有时间

经过问卷的整理可以看出占比最大的是电子书很方便，其次是图书馆的书籍不全。由此可见，电子书的推出很大程度影响了读者们去图书馆的频率，由于现在网络科技的发达，使得在手机或者电脑上都可以进行查询书籍的内容和简介，而图书馆的书籍不全则是存量不够大，不足以满足读者们的喜好。而智慧图书馆不仅可以为读者提供纸质书籍的借阅，还可以提供书籍的电子版本，随时随地进行查阅，同时提供打印复印和扫描的功能，通过改善服务模式，扩大书籍的存量，为读者们提供更多的服务。

不经常去图书馆的原因

	电子书很方便	图书馆的书籍不全	查找书籍很困难	自己没有时间
原因	137	116	87	53

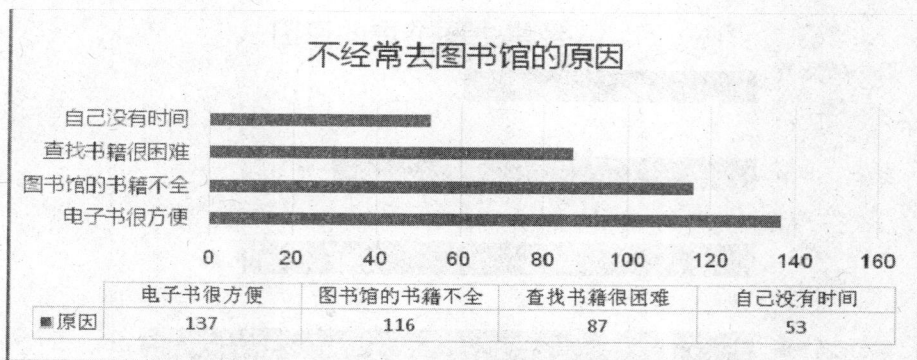

图 3-5 不经常去图书馆的原因

第八题，您认为以下哪些可以提升您的服务体验？A.图书馆软件显示现有书籍名称 B.提前预约制服务 C.24 小时营业 D.餐厅咖啡厅一体 E.有声读书 F.定期读书推荐服务 G.其他

对于服务体验方面，占比最多的服务类型是 24 小时营业，对于目前的图书馆可能营业时间有限，而大多数读者平时工作日上班时间没有办法去到图书馆进行阅读，而 24 小时营业则更加吸引了读者们。其次是显示书籍，对于读者们来说，如何可以更便捷地知道自己想要的信息，或者是想要阅读的书籍是否可以在图书馆中找到十分重要，所以对于图书馆软件如果可以显示现有的书籍名称和剩余书籍数量，对于读者们来说将是十分的便捷，可以省去很多的时间。其次是餐厅咖啡厅一体，这个服务更好地体现了现在的读者们更加注重细节的服务，餐厅咖啡厅一体也可以使得读者在阅读书籍的同时享受美食。

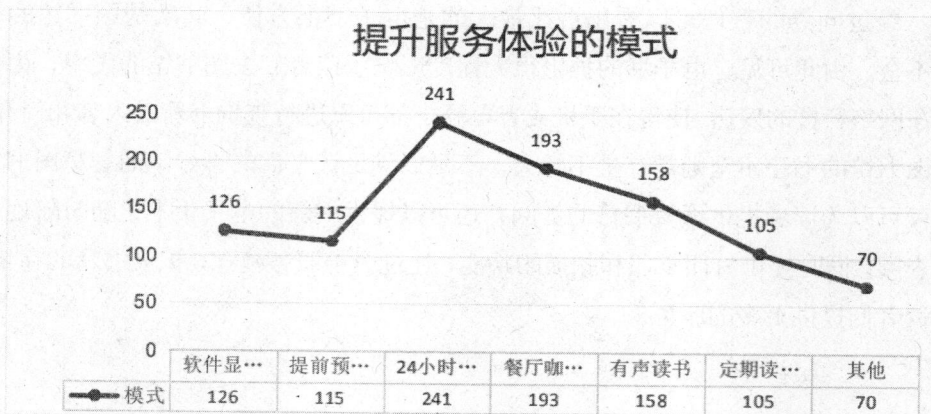

提升服务体验的模式

	软件显…	提前预…	24小时…	餐厅咖…	有声读书	定期读…	其他
模式	126	115	241	193	158	105	70

图 3-6 提升服务体验的模式

第九题，您认为智慧图书馆最应该有什么服务？

对于这项开放式的问题，大家的回答各不相同，正是印证了在每个人的心里最喜欢的服务和最需要的服务都是不一样的，每个人对于智慧图书馆都有着不同的需求，所以体现出的服务的样式也是各式各样的。从外部设施说起，有人认为智慧图书馆的地理位置首先应该是交通便利，方便停车。有人希望智慧图书馆可以是一个集合体，不光可以有自习室和图书阅览室还可以集休闲娱乐餐饮为一体的场所。有人希望智慧图书馆可以 24 小时营业。从内部建设说起，有人希望智慧图书馆可以涵盖所有年龄段的需求，有适合不同年龄段的读物空间。有人希望智慧图书馆可以是一个交友分享的平台。有人希望智慧图书馆可以有一个精致的外观和精美的建筑设计。有人希望智慧图书馆的书籍可以足够全面。有人希望智慧图书馆不仅可以购买书籍，同时可以帮助进行书籍的复印来节约成本。有人希望智慧图书馆的智能知识储备库可以涵盖国内外的资料。有人希望智慧图书馆可以定期开展讲座或者知识课堂。

表 3-2 最期待的服务需求

最期待的服务需求	
外在场所需求	外观整洁、交通便利、方便停车、书籍导航功能、儿童阅览室、观影阅览室、档案室……
文献图书需求	文献书籍齐全、书籍检索查询下载便捷、数据分析、电子书阅读、书籍推荐……
操作需求	借还书籍简单、预约书籍、座位预订服务、多种终端设备登录服务……
福利性需求	提供书籍打印复印服务、定期专家活动讲座、在线咨询、书籍推荐与推送服务、写作指导、在线辅导、交友活动、热点话题的分析与推送、社会舆情分析……

3.2.2 读者对智慧图书馆的服务需求分析

智能图书馆的服务品质是提高读者的阅览能力、提高阅览量的先决条件。所以，优质的服务是最重要的。首先，读者需要便捷和个性化的服务。而对读者而言，随着现代技术的发展，人们可以通过移动电话，即时浏览到需要的文字和资讯，因此，图书馆的存在，一方面是为了便于阅读，另一方面也是为了更好地利用。在充满书味的图书馆里，个性化、精简、方便的服务为广大的阅览者节约了大量的阅读资源。

其次，读者需要一种能让每个人都满意的服务。特别是在当今科学技术发展的时代，人们更需要的是阅读与查询，因此，图书馆的藏书容量和储存容量都非常关键，同时还要确保信息的完整性。当人们到达图书馆时，他们对读书的欲望就会被激发出来。

最后，还有一些其它的附加功能。在传统的图书馆中，读者的阅读与借书已经成为了一个重要的工作。然而，就像我们所说的，有的人想要图书馆的印刷和影印功能，有的人想要有规律的活动，需要更好更全面的服务，以迎合读者的需要。通过开展专题教育，既是为图书馆做了一次推广，一些读者想要定期举办一些主题的活动，一方面是为了推广图书馆，另一方面也是为了给自己的朋友们提供一个学习和结交朋友的好时机。我们的读者对于智能图书馆的服务有很大的要求，从自身的观点出发，为自己提供便利和便利的服务，也期望借此来充实人们的闲暇与一种娱乐方式。

3.2.3 工作人员对智慧图书馆的服务需求分析

根据对智慧图书馆的问卷，本公司期望雇员也能够参与到服务创新中，而加入智慧化的服务，则会降低工作负荷，提升生产力。

首先，雇员希望建立一个服务模型。没有规矩不成方圆，没有人会在智能图书馆里工作，也没有了以往的轻松，雇员需要有系统的学习，在工作中要熟练掌握，对于雇员而言，全面的学习和服务是为客户提供了更多的便利，也让他们今后的工作更加便利。

其次，雇员需要自己的产品具有智慧。越是聪明的机械，员工就越是容易使用，而机械的性能要求技术工人能够掌握工艺和不断的技术进步。

最后，雇员想要多元化的提供他们的业务。服务多样化，不但满足了用户的需求，而且满足了雇员的需求。我们期望我们的服务多元化，以满足广大的阅读需求，同时，我们的工作人员也可以用不同的方式来为我们的客户提供更好的服务。

我们期望智慧图书馆可以更好地为每位雇员服务，怎样才能更方便的为这个工作提供便利，也是为了让我们的智能图书馆能够有一个更好的展示给所有人。

员工们在不断地提高自己的学习能力，或者说，场馆的智能化提升，都需要员工提供智慧图书馆。

第4章 图书馆智慧服务应用技术分析

近段时间，知识图谱为人工智能持续发展的核心能动力，目前被大量使用在电商、金融、政务等诸多层面，并且历经较短时间的发展，其依旧有较大的发展热度。公共图书馆中，尽管设计了图书推荐，但该运用信息整理获得阅读推荐，通常均为零散存在的。并且在个人体验方面切入，日常找书看，但不了解此时想要阅读什么内容，通常是随意翻阅图书馆的书架，可以找到很多自己想要看的书籍。可以说，读者经常会遇到如此场景。设计对场景的痛点问题是如何落实跨类目阅读，并且读者也有一个问题，就是在一些场景中不知道阅读什么样的图书或者是什么样的书籍，可以让自己形成兴趣，例如，待产时期需要阅读什么类型的书籍？但一直以来图书馆都是建立在公共图书馆工作者的方面中的，通过图书馆分类法进行图书组织，在用户层面而言，比较难懂，不关注，也很难满足日常的应用需求。结合现实情况融合选书的知识服务系统创建实例现状，福田区公共图书馆创新性地论述了建立在用户阅读需求场景基础中的知识图谱本体系统，重新组织和创建图书馆，融合机器人技术，创建智库型公共图书馆体系，不但可以实现业务痛点的解决，并且还可以在图谱中沉淀知识。历经推理和挖掘，创建出几十万个事件和图书类目属性彼此之间的关系，倘若用户希望了解"蓝鲸"，则需要阅读什么书籍，可具体到鲸落生态系统、海洋哺乳动物等相关内容。选书帮使用逻辑语言的方式描述该深度知识。群体、事件、地点、方式等组合，形成了几百万条阅读用户获得阅读线索场景的信息和知识，进而可建立在知识图谱基础上，落实跨类目推荐阅读，较大降低用户的选择路径，对选择阅读产生更多的便利。

目前伴随工业化信息化的持续演变和发展，将机器人科技为典范的智能产业获得迅速发展，目前已经演变为科技创新的主要代表。《中国制造2025》规划将机器人当作是制造强国建设的主要领域。

由此，建立在公共图书馆方面的知识图谱，且逐渐扩充，落实机器人、公共图书馆、知识图谱的融合，渐渐被使用到公共图书馆的智能检索、参照咨询、语义数字公共图书馆、知识推荐、图像识别等诸多层面，帮助公共图书馆实现智能化发展，直接带动图书馆由智能图书馆演变为智库型图书馆，实现发展和跳跃。

4.1 建设智慧图书馆的必要性

4.1.1 构建新型智能应用，实现智慧图书馆具体化

图书馆的核心元素历来是广大图书馆工作者关注的焦点，自上个世纪起，许多学者对其进行了深入的讨论。回答：帮助制定和建立图书馆的指南。尽管图书馆的要素在不断地更新，但是，图书馆的资源与使用者始终是读者，因此，如何充分地运用现有的资源，更好地为广大读者提供优质的信息。

1931 年，印度图书馆员兰加纳坦（Ranganatan）创立了图书馆五大法则，著有《图书分类导论》。这是一部很好的书籍。"第三条："所有阅读的人（每种书都要有一个能阅读的人）"是指在图书馆中充当中心元素的人和资源。第四条是"节约阅读的时间"是有关图书馆的工作。1932 年，我国图书馆馆员杜定友又推出"三部曲"，即"书""人"和"法"三大元素，"书"是指一切文献，"人"是指读者，"法"是指经营方式。这两个学说都是有时限的，而且没有涉及到文件管理员与阅览人员的联系。《什么是图书馆学》，一九五七年北京大学图书馆院长刘国钧指出："图书馆的工作，有五要素：图书、读者、领导与干部、建筑与设备、工作方法"。

云计算的实质是通过"云"把大量的数据和计算过程分割为许多碎片。这些零散的小块会被一个与多个伺服器相连的体系所处理和解析，最后会以最后的成果回馈给我们。使用者。然而，随着云计算的发展，它不仅仅局限于一个简单的分布计算，它还包含了许多计算机技术，如：效用计算，负载平衡，并行计算，网络存储，热备份冗余，虚拟化等。云计算可以划分为三大类：即服务（IaaS）、即平台即服务（PaaS）、"软件即服务"（SaaS）。相对于传统的互联网业务，云具有高灵活性、高可靠性和高的价格比。

云计算的理念可以追溯到上个世纪，美国 Salesforce 在 1999 引入了这两个技术，并率先创建了面向商业的远程业务的"No Software"。若干年之后，企业的网址拥有了一个服务 CRM（客户关系管理），它是 SaaS (SaaS) 的创始人，也被称为"软件终结"。到了 21 世纪初期，谷歌发布了三个关于大数据时代的文章，

它们分别对 GFS、 MapReduce 和 Bigtable 进行了详尽的描述，为目前的云计算应用提供了一个理论上的理论依据。谷歌首席执行官在 2006 年度的 SEO 会议上第一次将"云计算"作为其发展的标志。

对图书馆来说，建设是为读者提供服务的前提。在智慧图书馆中， IaaS 可以分为三类：服务器端、存储端、联网端。因此，很明显，智能图书馆迫切要求以云技术作为其重要的支持平台。当前，在这一领域中，关于这一技术究竟应该将其作为一项服务外包，还存在着一些争论。要解决这个问题，就需要对两者的利弊进行剖析。有些学者认为，为了节约费用和标准化，应该联合发展标准体系，共享部分的硬件设备。

伴随计算机技术的迅速发展和演变，大数据、云计算、自然语义处理、语音技术、5G 技术等直接影响社会生活的诸多层面，并对公共图书馆产生影响，图书馆在软件和硬件资源设施和服务模式理念层面都产生了较大改变，创建在公共图书馆知识图谱基础中的全新智能应用是落实智慧图书馆的主要模式，是推动图书馆自动化、智能化的基础保障，对改变图书馆服务方式，提升服务品质均有较大意义。

(1) 实现实时咨询服务。

传统的人工咨询服务受制于图书馆咨询服务工作者、节假日、非工作时间产生的影响，目前已经难以满足公共图书馆在咨询服务方面的需求。融合人工智能技术，建立在公共图书馆知识图谱中的图书馆参考咨询机器人目前已经演变为一种全新的发展方向。运用新型的人机交互的智能化回答，落实自主借阅、图书查询、问题咨询，且持续丰富知识库，大脑让机器人越来越聪明，最终落实自主无人服务，直接解放工作者的双手。

(2) 虚拟公共图书馆馆员。

伴随社会的逐渐发展，阶层目前由单一阶层跨越到多元阶层，社会有更加精细的分工，社会表现出更加个性化、多样化的需求，服务内容、对象、方式表现出显著的同质化倾向，目前的综合图书馆已经很难满足社会群众专业、多元、个性化的需求服务，对公共图书馆当下的传统工作产生了更多的危机以及挑战，急切需要公共图书馆工作者消耗很多的精力和时间开展高重复性的工作，并将群众在匮乏专业参考咨询的现状中解脱出来，创建虚拟的工作者对用户提供服务，推动且挑选学科或者是有效的专业信息资源，提供恰当的文献以及书刊等。

虚拟公共图书馆工作者依托诸多的信息数据对用户提供强有力的参考咨询：运用人工智能的深度学习，可以迅速在大数据内获得关键信息；有很强的逻辑推理能力，可以直接连接在信息海洋中散落的特定知识片段，对用户构建决策以及科研凭证；有很强的处理结构化、自然语言理解能力、非结构化数据的能力；可以和用户进行交互，理解用户论述的问题；可以使用文章的心理语言学模型、本文研究深入研究用户数据，掌握用户个性特质，对用户构建月份个性化、人性化的知识服务。

伴随数据集的持续扩大，机器的计算和学习能力逐渐提升，历经培训一线工作者，智能机器人必然会出色完成以及胜任公共图书馆的诸多工作，直接将工作者从重复性、简单的工作中解放出来，进而从事可对用户构建更多价值的工作。

4.1.2 人机共存、人机互补成为公共图书馆服务新态势

知识图谱为在大数据时期最主要的一种知识表示模式，并且是支持人工智能技术的存在。并且伴随工业化、信息化的持续发展和融合，将机器人科技为典范的智能产业获得显著发展，演变为目前时代科技创新的主要标志。建立在大数据、云计算、自然语义处置、语音技术、5G 技术等基础中的全新一轮的信息化发展，更多的工作者机器人已经实现，且超越了人类的能力和水平，涵盖了认知能力的工作。例如，在知识检索特定数据库中，已经不能将人类当作是计算机的对手。结合当下图书馆机器人的使用现状而言，整架、编目、流通、上架、一般的业务咨询等全部可通过机器人替代。可以说，公共图书馆为一种公益性的文化组织结构，其发展的主要目标是让群众迅速获得知识和信息，对群众进行人格教化、心灵浸润，对其构建人文关怀、生命活力的精神家园，并且是社会最主要的职能，而其均是无法依托对知识、信息的自动化、便捷获得、智能机器服务实现和替代的。可以说，传承人文精神并不能单纯依托技术发展和进步，其需要个体全面参与，需要人文精神、科学技术的良性互动落实。机器人的使用让图书馆工作者有更多的时间使用诸多的活动和用户予以情感交流以及交往，传承以及保持图书馆的人文传统，让用户可以获得更人性化、温暖的智库服务。由此，未来伴随机器人和知识图谱的融合在公共图书馆的深入使用，人机互补、人机共存演变为图书馆服务的全新态势，图书馆工作者和机器人发挥优势，更好地弘扬以及落

实人文精神。

4.2 建设智慧图书馆的内容

要创建"智库型"公共图书馆，落实知识图谱、公共图书馆、机器人的融合，重点是自然语义处置、图书馆知识图谱、语音处置三个层面。在其中，知识图谱为创建"智库型"图书馆的重点以及核心；自然语义处置为创建知识图谱的重要技术；语音处置为人机交互中端和端的一种方式。

4.2.1 公共图书馆知识图谱

当下的知识图谱重点被使用在文本创建基础上，真正落实了知识图谱需要实现诸多模态的结构化知识。例如，除却文本信息之外，还需要有语音、图片等诸多的模态信息，唯有多模态的结构知识，方可持续推动认知智能系统的能力。

作为一种智慧的图书馆，其构建方式与其关键因素。以图书馆为基础，以馆内现有的各种资源、设施为用户或馆员提供智慧的业务，实现信息的最大限度地发挥其资源的作用，从而达到最大限度地发挥其资源的作用。笔者以为，按照企业的主观能动性，将其服务划分成"智能化"与"智慧化"两大类。

智慧化的服务，是利用智慧的装置来实现对读者和图书馆工作人员的"被动"的。"被动"意味着，不能按照自己的需求，为读者提供自己想要的信息。在服务被供应后，该智慧装置将协助使用者执行该要求。例如，在纸质文献资料中，智慧服务通过 RFID （射频识别）来实现对图书馆实体资料的检索，使用户能够更好地实现自助借阅。另外，采用智慧书架、智慧识别与定位等技术，实现了数字化电子文档的自动处理，极大地减少了馆员的工作负担。在数字化文献资源上，有了云的数字化阅览等多种途径，以方便读者随时获得各种信息。随时获得资源信息服务包含了信息，但是比信息服务更高级的信息不需要使用者主动请求，它可以使用大数据技术，通过人工智能来采集所有使用者的信息。对数据进行技术处理与分析，了解各类用户的需求变化规律，对潜在的客户需求进行预估，为客户提供相应的业务。在满足使用者潜意识的需要的同时，它也带来了一场知识革命，成为智慧图书馆的一个重要特点。

在信息社会以前，旧的图书馆往往利用借书证、借阅信息卡、目录卡等传统的借阅方式来进行借阅和还书，占据了大量的书本，造成了极大的不便。当前，图书馆的业务流程已经全部数字化，大部分的图书馆都是通过条形机、扫描仪和计算机来完成对借阅资料的快速录入。该体系极大地提高了读者的借阅、还图书的效率。然而，这样做并不能彻底地解决问题，不管是通过自助式或手工式的方式，这些资料都是用来整理、清点的。而在这种情况下，智慧图书馆可以通过智能仪器进行这项工作。通过 RFID、传感器网络和 M2M 等技术，通过智慧的手段，实现自动分类和快速的功能。

为了更好地理解使用者的潜在需要，智慧图书馆通过对使用者的各种活动进行搜集与分析，建立使用者的需要规则模式，以达到对使用者潜在的行为与喜好的预期。大数据是一个由单一使用者收集到的各种资料组成的巨大而又多种多样的资料。智慧图书馆通过建立一个庞大的数据收集的虚拟社群，让使用者可以通过它来进行每日的沟通和分享，通过使用各种数据来建立使用者与知识网的联系，并在这个虚拟社群中实现对使用者的社交信息的筛选。其次，通过大量的读者资料进行知识的发掘，将各读者的潜在客户群体分离出来，从而从更大范围的推荐中获得优质的信息。

在该章节中，重点论述了在技术路线内的关键事项以及部分。

第一，图书馆知识图谱为文献实体（本文章特点是图书文献）和有关的浅层知识以属性项、属性值的三元结构化的模式呈现出来。尽管很多的知识源于当下实体库的结合，在该环节中抽取信息技术特别关键。最后的知识图谱在问答、搜索、推荐的场地中可建立在结构化信息中获得答案。在该使用场景内，通常是直接将知识图谱内的百科知识传播给用户，逻辑或推理语言描述的规则类知识只有很少的涉及。

第二，最大可能性地将随机遭遇的图书信息结构化（结构化无问题结果）。使用结构化的图书文献创建图书馆知识图谱的开始，常规的知识图谱技术模块，例如，在知识融合、抽取信息技术、知识建模、知识融合等层面均有前沿的分析和探索，具化到标准化工作的某一属性和特性。例如，图书馆知识需求专家学者实时在线参与到知识链路中来，并且要数据、专家、算法的彼此协作、三位一体，进而怎样协作算法演变为目前最大的挑战，有多少样本数据，其结果有较大的差距。由此，在抽取信息时期，首先，需要最大可能性地限制抽取所有图书的文本长度（最大可能性地抽取推荐语、内容简介）；其次，需要最大可能性地控制单独的文本数量，最大可能性地降低消耗的算力；最后，最大可能性地降低由于数据的多寡产生的偏差。

第三，使用推理技术解决机器学习的可解释性为产生知识图谱的重要技术，涵盖了可解释性，在生产知识的环节中可实现白盒化（为交流、实践、反思的获得知识的方式），行业专家方可运用知识图谱工具参与到构建环节中。

在机器学习的层面，涵盖了深度学习，当下这也是最火热的分析方向。较多的算法，回归、分类、推荐、聚类、识别图像等层面，要获得恰当的算法比较不容易。由此，要深刻明白要探求足够好的方式解决问题，和合作方一起努力，融合领域信息和知识，算法之中的缺点和优势，便于合理选择。

第四，模拟出尽量多的应用需求场景模型，并演算其结果。要实现产生跨类目的阅读推荐和解决不知道阅读什么图书的问题，就要尽可能地模拟出多个场景下读者需求模型，构建事件与图书属性之间的关系并演算其结果。其方式有两种。

第一种是基于人工定义和抽取的特征设计多轮场景对话。目前，提供给公共图书馆作为高频 FAQ 场景问答的机器人多数为这种方式。而这些特征总是根据特定的任务（信息检索或者自动问答）人工设计的，其缺点是模型在一个任务上表现很好的特征很难用到其他文本匹配任务上。

第二种为使用深度学习法，建立在神经网络 attention 提取系统以及建立在多级迁移学习提取模型中，可自发的在原文内获得特征，省却了诸多的人工设计开销且获得了良好成效。首先，抽取特征的环节为模型的某一部分，按照各不相同的训练数据，可便于适配到匹配的文本任务；其次，深度文本匹配模型融合上词向量的技术，可以良好地解决局限词义的问题；最后，获得了层次化的神经网络属性，深度文本匹配模型可以良好地创建文本匹配以及短语匹配的层次性、结构性。

结合迁移学习举一个例子，当下人获得的知识更多。倘若现代人穿越到古代，是不是全部都是天人？在《庆余年》内就论述了范闲斗诗。针对现代人范闲，穿越到一个还没有杜甫、李白的世界，在酒桌中狂喝美酒，狂背李杜名诗。让所有的个体均特别惊讶，特别佩服。迁移学习就类似于在前人学习的基础中，持续研发全新的轮子。

第五，知识图谱不是依托算法模型不断优化就可以实现和解决的，还需要使用更多的知识运营搭建工程系统以及参与系统，并不是单纯的算法服务，其为较大的知识网络体系。

最可以证明该点的为，其为相同的算法，尽管持续优化目前的样本信息和数据，在 10 万到 100 万级别，其依旧有较大的差异。

4.2.2 自然语义处理 (NLP)

自然语义处理为使用计算机对人类语言处理的一种技术。自然语义在根本上就是一种逻辑符号，为对人类的诸多抽象和具象事物和其之间改变、联系的完整的符号化描述。其代表 NLP 需要处置设计记忆、高层语义、逻辑推理、知识抽象等比较繁杂的认知属性，在处理非结构化数据中，特别是深度本文，在数据样本表现出几何倍增的时期，造成建立在统计学习、数据驱动基础中的深度模型在 NLP 表现出较大麻烦，产生该问题和错误，主要是由于在创建知识图谱的时期，试图将非结构的数据归纳提炼为结构化知识，逐步扩充知识图谱，组建边界。

第一，确定知识图谱要创建什么知识，要有明确的定义。例如，要合理处置好自然语义文本的长度？抽取之后产生的结构化知识是使用怎样的方式表现：短句、词汇、类别标签、应用场景等层面？

第二，在创建知识图谱环节中，在产生结构化知识的层面中，使用深度学习模型语义推理，落实驱动知识，在持续进阶到驱动推理，进而产生了知识结构推理引擎，直接提升该体系的智能认知能力。可以说，是建立在构建知识图谱中的，使用结构化知识的方式提炼获得非结构化数据内的信息和知识，降低和消解歧义。

第三，建立在神经网络 attention 中获得文本特征的办法。自然语义处置，为直接关乎抽取文本关系类别，为在文本内获得实体的语义关系，核心图文能不能充分提取词语和词语、句子和句子彼此的语义结构特征信息，在根本上而言可以将其当作是多分类的一种问题。

对该问题而言，最主要的工作为选择分类模型、提取工作特征。在诸多的选法内，挑选不依托目前已有的词汇资源或者是手工提取的特性，最大可能性地规避提高计算复杂度、消耗大量的精力以及时间，影响提取特征质量的算法为特别重要的存在。由此，选择使用建立在机制 attention 的神经网络本文 LSTM 提取办法规避在传统工作比较繁杂的工程，可合理提取文本属性和特质，获得较高的准确率。Attention 机制可发现对该分类发挥显著、核心功效的词汇，进而让所有的模型均可在所有的句子内获得最主要的语义数据和信息。

在建立在 attention 机制基础中的神经网络 LSTM 内，其主要的工作原理为使用神经网络 LSTM 提取文本的输入信息等，其后运用挑选在 attentionM 制对文本内的句子以及关键词语，并且将获得本文特征向量使用分类器语义标签化和分类设置。

工作模型结构图主要为图 4-1，共划分为 5 个层次。

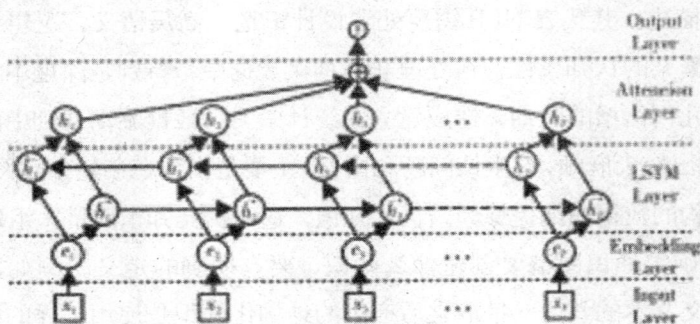

图 4-1 基于 Attention 神经网络提取系统的文本特征提取方法的工作模型结构

●输入层 (input layer)：将句子输入至模型中。

●词嵌入层 (embedding layer)：将每个词映射到低维空间，转换成二维矩阵的形式。

●长短期记忆神经网络层 (LSTM layer)：使用 LSTM 从 embedding 层获取高级特征。LSTM 具备选择性保留或遗忘某些信息的能力。

●注意力机制层 (attention layer)：生成一个权重向量，通过与这个权重向量相乘，使每一次迭代中的词汇级的特征合并为句子级的特征。

●输出层 (output layer)：将句子级的特征向量用于关系分类。

4.2.3 语音处理

语音处理最重要的使用是在人机交互环节中。处理语音的重点是识别语音。近段时间，深度学习首先在图像识别、语音等层面获得突破是最主要的原因，也就是最大限度、大量数据地保留了目标信息的原始性。例如，在某一个语音识别体系内，在训练数据实现了 3 000 小时之上的时候就可以获得显著的成效，阿里巴巴、百度等网络公司则可以实现几万小时的训练数据。

当下建立在深度学习基础上的语音识别体系运用很多的数据训练可获得通用语音识别体系在日常场地的实用化发展和水平，例如，百度、科大讯飞、微软、阿里巴巴等公司均创建了有关的 API。

4.3 面临的挑战

4.3.1 公共图书馆人还没做好迎接智慧图书馆到来的思想准备

科技为生产力。在最近的二十多年的时间中，社会正位于大变革的时期，在初步时期的 PC 网络演变为移动网络，再到当下以大数据、云计算、人工智能、5G 等为典范的新一代信息技术，正迅速推动社会步入数字经济时期，智能革命必然会带来颠覆性的技术革新。2020 年阿里达摩院颁布的十大技术趋势中表示，未来人工智能能不能持续打开天花板，产生更大的规模，其关键是突破认知智能，发展知识图谱技术是特别重要的存在。认知智能的产生可持续推动图书馆向着智库型图书馆层面发展和前进。

在迅速发展的网络信息技术影响中，图书馆不管是在资源、硬件设施还是在服务模式、理念层面均产生了重大改变。全新一代信息技术的使用，特别是使用人工智能会怎样对公共图书馆产生影响和改变，涵盖了改变信息的服务方式、组织模式、服务内容，建立在信息和知识的基础上，为物体和物体之间的沟通和联系，还是人和物体之间的沟通和连接，诸多的图书馆工作者尚未普遍关注，也尚未习惯对未来发展和可能做准备，也尚未深刻认知到人工智能会对社会发展产生的巨大潜能，并且当下建设智库型图书馆依旧维持在概念和定义的时期。

4.3.2 缺乏专业技术人才

诸多的迹象均证明当下我国科技正迎来爆发期。此前的信息技术在图书馆的使用和实践可以了解到，图书馆可以自主研发实现的应用系统特别少，倘若需要持续推动落实建设智库型图书馆，就需要培养大量的了解知识图谱构建的专业性人才，促进公共图书馆的演变发展。

专业技术人才的匮乏必然会限制在公共图书馆中知识图谱的创新以及应用开发。诸多的实例均已经证明，图书馆并不关注培养计算机技术层面的专业人才。在一个层面来说，图书馆只可以被动接受公司开发的诸多应用类型的系统，在较大层面上是紧随企业走，企业研发什么事物，就使用什么事物，并没有重度参与，造成缺乏深度，一般唯有深入发展、重度参与方可了解创新点以及发展机遇，与此同时，在了解技术最新发展动态和趋势中缺乏敏感性，造成过于狭窄的创新视野，彼此独立存在、零散存在，无法和图书馆需求良好对接。

目前我国图书馆在建设智库型图书馆中，依旧维持在初步发展时期，其中普遍使用图书馆机器人，并被使用在 FAQ 场景中，只提供运用作者找书、书名、借阅规则等方式问答。但是在该时期现实存在的为要培养了解知识图谱领域知识、公共图书馆业务知识的工作者并不是在短时间中就可以实现和完成的，图书馆需要寻找有技术能力的公司深度分析和合作，且积极参与到开发应用中。合理弥补专业人才，这也是最佳的方式和途径。

4.3.3 资金受限

可以说，公共图书馆为一种公益性组织机构，资金主要源于政府拨付，经费重点使用在人员工资、购买文献资源、日常运营、读者服务等方面。使用在科研经费方面的资金比较少，重点依托不同类型的社科项目资助。例如，图书馆学会、社科基金、科研项目资助等。该资助经费普遍是 20 万～ 30 万元，少的情况下就是几千元，很明显是难以支撑研发智库型图书馆项目以及项目使用。在该层面的研发图书馆产生的社会效益不显著的基础中，不管使用怎样的办法，例如，图书馆自行研发、公司合作等，申请额外的政府拨款使用在项目研发中均比较困难。结合当下的情况而言，图书馆要在构建领域知识图谱中有作为，就要开辟全新的合作途径以及筹措途径。

4.4 结语

科技领域加快创新，数据演变为全新的生产因素，大数据、人工智能、5G 技术、云计算、物联网对社会有显著的革命性影响。大数据技术和人工智能可以更快地创建智库型图书馆，并且脚步越来越近，并不停留在概念界定的时期，图书馆目前会在互联网时期演变为智能时期，并且渐渐步入人机互补、人机共存的时期，成为公共图书馆发展的全新态势。

第5章 图书馆智慧知识服务体系的建设

不管是在我国任何一个在行驶的车厢内，环视周围，一只手就可以数过来正在读书的人。当下社会正位于这样的车厢中：对很多人而言，读书并非是刚需的。其为庞大的多数群体，其并不都是不学无术的存在，但出于尚未建立系统的读书计划或者是受到信息爆炸的痛苦，其精神世界目前依旧比较混乱。其可以只依托朋友推荐就购买书籍，也可以由于某学说火热而购买某套书籍，其后一年多都没有看一眼。其读书行为是受到了冲动的干扰和支配，并且可以被暗示。读书对个体来说并非是刚需对应存在的，我国在通过立法的方式推动全民阅读之后，创建了书香社会。在 2012 年之后，我国开始倡导全民阅读，并在国家规划纲要中纳入了推动全民阅读，之后持续颁布了系列的法规和政策，有效确保全民阅读工作的实施和落实。2016 年，中国第一个国家级全民阅读规划《十三五期间全民阅读发展规划》在国家新闻出版总局对外颁布，进而推动全民阅读的规范化、常态化发展，将书香社会的建设作为目标。我国国务院法制办于 2017 年 6 月审计且通过了《促进全民阅读条例》的草案。11 月开始颁布了《公共图书馆法》，中国法律确定了公共图书馆的主要任务和职责为实现全民阅读服务。2018 年 3 月，我国新闻出版总局颁布了《2018 年开展全民阅读》的通知。需要关注的是，我国有巨大割裂的国内读书氛围。宛如在车厢中晃动的人，非阅读用户和阅读用户中间依旧有沟壑。图书馆是推广全民阅读的主要阵地，是致力于降低阅读鸿沟的主要组织。在我国国际图联的第七十九届大会中的《国际图联趋势报告》中论述了"新技术必然会改造国际信息经济"，并且是未来主要的发展趋势，会持续产生创新，信息交流、工作、发现新事物、寻求的模式已经开始被改变。在目前科技云涌的全新时期，图书馆也面对着升级转型的很多挑战和任务，但遇到的更主要的为机遇，秉持以人为本的可信，实现以学习中心、知识中心、交流中心为特性的建设第三代公共图书馆为未来图书馆努力的主要方向。2016 年选书帮知识服务体系正式立项，这一项目尽管起源于"馆店合作"，但和其他馆店合作的服务方式有一定的区别。从开发软件到研发硬件，运用创新设施以及技术，持续丰富了馆店合作的基本内涵，真正落实了用户、图书馆、书店三方的共赢，节约了用户的金钱以及时间，间接推动了销售，并且还提升了图书馆采购文献资料的经济收益以及服务效益。

2016 年选书帮知识服务体系的首期服务模块开始上线，构建了自选的用户书城的图书服务，"我买单，你选书"的经典的馆店合作方式实现了常态化发展和推进。2017 年，选书帮第二期服务模块——我要物流的服务正式上线，依托移动终端以及网络，实现了线下和线上的融合，用户可在网络中随机查看自己想要观看的书籍，且运用物流享受将图书送到家的便捷服务，该服务方式较大降低了用户的时间。2018 年该知识服务系统正式上线了第三期服务模块，在深圳中心书城，选书帮自助借阅机开始上线，对图书馆的采访图书流程使用了逆向处置以及管理，实现业务制度的创新，适应全新的服务方式。并且，选书帮的支付服务系统还突破了还书区域的限制，在哪里借书哪里还书的限制，直接对接了全市的通还通借的服务，可以在全市随意一家的联网图书馆之城中用户进行图书馆的借还，或者是在二十四小时城市街区自助网点中进行图书的归还，特别快捷和便利。阮冈纳赞在《图书馆学五定律》中论述的第五定律为"图书馆为持续生长和演变的有机体""选书帮"知识服务系统紧随社会发展态势，一直秉持服务一体化发展、总分馆资源的发展方向，落实有效整合诸多的生产要素和知识资源，落实共融互通技术应用、知识数据、管理模式、平台终端等，全面提升知识服务能力的统一体和有机体。目前选书帮知识服务体系已经落实了三期建设，按照有关的规划，其必然会步入应用场景管理、知识管理、运营管理的深入发展时期，持续对用户构建有深度、专业的知识服务以及阅读体验。建立在选书帮知识服务系统的已有成果和综合规划中，本章节以实证分析的方式论述了在建设第三代公共图书馆服务平台中的案例。

5.1 建设图书馆智慧体系的必要性

伴随我国颁发了《公共图书馆法》，中国图书馆的事业开始步入新时期和新时代，我国图书馆作为社会文化服务的主要阵地，致力于确保群众的文化素养、文化权益，提升文化审美能力，并为了构建开放、平等、共享的社会文化服务而持续努力。要持续推广创新发展全民阅读服务，落实图书馆的创新转型，就需要建立在新技术、新理念的应用中。在 2018 年的第八十四届国际图联大会中，此次大会将社会转型、图书馆转型当作核心主题，转型发展已经演变为图书馆事业的主要特性和特征。主动创新作为图书馆转型的重点以及核心，运用转型可持续提升在数字时代中公共图书馆的重要功效和作用，强化图书馆可被当作变革推动者、社会核心领袖的功效和作用，推动群众对图书馆的价值、服务、影响的认识以及认知。

在图书馆转型环节中，经济的未来发展态势必然是新技术对全球信息的改造，建立在网络基础上的群众参与的图书采购方式的产生，在欧美等发达的区域，产生了全新的资源建设方式需求的驱动采购 (DDA)，即用户对图书馆进行图书的推荐，图书馆再进行该书籍的采购，并将其当作图书馆馆藏建设和采购文献的决策凭证。在我国，内蒙古图书馆正式推出了"彩云服务计划"，江苏图书馆、顺德图书馆、铜陵市图书馆、金陵图书馆、嘉兴图书馆、扬州图书馆、广元图书馆等国内众多公共图书馆相继以活动形式推出了"你选书、我买单"活动来满足用户快捷获取阅读资源的需求，实现让用户参与公共图书馆的馆藏资源建设，既丰富公共图书馆馆藏资源，又提高图书的利用率，以此激发市民的阅读热情。

2003 年，芬兰的 Aittola 首次将"智慧的图书馆"的构想提出来，当时的认识与现在的情况完全不同。"智慧图书馆"是指"智慧图书馆是一种无时空、无时空约束、随时为读者提供信息的移动端应用平台"。这种观念被更多地称为移动端库。也就是说，目前对智慧图书馆的概念界定还不够完整。"智慧地球"的概念于 2009 年被 IBM 引入后，学界对"智慧图书馆"的定义也就逐步完善，直至今日。当前，智慧图书馆的内涵主要从要素、核心技术、智慧服务和建筑建设四个层面进行界定。

有人提出，要从智慧图书馆的构成要件来看，智慧服务、智慧技术、智慧人才是智慧图书馆建设的核心，而有些人则把智慧图书馆看成是由多个因素的结合而成。一定要有某些高级资讯科技，也要有智慧的图书馆人员，以及共用的资料。总之，在智慧化时代，智慧图书馆是一个全新的、以现代信息技术为基础，实现了以人为中心、以人为中心的智慧化服务。智慧管理，资源，服务和技术，这些都是最关键的组成部分。

在技术层面上，以物联网、大数据、云计算、智慧技术为其关键技术。物联网将人与人、人与物、物与物联系起来，大数据能够更智慧化的对使用者的喜好进行更多的分析，为使用者提供更多的信息，云计算可以节约图书馆的文献资料．通过人工智能，使人们能够更好的感受到"智慧化"的智慧，其中也包含了智慧化的图书馆建设。

而在智慧服务方面，则要求实现一体化的自动化服务，即实现信息资源的智慧服务和阅览器的智慧服务，以及运用科技实现的自动决策的高效、全面和主动服务。"智慧化的服务要求通过大量的数据收集和应用，通过智慧技术来进行决策。智慧服务的中心思想是"以人为中心""以人为中心"的服务，要具备信息共享、服务高效、使用方便等特征。

在非图书馆群体中，大部分人对智慧图书馆的第一个感觉就是智慧化。目前，许多图书馆都有了智慧化的面部识别系统，可以实现自助借书。除此之外，智慧书架可以找到书籍，智慧调节系统可以自动管理图书馆的温度湿度， 未来 VR 图书馆、智慧书房等将成为智慧图书馆的重要组成部分。

张磊等表示，面向知识和数据服务的第三代图书馆服务平台需要是建立在先进架构系统，构建优秀传统服务、知识服务、数据服务的基础上的系统。在馆藏信息和馆藏资源中在对馆藏资源的管理源数据集演变为管理获取利用资源语义内容方面；在图书馆业务目标层面，在单纯对用户提供图书馆资源为各种需求和类型的用户提供获得知识环境演变：公共图书馆开始在此前的管理文献内容演变为提供深入利用和挖掘内容的平台方面，提供给社会不同层面在该基础上的应用创新；系统架构层面，在集中类型的资源管理演变为可扩展、高性能的架构演变。福田区公共图书馆"选书帮"知识服务体系就是在建设第三代服务平台层面的积极探索者和先驱者。创新了一体化管理和实施模式，并且目前已经实现了三期建设，对用户构建优良的服务体验，获得用户的广泛好评，为持续深入开展好公共文化服务工作，需要以选书帮应用为抓手，以深化福田区图书馆为"知识空间和服务的提供商"为核心，突出"创新驱动、高端集聚"，汇集大量的创新要素，整合创新资源，积极构建选书帮知识服务系统的创新感，积极推动全民阅读的演变和发展。

"选书帮"知识服务体系是建立在"书店＋公共图书馆"基础上的合作方式，

却并非是单纯的馆店合作。"选书帮"知识服务系统是建立在网络大数据基础中的馆店合作方式的升级以及创新，在中国的公共图书馆领域中有诸多的图书馆均在积极开拓和尝试馆店合作服务：重庆图书馆的胡敏论述了重庆图书馆"我买单，你阅读"的合作服务方式和现实情况，汇总了"馆店合作"服务方式获得的成效，研究了在具体运行环节中"馆店合作"服务方式的现存问题，且在该基础上论述了扩大馆店合作覆盖面积、强化建设硬件和软件等长效服务的应对对策。南京图书馆的许建业论述了南京图书馆落实"陶风采""服务暨惠风书堂项目"的现实情况，归纳梳理了建设项目的初步经验以及基本做法，探讨了建立在馆店合作、馆社合作基础上的图书馆精准服务创新实践的社会价值，进而对业务整合和跨界合作构建优良的对策以及思路。韩冰和李晓秋两位专家学者论述了内蒙古图书馆的"彩云服务"的运作方式、实践经验、落实成效，论述其未来的发展方向是建立在地区性公共图书馆彩云服务联盟基础上的，分析互联网＋，和评估具体的成果。通过如上的研究内容可以了解到尽管当下有诸多的公共图书馆均实施和开展馆店合作，但合作内容主要是借阅新书服务和采访建设文献等相关内容，并没有涉及更加智能化、更加深入化、更加系统化的知识服务。

大数据时期的公共图书馆用户需求在个体需求的满足层面逐渐延伸为智慧和精准层面，公共图书馆知识服务需要强调技能、资源、治理等层面的保障，发挥知识服务的智慧，并且在学科知识服务中添加了精准服务要素。潘杏仙、许良和贾媛媛以数据思维分析公共图书馆知识服务用户的期许，注重精准发现，精准地把握用户需要的内容和需求的信息，恰当调整知识服务课题的具体内容，落实精准投递知识信息的服务。李佳则是在知识发现的层面，设计以及分析了公共图书馆之中的个性化知识服务的内容方式以及系统方式，表示图书馆设计的个性化知识服务内容重点涵盖了个性化知识导航服务、个性化知识检索服务、个性化知识咨询服务、个性化知识定制服务。庞莉在《智库型图书馆知识服务的需求分析及优化策略》一文中提出，未来的"智库型"公共图书馆知识服务面临着支撑智库发展、以用户为中心和知识服务变革的发展需求。需要创建全新的知识服务方式、构建新型一体化资源联动体系、创建网络创新知识平台、构建用户知识需求模型的优化对策，逐步扩充智库型公共图书馆的知识服务能力、知识组织能力、社会影响力。柳益君和李仁璞等专家学者细致深入地分析了在公共图书馆知识服务以及人工智能的创新方式和实现路径，表示公共图书馆的知识服务方式和人工智能的服务方式涵盖了关联性知识检索、自助式知识导航、自动化知识问答、场景化知识推荐、深度嵌入式知识咨询等诸多的创新方式，在该系统中用户演变为核心需求，有效使用和充分利用图书馆的海量信息和资源。

5.1.1 社会资源精准匹配，服务效益极大提升

此前中国的经济表现出经济短缺的发展现状，当下则呈现出生产过剩的发展现状，在有大量经费的基础上建设公共图书馆，由此就产生了不同类型、不同级别的图书馆，在图书馆的馆藏信息中存在大量的图书馆货架。公共图书馆的知识服务和资源建设均存在不同层面的同质化发展现状，并且在馆藏服务和馆藏资源中也表现出显著的差异化和同质化发展，存在过剩资源问题，则在该情况中怎样合理触发用户阅读？未来对公共图书馆而言最主要的并非是有什么样的资源，而是图书馆能不能将最合适的信息和资源传送到最合适的人手中，实现精准匹配社会资源，各归其位。进而为知识服务的服务方式需要遵守的基本逻辑。建立在知识大数据基础上，落实了标准化的借还图书服务并逐渐过渡到非标准的知识服务时期，直接打通了用户和图书馆、需求和服务、线下和线上的壁垒问题，落实双向互通，明显提升了服务效益以及效率。

5.1.2 深耕线下阅读强场景，让体验感成为核心能力

公共图书馆线下的实体空间，进入体验、开放的方式。体验感演变为图书馆核心竞争力的主要构成内容。在项目的初步发展时期需要小范围地进行实验，将一间书房、街道公共图书馆等体验知识服务空间的载体，纳入领读体系和制度，运用相似聚合的知识需求，在领读机制和领读人的引领中，引领用户持续地实现自我提升，和进行学习体验，获得美好的感受。

5.1.3 重构知识服务价值点，打造新阅读服务体系

运用积分制度、知识大数据，将用户关系演变为某种资产，运用心智占领而提升知识服务的应用频率。在知识体验中心中其重点强调价值节点的连接以及分布，最终让图书馆的公共文化服务效益开始在馆藏服务升级演变为用户数据的经营，持续提升图书馆分配公共文化资源的效率。在该含义中，文献借阅服务、馆藏资源、用户活动等，而其最主要的是难以查看到的新知识服务逻辑。

5.2 智慧图书馆知识服务模式

5.2.1 基于书与书的智慧图书馆知识服务模式

5.2.1.1 知识管理服务模式

随着时代的发展，我国的图书馆服务观念发生了变化，从老的馆藏、被动服务中心转变成了人性化的、智慧化的服务，从而适应了读者的个性化需要。随着数字技术的迅速发展，大量的资讯涌入全球，各类媒体的资料也在持续地被全球所关注。但是，一旦使用者与各种种类、介质的纷繁复杂的信息打交道，往往会感到不知所措，不知所措，根本找不出最合适的资源，因此，将图书馆的资源整理工作列入了工作日程，因此，图书馆的资源集成方案就必须被提到议事日程。从根本上说，人们对高速高效服务的需求与日俱增。尽管有大量的数据，但是使用者往往要不断地进行查找，导致工作效率下降。目前，使用者关心的焦点在于收藏的内容是否简单和易于使用。所以，无论图书馆的图书馆是否具备了其它图书馆所没有的信息，这些信息对于使用者而言并不是最主要的，而对于图书馆而言，最主要的问题就是能否快速有效地获取所需的信息。

知识库是基于对各种图书馆和网上资源的再提取、处理和管理而建立起来的一种智慧的图书馆。利用智能技术与资料库技术，根据特定的专业或特定的架构，对大量、复杂的数据进行再分类和整理，建立起一种全新的、智能化的检索库。借助于图书馆人员的智能，将新的知识成果传递给读者。在大数据的冲击下，智能图书馆必须深入地发掘、压缩信息资源，简化、浓缩了资讯资源，发现了隐藏在资讯资源中的知识并加以提炼整合，使之易于辨识与了解。智能技术利用导航库对每一个使用者所询问的知识点进行记录和储存，在其他使用者发现同一知识区时，会将先前使用者所询问的资讯显示出来，并设定一个公告栏。推动使用者间的知识交换，充分发挥其作用。

同时，还可以开发一种能够满足读者要求的、能够满足读者要求的内容的新的软件体系。并根据用户的个人需要进行分析、整合，为用户提供有针对性的服务、专题服务和追踪服务。

5.2.1.2 知识导航服务模式

以客户为中心的知识导向服务模型的中心目标是解决问题。这就是指在网络上，人们往往会被庞大的资讯和知识所迷惑，并耗费很多的精力去搜寻所需的资料。基于这种方法的知识检索业务模型使得用户可以在大量的数据中迅速、有效地查找所需要的数据，为使用者节约大量的时间。在复杂的互联网时代，图书馆管理员成为知识领航者，为读者保驾护航，为读者进行指导和个性化的主动服务。借助智能图书馆的支撑，各图书馆之间的互联互通，使图书馆的信息检索功能最大化，使图书馆人员能够利用互联网进行查询。

如今，使用者对服务的需求日益专业化、智能化和深度化。图书馆若不进行原有的服务方式改革，将不可避免地遭到拒绝。为了适应时代的需要，为了满足不同的用户需要，知识检索的业务模型应运而生。服务对象的多样化、服务内容的多样化、服务方式的主动、多元化、个性化的展示、一体化的服务流程等新的特点。

5.2.2 基于书与人的智慧图书馆知识服务模式

5.2.2.1 个性化定制与推送服务模式

（1）个性化定制服务。个人化的个性化服务是针对个体的知识需要而专门针对个体的不同需要而开发的一种新型的服务形式。来图书馆学习的人数量很多，而且种类繁多，因专业而异，所需的服务和获得的资讯也各有差异。要理解他们的心态，理解他们的知识需求，对他们进行综合、客观的剖析，再把他们的信息归类、归纳、整合、挖掘，最终满足他们的需求。最终展现在使用者面前的，是他们所需要的个性化知识，以及创造一个个性化的知识氛围。具体而言，一是针对不同使用者的知识需要，提供个性化、专业化的知识检索；二是针对各类使用者建立个性化的使用者介面，为使用者提供全面的知识资料。可以设定个人需求，可以定制想要的知识，图书馆将会根据需求，定期的为客户提供所需要的资源。上述三种方法都可以通过短信提示，邮件，微信平台等途径进行。同时，还会不定时地追踪客户的个人信息，对其进行推荐，对其进行调研，并归纳出一套符合其需求的检索程序，并逐渐建立起自己的知识库，通过对用户搜索的内容进行调研，归纳出符合其特点的搜索流程，从而逐渐构建起具有自身特色的知识体系，直至问题的求解。智能图书馆中的"个人化"将极大地提升图书馆的知识库服务水平，从而为用户节约大量的阅读资源。

（2）个人推送服务。"个性化"的服务是由智能图书馆向读者开放账户，它可以为读者提供所需要的资源范围、所需要的时间、所需要的词库和检索方法。在指定的时间段里向使用者提供所需的信息。信息推送就是运用数字技术，将所需的资料经由多个位址传送给使用者。当前，利用电子邮箱和微信等多种形式的推送服务，均要求图书馆人员进行人工操作。我们还利用了一些智能软的软件来进行推动。这个程序是由使用者第一次利用软体来完成要求的。当系统收到命令时，会根据使用者所要求的方法，通过系统或人为地进行查询，并在完成后向使用者传送信息。

5.2.2.2 自助性服务模式

智能图书馆的自主服务是以智能图书馆现有的知识服务系统为基础，具有丰富的实践技能，具有丰富的知识库和丰富的知识库。在此模型中，使用者的描述应当简洁和明确。智慧图书馆最新推出的智能化专业导览库，为使用者在此基础上，提供了一套标准的业务与解决办法，使读者能够在自我检查与简易的剖析中，发现问题所在。自助服务是在以往的实践基础上建立起来的，它依托于智能化技术，使得读者可以在自己的帮助下自主地处理问题。随着数字技术和人工智能技术的飞速发展，人们可以利用自己的智能手机来实现对信息的搜索与重建。

在这种自助服务方式下，双方都是以间接方式进行交互，而智能图书馆则是通过倾听使用者的意见，对其进行更新和更新，并持续地向其提供新的信息。从而确保了自助服务的品质，并能充分地解决客户的个性化需要。

5.2.3 基于人与人的智慧图书馆知识服务模式

5.2.3.1 智慧化参考咨询服务模式

在许多的图书馆工作中，参考顾问是必不可少的，美国人 Samuel S. Green 于 1876 年 10 月初首先介绍了该服务，并成为众多的图书馆工作的一个重要部分，目前仍然在很多的世界和地区开展着．作为一种以问答的形式提供的人性化服务，在读者提出问题时，图书馆会邀请馆员或专业人员采取不同的方式和方法来解决。在数字技术飞速发展的今天，参考顾问的工作正在逐渐实现数字化。

在信息化、智能化的背景下，智慧化参考顾问运用了智能技术，使参谋工作达到了一个新的高度。在智能图书馆的知识服务中，智慧参考咨询是必不可少的基本业务形式。从过去的文献检索实践来看，可以将其归纳成下列类型：

（1）实时资讯

实时资讯是最直接有效的参考咨询服务。要实现智慧图书馆，必须建立专门为读者提供的参考信息服务。读者可以在该网站上提出问题，也可以在图书馆中挑选自己需要的名字。在有需求的情况下，系统会在接收到客户的需求后，向图书馆管理员发出通知，管理员会按照客户的需求，为读者提供即时的交互咨询．通过微信、QQ、网上聊天等途径来获得即时的资讯。该模式的相关性很强，能够帮助使用者迅速、有效地处理问题。

（2）异步式参考咨询

异步式参考咨询是指读者和馆主、专家不能进行即时互动、互动不是瞬间的，因此，在智慧图书馆的基础上，建立一个图书馆的参考服务系统，需要综合解答和相应的解决方法，所有的问题都已被搜集和整合。同时，图书馆也要有一个与搜寻器相似的体系。尽管图书馆管理员和专业人员不能及时地向用户提交咨询信息，但他们仍然可以向系统提交问题。针对使用者提出的问题，我们会将以前遇到的问题，以智慧过滤的形式向使用者提供，同时也会提供相关的管理员或专业人士的联络资料（为了保密，使用者的资料已经被保密）。这个方法可以在某种程度上帮助使用者，而在没有得到解决的情况下，使用者可以根据自身的具体状况，选用旧有的非同步参谋，如通过电子邮件、BBS 等向图书馆提出问题，或在与馆主或专业人员联络时咨询。

尽管这一新型的非同步咨询服务仍缺少使用者与顾问即时交流，以便获得即时的咨询结果，然而，由于采用了一种新型的非同步咨询方式，可以有效地缩短使用者的使用周期，节约图书馆的人力。

（3）联合式参考咨询

联合式参考咨询服务是利用智能图书馆实现了多馆、多馆资源的联结，将人力资源和文献资源结合起来，为读者提供更好的信息和服务。读者在向读者提出查询时，若无法解答读者的问题，则该问题将被传送至其他图书馆，而另外一家能够解答该问题的图书馆则会协助使用者解决该问题。

（4）层次化参考咨询服务

层次化参考咨询服务模式是建立在信息资源、人力资源的纵向分类基础上而实施的，需要不断满足用户的个性化发展需求，将深层信息需求当作基本导向的服务方式，其最主要的属性和特质为咨询系统的细分，构建深化、层次结构、拓展咨询服务内容。图书馆将收集获得的咨询问题按照利用模式、难易情况、专业种类等标准区别为诸多层次，并进行解答，由此提升参考咨询服务的服务品质。

5.2.3.2 学科馆员服务模式

在美国大学的一所大学的图书馆里，第一次提出了"学科馆员"的工作方式。那时，图书馆会分配几个专门的工作人员为有关学科的同学解答问题。目前我国很多高校的图书馆都有了馆员的工作，然而，我们也应当认识到，很多高校的馆员工作都只停留在形式上，只有一种盲从。这个站点列出了几个不同领域的图书馆管理员，包括他们的职业和联络方式，但是没有具体的职位说明。

在智慧化的环境下，学科馆员的配置是必要的。与一般的馆员不同，作为一个特殊的学科，它能够重建这个领域的知识，并且能够为读者提供专门的服务。同时，作为一名图书馆员，应当具备基本的图书馆学基本知识和技术。尽管与普通的图书馆工作人员相比，专业人员的专业知识更加深厚，但是图书管理员的专业水准不能和相关学科的专家相比，图书管理员的知识也不能和同样深度的学者相比．因此，作为一个图书馆的人，它的工作就是把自己的专长通过自己的理解、整理、归纳和重组，通过各种高效、方便的方式，将自己的理解和体验传递到使用者的面前。一个专业的图书管理员和一个研究工作者的最大不同在于：图书管理员仅仅是收集、整理、重构、挖掘和传播的专门知识，而非对专门知识的深度挖掘。所以，学科图书馆工作者要成为专家的寻求者、合作者、分析者和管理者。

另外，图书馆工作人员的工作是以人为中心的，因此，图书馆工作人员要在这方面不断地学习和进步，掌握有关信息，及时更新自己的专业技能，同时也可以间接地提高使用者的技能。现在，有一种叫做"教材功能性"的学习体系，它是一位老师与本学科的专业人士共同组建的小组，为使用者提供优质的教学和教学。在提供的过程中，要从消极的方式转变为积极的，积极地掌握使用者的专业技能，理解使用者的需求，将有关的图书和材料介绍给使用者，并获得所要做的一项民意测验。确定语音，并为提供目标。在服务模式上要不断地进行改革和改革，比如开发参考咨询服务，挖掘目标网络的信息服务。同时，要加强读者的知识素质的培养，学科馆员可以在一定时间内组织一次关于图书馆的知识讲座，让读者在充分认识到图书馆的一切功能和使用方式的基础上，还可以对有关的知识进行查询、查询、查询、查询等方面进行讲解。图书馆在向读者提供新的资讯时，若采用特定的领域，则会即时告知使用者，让使用者能直接获得有关资讯及谘询，让使用者在搜寻资讯时，能最先接触到图书馆。

5.2.4 任何时间任何地点可用的智慧图书馆知识服务模式

5.2.4.1 移动便携模式

当我国步入 4 G 的年代，每个人都会使用因特网，根据移动设备（智能手机、平板电脑、小型计算机等）上网的比重不断增加，各种服务业也纷纷进入手机领域，如网上购物、手机银行、手机杂志等。

当我国步入 4 G 的年代，每个人都会使用因特网，根据移动设备（智能手机、平板电脑，小型计算机等）上网的比重不断增加，各种服务业也纷纷进入手机领域，如网上购物、手机银行、手机杂志等。读者可以借阅图书，预订座位，申请参考咨询等。除了建设手机服务平台外，还可以在微信上搭建智能图书馆公共服务平台，让读者能够通过手机 APP 进行关注，每隔一段时间，都会有一条新的信息被发布出来。

5.2.4.2 智能交互模式

智能互动是将各类智能互动装置与使用者的日常活动相结合的一种方式，在车站、地铁站安装专用 LED 显示屏或数字电视机，以即时传达社会资讯及资讯。在公共场所尽量设立小型阅览厅等地方，以方便市民读书、休息。同时，为方便读者获得信息、增强信息采集精度，还应合理地开发各类具有人性化的智能应用程序。在对信息进行检索时，智能软体的感知能力可以发现使用者的特征与心理能力，从而为使用者提供更好的信息。智能化的软体也要让使用者更容易地浏览及运用这些智慧的系统，让繁复的开采流程变得简单、智能地重组，并让他们从中挑选出最佳方案。

5.3 智慧图书馆知识服务模式的支撑体系

5.3.1 体系结构

一个体系或模式的运作基于一个体系的支撑。智能图书馆的知识资源支持系统主要包括四个方面：技术支持、资源支持、组织支持和应用支持。在机构层面上注重读者与图书馆人员的发展，而经常性的训练能够促进读者和图书馆人员的思维。借助于即时沟通、协作式的教学，读者与读者能够形成共识，为实现智能图书馆的知识服务奠定了坚实的基础。资源层次是指对馆内的海量信息进行集群化、深度挖掘、建立良好的用户可利用的信息资源保证系统来实现对海量的信息的存储与利用。在技术层面，利用物联网，云计算， RFID 等技术，为企业的智能化业务提供技术支撑。在此基础上，构建了门户网站、搜索引擎和移动的知识库，为用户提供便捷、高效、人性化的智能信息。

5.3.2 组织

5.3.2.1 加强图书馆员的素质及能力

智慧图书馆是知识服务的三个基本元素：馆员、用户和知识。图书馆工作者是一座连接知识与使用者的"桥梁"。唯有将"桥"搭建牢固牢固，使用者与学问的结合，方能取得更好的成效。

首先，培养图书从业人员的职业精神。必须具备的技巧。义务就是为图书馆工作。图书馆的一个特性是其提供的服务。图书馆馆员要有一种含糊不清的奉献意识。他们要始终铭记：为客户提供优质的产品，提供优质的产品，提供优质的产品。若馆者继续采取被动服务、被动服务的姿态，那么即便是先进的设施、丰富的馆藏、丰富的服务和智能的服务，也会让使用者始终与他们保持距离，服务才是最重要的。

其次，要有良好的职业道德素质。在当今的社会主义新时代，图书馆是构建现代精神文明的重要阵地，馆员既要做好图书馆的看门人，又要做好读者的向导。图书馆工作人员要做到尽善尽美，要有高尚的品德意识，甘当阶梯，愿意奉献，真诚，忠诚，敬业，自强，为别人服务，发展，开拓，创新。我们要把自己的长处完全地利用起来。

最后，图书馆人员在培养自身的专业能力的同时，也应培养其它方面的知识与技巧，以达到全面的智力水平。图书馆工作者应不断增强知识的积累，培养总结、分析、整合知识的技能，重视知识的深层次发掘，提升自己的思维和智力。只有通过这种方式，图书馆工作人员可以更好地理解他们的思想，并与他们建立起共识，帮助他们解决问题。在智能图书馆中，图书馆工作人员必须提高外语能力、社交能力、计算机网络能力和网络能力。要想从以往的低层次、初级的服务方式中走出来，就必须重视各种学科的学习和提高自身的技能，都是为了重新塑造他们的形象并获得大众的尊敬。

5.3.2.2 注重对用户的开发和培训

在信息技术和网络技术快速发展的今天，人们能够获取到更多的信息，但是由于信息的来源和质量的差异，让使用者在面临纷繁复杂的资料时，往往会手足无措，不知该选哪种更好，同时，由于我国的信息资源分配不均衡，造成了部分区域的知识产权短缺。智能图书馆有责任把知识的种子播种给每个人，为了扩大和运营自己的客户群，我们要时刻牢记"以人为中心"的思想。

在智能图书馆中，通过三个途径来提升使用者的知识素质：

（1）泛在学习

智慧图书馆能够把无所不在的智慧技术与其本身的发展与教学相结合。例如，为使用者营造一个无时空、无时空之环境，24 小时与使用者即时互动、为使用者提供互动的服务，它是一种能够使使用者与他人进行沟通、分享资源与知识的服务，同时也能将人类思考的内容与内容融为一体。

（2）移动学习

4 G 网络能够充分保障移动学习效果。智慧图书馆针对使用者的不同学习方式与材料，灵活运用各种知识，设定个人的学习路线，并依使用者的能力及偏好，为使用者提供丰富的教学材料。针对不同层次、不同学习偏好的不同使用者进行适当的设计，为其创造一个学习环境。

（3）差异学习

由于个人背景和背景的差异，对信息和知识的了解程度也不尽相同，有些使用者受教育程度较浅，使用新科技装备的能力较弱，而另一些使用者则具有较高的学历、较高的技术，这是一种比较。另外，人的智力、心智、性格、心理等各方面的差异，也就是个人的学习方式和经历，而他们的知识和动力也各不一样。智能智能技术能够为用户在学习过程中的主动、远程和自主学习，并依据用户的具体状况和接受知识的程度给予相应的引导和支撑。此外，还应根据用户年龄、知识获取能力、心理强度等因素，制定阶段、层次的学习方案，把主动和自主的权利完全留给使用者，让使用者选择自己喜欢的、最合适的课程。

5.3.3 资源

5.3.3.1 图书馆集群化

在智慧图书馆的框架下，集群化是指在一定规模的基础上，选取历史最悠久、经验最丰富的一家为核心，并选取部分会员，组成一个具有一定规模的群组。集群网络中，所有的图书馆都是用同样的方法来管理和组织知识，同时将不同的图书馆、不同的知识库、不同的知识、不同的人的智慧结合在一起，形成一个完整的体系。通过对馆员的集中经营，使馆员们由生疏变成了熟识，互相交流，查找不足，互相学习，从而实现了互惠。图书馆的集中经营，使两家的馆舍从一个不知名的场所变为一个彼此熟识的场所，共享各自的收藏，查找不足，实现双赢。加强图书馆的业务素质与水平，为读者创造更多样的新的业务。图书馆集群既包括馆员、技术、服务等方面的内容，也包括了馆员的聚集和技术的聚集。集约化是指以中央图书馆为主体，与各成员单位相互补充，形成资源共享、优势互补、共同发展的一种新的服务管理方式。在此基础上，高校图书馆的服务水平得到了进一步的提升。

要实现图书馆的集群，必须完成以下工作：

对某一地区实行集中式管理，必须经过全面调研，确定本地区最具权威性的馆藏，并保持其所有的馆藏、服务理念和将自己的建设经历毫不吝惜地与会员馆共享，要实现会员资源的共享，必须将资源的交换视为一个共同的目的，使会员的资源得以充分利用，使会员的资源得到更好的利用。

图书馆群的运作方式应遵循的经营理念：公正处理各成员图书馆，相互尊重，解决区域内图书馆普遍存在的问题。进步带来的是倒退，并在一起达成目标并一起向前迈进。

5.3.3.2 资源保障体系

建立健全的图书馆集群经营是建立在图书资源保障系统之上的，这个系统既可以整合各大图书馆的信息，也可以按照需要，整合诸如网上的虚拟信息等其他信息，为读者提供优质的产品和优质的产品。

在资源支持系统的构建上，应通过整合当地的信息技术，把当地珍贵的文献资料和已有的文献资料进行数字化处理，从而使其成为一种具有特色的文献资料。也要留意搜集其它数字资料，并引进最佳内容来充实自己的资料。

其次，确立各种文献资料共享的观念，目前我国的数字化资源发展迅猛，已具备取代传统纸质资料的趋势。未来，图书馆应重视网上文献资料的开发，使网上文献资料与文献资料互为补充，更好的为读者所用。如今的因特网，每日里充满了琳琅满目的各类信息。根据统计，全世界每天都有 700 多万个页面被创造出来，并且有更多的内容。那里是最大的生产国。互联网的资源日益丰富，但是其流失的也非常迅速，一般的网络使用寿命仅为 44 个小时，在长达 44 个小时后，大量的资源将永远流失。这就需要图书馆通过日常的网络检索和筛选有用的信息，把这些信息当作自身的数据源，并把这些信息作为信息资源的一部分加以保护。

最后，在加强高校图书馆的建设的基础上，加强高校图书馆工作人员的培训，当今社会对读者的需求和对读者的需求日益提高，对图书馆工作者的专业素养提出了更高的需求。拓展自己的知识范围，持续的学习，提升与使用者的交流和问题的解决技巧。

5.3.3.3 对知识进行深度挖掘

在加强高校图书馆的建设的基础上，加强高校图书馆工作人员的培训，当今社会对读者的需求和对读者的需求日益提高，对图书馆工作者的专业素养提出了更高的需求。拓展自己的知识范围，持续的学习，提升与使用者的交流和问题的解决技巧。在智能化技术的支撑下，可以实现多层次的知识发掘，例如馆员、馆员之间、各馆各部门之间等。

图书馆人员的知识是在图书管理员的沟通与学习中得以完成的，一些图书馆的工作经验、工作方法等都是书本所没有的。在馆员中，适时交流，互相吸取教训，使自己成为一个更有智慧的人。比如，有丰富工作经历的图书管理员可以为新的图书管理员提供服务，新旧图书馆人员可以在新旧图书馆的交流中获得相关的工作经历，以便更好地适应新的工作。形成共识，有助于发现隐藏的信息。

此外，图书馆由流通部、编辑部、检索部等多个部分构成，若缺少一个独立的机构，就不能发挥其应有的作用。他所掌握的一切。有两个途径可以将这个隐性的知识进行集成：一是合作。二是对各个单位进行了仔细的剖析和整理，把全部的显学信息共享到各个单位，使之变成了自己的学问，使之一起发展，从而提高了整个工作的质量。另外，要加强各个方面的联系和联系。我们为读者提供优质、快捷的信息，填补了读者最迫切的需求与采购需求之间的差距。

图书馆之间的知识发掘是各个馆内的知识分享与隐藏，使其它图书馆能够互相学习、发掘自身的相关信息，从而达到相互促进、共同发展的目的。比如，有实力的图书馆会经常举行学术演讲，与其它的图书馆交流工作的经历和学习。同时，图书馆还可以将相互之间的隐性知识进行归纳，从而形成一个整体的工作系统和经营模式，并在不同的图书馆之间进行相互的沟通与学习，使之成为一种明确的认识。

5.3.4 应用

5.3.4.1 建立门户网站和搜索引擎

智能图书馆要建立属于自己的智能门户，让读者通过登陆该网站了解其详情，实现借阅、预定馆位、在线即时参考咨询等一系列的功能。同时，这个站点也要开设网上的校园。使用者可以按照个人的偏好，在网上学到这些东西。在完成课程后，若有疑问，请及时向相关专业图书馆人员反映。教材管理员和读者进行沟通。即时，让使用者自行处理问题。另外，智能图书馆还会在各大门户网站上同步进行定期的知识演讲，高效地保留实时的节目，并在他们的站点建立连接，这样，即使没有机会去看节目的使用者也能看到他们的演讲。

如今，像百度，谷歌这样的大的搜索引擎能够为用户带来大量的资讯，而从它们那里获取更多的高层次的专家就更不容易了。所以，在构建自己的门户站点的过程中，要实现自身的"搜索引擎"，就需要借助智能化技术，对海量的信息流进行再重组、再重组和重组，从而构成一个崭新的知识库。这些知识被引入到他们自己的数据库中，为他们的用户所利用。同时，在搜索引擎上建立一个反馈系统，当使用者在搜索过程中发现不了所需的信息时，可以将自己的观点和需求信息传递给智慧图书馆，智慧图书馆将针对使用者的需求，对其进行针对性的处理。

5.3.4.2 建立移动端知识服务平台

随着智能手机和TD-LTE的问世，我们可以清晰地看到，计算机已不是单纯的上网方式，随着国家发改委对移动电话的TD-LTE许可证，中国联通、中国移动公司称，到了2013年底，4G将在全国范围内逐渐推广。该系统将为建立一个基于移动的智慧图书馆的信息服务系统奠定了良好的基础。

由于移动端知识服务平台的存在，人们由于工作或其它的因素无法在图书馆获得相应的服务，而手机知识服务的推出则为人们提供了一种新的思路。让使用者可以利用自己的业余时间去学习自己所需要的信息，就象一个贴身的"智慧"，随时都能服从使用者的命令而不用花费任何的时间和努力。利用手机知识服务，读者可以利用图书馆的大多数功能，例如阅读文献、借书、看知识讲座等。它最大的优势在于使用者可以彻底脱离时间和空间的限制，随时随地都能得到高质量的图书。

5.3.4.3　自助图书馆

自助图书馆指的是利用物联网、 RFID 等智能化技术构建的一种新型的图书馆。能为读者实现图书的借阅、整理、预约、查询等功能。自助图书馆不受时限的约束,读者可以在任何时候、任何地点访问,为读者节约了大量的人力和便利。

5.3.5　技术

5.3.5.1　物联网技术在智慧图书馆中的应用

物联网是一个充满智能化的网络,是指通过一系列智能技术,按照一定的标准,把一切物品与网络相连,进行资源通信和彼此交流,最后形成一种集智能化管理、整合、定位、跟踪等特征的网络网。

在物联网的支持下,智慧图书馆可运用平板电脑、智能手机、GPS、红外感应设施等设施,对图书馆的不同类型的载体信息和资源,图书馆运营情况,用户应用现状等语义测量捕捉、感知深度、传递现状;智慧图书馆可使用物联网的诸多特性,让物、人、资源中,在所有的地点、时间均可实现互通互联,在该基础上可让智慧图书馆按照需求,定时推送、推荐感兴趣的信息,产生个性化推送、定制的知识服务;与此同时,在物联网体系和环境中,智慧图书馆需要秉承以人为本的理念和宗旨,使用高端的智能技术迅速了解用户的体验现实情况,明确用户的需求,积极使用用户论述的建设性看法和建议,且创新性论述了诸多便于用户服务和适用用户的服务模式,让用户可以自发主动地选择服务方式,例如,RSS 订阅服务、24 小时自助图书馆等诸多类型。

5.3.5.2　云计算技术在智慧图书馆中的应用

云计算是将"云网络"中的数据储存起来,用户可以利用"云网络"进行数据的采集和储存,节约了数据和数据的存储费用。

在智慧图书馆中部署了大量的云传感器网络,通过云技术实现了对各类远程网络信息、知识库、数字图书馆的接入和集成。将智慧资料与云端智慧结点的整合整合技术相融合,将其重新处理,以方便读者的操作与收纳,为新的资讯科技服务提供技术支撑。然而,要解决云中的传感器网络在智慧库中所聚集的海量数据,还有很长一段路要走,因此必须要有一个云技术,才能更高效地利用资源,也就是大规模的建设。通过云节点和库向云端数据中心上载所需的数据,经过精确的运算后再回到图书馆,从而提高了各个图书馆的数据处理支持能力和效率。

因此，云计算技术在智能图书馆中的运用，既能加快数据的运算速率，又能减少系统的存贮负荷，又能在一定程度上满足智能图书馆的需求。

5.3.5.3 大数据技术在智慧图书馆中的应用

大数据技术并不能有效地对各种资源的大量存储和各种信息进行管理，它需要对其进行重新处理、深入地发掘，并利用其重组来"增值"。

在智慧图书馆中，大量的数据能够获取用户的兴趣爱好、职业习惯、浏览习惯、行为等。对这些资料进行深度的调查与剖析，有助于理解使用者的真实需要。通过全面理解使用者的需要，智能图书馆能够根据使用者的需要，为使用者提供最佳的服务模式，而大数据技术则可以说是"对症下药"。

同时，通过深入的大数据挖掘技术，可以从显性知识中发掘出大量的隐性知识，为使用者提供信息，从而极大地提升了信息系统的使用效率和服务品质。

5.3.5.4 RFID 技术在智慧图书馆中的应用

射频识别（RFID）是一种不需要在识别系统和具体对象间设置机械或光的接触网就能用无线电信号对某一具体的对象进行识别和读取和写入。

射频识别技术已被广泛地用于智慧图书馆，主要有：

（1）自动借阅与归还：与现行的借阅方式相比， RFID 技术能够一次多出多册借阅，极大地节约了使用者的等待和等待。工作的成效有所改善。

（2）智能的经营：通过 RFID 技术实现了对书籍分类、分类、分类、整理等智能操作。过去需要手工操作的那些单调乏味的工作，如今都可以用机械来做，这样就能减轻图书馆管理人员的负担。现在是提升自己的知识和从一个图书馆管理员转型为一个有学问的人的时间了。

（3）智能定位：图书馆内的书籍都安装了 RFID 标识和感应装置，通过 RFID、 GPS 等先进的科技手段，可以帮助读者迅速查找需要的资料。另外，由于图书种类繁多，图书种类繁多，图书馆的工作人员可以利用 RFID 对错架、乱架的书籍进行检索，因此，图书馆的服务水平也随之下降。最后，该软件能够对图书进行实时的快速定位，从而有效地解决了图书馆的实际问题，为馆员和读者提供了方便。

5.4 智慧图书馆知识服务研究："选书帮"知识服务个案分析

5.4.1 "选书帮"知识服务的框架

福田区公共图书馆"选书帮"知识服务是建立在馆店合作方式中的一种创新服务，未来其发展方向为塑造为综合性的知识服务品牌。本章节主要分析选书帮知识服务系统的运营管理制度以及功能板块。自开创选书帮项目之后，实施了诸多的阅读推广活动，并且累计了很多的用户粉丝群体。本章节会运用数据统计、问卷分析的方式，研究选书帮知识服务的效益，且在该层面中，论述了未来的发展建议。本章节使用了实践和理论融合的方式。文献调研法：梳理汇总了建设图书馆知识服务系统的文献的现实情况；统计研究法：选书帮知识服务系统使用有关的数据，研究具体的服务收益和效益；问卷调查法：结合选书帮知识服务系统实施线下活动，并且充分调研线下活动的用户反馈成效，进而推进后续服务的持续升级以及改进。

在公共图书馆中存在诸多的知识信息和资源，其在提供知识服务层面有显著的优势。"选书帮"知识服务系统是建立在知识服务、数据服务基础中的，建立在大量的用户数据、文献资源数据基础中，使用规模化数据研究和云计算研究技术，建设从数据到文献，再到知识服务的供应链体系。其和传统的以资源为核心的服务理念有较大的区别，选书帮知识服务系统引导以用户为核心，面对用户的需求，涵盖了两方面：第一，图书馆的知识服务重点是为了用户，在当下规范服务的基础内容中，运用持续细化，落实有深度、有层次的差异性分析和服务。阮冈纳赞的《图书馆学五定律》提到的第一定律为书的主要作用是为了使用。用户是知识服务的主要应用主题，用户需求为开展所有工作的指南针，用户行为对指引知识服务构建了明确的方向。第二，用户数据和知识数据的积累、构建是建立在用户基础上的，随着可以满足用户更多的需求，伴随用户期望和参与改变，实现改进服务，创建共享、共建知识服务的全新格局。

在发展公共图书馆的历史中，集成管理体系（公共图书馆）一直扮演着特别重要的角色，其作为图书馆服务的主要构成以及核心的存在。但是在步入21世纪之后，伴随群众在知识需求、社会结构层面的改变，用户阅读模式的改变和获得信息便利性也有所改变，与此同时，随着在理念、资源中图书馆的改变，会导致当下的图书馆集成管理体系渐渐难以满足图书馆的未来发展态势以及业务的真正需求。由此，在建设和设计选书帮知识服务系统的功能架构环节中，需要强调分析应用场景、知识价值两者的关系。并不是有更多的知识资源就更好，资源的品质是更重要的存在；也不是有更全更好的智慧服务就更好，需要有更加精准的服务。知识服务在应用场景管理中使用了知识管理，且创建了全新的知识服务范式，重点呈现在如下层面：在馆藏信息和资源层面，对数据进行挑选、清洗，注重利用以及研究内容的语义，强化资源之间的关联成效；在用户服务层面，运用用户管理以及数据服务，落实个性化服务满意和对用户提供阅读行为画像，且支持参与到知识场景的知识共享、社会对接等层面中；在功能层面，抢夺平台化的开放性以及服务，强化和社会之间的合作，且在社群中融入和下沉，推动放大社会收益。选书帮知识服务系统的组成分为三方面，分别是数据、功能、应用。其中数据和功能是彼此递进、彼此依赖存在的。在应用层面，则为实例分析成果层面以及社区合作层面的使用，最终使用获得的收益，且将其捐献给有关的公益组织进行公益活动的应用。

5.4.1.1 功能模块

"选书帮"知识服务系统的功能模块，涵盖了我要物流、线下选书、严选知识、一间书房。

5.4.1.1.1 "线下选书"服务

"线下选书"服务是这一品牌中最基本的一种服务项目，并且是知识服务系统的基础数据的重要来源。线下选书源于目前的热门合作项目，运用和深圳大型书店合作，拓展了采购馆藏图书的业务模式，将采购权下放给用户，有效落实了用户参与到图书馆文献建设的目标中，书城就是新书，及时选择及时借阅，阅读没有时差的问题，用户可以最快速地获得最新的书籍，实现了时间和金钱的借阅，真正落实了书店、图书馆、用户彼此之间的共赢。

5.4.1.1.2 "我要物流"服务

在目前的电商时代中，不同行业的优质服务均需要建立在货物配送基础中，物流服务的重点就是实现物流全环节中以最小的成本满足用户多样化的需求。公共图书馆作为传播文化的一种公益性机构，需要紧随时代的发展脚步，一直将用户需求放在核心位置，和第三方开展积极合作，持续提高服务能力和服务水平，对推广全民阅读贡献社会力量。

"我要物流"服务是建立在福田区图书馆目前已有的借书业务基础中，对用户创建少排队、少跑腿、节约时间的一项业务，进而可持续提高服务水平的精细化发展的一种服务模式。用户运用选书帮平台内的我要物流选项就可以步入该服务环节中，轻松地以在线的方式检索获得自身需要的图书。这一服务可以使用在图书馆之城的全部用户中，和快节奏的发展需求比较贴合，并且还可以显著调动用户的积极性，持续提升流通图书的概率。

5.4.1.1.3 "知识严选"服务 + "个性化知识推送"服务

全开架藏书借阅模式依托无限品种的优势，在资源匮乏的时期，对用户接触大量书籍构建的便利，但在信息大爆炸的网络时期，该资源表现模式可能会直接降低新用户的阅读热情，当下时间是特别宝贵的存在，很多群体乐于为了更高效率而支付溢价，"知识严选"服务必然会演变为未来公共图书馆发展和服务的核心，选书帮知识服务系统是运用技术方式获得用户的借还、检索、物流以及图书数据等相关内容，产生知识大数据，研究用户的知识偏好和阅读行为，对其提供个性化、定制化的知识严选服务，涵盖了读书沙龙、书单、文化演出活动、讲座信息等诸多的知识服务。知识大数据可以让图书馆更精准地了解自己服务的用户，了解用户的偏好，并结合大数据，精准推送用户喜爱的知识服务内容，所有用户查看到的信息和产品均有一定区别，知识严选服务是建立在基层分馆的阅读空间和一间书房的基础上的，并将标准化图书借还演变为非标准化的知识服务。运用知识大数据，可以获得读相同书籍的用户群体，对其发出话题邀请，实行线下分享活动、线上探讨，落实线下和线上一体化发展，实行双线融合，用户和图书馆之间的割裂状态被突破，较大提升了图书馆的知识服务效益以及效率。

5.4.1.1.4 "'一间书房'知识场"服务

公共图书馆服务创新实践涵盖了以馆员为核心到以用户为核心，被动服务演变为主动服务，场内服务演变为馆外服务的三个层面。公共图书馆的服务不单是对用户提供知识，用户接受知识的供求关系还主要呈现为知识分享和知识创造，图书馆运用虚拟和物理的情景化发展，让学习者演变为创造者，激发用户灵感，推动知识共享和转换。"一间书房"知识场包括《一页》（主题书单和内容融合介绍单张）、领读人、共读人、线下空间和"选书帮"应用。在"一间书房"知识场内，公共图书馆服务要素被重新定义，被赋予服务新的时空观和整体观。领读人规划和发起阅读主题，组织相关图书形成书单，并且直接拆解书单内的具体图书，运用二次创作，将诸多图书之中的内容结合，且对用户构建了思考、阅读的主要路径。运用选书帮应用发起主题阅读分享会活动，运用线下、线上互动的模式，进行读书会的举办。在一间书房的知识场景内，可以被激发知识灵感，转化诸多的隐性知识，还有可能会高于知识自身，进而形成全新的知识。选书帮应用演变为新知识承接的容器，完成沉淀一间书房的具体内容。在该环节中，公共图书馆服务会被渐渐嵌入知识的情境以及场域内。情境是增强数据的意义，让创造知识演变为可能。发展到 2019 年的 12 月底，一间书房知识场共刊发了 9 期《一册》，推荐作家共 44 位，国际闻名的公共图书馆共 44 座，名词解释共 90 多个，读书札记共 50 篇。《一页》共有 168 期，其中有 172 部均为主推作品，覆盖了 160 位作家，该作家覆盖了欧洲、亚洲、非洲、美洲等不同区域的作家。推荐的延伸阅读作品总计 200 多部，涉及 120 位有关的作者。内容涵盖了社会科学经典、世界文学经典、艺术经典、哲学以及历史经典、管理以及科普经典、音乐以及美育经典等，覆盖了社会科学、哲学、综合性图书、自然科学 4 个类别，基本大类共 12 个类别。一间书房知识场高度关注培育以及孵化小型读书会，且对其构建了阅读指导以及空间层面的支持和帮助。近段时间，培育以及孵化了智者沙龙、"静阅思读书会"等五个读书会，其中"智者沙龙"为我国最开始成立的以"知识管理"为核心的一种读书会，在业界有很强的影响力；一间书房的知识场中也使用了"奥斯汀读书会""深圳不止读书会"落实分享阅读活动。深圳福田图书馆的董事长程亚男表示，"一间书房"宛如可以看到风景的房间。

5.4.1.1.5 "场景化知识推荐"服务——领读机制

本项目创建了领读机制，创建领读人团队，提供带领功效和职能，且牵头创办了阅读分享会，领读体系对用户创建了充足的契机以及理由，开始去坚持特别重要但并非特别紧急的事件，例如，阅读，且构建短期反馈体系，例如，监督、打卡、反馈等，用户每一天都需要坚持。

5.4.1.2 数据

5.4.1.2.1 文献资源知识图谱

2012 年，Google 论述了"知识图谱"，实现了资源、知识的关联。知识图谱为学术分析的热点问题和重要话题，当下有诸多的公司、高校均开始将这一技术使用到教育、医疗、商业等活动之中，且获得了诸多的成效。Google 也表示需要将知识图谱为基础，创建下一代的智能搜索引擎。按照百科的定义：在图书情报界中也可以将知识图谱叫作知识域可视化或知识域映射地图，进而呈现出知识结构关系和发展进程的不同图形，使用可视化技术的方式呈现知识载体、资源、构建、研究、显示知识、绘制和其彼此之间的关系。可以说，当下尚未界定知识图谱的含义，是彼此关联的属性以及实体组建产生的。运用落实有关的知识关联，是由相同的关键词代表不同事物按照某一优先级算法论述产生的，创建知识图谱。用户依托该信息组织模式就可以最快速度地缩小搜索范围，迅速获得自身关注的内容。例如，在用户搜索曹雪芹时，《红楼梦》的不同版本、曹雪芹的其他著作和其他三种名著均可以罗列出来，依托知识图谱可以将该信息使用更清晰条理化的模式呈现给用户。

5.4.1.2.2 用户画像知识图谱

用户画像可描述图书馆用户的具体行为属性和特征，且将其当作个性化推送知识服务的凭证。需要对图书馆工作者进行画像，就需要对图书馆的用户属性构建不同维度的标签体系，重点涵盖了如下的三个层面：用户的基本信息层面，涵盖了年龄、性别、教育程度、专业等；内容偏好层面，涵盖了借阅、浏览、预约、检索、收藏；互动信息层面，涵盖了分享、评论、咨询等。按照如上层面，可创建这一用户的知识图谱属性特征，进而对用户构建更加个性化的知识服务。

5.4.1.3 应用

5.4.1.3.1 积分应用

为提倡用户自我提升和学习，该项目运用选书帮的积分机制积极引导用户行为。对积极借阅书籍、推荐购买、按期还书、参与文化活动的用户和分享阅读心得的用户进行差异性的基本奖励。该项目构建了诸多的积分使用场景：积分兑换优惠券（肯德基、麦当劳、喜茶、星巴克等优惠券）、积分兑换文化活动门票、积分兑换书籍、积分兑换文创产品等。

5.4.1.3.2 文创应用

在"选书帮"建设知识服务环节中，大量的实践证明，"一间书房"知识场输出的《一页》主题书单推荐，在"设计、内容、满足实用性功能"层面融合后，获得了很多用户的喜爱，很多用户希望可以获得完整的系列进行收藏。但是和《一页》比较类似的其他产品，不但可以是知识内容，还可以演变为文创应用，获得该资源的用户也乐于支付一定的费用被当作公益用途，且捐赠到有关的公益单位开展公益活动。

5.4.2 "选书帮"知识服务技术实现方法——知识图谱的构建

对于网络时期的迅速发展，数据的集聚让传统市场演变为海量信息市场。富含大量数据的市场在悄然产生，并且已经演变为数据资本时代。知识图谱不但需要研究数据、收集数据，更主要的是抽取数据内容，了解数据和数据之间的彼此关系，且推理该关系，强化数据价值以及应用，当下行业知识图谱在诸多层面已有较大应用。

面向公共图书馆的用户和资源，创建其知识图谱，落实资源、单一资源，用户和用户的关系和关联。要运用技术落实产品和流程的落地使用，不了解技术和产品层面的应用边界以及实现流程难以做出好产品。在该区域中，系统论述了构建知识图谱和研究具体应用，并不会涉及算法以及代码。

5.4.2.1 可视化关联模型

5.4.2.1.1 单体模型

主要对象为电子图书，运用建立在深度学习基础上的自然语义处理 NLP 技术，研究文本，创建这一书籍的人物关系图谱，还可以是事件关系图谱等。例如，以机器跑一遍《围城》，构建出以方鸿渐为主的人物关系图谱（见图 5-1）。从方鸿渐的人物关系图中，从关系紧密程度来看，排在前面的赵辛楣、孙柔嘉、苏文纨、唐晓芙中，赵辛楣是他唯一的同性朋友，也是他能依赖的朋友，无论是前面跟着赵辛楣一起到湖南平成三闾大学谋事，还是后来投奔在重庆当官的赵辛楣谋取职业。关联紧密的孙柔嘉、苏文纨、唐晓芙则是和他纠缠不清的异性。方鸿渐的懦弱、被动、意志不坚定、经不住诱惑，或许，他自己也搞不清楚自己的需要。

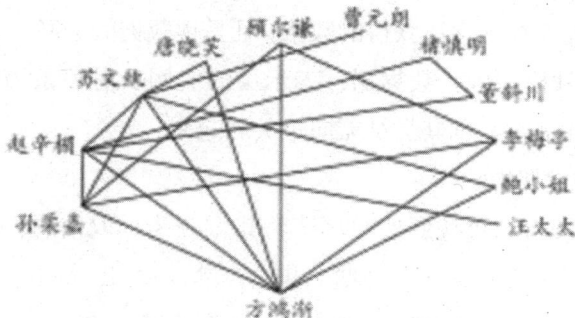

图 5-1 《围城》中的人物关系

5.4.2.1.2 资源关联模型

公共图书馆有最大价值的是资源。当下使用的《中图法》和编辑馆藏资源的系统无法满足全新时期创建的知识资源关联的基本需求。资源演变为弱关联的存在，结合用户的基本需求，要再次塑造业务布局，呈现出以关键字为核心的三级维度关联，落实主题服务的细化、对象服务等服务内容的价值性。

5.4.2.1.3 资源——用户关联模型

倘若缺乏文献资源当作中介，图书馆用户之间则为单独存在，彼此独立的。由此要构建用户和用户的关系，就需要依托阅读特征语义关联，该时期就是建立在用户画像基础上的，其模型主要为图5-2，用户彼此的关联主要依托阅读内容。

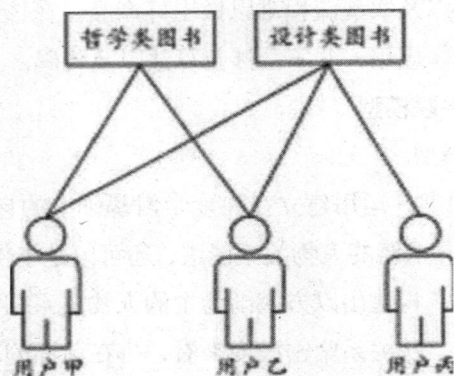

图 5-2 资源 - 用户关联模型

5.4.2.2 逻辑架构

在关联模型图内，获得关联模型的具体逻辑框架，代表了数据层以及表示层。

数据层：进行真实数据的存储，为逻辑框架的最底层；

表示层：存储在提炼之后获得的数据，且呈现数据的关联，位于数据层之上。

在如上的3种模型内，数据层、表示层的实例映射关系为如下的举例：倘若两个实体间存在关系，则其会被无向边关联起来。

5.4.2.3 技术架构

要落实知识图谱，可按照实现环节将其划分为抽取信息、收集数据、融合知识、应用服务、加工知识5个时期。其中，融合知识、抽取信息、加工知识为本文章最主要的内容。构建知识图谱的环节主要为图5-3。

120

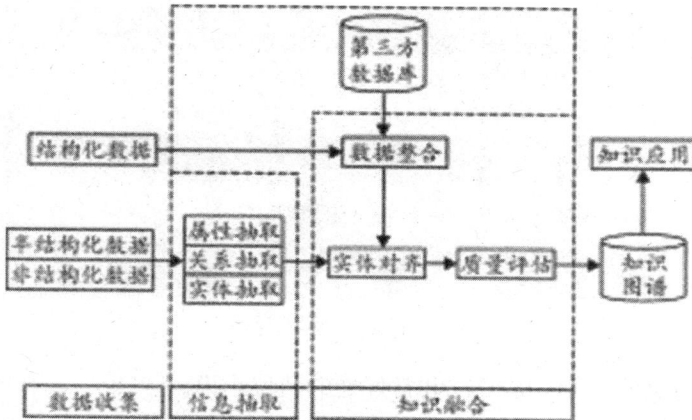

图 5-3 知识图谱构建过程

5.4.2.3.1 数据收集

图书馆数据种类重点有非结构化、结构化两种数据类型。

结构化数据，重点是在关系型数据库内存储，呈现为二维方式的数据。其主要特性是数据是以行为单位，一行数据代表实体的一个信息，所有的数据均有相同的属性，例如，用户的个人信息，书籍的 CIP 数据、借阅数据等。

非结构化数据，其为缺乏固定组织结构的数据，涵盖了诸多的图片、文档、多媒体信息等，例如，诸多的期刊文章、电子书等。

出于两者的半结构化数据。经常可见的半结构数据涵盖了 XML、DSON。

5.4.2.3.2 信息抽取

信息抽取可以被划分为关系抽取、实体抽取、属性抽取三方面。如下抽取实例为依托外 NLP（自然语义处置）工具予以抽取，但 NLP 抽取法要设计人工的属性和特质，是建立在词典、规则基础上的，通过深度学习抽取的模式可自发获得句子属性和特征，降低依赖外 NLP 工具。

(1)实体抽取

实体抽取也被叫作命名实体识别、实体学习，也就是识别出文本或句子内的实体，为抽取信息中的关键和基础步骤，例如，识别数据或本文内的地名、人名、时间等有关信息。抽取实体环节涵盖了实体的分类以及检测。

例如，输入"《笑傲江湖》是一部非常好看的武侠小说"到 NLP 上进行分析，见图 5-4。NLP 按照"名词"抽取实同分类。

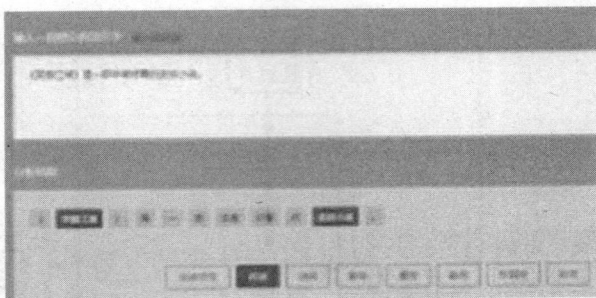

图 5-4 实体抽取演示

检测：《笑傲江湖》是一部非常好看的武侠小说。

[笑傲江湖]：实体；

分类：《笑傲江湖》是一部非常好看的武侠小说。[笑傲江湖]：类别。

(2) 关系抽取

通过实体抽取后可获得系列命名实体，为彼此单独存在的，且尚未构建实体和实体的语义关联。由此还要在文本信息内获得命名实体内的关系，运用关系创建实体和实体之间的关联，进而产生实体之间的网状结构。可以说，抽取关系目标主要就是为了解决实体和实体之间的连接的有关问题。

例如，《笑傲江湖》是一部非常好看的武侠小说。两个实体 [笑傲江湖] 和 [武侠小说] 的关系，见图5-5。

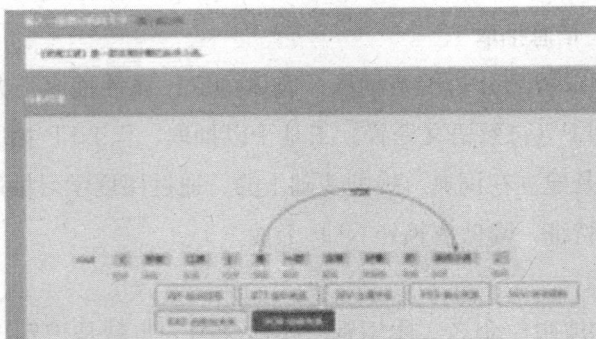

图 5-5 关系抽取演示

(3) 属性抽取

属性抽取为在数据源内获得实体的属性，例如，人物的属性、年龄、姓名、国籍、学历、教育背景等层面，由此对所有本体创建属性列表。其重点是将实体属性当作是属性值、实体的名词性关系，还可以将其当作是关系抽取。

例如，《笑傲江湖》是金庸先生的著作之一。可以抽取出 [金庸] 作品关系 [笑傲江湖]。

抽取属性值或者是属性可以产生以实体定义为节点的知识图谱。为确保实体有很强的精准性，就需要持续校验实体属性的准确率。其中在半结构化、结构化数据内获得的属性信息会有更高的准确率，但是在非结构化数据内，更多的信息和知识包含在自然语句内，其校正属性是特别重要的存在，但在句子内抽取属性信息是为了持续提升覆盖知识库率的重点。

如上示例，抽取信息动作，在其中获得实体和其属性、关系、属性值等有关信息，要对该信息持续整理汇总、融合和校验。如图 5-6 的金庸先生，在抽取实体后就产生了两个实体，要持续归一化处置，也就可以判断出先生、金庸为相同的实体。

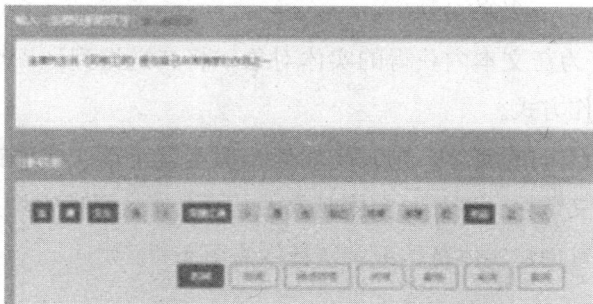

图 5-6 属性抽取演示

5.4.2.3.3 知识融合

如上范例中，在抽取信息后获得的信息，其彼此之间有单独的关系，缺乏逻辑性以及层次性，需要融合知识。知识融合为高等级的知识组织，其本质问题为分析怎样将诸多来源于相同概念或实体的定义信息结合起来，在相同的框架规范内实现数据的消歧、整合、推理检验、加工、更新等有关内容，实现信息、数据、经验、颁发、人的理念的融合，产生高品质的知识库。重点涵盖了评估质量、实体对齐等诸多层面。

（1）实体对齐

重点被使用在消除异构数据内现存的实体冲突、指向不明等有关问题，经常使用的颁发为实体的属性信息判定的异构数据内是不是可以对齐实体。

实体对齐的基本过程如下：

原始数据—> 数据预处理—> 分块—> 实体链接—> 结果评估—> 结果输出。

数据预处理：原始数据品质的优劣直接影响最终连接的结果。不同数据集对相同实体一般有不同的描述颁发，对该数据语义归一化处置后可持续提升链接的精准性。经常使用的预处理数据的颁发涵盖了正规化的语法，例如，代表联系电话的方式；正规化数据，例如，空格移除、《 》、" "、－等符号，使用正式的名称代替缩写以及昵称等。

分块处置：产生分块有特别简单的原因，为有太大的数据量，挑选出潜在记录当作候选项，且最大可能性的缩小候选项的大小，最大可能性地让全部块内有一样的实体数量，进而确保分块对性能的提高情况。经常使用的分块颁发涵盖了邻近分块、Hash 函数的分块等。

实体链接：为在文本内获得的实体对象，将其链接到知识库内对应的正确实体的对象的操作方式。

倘若有两个不同的实体，则较高属性相似度就可落实实体链接。还可以运用实体相似度语义链接，例如，实体对象古龙、金庸、温瑞安均有武侠作家该类似的属性。由此可创建实体链接记录，具体为图 5-7。

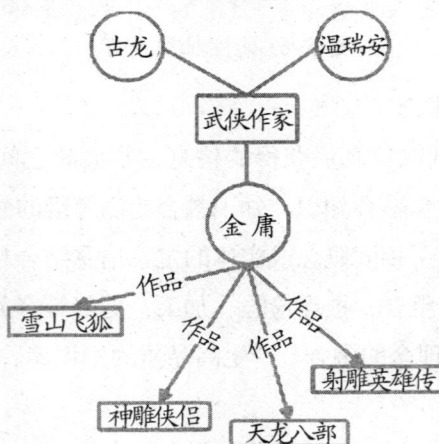

图 5-7 实体链接记录

实际上，在处理实体链接环节中，相同实体以及实体的属性，在各不相同的记录内，其有不同的表述。该时期，就要对实体予以共指消解以及实体消歧。

实体消歧重点可以被用来解决同名实体形成的歧义问题的技术。可以将实体歧义论述为歧义性、多样性的类别，也就是重名、多名的问题，如孙逸仙、孙中山、孙文、孙大炮等诸多类型。

共指消解重点被使用在解决诸多的指称相同实体对象的问题中。在某一会话中，诸多的指称指向相同的实体对象。共指消解技术可将其合并以及并联到正确的实体对象内。如［美利坚合众国总统］［巴拉克·奥巴马］将于 11 月 15 日至 18 日对中国进行国事访问。［美利坚合众国总统］与［巴拉克·奥巴马］即指向同一实体。

在大数据环境内，受制于知识库规模产生的影响，在对齐知识库实体环节中，重点会面对源于如下 3 个层面的挑战。①计算复杂度。计算复杂度会伴随知识库规模的递增而表现出二次递增，很难接受。②数据质量。出于不同知识库有不同的构建方式以及目的，必然会存在相似重复数据、知识品质不齐、数据时间粒度不同、数据孤立等问题。③先检验数据。大规模知识库内倘若要获得该先检验数据是特别困难的。一般而言，需要研究者手工创建先检验数据。

出于如上的问题，对齐知识库实体的重要流程：①分区索引等待对齐的数据，逐步降低计算的繁杂度；②使用相似性算法、相似度函数匹配和查找实例；③应用实体对齐算法融合实例；④将步骤②与步骤③的结果结合起来，形成最后的对齐结果。可以将对齐算法划分为集体实体对齐、实体对齐两个类别，集体实体对齐还可以被划分为全局集体实体对齐以及局部实体对齐两种类别。

（2）质量评估

质量评估一般是和实体对齐共同开展的，对前一系列环节中获得的数据品质予以评估以及校正，确保有效品质。经常可见的质量评估颁发是建立在人工标注、LDIF 框架基础上的。

5.4.2.4　技术实现方式

知识图谱在根本上来说为语义网络。近段时间，NLP（自然语义处理技术）直接推动了构建知识图谱。特别是在本文方面，建立在自然语义处理层面，落实关联有关的知识，创建知识图谱，获得大量的应用。

对自然语言处理技术而言，其重点是识别语义。语义识别是要对人的逻辑思维语义模拟，对自然语言语义抽取信息、解析词语、判断情绪、时间因果等技术处置的时期，需要理解该词语在篇章、语句内的含义，语义识别需要在技术中实现到词汇、本文、篇章、词法等层面的语义研究和消除歧义，进而更好应对充足含义，实现识别的基本目标，其在根本上来说是"数据－信息－知识"的过程。

自然语言处理技术涉及自然语言的生成、理解两个层面。

（1）自然语言理解

信息抽取和词语解析：涵盖了标注词性、分词、识别实体、消除歧义、过滤停用词，并在给定文本内获得主要的信息。

理解语篇以及解析句法：建立在统计、规则的语法结构研究和句法结构研究。对篇章结构的一系列持续的句子、语段和句子的语义关系、层次结构语义研究，涵盖了事件、时间、因果关系等诸多层面，或者是本文所拥有的识别情绪。

（2）自然语言生成

在结构化数据中可了解到可读的方式自动产生文本的环节，共涵盖了3个时期：文本规划（完成规划结构化数据内的基础内容）、规划语句（在结构化数据内的组合语言传达信息流）、实现（形成语法通顺的语句传达文本）。

当下，百度人工智能开放平台的语言处理技术、阿里云自然语言处理、腾讯文智中文语义平台等都提供自然语言处理技术方面的平台支持。

5.4.3 "选书帮"知识服务体系的运营管理

在全民阅读推广中"选书帮"知识服务系统的价值认知：致力于推动阅读演变为群众基本存在的生活模式，在培养产生阅读习惯后，再渐渐地深入，严肃地引导群众阅读趣味的产生和发展。在图书馆转型环节中，就需要进行资源的重新界定，改变一直以来服务、资源彼此对立的存在，推动数字资源转化为数字资产（digital asset），推动服务和资源的一体化发展。近段时间，我国出版行业一年会刊发 20 万～ 30 万种契合馆藏的新书品种。怎样提升馆藏图书利用率、怎样落实用户知识需求精准服务，均为"选书帮"知识服务系统的运营管理方式创建需要解决的主要问题。建设这一运营管理模型首先从研究用户定位开始的。

5.4.3.1 用户定位

福田区公共图书馆是落实总分馆制度的图书馆集群，服务触角目前已经全面覆盖了社区，重点是面对群众。诸多的群体在离开学校后，步入家庭生活、职场工作的繁忙，确实尚未培养产生阅读习惯或有确定的阅读目的，但在某一周末下午，到达社区的图书馆，接触阅读。选书帮知识服务系统就界定为该类型的用户，希望对其阅读生活构建便利。

5.4.3.2 建立用户的阅读需求分析模型

运用对很多用户数据的研究，在用户画像、清晰用户的基础上，总结用户形成了阅读需求的共性要素，并以共性要素为切入点，分析建设馆藏资源的定位。

5.4.3.2.1 阅读需求的共性要素与馆员采访

阅读需求的个性要素直接界定了采编工作者的图书采选内容。历经课题组分析之后了解到，用户阅读需求的共性要素形成于个体内部原因，具体为以下内容：

第一是感性经历。由很多人均会历经的现实场景引导的阅读需求，和家庭生活、年龄、人生境遇、工作职业均有显著关系。如自然生命历程，涵盖了幼儿、孕育、入学、入园、入职等年龄时期；触发心理动因，涵盖了漫画收获温暖、阅读治愈故事，阅读悬疑书籍体验刺激和紧张，阅读励志故事重拾信心；社会情感经历，涵盖了友情、亲情、爱情等诸多类型的读本。

第二是功能实用。解决生活场景内的问题，室内装饰、家庭收纳、怎样照顾宠物、怎样下厨等；有的是分析和解决职业技能层面的问题，例如，读懂带团队、财务报表、销售技巧等问题。

第三是提升素养。该层面涵盖了科学素养以及人文素养。其中人文素养涵盖了宗教、历史、哲学、艺术等诸多方面的内容，重点是丰富群众的价值自觉以及自我认知。科学素养，重点是依托社会科学、自然科学层面，构建学科的具体原理、知识系统或办法。

需要关注的是，共性要素会受到外在要素的影响，涵盖了社会时事热点、时代背景、行业权威推荐、官方政策引导、娱乐流行和时尚等。

5.4.3.2.2 阅读需求的个性因素与用户自选

"选书帮"知识服务体系之中的用户自选功能将采选图书的权利转交给用户。该图书采选判断源于对个体需求差异的分析和判断，涵盖了九种类型的用户需求和群体：①家庭用户群体，重点选择建立在精神生活、家庭物质层面的书籍；②学生用户群体体，重点是选择学校推荐的书籍以及学习配套；③中老年用户群体，重点是选择满足保健需求、学习的书籍；④社会精英用户群体体，敏感于深层问题思考以及公共议题的书籍；⑤白领用户群体，偏好提升职业能力以及商业咨询；⑥小资用户群体，偏好市场类型的图书、流行风尚的书籍；⑦文艺青年群体，要价值反思、情怀感念类型的书籍；⑧市民用户群体，偏爱功能类型、消遣休闲类型的书籍；⑨随机用户群体，受到阅读流行热门书籍的引导和吸引。

5.4.3.3　知识运营标准化

"选书帮"知识服务系统是建立在提供精准服务的基础上的，录入图书信息，除却 MARC 数据需要的信息单元外，还涵盖了运营管理，涵盖了可以被使用在怎样的用户群，使用这样的阅读关系、阅读能力需求、用户特性等。选书帮知识服务系统的知识运营管理是在图书步入流通过程中。这一系统会按照图书应对的数据关系语义推动式、波浪式地流通。所有的书籍均可以精准界定到福田区图书馆总分馆集群中的馆藏最佳地点，并且精准的周期图书流通可以提升用户新鲜感，吸纳用户开展周期阅读行为，提升在公共图书馆中用户群的黏度。

5.4.4　"选书帮"知识服务体系的服务效益分析

5.4.4.1　借阅数据分析

5.4.4.1.1　各大类占比分析

运用"选书帮"后台数据，挑选在 2016—2019 年 4 月的用户选购数据予以研究，明确用户在阅读需求层面的偏好，通过如下表格可了解到，用户选择书籍的类别比较多，除却 H 类型的书籍外，其他 21 种的图书类型均有数量不同的借阅记录，考量到 H 类型的图书重点是语言学习种类的书籍，侧重于工具书，出于合理配置馆藏层面的考量，尚未开放 H 类型书籍的自选权限。在自选书籍中，经济、文学、工业技术为位列前四的图书种类，文学类排名前列重点是由于文学类的书籍易读、通俗易懂，并且有较大的复本量、较多的品种，其为全部图书馆的基本共性；经济类的书籍位列第二，其和深圳区域的特点是很吻合的，深圳是我国的四大一线城市中的一个，为国务院界定的全国经济中心的一个城市，并且是我国三大全国性的一个金融中心；位列第三的为工业 T 类技术，计算机有关类型的图书有较大的占比，主要是由于高新技术产业、深圳互联网有较多的数量。

表 5-1 "选书帮"用户选购图书各大类占比分析表

图书大类	借阅册数	占比情况
A	61	0.18%
B	2 940	8.88%
C	1 243	3.76%
D	168	0.51%
E	84	0.25%
F	4 890	14.78%
G	505	1.53%
H	0	0
I	12 557	37.95%
J	1 309	3.96%
K	3 026	9.14%
N	165	0.50%
O	207	0.63%
P	242	0.73%
Q	384	1.16%
R	809	2.44%
S	124	0.37%
T	3 682	11.13%
U	46	0.14%
V	30	0.09%
X	50	0.15%
Z	568	1.72%
总计	33 090	100.00%

5.4.4.1.2　自选图书利用率分析

为评估自选书籍"选书帮"的借阅效益，需要对选书的之后流通现状予以数据研究，出于选书帮图书为随时选择随时借，由此，重点运用研究借阅数量高于1的图书数据予以评价。本文章选择的目标数据是2017—2108年选书帮知识服务的用户自选图书数据，具体数据主要为如下的两个表格，其中，总借阅数量为全部图书借阅数量的总和，借阅数量高于1的图书数量为总采购数量的比重就是该书籍二次利用率，为评价图书流通效益多少的主要指标。运用研究和对比数据可了解到，对比此前传统的采购书籍，运用选书帮服务自选采购的二次利用馆藏书籍的概率获得显著提升，二次利用书籍的概率实现了89%，有较高的选书品质，所有类别的书籍均可实现6次以上的借阅数量，直接提升图书应用效益。

表5-2 "选书帮"自选图书利用数据分析表

年份	选书册数	总借阅次数	借阅次数大于1的图书册数	二次利用率	平均借阅册次
2017	11 267	71 228	10 104	89.7%	6.3
2018	15 747	79 675	14 034	89.1%	5.0

表5-3 馆藏传统采购图书利用数据分析表

年份	采购数量	总借阅次数	借阅次数大于1的图书册数	二次利用率	平均借阅册次
2017	82 714	135 421	28 648	34.6%	1.6
2018	77 552	159 255	20 251	26.1%	2.0

"选书帮"知识服务不断丰富和拓展了文献采购的模式和工作，并且直接提升了馆藏信息的服务收益，特别是有较高专业性需求的图书采购。而选书帮知识服务运用采购权下放的方式可以直接调动和利用不同用户的专业优势，帮助福田图书馆补充更合理、科学的专业馆藏书籍。具体为如下表格，如T、F类型，选书帮自选书籍在借阅热度层面对比传统采购更高，与此同时还涵盖了C、B、R、K等诸多的类别。运用对比研究图书的借阅热度，可针对性进行传统采购对策的

优化，将较高专业性需求的图书种类的采购权利下放给专业用户，让用户可以更广泛、深入地参与到建设图书馆工作之中。

表 5-4 各大类图书借阅占比数据对比表

图书大类	2017 年"选书帮"自选	2017 年传统采购
A	0.16%	0.07%
B	8.69%	5.06%
C	3.09%	1.45%
D	0.60%	0.69%
E	0.25%	0.33%
F	16.90%	6.53%
G	2.52%	5.37%
H	0.00%	2.45%
I	38.54%	53.12%
J	3.92%	5.56%
K	8.95%	6.14%
N	0.33%	0.36%
O	0.54%	0.65%
P	0.71%	0.92%
Q	1.00%	2.11%
R	2.96%	2.16%
S	0.38%	0.37%
T	8.89%	4.48%
U	0.08%	0.22%
V	0.09%	0.13%
X	0.20%	0.31%
Z	1.19%	1.52%

在图书排行榜层面中，选书帮自选书籍依旧有较大的占比，例如，在2017年，运用图书馆之城的数据统计和研究，在2017年年度书籍借阅的前一百位中，不同入藏年份书籍的数量比具体为如下表格，入藏年份越新的书籍就更可以获得用户的喜爱。在借阅书籍的排名前十的书籍中，2017年共有45册入藏书籍，位列前十，位列排行榜总量的50%的比重，在45册书籍中有33册是源于选书帮的自选用户书籍，比重实现了73%，进而可证明选书帮该服务项目在提升服务效益、建设馆藏层面发挥显著的功效和影响。

表5-5 2017年图书外借前100位排行榜图书入藏年份分析表

入藏年份	图书册数	占比
2003	1	1%
2004	1	1%
2007	1	1%
2009	3	3%
2010	2	2%
2011	1	1%
2012	2	2%
2013	1	1%
2014	7	7%
2015	15	15%
2016	21	21%
2017	45 （其中"选书帮"自选图书33)	45%
合计	100	100%

5.4.4.2 "3+3+1"主题书单推介项目

"3+3+1"主题书单项目作为福田图书馆建立在"选书帮"图书借阅数据中实施的推广主题图书的阅读项目，其目的是运用推荐特定的主题书单，聚集以及获得特定主题的读书会用户，吸引和提倡用户分享心得和体会，由此落实选书帮书籍的线下、线上系统的联合发展。

"3+3+1"主题书单项目是由诸多的主题书单组合产生的，所有的主题书单均涵盖了三本进阶书籍、三本初阶书籍、一本用户推荐的书籍，进而产生了"3+3+1"的书籍推荐清单。

项目一期需要聚焦特定的十个主题、共推出二十套有关的主题书籍予以捆绑展示在福田区图书馆总服务台提供给用户借阅。用户一次性借阅该主题书籍，且在捆绑带中的互动纸片中留下用户的相同主题书籍的推荐资料，进而深挖主题读书会目标用户群体，对之后的线下读书会构建基础和做好准备工作。

5.4.4.3 依托"选书帮"平台的社区阅读激活行动

2018年福田区社区阅读激活行动以"阅读＋公益＋社会力量"为核心，依托"选书帮"平台的技术支持，实现知识严选、领读机制和积分机制与阅读推广融合发展。社区阅读激活行动以"阅读＋分享"为基调，以公共图书馆总分馆体系为服务阵地，通过"小书架＋换书活动""领读人＋社区读书会""阅读志愿者＋社群"的运作模式，由阅读志愿者将公共文化服务带至基层，渗透入户，带动全民阅读的普及和提升。

该行动有两大亮点。

亮点一：调研某范围中的用户阅读需求，定制组织小书架进家庭的书单，呈现出严选的价值。运用换书活动逐步扩充严选书单的具体服务面，让诸多的用户受益于知识价值的服务体系。

亮点二：组建领读人团队，由领读人当作读书会的核心群体，发起阅读倡议，对阅读现状予以跟踪，渐渐发挥和明确领读机制作用和功效，实施社区读书会，强化分享线下知识。

为分析和考察福田区激励社区阅读行为的满意度，将社区读书会当作主要的考察对象，对150场读书会设计了调查问卷，此次发放的问卷数量为2 500份，共实现了2 405份问卷的回收，实现了96%的回收率，其中有2 075份问卷为有效问卷，实现了83%的有效率。有关数据表示，在96%的受访群体中其均对读书会的内容比较满意，有70%的用户则表示"特别有收获，很满意"；有96%的受访群体则对主讲对象的授课满意，且表示会持续参与到读书会活动内。社区读书会开始演变为推广基层阅读的有效方式和形式。

5.4.4.4 依托"选书帮"平台的服务效能提升的成功经验

5.4.4.4.1 首创总分馆制，服务网络全覆盖

福田区目前已经创建为覆盖全区域、庞大规模、稳定运行的区—街道—社区三级总分馆网络体系。在以区图书馆为核心的"五统一"（统一采购、拨款、服务、编目、配置）的管理方式中，全部的基层图书馆均可渐渐落实共享化文献资源、标准化基层设施、网络化服务工作。总馆中心机房构建了区图书馆计算机业务管理组织平台，自从加入统一的全市平台之后，可以在全市范围中使用读者证，当作一卡通使用，可以通还通借图书文献。并且，为强化宣传利用总分馆服务设施，福田图书馆为全部的社区馆、街道统一安装、制作了馆外指示牌，图书文献可通还通借。面向社会开放时间、馆舍地点、监督投诉电话、服务电话等，在日常工作内，福田图书馆安排专门的人开展不定期抽查、定期巡查，对不同分馆在服务、管理中的现存问题予以整改。由此，总分馆之间落实了技术资源、文献资源、人才资源的全面共享、通还通借一卡通的统一服务。

5.4.4.4.2 "一延三错"服务，便民利民惠民

深圳作为一个特别年轻的移民城市，有特别快的都市生活节奏，较大的工作压力，群众可被使用在文化休闲中的时间比较少，并且有较大的时段差距，为让不同行业、不同阶层的用户均可以便利地使用图书馆资源，福田图书馆论述了"一延三错"的服务模式。该区域所论述的"一延"，其为延长基层图书馆的开放时间，将此前每周开放三十六小时延长为社区图书馆开放的时间不能少于五十四小时、开放街道的时间不能低于六十小时；"三错"，为不同图书馆按照辖区诸多用户的生活、生产、阅读习惯，制定合理、灵活的弹性开放时间，实现图书馆和图书馆之间的错峰开放、错时开放，错开闭馆休息时间，让所有用户均可以有地方阅读。自落实"一延三错"服务至今，福田区的图书馆业务数量显著递增，用户利用率显著递增，用户好评率也逐渐递增。

5.4.4.4.3 "一间书房"知识场

公共图书馆服务创新实践涵盖了在用户为核心到以用户为核心，在被动等待服务到主动服务、在馆内阵地服务延伸为馆外服务延伸服务的层面。邹金汇、柯平在《后知识服务时代的图书馆转型》文章中表示："公共图书馆服务并非单纯呈现在对馆员提供知识、用户接受知识的供求关系，更呈现为对知识分享和创

造场所，图书馆运用虚拟、物理的情境化，让学习者演变为创造者，进而让创造者融合了学习者的角色定位，激发灵感，推动知识的共享以及转化。""一间书房"知识场包括《一页》（主题书单和内容融合介绍单张）、领读人、共读人、线下空间（福田区公共图书馆总分馆）和"选书帮"APP。在"一间书房"知识场地中，图书馆服务要素开始被再次界定，被给予了服务全新的整体观以及时空观。领读人发起的阅读主题以及领读人规划，组织有关的图书产生书单，并且拆解书单内的书籍，运用二次创作，可融合诸多图书中的内容，并对用户构建了思考和阅读的路径。运用"选书帮"APP发起主题阅读分享会活动，运用线下、线上互动的模式，举办读书会。在一间书房知识场景内，可以激发知识灵感，转化大量的隐性知识，还可能超过知识，进而形成新知识。"选书帮"应用演变为承接新知识的容器，实现了一间书房知识场的沉淀。在该环节中，公共图书馆目前嵌入知识的情境和场域中。情境是增强数据的意义，让创造知识演变为可能。发展到当下，一间书房知识场内输入 156 期《一页》（主题书单），举办了 160 场主题读书会，沉淀了 160 条有价值、可获取的新知识。

5.4.4.4.4 "选书帮"，你做主

依托社会力量，融合图书馆＋的方式，推出联合服务，实现优势互补各方力量，推动共享资源，提升图书馆的服务能效，这也是近段时间福田区图书馆努力发展的方向。福田区图书馆在 2016 年研发设计的选书帮开始上线，其为在图书馆＋书店的福田图书馆服务方式的践行内容。在一个层面而言，福田区图书馆和深圳中心的书城签订合作服务协议，明确两者的义务以及责任；另一层面，运用技术方式，和深圳中心书城体系、深圳市图书馆之城服务系统落实数据互换以及互通。伴随智能手机的发展和普及，技术的演变，"书店＋公共图书馆"的服务模式落实，改变了此前单纯的"图书馆购买什么，用户查看什么"的格局，并且开始让用户参与到建设馆藏文献资源环节中，落实精准的文献资源服务，显著提升了图书馆的服务效能。书店＋图书馆的服务方式获得了图书馆、用户、书店的认可。

5.4.4.4.5 引入社会力量，共建文化服务

为有效发挥图书馆服务效能需要建立在社会力量基础上。自 2014 年开始，福田图书馆就开始在图书馆建设中使用了社会力量，让图书馆、政府、读者代表、

社会群体均参与到建设图书馆环节之中。特别是在提升图书馆服务效能层面，社会不同方面的群体均论述了有较高参照意义的建议和对策。

5.4.4.4.6 制度再创新，成立理事会

十多年来，福田区在投资建设公共文化设施层面实现了 20 亿元的投资，公共文化服务系统有较早的建设时间、良好的基础，较快的发展速度，较多的举措。在建立的总分馆服务系统中，为持续提高图书馆服务能效，创建阅读功能区，福田图书馆主动创新了机制体制，启动了发展地区性图书馆服务系统的治理组织结构的工作，且演变为文化部确定的公共文化机构法人治理结构试点的单位。运用"总分馆＋理事会"的立体辐射式服务系统，让源于不同行业的理事会成员均可以在不同群体的层面有效发表建议，且产生有一定可操作性的工作指导，直接盘活该区域中的图书馆，直接提升图书馆服务效能。

5.4.4.5 "选书帮"平台的服务效能现存问题和发展对策

5.4.4.5.1 存在的问题

（1）服务模式单一，特色服务缺位

当下，福田区图书馆构建的服务种类重点是依托数字资源检索、传统文献借阅、资源利用、一般性信息咨询服务、推广阅读活动等。在建设文献资源之后，对少儿英文文献、港台文献、艺术类文献中均有所侧重，如舞蹈、音乐、设计等，但对特藏文献的推广和宣传力度均不够，只构建了传统借阅服务，尚未深挖特藏文献信息和资源，举办有关的活动提升该类型文献资料的利用率以及知晓率。在特色服务层面，自上线"选书帮"之后获得了群众的喜爱，在提升馆藏文献资源的服务能效层面有显著的功效。但目前需要持续深化建设选书帮，将其创建为社群产品，并非是工具导向类型的产品。选书帮的升级，并非是增加功能，主要是为了赋予全新的创造能力。盖房并非就等同于建设了村落，唯有实现了邻里走动方可被称为乡亲。通过调研可了解到，虽然用户在图书馆的传统服务项目中有较高的满意度，但其只满足了用户在信息服务方面的需求。特色服务、特色资源为组成图书馆的名片，为提升图书馆美誉度、知晓度的主要内容，并且还是用户深层信息服务需求的基本内容。

（2）文献资源利用率低，服务效能发挥受限

近段时间伴随移动通信技术和移动网络的迅速发展，即时在线浏览当下已

经逐渐取代了传统青灯阅读模式，以跳跃式、碎片化、快餐式为典型形式的浅阅读演变为一种全新的阅读趋势。为直接顺应时代的发展，福田区图书馆每年会投入 10 万元，建设数字图书馆、购买图书资源。数字资源目前已经演变为图书馆信息资源的主要内容。并且福田区图书馆目前已经开通了数字图书馆的馆外访问服务，便于用户使用。但通过有关的调研数据，可了解到数字资源没有良好的利用率，数据库综合利用率维持在 23.46%。研究产生该问题的主要原因，是由于公共图书馆资源利用和宣传资源层面缺乏力度；在另一层面而言，图书馆在知识服务层面比较欠缺，不管是纸质资源还是数字资源，均需要依托用户价值为用户构建一站式的知识服务。公共图书馆需要持续整合信息资源，并且需要持续加快知识服务的一体化发展进程。

（3）缺乏需求分析，读者满意度较差

虽然明确了以用户需求为导向的管理理念，但目前在福田区图书馆的服务工作中，该理念并没有获得良好的实践。通过调研了解到公共图书馆工作者在了解用户需求方面有单一的途径，依旧维持在随意、简单、主观的时期，只在表层客观认识了用户需求，图书馆当下使用的管理体系只是以传统图书馆业务为主线的一种自动化管理体系，管理对象和关注重点主要是以传统图书馆业务为核心的自动化管理系统，管理对象和关注重点依旧是纸质文献，无法对用户的信息行为进行挖掘和研究，很难落实用户和图书馆之间、用户和用户之间的信息交互，更不能有效、科学地研究用户的行为习惯以及阅读偏好，掌握用户需求对图书馆构建决策支持。用户被动接受图书馆提供的服务项目，只可以运用图书馆网站的读者留言栏目提出建议和意见，或直接对一线工作者建言，还有很多的用户选择沉默或者是直接降低了对图书馆服务的期望值，在科学研发用户潜在需求，主动对用户构建针对性的信息服务层面，图书馆当下位于一片空白。

（4）馆员队伍不济，服务质量不齐

通过调查数据了解到，当下福田区图书馆在图书馆工作者团队建设中，普遍是以协管员身份，没有较高的工资收入，进入门槛较低，人员没有很强的综合素养，缺乏稳定的人员团队，有较强的流动性，直接影响了图书馆的服务能效发挥。将用户服务当作切入点，逐步提升图书馆的服务能效，为一个行之有效的方式和途径。强化图书馆工作者的学习和培训，逐渐改变自身的服务理念，合理使用图书馆中的宣传辅助等有关工具，强化图书馆的预见性，持续提升自身能力，并对用户构建更贴心的服务。福田区公共图书馆承担了该区220多名基层工作者的业务培训工作，主要内容涵盖了继续教育和岗前培训等。但由于基层工作者的人事权位于社区工作站或者是街道办，人员不断地更换，造成在管理人员方面效果较差，效率降低，直接限制了图书馆服务能效的发挥。

5.4.4.5.2　发展对策

（1）深耕线下阅读场景，加强特色升维服务

70后、80后为核心的新用户群体强调更美满的人生。自我提升和学习是可以让自己获得更美好发展的基本主题。阅读可以显著提升自身的幸福感，不错过美好的人生事物。所有不紧急但是重要的事物，通常都代表需要长期方可获得结果（如读书的优势），但长时间反馈一般无法刺激短时间的行为，就要外部服务者可构建短期反馈帮助做该事情。以图书馆的馆舍空间为文化服务体验空间的物理载体，纳入了领读体系和机制，构建了带读功能，运用聚合有关的知识需求，由领读人引领读者持续提升和体验学习美好。

（2）社会资源精准匹配，服务效益得以提升

目前，馆藏文献普遍是"架"满为患，资源服务和建设具有一定的同质化发展态势。由此如何才可以触发用户阅读？未来最主要的并非是图书馆找什么样的资源，是图书馆能不能将最合适和恰当的知识传递到最合适的人手中，实现精准匹配社会资源，各归其位，其为知识服务模式需要遵守的基本逻辑。建立在图书馆的知识大数据基础中，落实标准化的图书服务向非标准化的知识服务演变和过渡，直接打通图书馆和用户需求和服务线下和线上之间的壁垒问题，落实互相沟通，直接提升服务效益以及效率。服务双效提升在于让用户可以更喜爱读书，进而推动用户的交流和增加重复到馆的用户群体，持续提升图书馆的服务能效、跨界合作价值、品牌价值；并且，加快知识服务产品的升级以及推出，推动读者参与度极低、服务能效极低的文化服务项目退场，实现财政成本、人力成本的节约。

（3）知识严选服务＋个性化知识推送

当下，时间是特别宝贵的存在。诸多群体乐于为高效率支付溢价的时期，知识严选服务会演变为未来图书馆服务的重点以及核心。运用技术方式获得用户和图书数据的借还、检索、物流等相关信息，产生知识大数据，研究用户的知识

偏好以及阅读行为，提供定制化的知识严选服务，涵盖了读书沙龙、书单、文化演出活动、讲座信息等多元知识服务、知识大数据，可让图书馆可以更精准地了解用户是谁更喜爱什么，并建立在大数据基础上，图书馆可以更精准地推送用户喜爱的知识服务内容，进而所有用户查看到的知识产品具有一定的区别。

（4）创新公共文化服务机制

要全力推进建设高质量、普惠性、可持续性发展的公共城市文化服务系统，就需要实现公共文化服务制度的不断创新。《2020年深圳市文化广电旅游体育局》论述表示，深化区级公共图书馆、建设文化馆总分馆制度，直接推动建设区级图书馆总分馆的人财物垂直管理。总分馆财、人、物的垂直管理，且将此前为社区工作站、街道办的馆员认识权利、基层图书馆应用经费去哪里、固定资产产权全部统一和归口到区图书馆，落实总馆的权责利的统一。在该基础上，使用了"阿米巴模式"，融合总分馆的现实情况，运用实施精细化管理，实现公共文化服务体系的创新。所有的基层图书馆均为知识服务中心，单独运转和运营，其需要将位于该区域中的群众文化需求为引导，不断强化建设自身的特色服务能力。福田区图书馆作为总馆，需要承担总分馆系统内的中枢神经职能和角色，运用总分馆管理信息体系，收集获得不同分馆的业务能力和信息，且整理研究诸多的业务数据，对基层分馆的业务开发构建决策之城。并且，为直接提升总分馆的服务能效，要科学构建以用户价值为第一要位的图书馆服务的"先行示范标准"，主要是评价图书馆工作者的人均服务能效。在评价文化服务的常规指标之外，加大知识服务指标的具体权重，主要涵盖了专题服务的质量以及数量，用户活动的参与度、举办频率等，知识服务和居民生活、生产的关系等。在目前高科技逐渐产生的时期，公共图书馆面对升级转型的多重挑战，在历经图书馆大基建的10多年之后，需要将图书馆事业的发展重心逐步转移到提升图书馆服务效能之中，秉持以人为本的理念，开展好以术为用，以学习中心、知识中心、交流中心为特色的图书馆建设，这是图书馆的努力方向。技术创新、制度创新、服务创新为提升图书馆服务效能的基本内容。

5.4.5 未来研究建议

为创新发展图书馆知识服务系统，选书帮制定了未来如下的发展方向：

5.4.5.1 极大地扩大可供书源

当下应用各图书馆的 PDA 项目在建设馆藏资源层面受制于合作书商的书目范畴，特别是以现货为主，较大限制了可以选择的范畴。之后，选书帮可运用按需印刷项目最大可能性地拓展可供书源，且让断版、绝版的书籍在江湖中重现。

5.4.5.2 社会力量参与建设信息资源端

知识服务为在大数据背景基础上产生的一种全新网络服务理念，其主要是依托网络大量的信息资源，按照某需求使用系列的信息研究和挖掘方式，将很多无序的信息资源持续提炼，且将其为目标用户对其构建针对性、典型性的服务之后，选书帮可使用外部资源，涵盖了知识树、书评等相关内容，突破用户借书环节中的个体局限问题，将荐书和选书操作环节演变为学习环节。

5.4.5.3 创新发展从资源建设端扩展到信息服务端

"选书帮"将建设为一种开放性的学习系统，使用人工职能的技术，创新发展图书馆参照咨询服务。并且，持续提升服务端的运营数据的能力，持续提升图书馆经济服务的能力和水平。

5.5 智慧图书馆的特色知识服务——粤港澳大湾区非遗主题图书馆建设

5.5.1 图书馆的建设背景

吴建中教授在《走向第三代图书馆》一文中提出"第三代图书馆"的概念，他认为：未来公共图书馆的发展并非是单纯的面、线的发展，而是立体的，是在信息资源、虚实的空间、用户参与、管理服务等诸多用户组建的多元生态体系。第三代图书馆并非是文献保存、传承文化、存储信息的传统功能，其为知识交流的空间。在该全新的文化场景内，图书馆呈现着构建创新交流环境、推动知识流通、激活社群活力、提升多元素养等诸多的功能角色，为图书馆事业的未来发展态势和现状。

伴随社会的演变和发展，社会阶层开始由单一阶层演变为多元阶层，社会也有更加精细的分工，有更加多样的社会需求，服务内容、服务对象、服务方式均表现出显著的同质化发展态势，并且目前我国的综合性图书馆已经难以满足群众多元化、个性化、专业化的服务需求，在建设主题馆后，目前在第三代图书馆层面有显著优势。

王世伟在《主题图书馆述略》一文中将主题图书馆定义为"通过特定领域（某

一领域或数域）的专藏和服务来满足人们对专类知识和专门主题信息需求的图书馆"。

当下在建设主题图书馆中重点会在长三角、珠三角、京津冀等沿海经济发达区域，有艺术、音乐、佛教、五金、玩具、服装、运动、漫画、科技等诸多类型的主题图书馆，直接呈现出图书馆提供的有关资源和相关文献。自 2000 年到当下，已经建设 71 家主题图书馆，集中在珠三角区域共有 39 家，重点汇集在我国的东莞、深圳、佛山、广州等区域；长三角区域重点有 20 家，重点汇集在我国的杭州、上海、温州区域；京津冀区域则有 12 家，重点遍布在我国的天津和北京等区域；深圳市共有 24 家主题图书馆，其中福田区共有 6 家主题图书馆，为音乐、舞蹈、书画主题类型的图书馆以及非遗、法治、创意、绿色低碳等诸多类型的主题图书馆。2019 年 8 月 18 日，中共中央、国务院颁发《关于支持深圳建设中国特色社会主义先行示范区的意见》，要求深圳成为城市文明典范。

全面落实社会主义核心价值观，创建高水准的现代文化产业系统和服务系统，演变为新时期聚民心、举旗帜、兴文化、育新人、展形象的引领者。对推动文化服务创新发展，强化服务供给和文化产品的精准度以及专业度，福田区图书馆目前已经在建设主题图书馆层面中，创新理念，与时俱进，改良发展方式，论述了图书馆提升核心理念：多元主题协作共建，多业态发展，建设总分馆集群。

5.5.2 主题选择

粤港澳大湾区由香港、澳门两个特别行政区和广东省广州、深圳、珠海、佛山、惠州、东莞、中山、江门、肇庆（珠三角）九个地级以上市组成，总面积 5.6 万平方公里，2018 年年末总人口已达 7000 万人，是中国开放程度最高、经济活力最强的区域之一，在国家发展大局中具有重要战略地位。2019 年 2 月 18 日，中共中央、国务院印发的《粤港澳大湾区发展规划纲要》提出"共建人文湾区"。要塑造湾区人文精神，推动中外文化交流互鉴，创新人文交流方式，丰富文化交流内容，提高文化交流水平。

"文运同国运相牵，文脉同国脉相连。"传统文化是一个民族的灵魂和血脉，是一个民族的集体记忆和精神家园，体现了民族的认同感、归属感，反映了民族的生命力和凝聚力。对一个国家来说，非物质文化遗产（以下简称"非遗"）是人类经过口传心授、世世代代流传下来的无形文化遗产，也是一个民族古老的生命记忆和活态的文化基因，在一定程度上代表着民族精神。从舌尖上的味道到指尖上的技艺，从民间文学到民族歌舞，从中华武术到传统医药，每一项传承的背后，都包含着先人的智慧与情感，蕴藏着我们的文化基因与精神信仰。非遗，不仅代表过去，更属于现在与未来。它来源于生活，流淌在我们的血脉里，潜移默化地影响着我们的思维和习惯，是我们创造美好生活的力量与源泉。不同的生态环境、宗教信仰、生活水平，甚至日常生活习惯、习俗，都会衍生不同的文化形态，因此，非遗有着明显的地域性特征，不同的地域也会有不同的非遗代表。非遗是中国传统文化的重要组成部分，在中国传统文化中有着不可或缺的地位。它种类繁多、地域分布广，是民族融合的纽带，也是我们共同的精神和物质财富。

为此，围绕深圳市"要努力成为具有世界影响力的创新创意之都"的战略要求，选择非遗作为主题，以"传承、超越"为核心思想，提升非遗主题图书馆的资源与服务，推动粤港澳大湾区非遗资源建设和文化传播，推动中外文化交流互鉴，弘扬中华传统文化，彰显独特文化魅力。

5.5.3 建设内容

文化遗产，尤其是非遗，作为人类文化基因，其包含了历史、文化、智慧的深入分析、挖掘和大量传播。非遗主题图书馆的提升工程重点涵盖了粤港澳大湾区非遗资源库建设和开发"非遗汇"小程序、传播非遗文化和非遗新文创产业服务的3个层面。

5.5.3.1 粤港澳大湾区非遗资源库

国务院将中国的非遗项目划分为 11 个类别，分别是传统音乐、民间文学、传统戏剧、传统舞蹈、传统体育、曲艺、传统美术、杂技和游艺、民俗、传统医药、传统技艺。按照如上分类，收集整理粤港大湾区的非遗技艺代表性传承人和非遗项目的有关资料，并生产和传承人以及非遗项目有关的视频、文字、图片等相关内容。

——纪录片：所有非遗项目拍摄或收录一条纪录片，有传承人讲解非遗形成的背景和时代、制作工艺、实现功能、制作环节。

——图文：使用图文的模式细致地记录所有非遗的发展历程、年代背景、现实情况，分析非遗制作的关键要领和制作环节、产品用途。并逐渐将纪录片内容平面化，搭载上视频二维码，实行交互式的体验方式。

5.5.3.2 非遗文化传播

5.5.3.2.1 非遗出版

2014年6月14日，文化部在国家图书馆举办了"中国非遗保护出版成果展"。据统计，自2001年以来，已出版非遗研究专著15800余种。传统技艺方面，如国家图书馆出版了《大漆髹饰传承人口述史》、中国艺术研究院出版了《中国工艺美术大师全集》等。作家采写非遗项目传承人，不但可以实现对非遗记忆的记录，并且记录了传承人的家史呈现出国族历史。依托粤港澳大湾区的非遗项目传承人和项目，关于非遗项目的发展环节，表现模式、基本技法等，均为出版非遗的主要内容。

5.5.3.2.2 非遗展演展

依托展示展演活动，让非遗项目可以使用活态面貌的方式产生，推动了展示非遗项目的宣传语，推动不同层面的交叉合作。

展览一般分为三类。

——常规展览。展出展品通常产生在综合展览内。博览会作为一种综合展览，有销售以及展示产品、品牌传播的功效。在每年的深圳文博会中，传统艺术类的参展项目，如剪纸、雕刻、刺绣等一般都是活动展示的基本项目。并且，为推动非遗项目的品牌推广以及技艺创新，国际交流展演变为必不可少的一种选择。

——专题展览，是使用某一类型的子项目或某一类型的项目为主题呈现的。精品展览一般呈现为工艺美术的最主要的特性。

——大型综合展览。在大型综合展览中生产性保护成果展览是最特别的一种类型，是运用非遗项目转化为一种文化产品而进行成果保护的一种展览，是非遗新文化产业服务的一种主要平台。

5.5.3.2.3 非遗教育培训

出于诸多的群众并没有了解非遗保护的重要性，也不了解非遗存在着价值，只表示保护非遗是专家和政府的责任以及行为，和自身的生活没有关系，由此在教育方面获取群众，尤其是唤起群众对民族传统文化的认同感以及自豪感，定时组织学生进行学习和参观，让青年群体了解粤港澳大湾区的非遗文化。唯有零距离接触粤港澳大湾区的民间艺术，方可让学生在根本上领略我国民间文化的精深，且在参观中获得启示，提升学生的合作、创新、动手能力，更好地传播粤港澳大湾区的非遗文化。

5.5.3.2.4 非遗文旅（寻找指尖上的传承）

非遗作为人类共同文明的一种代表，表示了人类的精神和智慧，同样为一种特别宝贵的旅游资源，非遗旅游作为文化旅游的一个热点内容，唯有历经持续利用、发展，方以实现自身价值，获得传承，并使用全新的方式存活下来。

5.5.4 运营管理：社会共建

非遗主题图书馆的运营管理和建设的主要目标是创建粤港澳大湾区的文化传播，以及非遗资源建设的公共服务系统。需要将粤港澳大湾区的传统文化精髓以及文化 DNA 不断保存，并直接唤起群众对该文化遗产的保护意识、认同感和传承、参与观念，保护文化遗产是最好的传承人类文化，并且是群众的基本义务和责任，围绕建设以及运营非遗主题图书馆的管理目标，论述了多业态融合发展、多元主体协作共建、建设总分管制度集群的运营和建设理念。

5.5.4.1 多元主体协作共建

2014 年 7 月 9 日，福田区图书馆组建了福田区图书馆理事会，正式迈出了改革法人治理结构的一步，理事会是定位于区图书馆服务系统的决策、议事、监督组织机构，承担明确区图书馆的发展规划和发展战略，并且创建了共治社会化的治理平台，源于不同行业的理事会成员在不同层面可以充分发挥自我建议。在理事会的引导中，主题图书馆提升工程广泛吸纳社会资源参与到建设公共图书馆之中，走开放办公、社会化合作办馆的道路，历经理事会的分析和决定，非遗主题图书馆使用公民合办的方式开展运营管理，也就是总馆使用契约或活动的模式和社会力量进行合作，进行主题图书馆的运营以及建设。这一方式的优势为：一个层面，社会力量和政府在主题服务供给的资源互补性中获得有效发挥，运用合作创造协同功效直接提升主题服务活力，产生多元主体、共建多元投入、多元发展的基本格局；另一个层面，依托社会力量落实快速扩建以及延伸主题图书馆，直接拓展了文化供给范围。可以说非遗主题图书馆是由福田区图书馆和有资质的合作方共同建设的，彼此联合，使用自身的优势资源，在筹建时期明确两者的义务以及权力，福田区图书馆理事会定时评估以及考核非遗主题图书馆。

5.5.4.2 多业态融合发展

非遗主题图书馆开辟了以阅读服务、文献资源为依托，和文化旅游业、文创产业、出版业等诸多业态融合的复合式全新的主题文化空间的建设路线。契合当代消费需求和习惯，在构建有自身特色、多元主题服务的环节中，强化艺术展览、教育培训、文化出版、影视鉴赏等跨业态的服务，推动主题服务表现出社会化、多元化、亲民化的发展属性和特质。

5.5.4.3　总分馆制集群建设

在 2003 年福田区图书馆建设总分馆制度后，历经较长时间的发展和努力，前后构建了一个区级公共图书馆，一个街道图书馆，六个主题图书馆、九十个社区图书馆，产生了将区图书馆为总馆，将社区和街道图书馆为分馆，覆盖了全区，运行稳定的三级网络系统。一百多家图书馆按照《深圳市福田区公共图书馆管理办法》实现了以区公共图书馆为中心的"五统一"，即统一拨款、统一采购、统一编目、统一配置、统一服务。建设主题图书馆为在总分馆制度的引导中实施业务，其经验教训、建设成果将在总分馆系统内落实和推广，最后落实了诸多家图书馆办馆的资源共享、特色，统一服务标准的格局。

5.5.5　社会成效

5.5.5.1　从非遗读懂粤港澳

非遗不但是城市的文化基因，并且是城市形象如实力、文化符号的代表。传承以及传播非遗的主要目的是保护民族传统的文化，且将其在群众的衣食住行内表现出来。在粤港澳大湾区的 9 座城市中，历经多年的迅速发展，城市有迅速的发展，宛如走马灯似的迅速改变面目，由此，群众不能顾及过去。粤港澳大湾区的 9 个城市尚未实现历史以及文化，绚烂的现代光明直接掩盖了城市的此前。粤港澳大湾区的历史文化可追溯到千年前，要了解某城市的历史文化，除却历史遗迹、历史书籍外，非遗为历史文化最主要的一种载体，运用其可以窥探到该城市的民生现状以及悠久历史。其为区域文化的活化石。

5.5.5.2　丰富艺术表达

非遗项目结合了多种的艺术表达，实现了手段、观念的融合形式以及内容的结合，运用听觉、视觉、触觉等予以全面塑造，为诸多技术要素、艺术要素融合之后的深度创新。在创新传承以及保护内，激活、滋养社区群众的生命力，推动非遗回归到当代生活中，创造美好、正面的感受，唤起愉悦的体验。创建可以使用手摸、眼睛看就可以查看得到的幸福感觉。

5.5.5.3 非遗保护社会化

当下非遗保护工作重点还停留在政府管理和指导，专家提倡、有关工作者参与指导的方面。社会团体、民间组织、个人、公司尚未实现规范化参与，也没有广泛普及，百姓和更多群体缺乏主动参与的观念和态度，就要合理调动群众和社会资源的参与性和积极性，强化保护普通群众参与的观念和意识，让更多群体主动支持参与到保护活动中，让百姓创建自觉合理的保护观念和意识，让更多的群体予以支持，参与到保护环节中，在百姓内构建自觉、合理的保护观念和意识。梳理文化自觉、文化自信、自省的观念和态度，并且需要普及非遗保护的基本信息和定义。

非遗为千百年来群众和大自然相处，历经千锤百炼后获得的经验以及智慧，是人类的灵魂，是未来的根脉以及基础，怎样造福生活，如何让群众看到祖先的文明以及遗迹，为当代人传承的基本责任，如德国黑格尔所论述的："历史就如灰烬，尽管熄灭，但是依旧有余温，将手放置在灰烬内，并非尝试点燃火焰，而且深刻感受到历史余温。"

第 6 章 基于 5G 环境下智慧图书馆
文献传递服务研究

6.1 智慧图书馆文献传递服务学理分析

6.1.1 文献传递服务的兴起

陈力（2008）认为，自上个世纪五十年代以来，国内的文件传输一直都是以"公对公"形式进行，通过传统的纸质联合目录和电话咨询等渠道了解到馆内的资料，通过邮件和邮件的形式，实现了不同的图书在不同的地方。"智慧图书馆"是由芬兰学者 Aittola（2003）最先提出来的，Aittola 在一本名为《智慧图书馆：Location-Aware Mobile Library Service》的文中提到。"智能图书馆"的涵义在于它可以突破时空的局限，随时可以提供给用户随时查询到的信息的手机知识库。就像是现在的手机，也就是说，智能手机的覆盖面积并不大。美国 IBM 于二零零八年十一月推出"智能地球"，并逐渐在各行各业中推广资讯科技。人们的生活和生产，都变得"智慧"了许多。目前，学界对智慧图书馆的定义已逐渐趋于成熟，而云计算、物联网、大数据等技术也已取得了巨大的突破。世界上科技发展的国家。这也是国家科技发展的一个重要突破口。现在的智能图书馆，已经不是单纯的数字了。随着我国公共图书馆不断走向"智慧化"，同时，关于智能服务的方案也越来越完善，其中，文献的传输是公共图书馆最重要的一项服务。其智能化程度也是智能图书馆建设的首要任务。其智能是当前信息系统最主要的业务，也是当前信息化建设的重点。目前，我们已经迈入了一个新的大数据时代，而我们的图书馆事业也已经步入了一个新的阶段，利用大数据云计算平台实现用户个性化定制是当前文献传输业务智能化发展的必然方向。刘洁璇（2016）指出，"智能文献服务"是利用网络技术的一种创新方式，将用户所需的资料从图书馆中抽取，从用户需求中抽取出相关的信息，并以特定的智慧通道向用户提供信息。作者认为，智能文献传递服务是一种以数字技术为基础的公共图书馆，

147

借助 5G 技术和人工智能技术，实现对图书馆藏资源的有效整合。

6.1.2 公共图书馆文献传递智慧服务的特点

信息化图书馆和实物图书馆的结合，形成了如今的智慧图书馆，实现了"虚"与"实"的互补、"读者与图书馆之间的联系"。同时，图书馆的基本结构也已不能把人们和图书馆的空间隔阂分开。在资讯科技的社会，面对数以百计的资讯，在为自己挑选资讯的同时，作为资讯机构的公众图书馆，则是最受信任、最可信的资讯来源。为了更快速、准确地解决读者的需要，在发展的历史进程中，公共图书馆的智慧文档传输呈现出如下特点：

6.1.2.1 高度智能

高度智能是文献传输系统具有很强的智能性，利用地理定位系统、激光扫描仪、红外传感器等现代科技手段，能够准确的实现对馆内各个部件的监控。如果是在文档传输时，可以通过手机端来查找所需的书籍。利用 RFID 技术，自动分类、上柜等，可以方便地完成图书馆资源的快速盘点。随着信息化建设逐步取代了手工，信息传输的高智能性，不但增加了阅览室的阅读体验，而且还可以改善工作环境，大大提升了工作的工作质量。

6.1.2.2 个性化服务

我们从海量的资料中搜集了用户的喜好与需要，并改善了文档传送的服务模式。对用户的心理活动进行了详细的跟踪，并对其进行了深入的研究。根据不同的阅读习惯，不同的读者需要，不同的服务模式，不同的服务内容。通过移动端用户的下载，用户可以在任何时间、任何地点进行检索，并在手机上实现对用户的个人信息。利用智能化设备，使图书馆工作人员能够与馆内图书、馆内设备实现即时交互。

6.1.2.3 资源共享

随着"文化传播"的智能化，图书馆的"趣味"与"知识库"越来越多地被大众接受，成为"社会实践"的基本产物——"社会化"和"文件传输"的智能"链路"，承担起了"社会任务"的重大任务。我们负有向全体使用者分享更多的资讯与资讯的义务与责任，图书馆的资源分享有两种类型。第一种是图书馆联合的模式，即在一定的区域内，各机构或各机构或图书馆之间建立起一个共同的知识群体，从而实现对馆内的信息与资源的分享；二是建立馆协与馆际间的知识库，与其它单位或图书馆进行馆藏资料、资源的分享，并为读者提供全方位的服务，从而建立起真正意义上的网上文献传递智能服务系统。整合线上频道。同时，要充分利用网上的信息化和手机，充分发挥"两微一端"等社会互联网应用的功能，加快图书馆与读者、读者之间的交流、实现资源的分享、及时的反馈。此外，还可以建立一个与外界信息交换的信息中转平台，对已集成的信息进行再解析和分享。同时，要发挥图书馆在图书馆中的作用，为图书馆提供更好的信息和信息的传播和信息。

6.1.3 文献传递智慧服务机制的内容构成

6.1.3.1 供给需求平衡机制

智能文献的传播思想与方法与以往的观念有了很大的改变，以"人人可读、处处可读、时时可读"为基础。本着提供优质的技术、人性化的服务理念，坚持"人人能服务、处处能服务、时时能服务"的理念。

供给需求平衡是公共图书馆建设的基本框架，使得距离公共图书馆较远的人可以很容易地得到需要的图书，在公共场所建立公共图书馆的基本结构，加强文献的传播，公共设施建设，统一规划，共建，共管，这是一种实现公共图书馆设备和专业图书馆人员提供和用户需要的均衡的一种制度。

科学技术的发展使我国的公共图书馆得到了持续的发展。公共图书馆在资源和提供的同时，也在不断提高，为广大人民群众提供优质的服务。忽视这个目的，就会使其与读者分离，使其丧失了健全的知识传播的内涵。随着读者需求的多元化，公共图书馆在空间拓展、资源拓展、管理方式上应注重读者需求和设施配置。尤其是在公共区域的扩展，应从受众的视角来考虑，为今后的图书馆提供个性化的服务，使更多的人能够获得人性化的阅读经验。

提高公共图书馆的信息化信息传输能力，既要提高图书馆的基本建设，又要加强政府的领导和人民群众的综合协调和科学的安排。忽略这种目标，就会导致它与受众之间产生隔阂，从而失去正确的知识传递的意义。当前，我国公共图书馆的数字化、网络化、智能化的文献传输业务还处在起步阶段。但是，在网络信息技术迅猛发展的今天，伴随着网络的快速发展，在实现数字化的同时，对公共图书馆的软硬件设备进行更新，成为了当前的社会工作人员和管理者所必须掌握的知识和技术。科技发展、改革与创新是高校图书馆发展的必然选择。因此，图书馆必须提前做好准备，以适应图书馆信息化的发展，建立起一套系统化、长效的图书馆员工培养方案。

6.1.3.2 资源开放共享机制

资源开放共享机制是将不同类型、地域的图书馆信息进行整合，优化配置、复用、共享、优化信息传输、优化信息传输、构建智慧图书馆和支撑智慧城市的体制。

目前，我国高校图书馆的文献服务机构结构不合理，信息资源更新缓慢，服务效率低下，与读者互动不足，共享机制不完善等问题，严重地制约着我国的公共服务。在推动公共文化事业的平等化进程中，随着文献传递的智能服务的兴起，改变了以往的"自助"观念，信息资源的整合和纸质书籍的互补性得到加强。利用数字化资源进行网上阅览，既能提供一种新的服务，又能弥补目前的信息传递业务的不足，为广大市民提供多样化、多维度的信息服务，从而提升其办事效能。

为了使文献信息传输的智能化发展得到合理的发展，不再局限于一个单一的图书馆进行网上、线下的信息共享，更多的公共图书馆已经开始构建起一体化的、分馆的体系。主要的和核心部门所管理的其它部门都是辅助部门，资金的使用是同一个部门的。现有的资源配置方式有三种：原始资源和分支资源。一种是"多输入协同管理"，这是一种"分散式"的一般分支库模式。该模型不会因为行政隶属等方面的问题而有所变化，反而会在分馆（例如北京分行）中，建立一个资源共享的资源共享机制。第二，上海中心的"多级投入，集中管理"，也就是集中式的集中管理。与"零散式"模式相同，原行政区划不改变，但"总楼"承担了区域内所有的信息、资料的采购、分类、处理、指导、协调工作，其中还涉及到了"主大楼"的租借和归还等方面。嘉兴的城市与乡村的融合，有一般的、苏州的两种。三是投资差异化，管理协同，资源共享。以市图书馆为中心馆，区（县）图书馆为总馆，乡镇（街道）为分馆，村（社区）为服务点，构建了四个层次的公共图书馆网。比如深圳市的图书室等。

另外，部分图书馆还成立了图书馆学会，并充分发挥自身的优势，建立了特色资源库，拓展了馆藏的内涵和广度。以往，公共图书馆的沟通方式多以历史体验为主，但新时期的公共图书馆资源开放与分享已经是一种普遍现象，随着文献传输智能化的推广，各地区的公共图书馆资源的开放与分享将会得到进一步稳定和巩固。

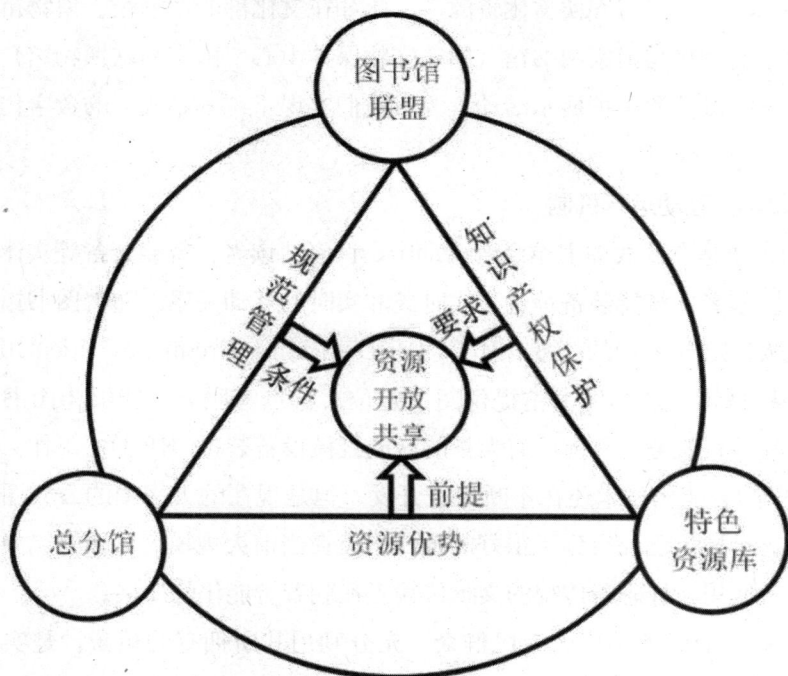

图 6-1 公共图书馆资源开放共享框架（图源：笔者自制）

6.1.3.3 创新合作机制

要积极探索建立信息资源共享的智慧服务系统和平台，拓宽信息资源，满足读者日益增多的阅读、学习、教育、休闲等文化需求。一种综合的、全面的、符合大众日益增加的文化需要的机构。

近几年来，我国许多公立高校图书馆都充分发挥了自身的优势，大力开展各种信息、知识服务，并在高校等方面开展了广泛的交流与交流。这也很受欢迎。为了满足信息化条件下的社会公益事业发展需要，公共图书馆可以与其它产业进行创新性的协作，比如与政府、博物馆、美术馆等的合作。第三空间通过与杂志、书店等机构的联合，形成了一种相互促进、相互促进的合力，突破了产业的垄断，促进了社会公益事业的持续发展。丹麦在 2001 年发起了 " 北日德兰区域 " 历史和文化搜索 " 计划，将图书馆、档案馆、美术馆等各种资料整合起来，为市民 "一站式" 网上查询。在 2012 年，国会图书馆、科学技术振兴院、国家博物馆、国家美术馆、县图书馆和地方档案馆等机构联合设立了一个综合图书馆资料的查询服务体系。日本。近些年来，我国图书馆之间的跨越式创新协作已经取得了一些成效，比如南昌汉代海昏侯文化资源库，比如在文化部的图书馆、博物馆、档案馆等。国家文物局与国家图书馆（国家文物保护中心、国家图书博物馆）举办了中国传统图书保护和保护展示活动，为市民们实现了"一站式"的数字化公共文化服务。

6.1.3.4 互动运行机制

互动运作是在公共图书馆经营活动中，读者、读者、智能装备等实体实体资源与读者、读者、智能装备等进行实时或非实时的互动关系。随着图书馆与因特网公司及人工智能公司的深度合作，RFID（Radio Frequency Identification）即射频识别技术，能为图书馆提供图书定位、盘点等服务，能够为图书馆提供文献检索和编目服务，目前已有大量的智能机械设备装备 RFID。工作。虽然像 RFID 这样的智能化技术还在不断地被开发，但是现在的大规模的公共图书馆已经证明了这种技术已经得到了很好的推广。但在当前大规模公共图书馆中，此类技术的大量使用，标志着传统的文献传输正在朝着智能化的发展。

为了更好地服务于广大人民群众，充分利用其所拥有的馆藏，是实现文献传播的终极目标。传统的文献传输系统缺乏智能性，导致了与用户的交互程度受限、交互次数少、交互效率低下，没有在提高文件传输的质量方面发挥实际的效果。在我国公共图书馆信息化水平不断提升的今天，为了更好地实现和用户的沟通，将互动作为一个重要的衡量标准。此外，现代社会的生活速度也大大加快，图书馆成为一个消极的借书的年代也走到了尽头。多个容易运作、交互的、覆盖范围广泛、具有高度的实时性，使得公共图书馆能够通过这种便利的新途径，扩大与广大的读者之间的互动，促进人们的共享与沟通。为更好地为广大读者提供优质的服务，公共图书馆应从满足广大读者的需要、及时调整和改正这些服务缺陷，不断提高其服务质量。

公共图书馆的文献传输智能化关系到建设智能图书馆，甚至是建设智能城市，尤其是在数字时代，图书馆的信息化进程中，如何合理地使用和使用馆藏，直接影响着整个国家的现代化进程。同时，为图书馆现代化建设营造良好的互动关系，促进图书馆数字化现代化进程，促进图书馆的信息传播，为图书馆的文化传播创造更美好的文化体验。以明智而有活力的方法来发展公共图书馆。随着我国文献传输的信息化，我国的公共图书馆也在加大资源的开放性和互动性上，加大了科技合作的力度。资源分享和协同合作，使用户能够从不同的途径获取最丰富和最新的文档信息。其次，通过与公众的交流，可以获得公众对服务的满意程度和对读者的反馈，并进一步发掘和拓展读者的需要。提高读者的需要，构建智能的文献信息服务体系闭环。

6.1.4 文献传递智慧服务机制运行的条件保障

6.1.4.1 理念条件：互联网智慧理念

由于我国的传统文献检索体系存在缺陷，仅能够在一定程度上对用户的要求进行消极的处理，仅针对不同的读者所反映的问题，采取相应的对策。反复阅读的书，特别是古书，往往会出现破损，有些因为放置的地点、藏书的位置和藏书不能很好地使用，网络环境下的公共图书馆服务对象、服务领域、服务效率和服务形式都在不断地改变。高质量的媒介和有限的时间的开放性已经不能满足人们对知识、科研等的需要，目前的公共图书馆正逐渐从大数据、互联网＋、信息共享、知识库等方面着手。基础理念如移动终端或智能装置可使阅读人员迅速查找所需资料，将珍贵的典籍资料扫描为电子图书，以防止借书时出现损耗；海量资料亦以读者为基础，以充分使用各类图书，我们向建议阅读文献。

以网络智能思想为基础，以网络为基础，借助网络技术，实现了与图书馆之间的有机结合。一是在图书馆内，读者可以使用自动归还和续借。二是采用RFID 无线射频识别技术对用户的人像进行剖析，并运用智能化技术对其进行归纳和总结，为用户的个性化服务做出更具针对性的选择。保证所需的资源、资源的共享、操作的便捷性、以及在任何时候、任何地点都能方便的使用这些资源，使得大众的影响力得到了很大的提升。加强文献资料的使用。三、 RFID 技术在图书分类中的应用，使员工能够完成图书的自动清点，摆脱了繁琐的清点作业，RFID 能够进行远程无接触的图书盘点，简化了工作过程，在疫情时期，可以降低无接触性传染病的发生，图书馆员可以通过电子设备完全控制他们的馆藏。最后，利用 RFID 技术将智能信息传输技术应用于公共图书馆，减少图书管理员盘点图书、追踪图书位置、保存图书资源等方面的工作量，使图书馆实现更为有条不紊地开展"智能"服务。

```
┌─────────────────┐
│  扫描 RFID 标签   │
└─────────────────┘
         ⬇
┌─────────────────┐
│  读取识别图书信息  │
└─────────────────┘
         ⬇
┌─────────────────┐
│     图书定位      │
└─────────────────┘
    ⬇      ⬇      ⬇
┌──────┐┌──────┐┌──────┐
│ 在架 ││ 外借 ││ 错架 │
└──────┘└──────┘└──────┘
                     ⬇
                 ┌──────┐
                 │ 追踪 │
                 └──────┘
```

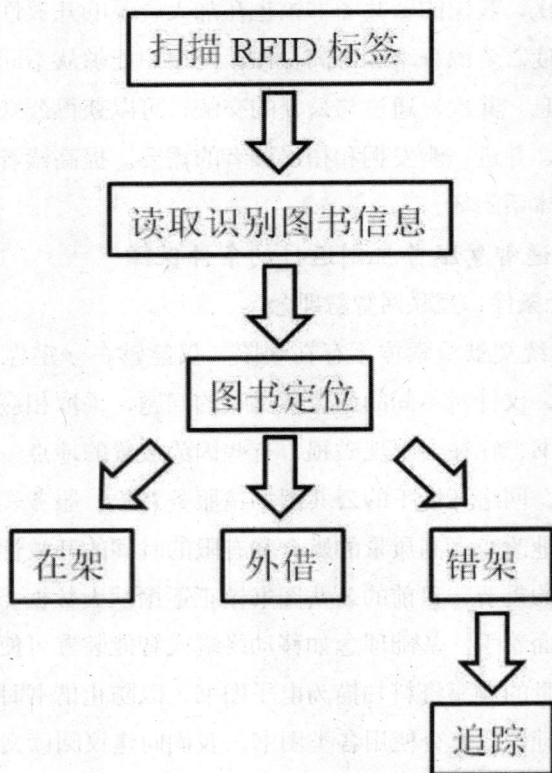

图 6-2　RFID 技术图书盘点流程图（图源：笔者自制）

6.1.4.2　技术条件：基础设施共建

随着网络与资讯科技的迅速发展，人们对公共文化的要求越来越高，单纯的图书借阅已成为其主要的业务，当前，更多的是通过信息化手段实现图书馆与其它产业部门的协作，实现馆内资源的共享，目前，很多图书馆都与微信、微博、支付宝等社会化媒体进行了创新性的协作。利用公共社会应用程序，读者可完成图书借阅、在线咨询等功能。

在信息化社会，各高校图书馆所掌握的信息资源都是开放、透明的，通过与其它高校的协作，既能让另一方全面认识到自身的优势，又能清晰地认识到自身的资源和优点。其它图书馆的资源要利用网络进行知识共享，实现资源共享，优势互补。当前，许多公共图书馆都在按照各自的收藏特征建立专业特色和地域特色，使其具有较强的特色。充分依靠信息技术，逐渐向"共享"的发展趋势，通过对不同馆种的同类资料进行整理、整理，从而构建具有独特特征的馆藏系统。

154

把专业人才和专业人才的需要与特殊的人才集中到合作的图书馆中，实现彼此的传递，而协作的图书馆则在特色资源的建设和高层次的协作中，积极推进信息的交流与分享。提升属性资源和公共图书馆属性资源的增值。

同时，由于人们对所需要的资料越来越多，仅凭图书资料所能提供的资料，已无法完全适应广大读者的需要。目前，更多的公共图书馆在与其它方面进行了创新性的协作，通过对各方面的资源进行综合、渗透，使其充分利用，以提升其服务效能，促进其科学、健康、合理的发展。

6.1.4.3　制度条件：完善的法律制度支撑

我国的公共图书馆是推动我国社会经济发展的一支重要力量，推动我国高校图书馆的数字化文献传输工作，有利于拓展知识的传播途径、拓展信息资源的覆盖面、创造良好的学习环境。一个社会可以帮助建立一个学习的国家。我国"十三五"时期的公共图书馆建设取得了较好的进展。与 2019 年相比，15.27%的增幅为 20.59%，法制体系更加完善。《中华人民共和国公共图书馆法》明确提出了利用现代信息技术、通讯技术促进公共图书馆服务水平的重要措施。加强公共图书馆服务工作，充分利用信息化手段建设、管理和服务公共图书馆。政府鼓励各高校图书馆开展文献资料共享，加强高校之间的交流与协作，提高高校图书馆的资源使用效率。为了在基层进行文化宣传工作，《图书馆法》提出，地方各级地方人民政府应当将其建成具备一定规模的综合性图书馆。将镇（街道）的文化中心、乡镇图书馆、乡镇图书馆等进行了整合，并运用一般及辅助系统对图书馆数字化、网络分布及业务系统进行了完善。实现通借通还，实现图书馆向乡镇延伸。

为推动我国公共文化事业的数字化，政府应加强对数字图书馆的联网与标准化，并大力发展数字图书的开发与利用。《图书馆法》规定，公共图书馆通过自助设备、移动设备等为广大人民群众提供方便的信息传输。同时，政府还大力扶持公共图书馆购买数字器材，强化数字化资源的开发，促进网上的文献资源的交流。

《图书馆法》明确指出，国家建立的公共图书馆要重视文献资源的保存，公有图书馆要结合自己的实际情况，运用智能化技术对中华历史文献进行影印、复刻、分类，并强化文献的保护与推广，把优良的传统文化传承下去。

公共图书馆在法律、法规的全面保护下，能够使公共图书馆的公共服务得到进一步的规范化，从而使公共服务的独立性和专业化得到有效的提高，公民最根本的精神需要。

6.1.4.4　体制条件：打破条块分割的局限

公共图书馆因为其服务的内容和目标接近，其隶属程度也大致一致、所具有的相同性质、具有许多相同性质的性质，因而形成了"自给自足"的分散状况，既有其自身的历史因素，又有其自身的组织机构过于严谨，经常与外界的交往与协作受到限制，某些大型的公共图书馆则视其为"协作压力"，而普通的依靠大的图书馆，缺乏内部的协作和协作的动力。多个管理体系已经是阻碍企业协同创新的重要因素。

要从根本上解决当前我国公共图书馆存在的问题，必须从整体上进行宏观管理，强化协作，以突破目前的分散性格局。公共文化工作的总体质量要靠体制和政策氛围来提高。工业标准及规格。为了打破传统的"零散"模式，营造"大环境"，提出了以"统一建设、统一规划、统一布局"为目标的图书馆"联盟"，构建"共建"与"共享"机制。比如，按照统一建设、统一规划部署的方针，组建了图书馆联合会，构建了各会员馆的资源共享体系，实现了资源的相互补充，也保证了公共图书馆产业的稳定，避免了因资源的重复、过度的分配而导致的资源的浪费，从而弥补了传统的优势，推动了社会公益事业的持续发展。

6.2　国内外文献传递智慧服务机制典型做法比较

6.2.1　相同点

6.2.1.1　智慧管理模式

在国内外，一般采用的是综合性图书馆和分馆的管理模式，即将文献资源平均分配到各自的图书馆或分馆，从而使文献资源下沉，从而满足读者的阅读需求。这是有希望的。需要阅读的人。在国际上，图书情报传输的智能化服务早已开展，一般的、分馆的信息化建设也相对完善。举例来说，美国有三大都市的图书馆体系，其中最典型的就是洛杉矶。(1)洛杉矶郡（包括洛杉矶市）的市政图书馆体系，共有 153 家公共图书馆。洛杉矶市设有一个主厅，72 个分会厅，8 个地区厅，63 个社团厅。(2)洛杉矶州府的图书馆体系已建成 65 所市区的公共图书馆，24 所非城市区域的流动图书及公共图书馆。(3) Palos Verdes 图书馆特区的特殊藏书区，共有 3 个城市的 4 个分馆。中国各大高校的图书馆及附设机构都是从国外吸取了大量的"苏州模式""嘉兴模式"、上海中心图书馆、广深大学图书馆等先进的实践。中央图书馆是将城市文化资源的集中统一，以区图书馆为主，镇、街道图书馆站或图书馆为副馆，村、社区图书馆是图书馆的服务点，因此，市图书馆资源共建、共享、互联互通，实现服务共享。

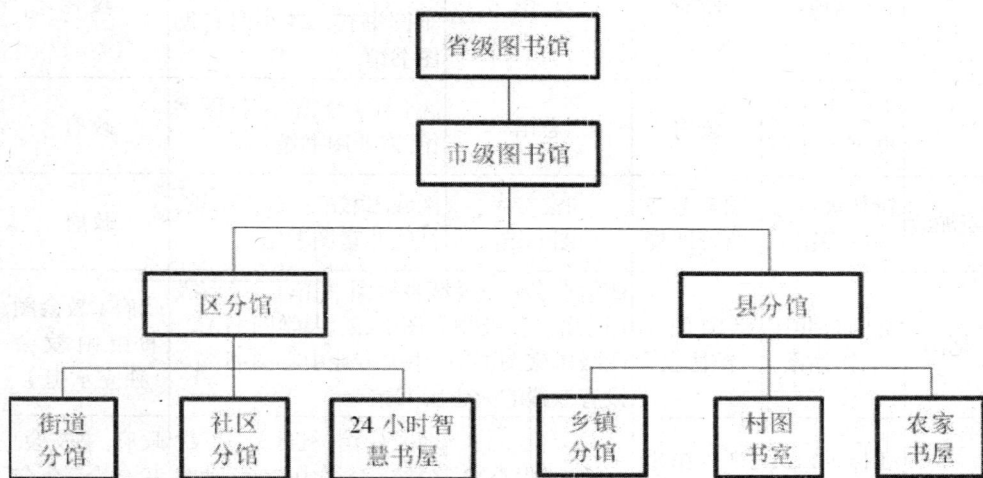

```
              ┌──────────────┐
              │   省级图书馆   │
              └──────┬───────┘
              ┌──────┴───────┐
              │   市级图书馆   │
              └──────┬───────┘
        ┌────────────┴────────────┐
    ┌───┴────┐                ┌────┴───┐
    │  区分馆  │                │  县分馆  │
    └───┬────┘                └────┬───┘
  ┌─────┼─────┐            ┌────────┼────────┐
┌─┴──┐┌─┴──┐┌─┴─────┐   ┌──┴──┐  ┌──┴──┐  ┌──┴──┐
│街道 ││社区 ││24 小时智│   │乡镇 │  │村图 │  │农家 │
│分馆 ││分馆 ││慧书屋  │   │分馆 │  │书室 │  │书屋 │
└────┘└────┘└───────┘   └─────┘  └─────┘  └─────┘
```

图 6-3 国内总分馆制体系（图源：笔者根据文献整理而得）

中央图书馆以主体建筑和附属建筑为主，以辅助图书馆为主，以主体建筑为桥梁，以分馆为主，以辅助图书馆的形式将信息传递到次地区。在公共图书馆工作中，充分利用各种资源，提高图书馆的信息化程度。从国内、国际的综合和分馆模式来看，都是以满足广大的读者需要为起点，而更多更全面的信息共享。以地域为单位，以地方为单位，共享优质的图书，加强了图书的流动与扩散，建立了完善的信息传递智能服务系统，拓展文献资源获取渠道，实现图书借还、共建共享基本，一定程度上解决了地区间文化资源传播不均等的障碍，提升了读者体验，推动了未来的大众阅读。

表 6-1 国内外总分馆制对比

国家	名称	主导部门	建设主体	分馆类型	经费来源
中国	苏州模式	政府	总馆	区级图书馆、街道（社区）图书馆（室）	政府
	嘉兴模式	政府	总馆	镇（街道）分馆、村（社区）分馆、流通站点、汽车图书馆、24小时自助图书馆	政府
	上海市中心图书馆体系	政府	总馆	区（县）分馆、高校图书馆、专业图书馆	政府
新加坡	新加坡国家图书馆	国家图书馆管理局	国家参考图书馆	区域图书馆社区图书馆、社区儿童图书馆	政府
德国	德国公共图书馆体系	德国图书馆协会	四级服务：一级城乡村图书馆，二级市级图书馆，三级州立图书馆、大学图书馆，四级国家图书馆、中央专业中心图书馆、设有专藏的大学图书馆		政府（教会图书馆由教会独立承担）
美国	洛杉矶公共图书馆体系	图书馆管理委员会	总馆或中心馆	地区分馆、社区分馆、次分馆、分送中心、移动图书馆	政府、书友会、基金会、社会捐赠
	波士顿公共图书馆体系	地方政府、理事会	波士顿公共图书馆	社区分馆	政府、基金会、社会捐赠
	纽约公共图书馆体系	图书馆理事会	纽约公共图书馆、布鲁克林公共图书馆、皇后区公共图书馆	专业图书馆、社区分馆	政府、私人募捐
英国	国立图书馆体系	英国图书馆	政府、图书馆管理局	社区图书馆、汽车图书馆	政府、基金会、图书馆创收
	伦敦公共图书馆体系	伦敦图书馆管理局、总馆	政府、图书管理局	社区图书馆	政府、伦敦图书管理局
日本	东京都图书馆体系	中央图书馆	政府	地域馆、汽车移动图书馆	政府

图表来源：笔者根据知网文献汇总整理而得。

6.2.1.2 数字资源共享

公共图书馆数字资源共享实际上是对馆藏资源的合理优化配置，在满足读者日益增长的需求时，也能够最大限度地提升馆藏资源的利用率，国内外公共图书馆对数字资源共享都非常重视且付诸了实践。

在数字资源共享模式方面，各国的公共图书馆大致相同，主要是通过信息技术实现图书馆、公共图书馆与其它部门、单位的数据共享，从而使读者的需要最大化。等级。但也有不同之处。目前，国内多数高校的图书馆均已设立 IP 地址，为方便广大用户提供数字化资源，但目前的技术途径大都较为单一。一些大的公共图书馆对各种资源的保存采用了不同的方法。资源的广泛分享、丰富的内涵、多元化的分享、更深入的实现了资源的分享。

表 6-2 国外公共图书馆数字资源共享管理模式对比

国家	管理模式
美国	理事会管理、层级委托管理、松散协议联盟管理
加拿大	松散型、紧密型
英国	组织实行集中式理事会管理，成员实行分散的会员制管理
德国	设立中心机构协调成员馆业务
日本	设立运营委员会、专项事务所负责联盟运营

图表来源：笔者根据知网文献汇总整理而得。

欧美国家在共建共享机构方面，目前已有将近 300 家的图书馆联合会登记，其中包括美国网上计算机目录中心，例如：美国网上电脑编目中心，美国海军图书馆联盟，俄亥俄图书馆和信息网，德国勃兰登堡合作图书馆网，英国资讯学会理事会，日本文化部门资讯中心等。目前，中国大学文献保障体系、国家科技文献中心、深圳文献港、粤港澳大学图书馆联合会、中国金融教育资源共享联合会等已经初步形成。

在知识产权的保障和文献的分享中，文献的分享是对文献的有效使用，而对其进行保护则是实现文献的有效的保障。对于数字资源的知识产权问题，世界各国都十分关注，欧洲国家的数字图书馆已经设立了著作权库，对著作权人进行了适时的识别，明确了著作权人的身份，《著作权保护法》规定了图书馆在文库中的适当分配，公共图书馆还通过声明、批准、加密处理等方式保护版权所有者的权利。

6.2.2 不同点

6.2.2.1 人才队伍建设

在当今的信息化社会中，大量的文档处理工作依赖于智能化技术，而传统的数据处理系统和智能化的硬件设备却不能够为用户实现人性化、人性化的沟通。文档的发布是项目的一个关键环节，我们注重提供优质的行政和服务人才，以保证文档的传递。在我国的公共图书馆发展中，由于与其它产业的协作关系日益密切，因此必须要有能力胜任国际工作的人员。随着我国知识经济的发展，高校图书馆与高校图书馆、科技中心、文化中心、出版社等机构的合作不断深化。在这样的大环境下，高校馆员的培养与选择需要更加严格，以保证高校馆员队伍的素质和工作能力。举例来说，乔治亚州的公立图书馆和快件公司之间的协作关系，使得这些员工不但拥有了图书馆的基本理论，而且还拥有了一些实际的后勤和配送技术。

但是，我国的图书馆人员日益老化，一些图书馆工作者仍处于以传统方式为基础的图书馆工作中，各层次的图书馆都在努力提高馆员的专业化水平。训练人员能够熟练地协助图书馆的用户检索文献，使用智能图书馆的智能仪器，并为他们的职业顾问服务。也就是说，只重视图书管理员使用智能化装备，而忽视了综合素质的培训，而依托于交易对象或第三方组织的专业人员，其合作能力相对较差，所以，当前的公共图书馆在构建智能馆员的过程中，急需一种新的人才培育模式。由于图书馆人员工作的工作内容相对单一，缺乏智慧的文献传输业务，若不进行培训，恐怕很难适应新时期的需要。今后发展的公共图书馆。

我国的公共图书馆情报工作在我国刚刚起步，在发展的同时，也面临着在海外进行专业的人才培训与遴选工作。致力于构建我国的公共图书馆专业人才，为发展公共文化服务打下良好的基础。

6.2.2.2 人工智能应用

随着人工智能技术的发展，提高了人类的生产和生活水平，推动了公共图书馆产业的转型和升级，并在公共图书馆中引进了智能机器人，为实现文献传输的智能化技术支撑。主动引进智能机械，让读者有更深入的阅读经验。

在我国的公共图书馆中，最常用的是语言服务机器人，图书馆馆内设有图书馆的办公场所，为广大读者提供各种实用咨询服务，包括图书馆的操作指南、馆藏文献及知识库的查询、法律解读、图书导览、讲座通知等。同时，还提供了对用户行为的统计分析，资源管理等方面的功能。为很多图书管理员提供顾问服务，例如，吉林省图书馆图图、上海市图书馆图小灵为读者提供图书定位、知识问答、语音交互、图书目录查找及功能定位等服务，都可以为读者的阅读找到帮助。同时，随着物流领域的智能化分类技术逐步向图书馆领域延伸，宝安图书馆利用智能化的机器人，实现了图书馆的无人场景，实现了对书籍的自动分类。28部分选机械及4部处理机械臂配合作业，一小时可回收2000册图书，比手工作业快10倍。而在宝安图书馆中，智能化分类系统在国内外的运用还比较少见。

在国外的公共图书馆中，除为顾问服务的智能机器人之外，此外，还设有巡视清点和特种作业机械。在不营业的时候，巡视和统计机器人会对书柜进行检测，利用RFID技术对书籍进行扫描，及时更正书籍的内容和位置，并将巡视情况通报管理员。中国有几家大的图书馆已经开始采用自动售货，但是它们的覆盖范围依然很窄。公共图书馆服务的对象除了一般成人的阅读人群外，还包括儿童、青少年、老年人和残疾人，这些特殊人群是当前我国图书馆难以避免的困难，在外国的公共图书馆中引进了面向特定人群的"服务型"机器人，使得他们能够依据其自身的特征和所提供的服务内容，为其提供所需的资源。虽然我国图书馆引入智能机械的时间较长，但是大多数都已在实践中得到了运用，今后要努力提高图书馆的服务品质。

6.2.3 启示

（1）在信息化的今天，国际上都在积极探索与发展相适应的智能化管理方式，实现图书馆服务智能化、分馆管理、数字化资源共享等方面的共同目的。

（2）在这种智能的条件下，必须建立一批能够满足图书馆信息传输信息的智能管理人员。此外，还可以进行图书馆与其它产业的跨领域协作，满足智能化的需求。

（3）一些图书馆员重复的机械式工作已经被智能机器人所替代，但是我国的图书馆却对这一特定人群不感兴趣。重点关注读者群体，提高用户体验，提高用户的服务水平。宝安区图书馆的智能化分拣技术是世界上最早的，但是在其它的图书馆中，它的使用存在着很大的不足，目前仍处于手工化的阶段，因此要大力推广。学会知识的优点，相互补充，促进档案知识的智慧传播。

6.3 公共图书馆文献传递智慧服务机制：吉林省图书馆个案分析

6.3.1 吉林省图书馆文献传递智慧服务现状调研

6.3.1.1 前期调研工作

（1）调研对象确立

吉林省图书馆与省级图库联合智能书屋读者在 5G 和人工智能技术飞速发展的今天，吉林省图书馆在这一阶段已经建立起了一套智能化的图书信息传输系统。所以，要全面认识当前吉林省图书馆的信息传递信息，必须从各个层面上具备一定的典型性和适宜性，对其进行评估和度量。

（2）调查问卷的发放及回收

本次问卷于 2021 年 1 月发放，笔者实地走访了吉林省图书馆、24 小时智慧书屋等，将问卷发放给图书馆读者，并且线上在读书会微信群内发放问卷，调查问卷内容详见附件。本次问卷共发出 230 份，回收 218 份，有效数 192 份。

6.3.1.2 调查问卷分析

在对调查问卷资料进行统计和分析时，本文以饼图为基础，以明确各问题的资料，探讨回答者对目前的资讯服务状况，并分析了其存在的问题及其成因，对于本文的写作具有一定的借鉴意义。

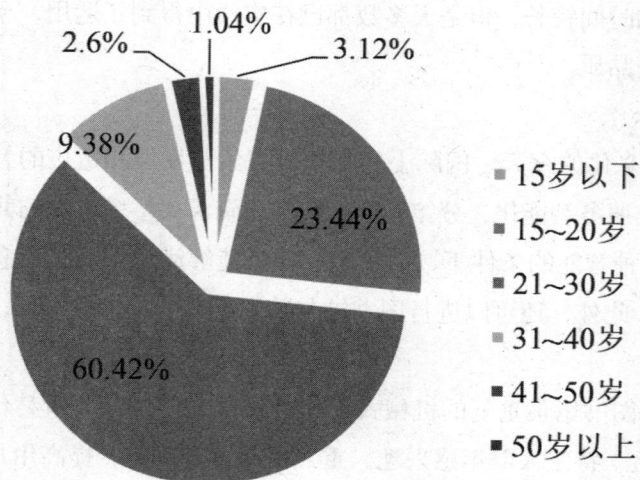

2.6%　1.04%　3.12%

9.38%

23.44%

60.42%

- 15岁以下
- 15~20岁
- 21~30岁
- 31~40岁
- 41~50岁
- 50岁以上

图 6-4 调研对象年龄分布

如图所示，结果表明：吉林省的图书馆是 21~30 岁的人群，15~20 岁的青少年为最多。由此可见，吉林大学的读者群体比较年轻，有求知欲，有强烈的爱好。这就需要更加智能的文件传输业务。

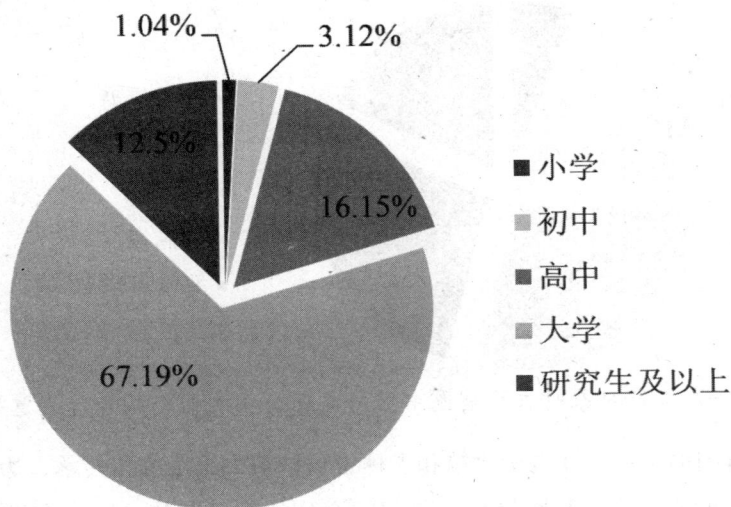

图 6-5 调研对象学历分布

如图 6-5 所示，调查的人群具有大学学历，高中学历和研究生学历的比例也比较高，这表明了他们的阅读能力和学习能力都比较强。

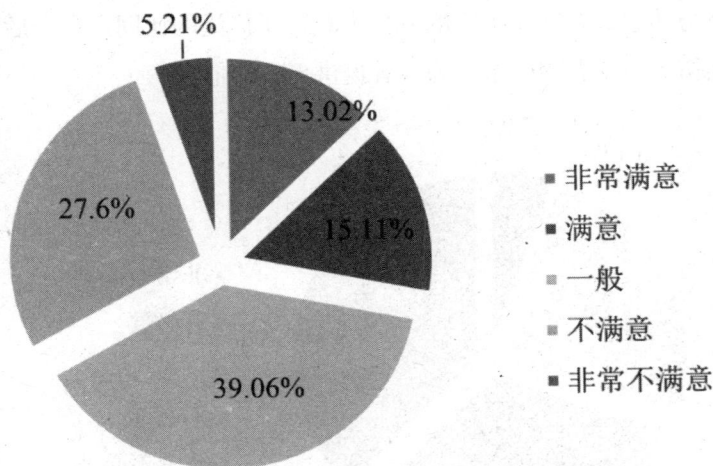

图 6-6 调研对象对公共场所借阅点覆盖面满意度

如图 6-6 所示，调研对象对公共场所借阅点覆盖面满意度一般的占

39.06%。不满意的占 27.6%，说明大多数读者认为公共场所借阅点较少，无法满足日常的借阅需求。

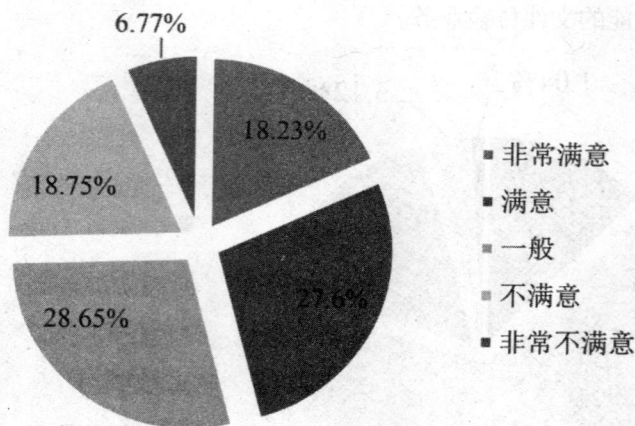

图 6-7 调研对象对吉林省图书馆与其他公共文化机构合作满意度

　　吉林省图书馆、吉林省博物馆和吉林省科技博物馆是文化传承、历史传承、科技传承的重要载体，是跨机构、跨部门合作的重要载体。三方在图书馆的藏书方面进行了资源的补充，在信息资源的开发和智能化的设施设备方面也可以形成协同投标的有利条件，从而达到互利双赢的目的。从图 6-7 中可以看出，18.23% 的被调查者对吉林省图书馆与其它公共文化组织的协作感到满意。从吉林省图书馆与其它公众文化组织的协作中获得了广泛的认同。在今后的发展中，我们将继续拓展与读者的联系，为读者提供更多的信息。

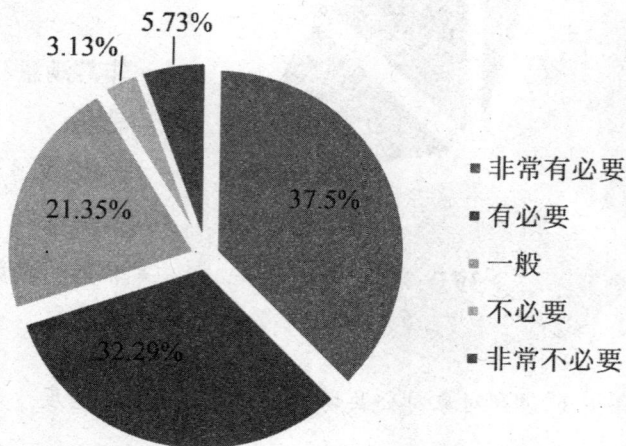

图 6-8 调研对象对建立创新合作人才必要程度

在图 6-8 中可以看到：37.5% 的被调查者认为吉林省图书馆需要成立一个具有创造性的协作型团队，32.29% 的被调查者认为这是必须的，不足 10% 的被调查者认为，没有任何理由或者根本没有这个需求，大多数人都认为吉林省的图书馆应该在国外开展创新性的协作和培养。

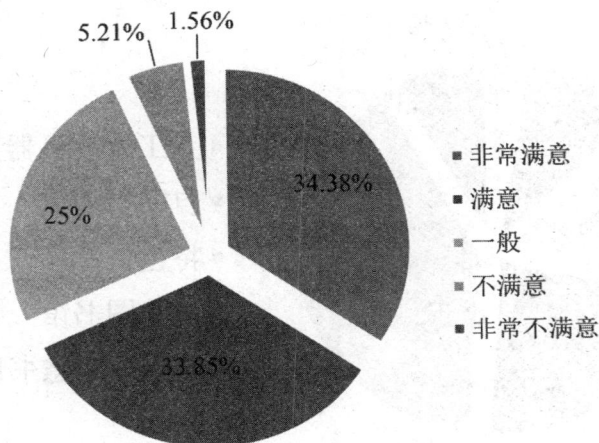

图 6-9 调研对象对意见反馈渠道满意度

如图 6-9 所示，34.38% 的调研对象对吉林省图书馆意见反馈渠道非常满意，33.85% 满意，吉林省图书馆在读者意见反馈上渠道多元，除了传统的线下意见反馈，还开通了微信公众号和官方微博，读者可以通过微信和微博等方式线上反映诉求。

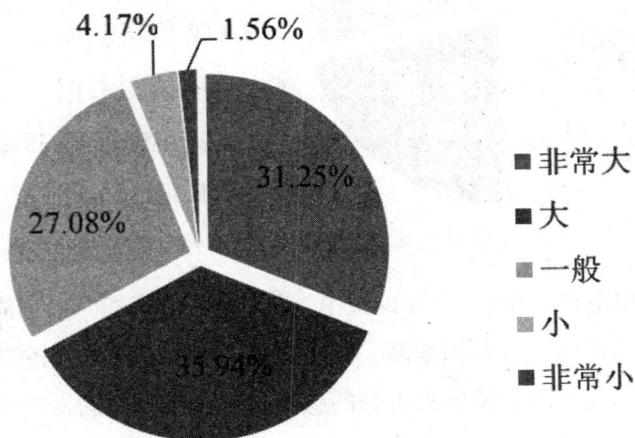

图 6-10 文献传递智慧服务对提升学习效率的影响

如图 6-10 所示，31.25% 的调研对象认为文献传递智慧服务大大提升了自己的学习效率，35.94% 的调研对象认为提升较大，可以看出读者对文献传递智慧服务存在强烈的需求，吉林省图书馆要在现有的文献传递智慧服务基础上继续提升，以保证读者的服务体验。

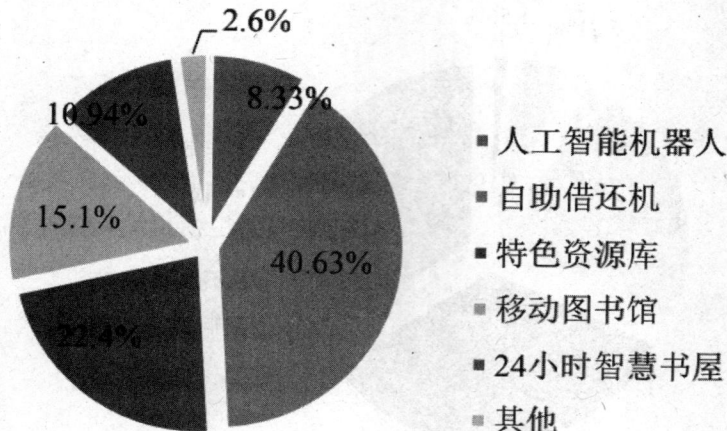

图 6-11 调研对象最满意的文献传递智慧服务

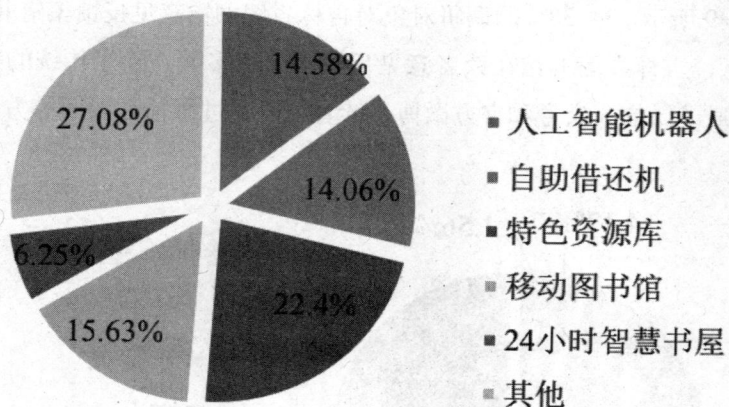

图 6-12 调研对象最不满意的文献传递智慧服务

如图 6-11 和图 6-12 所示，在调查中，以"智能图书馆"最为满意的是"智能图书馆"，其功能强大、利用率高、使用方便，不用再花太多的功夫在人工借还的时候，也能给我们的阅读带来更好的感受。在接受调查的人当中，图书馆的满意度最低。作者认为，吉林省各地方的图书馆已经联合创建了 20 多个区域特色资源库，如汤显祖特色资源库、临川特色资源库等。与旅游文化资源，多数专

166

类馆主要是体现当地的文化和人文特征，以迎合当地的文化特点。至今尚无符合有志的读者需要，但又具备一定的学术性和专业性。因此，现有的特征库难以达到需要的专业人士的需要，并且因为著作权的关系，某些特征库仍有待改进。

最近，吉林省图书馆推出的两款智能机器人受到了广泛的重视，已经在网上享有盛誉，然而，对此项研究的结果却仅有8.33%的人对此表示最满意，14.58%的用户对此表示不满，原因在于吉林省图书馆的人工智能机器人依然提供问答、文献检索和简单的检索。并且，智能联结相对较弱，不运用智能化技术，更深层地为读者提供了更深层的文化传播。

吉林省图书馆利用阿里巴巴技术，利用物联网、大数据、云计算等技术，通过数据挖掘、采集、存储、分析和开发应用，为文献传输提供智能化的信息服务。全面集成图书馆海量的数字化资源，打破信息的"孤岛"，通过对所搜集到的资料进行智能化的剖析，通过智能的运算，为用户提供个性化的智能推荐。但是，从总体上看，吉林省的图书馆与国内一线、国外的一些公共图书馆在信息传输方面还有很大的距离。利用5G、人工智能技术，从源头上改变了传统的文献传输系统的智能化，使传统的文献传输系统向智能化的方向发展。

6.3.2 吉林省图书馆文献传递智慧服务机制存在的问题及原因

6.3.2.1 供给需求平衡机制方面，资源供给与读者需求不匹配

不同读者的阅读偏好、阅读习惯等都存在着差异性，因此，读者的阅读需要呈现出多样化的特征。为使每个人都能在图书馆找到自己所需的文献，并根据不同的读者的不同需求，提供不同类型的文献，然而，由于不同的受众群体需要，吉林省的图书馆存在着这样的情况，其成因主要有三：

（1）读者需求监测不完善

公共图书馆是公共文化的一个主要空间，它必须面向广大的受众群体，图书馆是公共文化的一个主要空间，它必须为广大的受众群体提供多种类型的书籍。系统对读者的喜好进行分类，长久以来，都是在货架上堆积如山，却没有一个人关注，而且借贷的利息也创下了历史最低点。吉林省图书馆中国知识网络的负责人S表示："图书馆的图书、报纸、期刊、音像、视频等具有很强的综合文化底蕴，但是由于目前的智能服务水平，从图书资料到读者所需信息的传递渠道和信息转换工具，必须依托大数据分析对馆藏资源进行细分和重构，借阅情况、阅读结构

和检索领域，实现专业教学等信息、文件的碎片化、主体化、及时化、精准化传递，实现从'人求知'向'知求人'的转变。"

（2）读者阅读需求日益增长

首先，与人类社会一起发展与发展的学科，如自然科学和社会科学，对有关方面的资料的需求量与日俱增。公共图书馆的资料要经常充实和更新，随着时代的发展，大众对大众文学的阅读和需要也越来越少，使得大众阅读得不到应有的时间。另外，在特定的学科中，对文艺的需要忽然变成了一个热点问题，而这个问题就是因为人们对文艺图书的关注，以及一个能够获得尖端科学研究的人才的行业的兴起，对那些有影响力的著作的质量也有很高的要求。但是在短期之内，由于政策、财力、物力等因素的制约，使得与需要相适应的书籍很难得到及时的更新。第三，因为"智能图书馆"和"自助图书馆"的地理位置并不均衡，使得边远区域的"通借通还"仍有一定的困难，使得边远的地方的人们仍然难以借阅图书。因交货时间过长，致使一些书籍无法上架或被搁置，造成书籍的流通受到一定的限制，使人们在获得所需的资料时产生了一些不必要的困难。

（3）移动图书馆不完善

吉林省图书馆掌上赣图正式上线移动阅读专用软件，包括中外期刊，书籍和学位论文。在收藏方面，用户可以查询馆藏、浏览咨询等，而"掌上金图"还将推出"消息中心"，但是，从图6-12所提供的调查数据来看，有15.63%的受访人员对移动图书馆不太满意，"掌上赣图"的软件，一方面仅能提供安卓的支持，目前还没有 iOS，这会让一些使用者感到很不方便。另一方面，通过"掌上赣图" APP，可以对借阅资料、馆藏资源进行检索，但是从阅读的角度来看，只涵盖了当前馆藏资源的一小部分，仍有不足之处， S主任认为，要充分利用吉林省的阅读门户，展示地方文化，提供便利的知识。网络和网络的结合，才是最好的选择。"针对本地网络的需求，移动端智慧知识的服务需要与后台数字图书文档、智慧问答、智慧推送、智慧搜索等技术的融合。利用图书馆的资料，为广大读者提供正确的资讯及咨询，加强网上互动、收集意见、线上互动，创造活动、学术等增值的活动，是一个新的实践空间。让它在移动端实现了一个新的即时沟通，在这一点上，吉林省的图书馆尚需更上一层楼。"

6.3.2.2　资源开放共享机制方面，缺少统一规范的共享机制

随着信息技术的不断进步，全球范围内的知识储备呈逐年递增趋势，而我国某些地方的公共教育发展程度仍处于滞后状态。虽然达到了要求，但是资源和服务水平却是参差不齐，吉林省各县、区、县各级的图书馆、图书馆是一个分权的机构，如果不合作，很容易就会出现问题。在基层，由于小规模的建设和建设，存在着极大的资源浪费和制约。为此，应加快推进可持续发展标准化建设，促进全省各层次的图书馆协作与交流，努力形成公共信息共享的智慧服务系统。但是现有的信息资源共享制度还不够健全，很难实现标准的一致性，其原因有三个：

（1）资源优势发挥不足

部分地方的馆藏文献数量较多，部分地方图书馆的馆藏建设与共享工作过分依靠省属单位的指导，难以实现各自的馆藏资源共享。这是基于彼此分享的，而这种分享要求所有人都能充分发挥自己的独特性。如果某一方的资源在很长一段时间内被一方单方面的提供，那么这种情况就会使各个图书馆的馆藏资源的优越性下降，从而使其更好地实现共同的共享。吉林省图书馆的借还机制尚不健全，仅限于借阅中文书籍，不包含外文和杂志，无法适应广大读者的需求。

（2）知识产权问题

资源共享必须对其进行有效的保护。一是有权利对工作进行修订和保持，并对其进行数字处理。在著作权保护期间，须向原著者缴纳数码处理费用。二是要实现资源的分享，要在网上进行，以保障作品的信息和通讯的版权。但是，没有版权所有者的同意，任何人都不能随意的散布。公共图书馆在信息资源的分享和知识财产权的维护等方面存在着诸如侵犯等冲突，制约着信息共享的标准化与一体化。

（3）缺乏统一、规范的组织管理

吉林省图书馆一位读者 A 说："网上信息的收集渠道太过零散，难以查找和获得信息。吉林省的图书馆有自己的数据库，购买数据库，合作数据库等等，因为主题不一样，后台数据也不一致，所以登陆和检索的网站并不一致。统一图书馆是一个数字图书馆，它使我们的读者能够在面对大量的资料时，能够更好地了解信息的集成和精细的处理，并且通过使用一个认证系统和一个共同的帐户模式，从而降低。"

要达到资源的分享，必须从上到下、从下到各图书馆的协同合作，但是现有的公共图书馆系统存在着条块化、彼此分离、缺乏统一的规范。难以联合起来保证资源分享的完整。从某种意义上说，这是对建设和使用共享资源的有效促进。

6.3.2.3　创新合作机制方面，智慧理念创新性不足

吉林省图书馆把智能文献传递的工作摆到了首位，但对信息化进程的改革还很欠缺。我们要吸取国外先进经验，扩大对外合作来提高自己的创意观念，这样我们就可以避免在发展的道路上走上死胡同。我以为造成创意思维缺乏的主要因素有三个：

（1）与其他公共文化机构合作不够深入

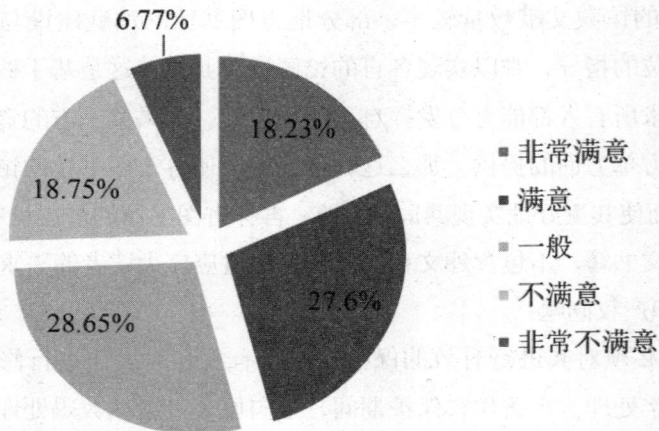

图 6-13 调研对象对吉林省图书馆与其他公共文化机构合作满意度

吉林市的公共文化事业在其社会职能上存在着一些共同的、互补的特点，因此，在促进整体行业发展方面，如图 6 至 13 所示需要进一步的加强协作才能促进整体行业的发展。在实践中，由于各个单位都属于不同的职能，彼此分开，存在着各自的管理方式，很难形成有效的协作关系，而当前的图书馆业务模式较为单一，工作人员仅从事于图书产业，而忽视了其它相关的行业，很难实现与之充分的协作。

（2）跨界融合不足

当前吉林省的跨国别协作还处在初期，还没有充分发挥双方的长处，开展深度的协作。吉林省图书馆的 Z 女士表示："近几年，图书馆为高校、书会、影视协会等机构和机构开展了知识服务、讲座和展览会，提升服务质量，同时加强众创空间的建设和推广，政府机构、科研院所、创新企业等社会组织需要联合

起来，共建知识生态圈，形成大量成熟的专家圈子，学者和读者，定期举办图书沙龙和专业讲座、学术研讨会，提升服务质量，同时加强众创空间的建设和推广，并引进行业权威机构定期举办头脑风暴、创新创业经验分享和深度跨界交流。其它为整合服务设定基准的行为。"

（3）缺少跨领域合作人才

一个组织和产业要发展，就需要有一支高质量的人才。当前，网络技术的飞速发展使人们的阅读习惯与行为方式也随之改变。当前，部分图书馆工作人员由于缺乏具备相关专业技能的认识而感到自身缺乏提高自身的专业素质，因此在图书馆、资讯及计算机等方面具有丰富的专业背景。其他专业和技术人员的配置还比较欠缺，尽管国家图书馆每年都会拨款给各地的图书馆提供技术训练。在信息化社会，由于教育的碎片化，很难提高整个职业技术人员的素质。今后的图书馆将会与其它组织及产业紧密地联系在一起。

6.3.2.4 互动运行机制方面，与读者间有效互动率低

公共图书馆的读者信息获取与服务需要是其读者的基本条件。图书馆与图书馆之间的交流以用户与图书馆之间的交流为主体，而在信息技术发展的今天，网络与网络的交互已经成为一种新的交流方式。吉林省的图书馆与读者交往日益密切，而其与读者的有效交流还很少，对读者多样化的服务需要理解不足，有三个方面的理由：

（1）互动方式较陈旧

当前，人们越来越趋向于新型的交流方式，与以往相比，图书馆的读者需要更多的信息和信息，而不仅仅是基于基础的信息服务。特别是现在，随着年龄的增长，更多的人想要借助图书馆，去感受到一种新的阅读方式。年轻人追求新的东西，需要更新互动方式，创新互动方式，创新互动方式，以获得青年的关注。

（2）文献传递评价体系不完善

在用户通过图书馆的大门，到用户在退出图书馆之前，都会对其提供的信息有一个大概的了解。最后，对如何建设更加符合我国国情的图书馆的发展提出了一些意见。图书馆将会针对读者的满意程度及所提供的意见进行改进，这就是图书馆和读者的一种良好的交流。不然，这种交流只能是表象。不能深入地从交互中发掘出用户的需要。

（3）激励监督制度不合理

健全的激励和监控机制是实现图书馆与读者之间相互联系的有效保证，但是目前我国高校馆员的激励机制和监控机制不够健全，使得馆员的积极性难以得到有效发挥．随着信息化的发展，电子文献的智慧服务程度日益提升，但是，人们的个人需要也出现了变化，人们对知识的要求也越来越高，服务的品质也越来越高，但是，图书馆的馆藏资源始终是买方，处理好读者需求，不以读者需求为购书出发点，应建立健全的激励和监督体系，具体如下：读者参与图书馆监督的意识可以尽快提高，馆员的内在动力可以激发工作热情，提高服务质量。

6.4 完善吉林省图书馆文献传递智慧服务机制的对策

6.4.1 完善供给需求平衡机制

6.4.1.1 完善读者需求监测系统

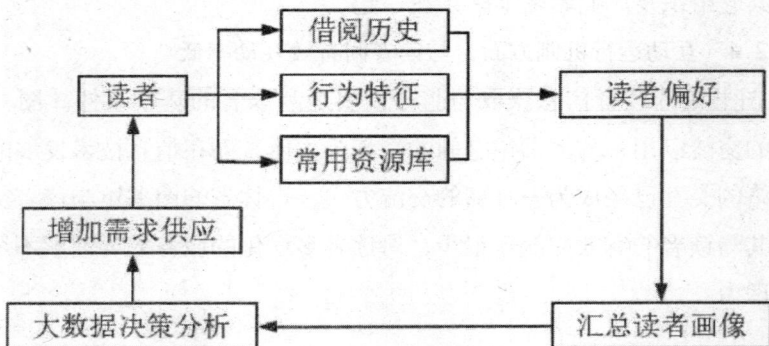

图 6-14 读者需求监测系统运行模式（图源：笔者根据资料整理而得）

文献信息智能服务效果的体现是基于对读者的真正需求的鉴别，而要真正做到这一点，就必须充分利用用户的利益取向来实现。只有这样，图书馆方能全面掌握读者对文献的需要，从而改善馆藏的资源供应，从源头上均衡供应和需求。当前，在信息传递信息的智能服务中，公共图书馆也日益重视对信息的获取和利用。

要实现对用户的需要进行有效的控制，就必须对这些用户的需要进行调查，并对这些数据进行分析，生成个性化的信息，并为目标用户提供相应的意见。要实现对读者的偏爱，需要监控用户的借阅历史、行为特征和常用资源，才能最大限度地发挥用户的喜好，从而构建出一个"用户肖像"。利用大数据进行决策，明确了读者的基本需要，明确了某一专业的读者群或某一专业的基本需要，并根据监督的回馈，让图书馆能够调整大部分的读者喜好。扩大书籍供给，减轻供给不足。

6.4.1.2　增加公共场所借阅点

"人多馆少，人多书少"是目前我国公共图书馆与广大读者的供求关系。建议在公共场合增设图书借阅站，扩大文献转送的范围。一种解决书籍供给与供给困难的方式。对不同的阅读量的要求的冲突。

（1）建立智慧书屋

智慧书店是一种 24 个钟头无人看管、免费借书的无人看管的图书馆。智能书店占地面积小，数量多，既节约了面积，又扩展了辐射面积，可以完成付款和退回，减少了阅读的难度。所以，要想有效的解决图书供求不平衡，减少图书借阅的时间，就必须在流动人口众多、交通便利的地方，选取智慧图书。

（2）建立地铁图书馆

地铁借阅是为旅客在地铁站或地铁上办理的一项业务。通过实体借入和实体借入，使图书馆的文献转送服务扩展到了地铁车站，在车站或列车上都设置了可供旅客通过扫描二维码阅读的书柜。通过虚拟借书，旅客可以通过地铁的 Wi-Fi 接入地下图书馆，通过地下通道浏览地下图书馆的电子书，而不需要使用传统的书籍，从而极大地节省了地下车站的书籍。突破了以往的时空局限，提高了图书供给的容量。

6.4.1.3　完善移动图书馆

我国因特网资讯科技的快速发展以及 5G 的来临，推动了公共图书馆在移动、便利等方面的发展。手机、笔记本电脑等手机、笔记本电脑等设备，通过无线通讯网络实现在线检索、阅读、借阅等功能。由于网络环境的限制，一些地方的基层公共图书馆由于场地狭小，难以找到其身影。随着越来越多的文件资料，流动的图书馆能够储存海量的文件。本文提出了通过三种方式来解决移动图书馆的供求不平衡：

（1）拓宽移动图书馆使用范围

建设移动图书馆是为了让读者能够随时利用移动终端查找馆藏信息和检索信息，但是吉林省图书馆推出的"掌上赣图"只对 Android 用户开放，而由于 Apple 无法在商城中进行检索，所以必须尽早将 iOS 应用到应用中，并解决问题，为广大读者营造一个良好的读书氛围。

（2）开发利用冷门资源

针对某些冷门的文献，在出现了大量的情况下，可以通过流动图书馆进行有效的开发，将价值高、借阅频率较少的书籍推向用户，并将其与文献中的电子化信息进行连接。附件会让知道下面是什么：请与我们联络，以便获得更多的书籍资料。它能让读者更多地了解书籍，增加选择，同时也能让读者对书籍有更多的兴趣。

（3）连接数据库厂商

尽管我国的流动图书馆资料大多来自于国家图书馆的数字化文献，但其文献资料与某些读者尤其是学术工作者的现实需要和对专门刊物的需要等方面还有一定的距离。然而，普通的公立图书馆在上述方面的文献资料数量相对较少，因而可以通过购置大量的电子版资料，取得资料库的存取，并把资料库的连结接入到移动图书馆；或与数据库联合研制的数字化阅览系统，既确保了信息系统的实时性，又减少了对电子书籍、期刊、电脑、移动等智慧设备的管理工作。利用丢失的年鉴、报纸、中外文献资料，不但节约了从图书馆借阅的时间，还能获取全部的知识性资料。

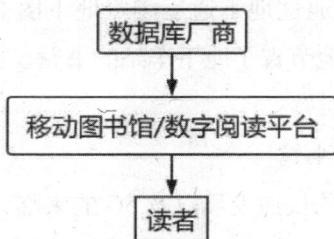

图 6-16 连接数据库厂商流程（图源：笔者自制）

6.4.2 完善资源开放共享机制

在建设智慧文献传输系统的同时，必须认识到图书馆建设与分享的重要意义。通过运用现代网络技术，实现不同类型的图书馆之间的相互协作，创建符合现阶段发展模式和发展要求的新发展观念。在推进资源共享、提升资源使用效率、拓展服务覆盖面、节约整体费用、深度发掘图书馆自身的潜能等方面，都是顺应历史发展趋势的必然选择。

6.4.2.1 优化图书馆联盟

图书馆联合会主要由公共图书馆、产业图书馆、高校图书馆三部分组成，与图书馆通过新的合作形式实现资源共享互利，利用现代化的信息化手段，实现图书馆的技术服务与文献资源的一体化，是馆际协作的一种主要体现。目前，吉林省各大高校图书馆已形成"资源共享、服务共享"的高校图书馆合作伙伴关系，公共图书馆也可以借鉴这一模式，利用互联网构建共享电子文档和共享资源。协会成员可以组建公共图书馆，也可以与高校、行业图书馆联合组建，更好地发挥各自领域的专业优势，发挥自身行业优势和众多公共图书馆的优势。文档数量多，但专业知识低。图书馆形成互补的资源，也可以避免文献资源的同质化和重复。

（1）规范联盟标准

各公立高校的图书馆实行了分权经营、自主经营、利用自身的经费、自行购买的方式，这就给高校的信息资源的分享带来了一些困难。在组建后，要对联盟进行标准化，购置统一的软硬件设备，共同发展管理系统，实现各个场馆的技术标准与工作程序，图书馆技术规范与工作程序为图书馆的各种图书资源整合；我们合作撰写文献，分享图书馆的心得，进行深入的讨论，使大家能很容易地查找需要的资料。

（2）加大资金投入

由于公共图书馆的经费来源主要来自于政府的经费，在与政府的合作后，将会增添很多原本没有的服务项目，所以必须要加大经费的投资，使之能够正常运转。一是要从国家财政部门调出专项经费，编制经费使用方案，以促进经费的有效利用。二是根据《图书馆法》，对个人、企业和其他单位，对法律规定的捐赠，实行税收减免。图书馆联合会要积极推广高校捐赠图书的各项税费优惠，提高其在高校的社会影响力，并能引起社会的广泛重视和广泛的社会资金支持。最终，可以向成员馆缴纳提出申请，并按其在协会的运作过程中的工作来决定其收费。

6.4.2.2 完善总分馆制

在实现信息资源共享的前提下，实现信息网络的互连是必要的，但区域发展不平衡，经济发展不平衡，导致部分基层公共图书馆纵向拓展不足，横向拓展能力受到限制，影响了其总体发展。传统的信息传输方式已不能适应现代社会对信息资源的要求，因此，必须从整体、辅助两个方面来建设现代信息技术。

在互联网信息技术快速发展的今天，我国的公共图书馆越来越多地关注到了总馆和分馆的建设。从总体上看，县级以上的图书馆是以中央图书馆为主，区、县、街道、社区图书馆为二级图书馆。在不同级别的图书机构签署了合作协定后，总馆会负责对其进行技术、资金的划拨、文献的购买以及对其进行分类处理和分发。通过建设综合与辅助系统，使公共图书馆摆脱传统的建设、运营和服务的短板，形成立体、深度互联的信息资源，形成地域特色，完善丰富的区域性馆藏体系，提高地方文献实现资源的共建和共享。

（1）建立统一的总分馆资源集成系统

通过建立总支、支行一体化制度，可以突破总支与支行的僵持局面，实现党总支、支行的一体化经营。通过整合现有的文献资料，建立一个数据库，可以有效地弥补由于缺少国内外或业界的规范而造成的资料衔接问题。实现了对各个分馆库的实时存取，实现了信息资源的共享。另外，还可以进行图书的统一调配，以前各大图书馆在图书采购中不会互相干扰，而设立了一个主要的分馆整合后，可以有效地进行网上的资源调配，从而降低了图书的重复采购、减少购买费用。

（2）实现总分馆通借通还

全国图书馆通过 RFID 技术，实现了全国图书目录的规范化管理，实现了所有的文献和图书的条形码的统一管理。在总分馆的 OPAC 中，所有的用户都可以通过总分馆的 OPAC 进行查询，然后由总分库的后勤管理平台对所需要的文献进行调配和分发。此后，由主建筑的物流体系向阅览人员分发所需的资源，借阅人员可以凭据借阅。为了使馆内的馆藏能够在主建筑和辅助建筑间相互连通，在办理退回时，可以从附近的图书馆中挑选出最便利的馆舍。图书质量保证，以各成员图书馆的归还和归的借出过程，建立一个区域性网络的业务模型。

表 6-3 图书馆联盟与总分馆制异同

	项目	总分馆制	图书馆联盟
不同点	体制	单一系统（同一种类型图书馆）	多系统（可以是不同类型图书馆）
	管理模式	垂直	分散
	经营模式	连锁	独立

项目		总分馆制	图书馆联盟
不同点	资源采购	统一采购,资源综合性、大众化	独立采购
	资源类型	综合性强	专业性强
	基础设施	统一配置、统一软件	配置、软件不一
	借阅服务	统一编目,通借通还	不统一编目,一馆借还
共同点		建立统一的资源共享平台,扩大馆藏量,满足读者资源需求,节省读者时间,提高资源利用率,促进图书馆之间交流合作。	

图表来源:笔者根据知网文献汇总整理而得。

6.4.2.3 共建特色资源库

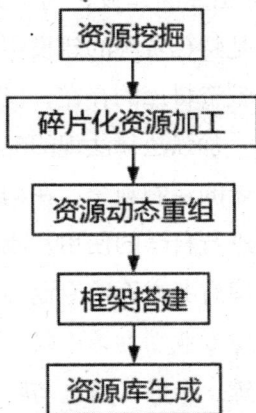

图 6-16 特色资源生成流程(图源:笔者自制)

各公共图书馆所拥有的图书不仅限于文献与资讯,而且还包括了一个特殊的、经过仔细筛选和归类的知识宝库。但是,由于馆区、经费、技术等因素的制约,使其无法对各个学科的信息进行全方位的搜集,因此,由于其本身的兴趣和职业需求,人们常常要查阅一些具体的文献。比如,来自特定历史、名人、知名艺术家、特定民俗文化、特定地区或特定领域的资料,能够为当地经济、政治及社会做出决定,但必须保证诚实和包容性。那是非常困难的。高校图书馆应将高校的特点、网络等资源进行综合，建立具有鲜明特点的资源系统，并在这一系统的支撑下，深入地发掘和整理各种零散的专题。建立知识资源服务平台，将个人资讯按照用户的需要推荐给阅览资源的用户。

（1）完善特色资源平台

吉林省图书馆网站现已建立20余个地区特有的资源，但因缺少对现有的特色资源的精心保存，有些特殊的资源已陈旧，因此我们将会在网站上不断增加珍贵的内容。为我们的人才储备提供了大量的人力物力。

（2）挖掘特色资源

特色资源库的重点在于突出"特质"，它需要展示区域、文化和学科特有的特色。高校高校要发挥高校图书馆的学术优势，为高校的政治、经济、文化建设、决策提供高质量、权威的知识和知识支撑。但是，由于其政治、经济、文化等方面的特色，使其成为分散于民间的一种特有的珍贵资料。

（3）完善知识产权保护

尽管公共图书馆与特色资源库的建设，为广大受众提供了便捷、智慧化的特色信息交流与分享服务，但是特色资源的建设实质是对信息的拷贝和拷贝。与使用相关的资金。由于馆藏文献资料库的存在，仅限于读者在馆藏资料检索，因此，各有关单位必须加强合作，加强法律法规的配合。智慧财产权阻碍了资讯与创意。首先要增强图书馆工作者的法制观念，在构建图书馆信息资源的同时，要严格遵守有关的法规，并对其进行科学的使用。我们尽到了维护版权所有者权益的责任，比如，我们会定期组织有关方面的专业人士进行知识产权方面的培训，以加强对他们的法律保护。共建专业图书馆应联合制订规范，规范专业图书的交流，防范盗版、盗版、对侵权等。最后，通过与版权人签署合同、授权、合理利用、合理利用、尊重和保障创作人的劳动成果，实现资源的分享。这就是如何在知识财产与资源分享中找到一个平衡点。

6.4.3 完善创新合作机制

6.4.3.1 搭建 LAM "一站式"三馆合作平台

图书馆，档案馆，博物馆（简称图书馆，档案馆，博物馆， LAM）。2008年，世界图协发布的一项研究报告显示，三大图书馆在公共文化服务、科研教育、历史文化遗产、文化遗产、文化服务等方面都起着指导作用。LAM 拥有类似的企业文化特性，提供全方位的服务，以协助客户的多元化需要，使我们的客户最大化。

（1）LAM 数字资源整合

LAM 数字资源联盟，将公共图书馆的数字资源，博物馆展出的珍贵文物的绘画和文本，档案馆的历史和扫描的原作都集成到一个数据库中，从而降低了资源的浪费，缩短了检索的速度。大众传播知识，挖掘潜力，拓展大众传媒的影响与影响。比如， LAM 就开始提供"一站式"的查询。公众图书馆的官方网址可以与各博物馆及档案馆的官网链接。在搜寻某一关键字时，他们还会搜寻有关的图书馆及资料。与此类似，博物馆和档案馆还可以将图书馆的电子条形码或展览物品的连结放在网站的网上，以便市民可以用其它方式扫描二维码直接访问。在该学院的官网上有关于该学院的相关资料和录像资料。

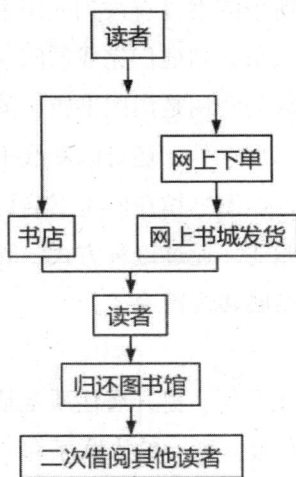

```
                    ┌──────┐
                    │ 读者 │
                    └──────┘
                        │
          ┌─────────────┤
          │             │
          │         ┌────────┐
          │         │ 网上下单 │
          │         └────────┘
          │             │
       ┌──────┐   ┌──────────┐
       │ 书店 │   │ 网上书城发货 │
       └──────┘   └──────────┘
                        │
                    ┌──────┐
                    │ 读者 │
                    └──────┘
                        │
                 ┌───────────┐
                 │ 归还图书馆 │
                 └───────────┘
                        │
               ┌────────────────┐
               │ 二次借阅其他读者 │
               └────────────────┘
```

图 6-17 公共图书馆与书店、网上书城合作流程（图源：笔者根据文献整理而得）

（2）LAM "一站式"合作展览

LAM 联合展出是由三个展馆联合主办的线上展会、由各馆提供的展品、由各馆共同提供的文献、保存原有的档案来充实展会的内涵。不同博物馆所主办的自主展，由于其内涵太单一，而联合展出则能最大限度地展现力量，为大众呈现一次精美的视觉大餐，民众不但可以亲眼目睹，也可以从历史上了解到，这些文物经历了多少风风雨雨，展出不仅直观，而且增加了展览的深度和广度，其影响比独立展览更广泛。同时， LAM 的协作展览也要进行沟通，三个展馆之间可以互相学习，互相学习，并优化经营模式，达到双赢。

6.4.3.2 丰富跨界合作形式

为了更好地推进我国的公共文化工程建设，必须进行数字化的文献传输服务。公共图书馆具有大量的文献，既要传承文献，又要进行人文资源的传承。这就要求公共图书馆在与各产业的相互影响下，寻求差异化，从而为公共图书馆的发展提供更多的活力。

（1）与书店合作

近几年，我国高校图书馆的借阅量出现了下滑，这是由于新的图书馆藏相对较少，而新的图书馆员数量相对较少。但是，看完不买也会给书店带来很大的压力，因此两者都要改变思维，寻找合作。

读者可以从与其有业务联系的书商或网上的顾客中挑选自己想要的书籍。书店职员或客户的后台确认所借的书没有被列入图书馆的藏书，当所有的读者都达到借阅条件的时候，工作人员会帮他们完成借阅，在完成了阅览之后，可以免费将这些书交还给他们，书店的费用是由图书馆出的。除有形书屋外，还可以与网络书市进行联合。在纸质书屋之外，还可以和线上书店进行联合，通过移动终端或微信公众账号选择书籍，由图书馆在网上书店订购，由在线书店选择书籍，由网站选择，由读者阅读后归还。通过这种方式，既能调动读者的阅读热情，又能缓解图书馆的采购负担，拓展其营销途径。

（2）与第三空间合作

第三空间是指消费和娱乐场所，提升居住质量是提升居住质量的重要手段。公共图书馆把现代化的资讯科技与所有的人联系在一起，帮助建立一系列的文献传播路径，促使各图书馆主动运用尖端科技，以寻求更广泛更深入的合作机遇，以满足对其范围的需要。比如，在与咖啡店，旅馆，银行，医院和企业的联合中，通过创新的方法把图书馆的资源向三个层次的地方迁移，从而增加了图书馆的功能。在为整个社区创造一个良好的文化氛围和一个学习型的社会，既能激发双方的有效的资源，又能达到共赢的目的。它还可以促进整个社会的文明气氛和建设一个学习型的社会。

6.4.3.3 建立跨界人才队伍

不论是建立 LAM 联盟，或是跨国别的合作，都涉及到多个领域的专门领域，仅凭馆员的知识积累，不足以提高图书馆的智慧文献传输能力。面对综合人才短缺的现状，图书产业亟待改革与完善，高校图书馆既要培育能够有效地进行文献资源的馆员，又要注重培养学生的综合素质和能力。首先，馆员要从"痴心"到主动地去了解新的知识，要适应未来的跨文化交流，要与时俱进，要充分利用自己的主体性，丰富自己的多学科知识。二是要加强对馆员进行全方位的全方位培训，并请专业人士开展专题讲座、学术讨论会、开展跨学科、多元化的教学。缺少专门技术，妨碍了与其他机构的交流。第三，引入具有较高文化素质的学者，可以充实图书馆的专业人员，为今后的国际交流工作起到引领作用。

6.4.4 完善互动运行机制

6.4.4.1 增设人工智能机器人

在实现数字化文献传输的智慧化进程中，智慧机器人将成为解决当前图书馆工作中遇到的"瓶颈"，提出了新的思想和新的途径。在某些发达的都市，市政大厅都会有智慧机器人，但由于机器人的类型相对较少，而且信息传递的智慧化服务手段也不完善。提高了图书馆和读者之间的沟通能力。

（1）智能聊天机器人

有两种类型，一种是在线的，一种是线下的：线上 IM 通讯机器人，让图书馆 24 小时与读者进行实时沟通，不受时空限制。服务的主要内容有：电子文献资料、馆藏资料、活动筹备、经营指引等。线下智慧聊天机器人根据用户的自然语言、关键词和语音意图，准确地对用户提出的问题进行准确的分析。一种可用于移动的实体机械装置。这种软件可以减少图书馆工作人员的工作压力，并能有效地帮助他们解决问题。

（2）智能存取图书机器人

智慧图书取阅机器人能够自动完成诸如搜索、阅读和处理图书等手工作业。自动存取机是最常用的一种智慧化的图书机器人。外表看上去像是一个井然有序的壁橱，里面有一个传输装置，通过使用电子阅览卡或用移动扫描二维码，用户可以通过点击在显示屏上点击所需书籍，当你想要的书籍借到电脑萤幕上，当你把书还给你时，把它放回你的书架上，你就可以一次借书了。另外，还有一个类似于库房图书馆机器人，需要按照编码将书籍分类、编码，将书籍按编号排列在相应的架子上，一旦用户下达了"借阅"命令，便可在自动导轨上自动为其提供阅览服务。

(3) 巡架盘点机器人

巡检盘点机器人是一种智能化的机器人，可以协助图书馆职员完成图书的清点与整理。RFID 无线射频识别技术在巡架清点作业中的应用，对书籍进行正确的标识、路线的选择、引导，实现对书籍的自动控制，实现对自动驾驶的自动控制。此外，巡逻点数机器人还能侦测周边环境，并能主动躲避过往的路人，并能收到指示，协助阅览书籍或归还书籍。如有杂音或放置不当，请将放置错误的图书进行纪录，并产生报表。发给图书馆管理员，以减轻由于阅览室位置问题造成的人员负担。

(4) 特殊服务机器人

公共图书馆是一个综合的社会组织。所以，在实际操作中，应充分利用其自身的社会职能，为特定人群提供更多的人文关怀。特别服务型机器人为年轻读者、老年读者、低学历读者及残障读者提供了一种有效的服务。

6.4.4.2　完善文献传递评价体系

因为读者的经验是衡量公共图书馆情报工作是否具有智力意义的重要指标，所以在公众信息资源共享方面，开辟一个基于用户视角的信息资源评估通道，可以增强与信息交流的联系。

(1) 对馆员的评价

馆员在公共图书馆中起着举足轻重的作用，因此，要构建一套规范化的考评机制，将馆员按职责和任务的先后次序进行分类，明确每个馆员的工作责任，明确其权责。另外，图书馆人员的沟通能力、知识保留能力、专业水平、工作态度等都是以自我评估的方式进行的。该系统采用"科学"的原则，即依据图书馆工作的需要，通过移动客户端、微信公众号等形式，将对读者进行的服务进行评估。对图书馆工作人员的工作进行了全面、公正的评估。二是有效性，定量评价，为用户选择明确、明确、明确的选择，以便于读者更好地了解和了解这些指数，从而避免模糊的评价结论，形成一个公平、公正、公开的评价体系。

(2) 对智能设备的评价

当用户在使用智慧仪器查询或提供咨询时，会立刻弹出一个评估与回馈界面，以便于用户对其操作界面、流畅度、模块设置、信息推送的需求提出意见。

在此基础上，把重点放在阅读人的回馈上，利用资料的解析来理解他们的真正的思想。在与智慧机械进行交互之后，可以根据其屏幕或声音的指示，对其进行口头交流、知识库和响应能力进行评价。因此，要加强对用户的个人资料的保护，特别是在用户使用智能装备帐号时，确保了馆员在收集评估资料时对其进行信息的安全保障。

6.4.4.3 完善激励监督制度

建立健全的信息管理机制，是实现信息资源共享与信息共享的有效途径。在图书馆工作中，读者是最主要的、最重要的服务主体，使他们积极主动地参加图书馆的管理活动，既能调动图书馆的工作积极性，又能增强图书馆的工作效率，同时也能增强图书馆的归属感。高品质的服务是加快文件传送业务智慧化进程的关键。

（1）激励制度

首先是设立奖励制度，使图书馆人员能够参加建立激励制度的评估指数，并图书馆工作人员可以针对工作实践，为建立评价目标提供一些建议，提高图书馆工作人员的参与程度会有较好的激励作用。其次是以业绩为导向，搜集用户对图书的评价，并实现与读者的日常交互，并根据实际情况测算出每个图书馆与用户的交互比例，排除不实交互，使剩余的有效交互达到目标。高有效互动性的图书管理员，可以通过发放奖状或业绩评定等方式，提高图书馆与读者的积极交流的内部动机。是对学生进行的教育，由于人们习惯于在自己的小范围内活动，社会交往的机会越来越少，人们的交往和交往也越来越少。这不是一个很大的局限，也为未来的图书馆人员提供了更多的机会。如果需要的话，可以增加一些学习方面的激励。

（2）监督制度

首先，通过邀请专家学者、教师和大学生等重点读者参加选择，制定购买方案，使读者有更多的时间和更多的时间与监管机构进行接触。通过微信、微博、移动客户端等方式向广大用户发出调查，搜集用户的反馈和建议；二是建立"读者管理委员会"，吸收高素质的读者担任"委员"，使其真正的"真本事"和"实际"的学识结合起来，积极参与"图书监管"工作，发挥其专业特长和特长。理解和监控指南文档的传达。

第 7 章 基于 5G 环境下智慧图书馆联盟服务研究

7.1 智慧图书馆联盟的概述

7.1.1 智慧图书馆联盟的定义

在当今世界的经济一体化进程中,"合作创新"已成为一个新的发展方向。智慧图书馆联盟的目标就是在这样的环境下,通过搭建开放的信息交换和服务管理平台,与其它图书馆、机构进行广泛的协作,汇聚各方的智力资源,坚持协同创新、开放合作的发展理念,实现信息、人才、服务、成果共享、优势互补、人才培养。

因此,我们认为,通过大数据、物联网、智慧计算等先进的装备与信息技术,建立智慧数据相关的智慧信息系统,形成一个具有特色、精准化和智慧化服务的联盟,而智慧服务的优势则是指在现有的图书馆合作基础上,借助智慧图书馆的服务平台,与其它机构进行合作,实现对各种信息资源的整合与整合。促进高校图书馆的资源共享,促进高校图书馆的信息化建设,促进高校图书馆的协同发展,促进高校图书馆的创新性发展。

智慧图书馆对信息技术有着很大的依赖性,因此,策略计划就显得尤为关键。若联盟仅仅关注"启动",没有制定出一个科学、合理的联盟计划,就会造成联盟混乱,这样的话,就会让整个联盟失去秩序,失去对文献、人力、技术的统一管理。不但会造成会员馆资源数量、服务质量、基础设施等方面的差异,而且会加剧会员馆间的冲突。通过对国外图书馆联盟的研究,总结了我国图书馆联盟发展的经验,指出了在联盟中建立与公布策略计划对于推动图书馆与图书馆的良性互动具有重要意义。科技同盟的策略方案应该是:①对全体会员的库进行调研,并在制订联盟的策略方案之前,收集各方面的意见和建议,并确定其发展的目的与远景,尤其是对被排斥的会员的藏书。以人为本的智慧观念聆听其合理发展的需求。举例来说,美国新泽西州图书馆 LinkN 经过与董事会、图书馆馆长及全体职员的大量磋商，制订了一份策略规划。②为增强企业的经营管理能力，企业内部有专门从事企业经营活动的专门人员。③在制订策略规划的时候，可以参考美国西北大学图书馆联合会的时间和专业类别来说明各个目标的完成时间、效果和评估的指标。④在制订了战略计划之后，要做到公开、透明、更新。比如，澳大利亚图书馆与资讯学会（ALIA）适时地将该联盟的策略规划公布并在其官网上增订，以确定其八个澳大利亚公共图书馆网的策略要点和举措。

图书馆联合经营要将图书馆的经营理念与经营战略结合起来，在新的信息化技术与技术的支持下，使图书馆与图书馆之间的互联互通、人与图书馆的互联互通、全民互联，从而提升图书馆的运行效能。负责本协会成员的工作。我国的区域图书馆学会在过去的几年中一直延续着美国传统的"国会"型联合经营方式，但是由于体制环境不合理，分工不明确，理事会成员众多。部分会员馆的负责人往往从博物馆的视角出发，忽略了整个协会的发展。而在管理方面，由于管理工作的特殊性，使得企业管理工作受到了一定的限制，难以在短时间内有效地处理好企业发展中遇到的问题。美国伊利诺伊州图书馆联盟（CARLI）采取了更加扁平化、更加精细的体系结构，这种由下至上、集中、分散的管理方式，可以有效地处理目前存在的一些实际问题。从 CARLI 的成功实践中可以看到，在专门化的道路上，智图同盟需要建立一个全职的智慧经理来保证其有效运行。

所有图书馆都不可能通过自身拥有的文献信息满足全部用户的需要，形成合作互惠、共享共建的图书馆信息资源合作群为未来的基本发展方向，并渐渐演变为图书馆联盟服务。诸多类型的很多图书馆之间的合作和共建共享图书馆资源的联盟服务，其服务力量通常均会高于任何一个单独存在的图书馆。伴随信息技术科学技术的持续发展以及网络环境的迅速发展，移动网络开始演变为网络发展主体，移动图书馆联盟模式也必然会演变为未来发展的主体方式。图书馆联盟为不同图书馆之间为实现相同目标，运用某种协议创建出来的诸多图书馆为主题，联合有关的信息资源体系，按照统一的工作程序和技术标准执行多项或某一项合作功能的联合体。最开始的图书馆联盟是由传统馆际合作产生和发展的。图书馆联盟需要诸多图书馆联合产生，有共同要遵守的协议或制度，有专门的成员开展监督管理、协调、联盟的运作，主要是为了实现成本的降低，落实共建共享资源和互利互惠，对用户提供更好的服务。图书馆能不能发展必然会影响图书馆联盟的服务方式和发展方向。诸多用户在信息层面的需求当下已经高于我国地区和国家的限制，并为国际信息方面的需求。图书馆联盟和使用虚拟馆藏，通过联合共建的方式突破地区限制，规避传统图书馆和诸多地区限制以及合作，均是运用行政领导的缺陷和问题。历经有序组织、分享资源之后，提供海量信息渠道，满足用户需求。国外的图书馆联盟类型是：建立在自动化大规模计算机系统中运转的一种大型联盟、处理日常业务和读者服务的小型联盟、局限于某一专题的专业联盟和解决信息参考合作或馆际互借而创建的联盟。例如，国际图书馆联盟协会（ICOLC）是最早的国际图书馆联盟组织，该组织拥有世界各地的图书馆成员馆。联机计算机图书馆中心（OCLC）是最著名的图书馆网络联盟组织，目前其已经演变为国际上最大的一种图书馆网络联盟，对国际诸多区域和国家的图书馆构建积极服务，在我国主要覆盖了全国性联盟以及地区性联盟、专业性联盟以及综合性联盟等很多类别，其中全国性图书馆联盟重点涵盖了"中国数字图书馆工程""中国高等教育文献保障系统""国家科技图书文献中心"和"全国文化信息资源共享工程"，其中以"中国高等教育文献保障系统"最具代表性。区域性图书馆联盟有代表性的主要有"上海高校网络图书馆"、湖北五十多所高校共同签署的"通借通阅与文献传递协议"、浙江大学等单位承担的"中美百万册数字图书馆"建设项目等，"中美百万册数字图书馆"全称为"中国教育科技数字图书馆"。

从传统的、数码的、到如今的智慧的，职业技术的重要性是显而易见的。先进科技的开发与运用，将为该组织的发展和运用起到强大的支撑作用。智慧图书馆的主要技术包括：大数据，云计算，数据挖掘，三维虚拟技术，RFID技术，物联网技术，识别技术等。表7-1列出了特定技术的名字和实施方式．在此基础上，高校图书馆要通过技术合作与信息交换，充分发挥各自的资源，把零散的科技人员和技术人员集中起来，形成一个高水平的技术队伍，进行图书馆技术研究。当你碰到技术上的困难时，向IT公司或组织求助。若有技术问题不能解答，可联络资讯科技公司或机构，以获得专家协助。此外，智慧图书馆联合会还包括个人信息、借阅历史、检索方式、检索习惯以及每个人的喜好、喜好等信息。技术小组在获得用户的个人隐私时，必须在征得使用者的许可后才能进行数据采集与行为研究。同时，对网络中的信息安全、知识产权内容等进行保密和存取的设置。

表 7-1 运用于智慧图书馆联盟的技术名称及实现途径

技术名称	实现途径
语义网技术	通过链接与标注数据对象,将图书、论文、机构、作者,阅读数量、下载量等数据有机关联起来,通过识别、插述利标注这些对象之间的终关关系,形成美联数据形食的知识图谱同
体感技术	感知读者的位置、行为甚至心理状态,进而精准地判断读者的需求,提供精准服务
RFID与物联网	图书馆智慧中枢系统将图书馆各类设备、图书、信息单元、馆员读者等通过物联网联系起来。实现跟踪读者的轨迹,自助借还、书刊定位、智能书架、盘点机器人、读者自助查询终端、感知走廊等智能服务
3D 虚拟技术	为读者营造逼真的"3D"环境,使书中的场景和知识可视化,给予读者沉浸式体验
数据挖掘技术	将图书馆的各类结构化、半结构化、非结构化资源合并分析,计算图书资源之间的内容联系,方便图书馆对图书重新分类排架,使图书具有组合功能:分析用户偏好,向相同偏好的用户群推送信息
人脸识别技术	计算机捕捉并识别人脸后,自动完成自助借还、座位预约、对比用户黑名单、记录用户行为等操作。

7.1.2 智慧图书馆联盟的特点

7.1.2.1 技术化

一切科技都是以人和事物之间的联系为前提的。智慧图书馆联盟的技术发展,是利用物联网、互联网+、移动互联网等技术对传统的图书馆业务模式进行革新,从而促进其在各个方面的工作。在将来,"机器学习+人工智能"的发展趋势越来越明显,"智慧图书馆"将乘风破浪,将"机器学习"与"人工智能"结合起来,以满足"人"的需要计算机整合。新一代资讯科技的出现,使智图会突破时空局限,扩大与社会各阶层的交流与交流,使联盟与政府、企业、公众之间的联系更加紧密,为客户提供精确的业务。比如,基于城市和乡村居民的不同知识需要，智慧图书馆可以通过云计算的方式，通过分析、准确地辨识乡村居民的行为，从而制定出适合于乡村居民的信息服务。我们的目标是找到并感受到地区发展的特点。

7.1.2.2　均衡化

成立图书馆联盟的目的在于：通过联合采购、互借等手段，突破区域和产业领域的障碍，促进流动、共享和合作、对资讯进行资讯审核。但是，由于地域发展、管理体制、观念等因素的影响，各会员图书馆在基础设施、馆藏资源、服务水准等各方面都有很大的差异，对专业、稀有、稀有的文献资源无法共享，在某种意义上影响了资源的公平分配。

在当今的智能图书馆中，多层次、多类型的图书馆协会将促进大学、科研机构和数据服务提供商之间的协作与协调发展，使得各高校与科研机构、数据服务商之间的合作与发展将会更顺利。在今后的发展中，智慧图书馆联盟将会对资金进行科学、合理的使用，并在这一前提下，对联盟中的各种资源进行配置，建立起一个信息共享的平台，并通过各种技术手段实现信息互联。开放云端储存，提升资源利用效率，让当地使用者平等地利用联盟的文献资料，并为当地居民提供平衡的服务。

7.1.2.3　人性化

以人为本的服务实质是以"用户至上"为核心，以客户为中心，大部分的图书馆都可以利用自己的网页来获取大量的资料，但是这些资料仅仅是为了迎合读者的需要，而无法充分理解使用者对资讯的深层需要。"以读者为本"的工作还不够好，距离深入调研、了解群众需要还存在着一定的距离。

随着网络技术的迅猛发展，智慧图书馆的服务必然要以现代信息技术为基础，为广大读者提供全方位、人性化的服务。在功能层面，要注重对空间进行智慧化改造，为使用者提供一个自由、公开的沟通环境，从而推动使用者的知识价值转换与创造。比如，在 11.5 万平米的总建筑中，几乎 80% 的空间都是对使用者开放的。图书馆对使用者的使用将是一个实实在在的"书房、客厅、工作室"。

人脸识别、无感借阅、超高清视频、VR/AR 体验、大数据精准推送、智能客服机器人、智能安防、馆间协同合作等众多智慧图书馆智能化升级项目在 5G 的支撑下都能够更加完善。5G 的网络切片便于图书馆各业务分隔，高速率、低时延等特点利于资源传输，5G 环境下的智慧图书馆能够带给读者更加智能化且个性化的服务。当然目前要一次性完成智慧图书馆场馆智能化升级是不现实的，但可以一步一步慢慢进行完善，湖北省图书馆的人脸识别系统已经较为成熟了，下一步可以选择技术较为完善的一些应用进行试点。如图书智能借阅柜，它可以实现 RFID 自助管理，融入人脸识别，微信或支付宝电子证等认证方式，与馆内的图书管理系统相连，两边皆可借还，结合支付宝区块链追踪溯源，推动全国一证通借遍全国图书，还能借助大数据分析决策，所有借书柜的数据对接大数据仓库，挖掘和推送有价值的数据。万科春风十里生活美学馆 RFID 智能阅读场馆，进行 24 小时自助服务，让读者能够不受时间的限制享受服务。天津中新友好图书馆智能图书馆员"小图"可以实现语音咨询应答，导航找书，对接扫码借书系统，在机器人就能扫码借书，安全门放行，能够帮助图书馆减少人力成本，提高服务效率。

利用 RFID 技术、虚拟现实技术和可视化技术，创造一个自由、开放、博学、公平的交流空间环境，以满足使用者对建筑物的实际环境（家具陈设、静音效果、采光照明、温度控制）的感知。学习氛围、研讨氛围、知识交流氛围等，为使用者营造出一种"身临其境"的感觉。在服务对象上，利用可穿戴技术与虚拟技术，可以帮助特殊人群如老人、儿童、残疾人等，更好地掌握图书馆内部空间结构、资源分布情况，从而获得更多的资料。本系统能够在真实的场景下，仿真出使用者对各种资源与业务的需要，并对其业务过程与业务方式进行检测与监控，从而使所有的电子产品都能随时访问。拥有关于场地和所有数码装置的全部信息的良好远见。

7.1.2.4 协作化

信息的互连是智慧图书馆的一个特征。然而，目前我国在建设智慧图书馆的过程中，还存在着许多"信息孤岛"，这对各会员之间的互联互通和信息共享造成了很大的障碍。所谓"协作"，就是利用较为成熟的资料库，为中小规模的读者提供专业、高效的服务。各大高校图书馆要充分利用自身的区域特点，充分利用自身的历史文化，充实和充实庞大的图书馆信息库，以达到双赢的目的。为了促进高校之间的协同协作，突破"信息孤岛"的障碍，我们应该把重点放在出版、物流、电子信息、房地产、交通等领域的深入协作。在这种"共生"的基础上，可以利用其它同类的文献来扩充自身的文献。南京圣东学院图书馆联合会，将以前封闭的"知识库"整合成一个整体，使五所高校的学生和学生可以分享3千万本左右的书籍和出版物。

7.2 智慧图书馆联盟的调查分析

7.2.1 现状分析

目前，我国智慧图书馆学会还处在起步期，在理论和实践方面还处在摸索的过程中，缺乏相应的理论和经验资料。这篇国外的数据是从2000到2021的Webof Science数据库中获得的。本文以"知识库的关联性"为关键字进行检索，并以"智慧库"为关键字进行检索。从中国知网获得的国内调研数据，截止到2021年三月二十日，共有33项与之有关的文献。由此可以看到，目前国内和国际上还没有形成一个"智慧图书馆联盟"的名称，使得其在学术上存在一定的难度。为此，本文提出了对检索结果进行内容的解析，并将相关的文献列入了对智慧图书馆的协作或合作的研究中，以扩大调查问卷的资料库。文章以此为基础，对智慧图书馆联盟的发展状况进行了简单的剖析。

7.2.1.1 智慧图书馆联盟的类型

从表格7-2可以看出，当前的智慧图书馆同盟主要是由"单一联盟"组成的多个智慧库与其它组织组成的"综合联盟"。"单联盟"有两种：一种是深圳大学与澳大利亚大学联合的"公共智慧图书馆"。该项目的实施主体是公共图书馆，并与本地区其它公共图书馆携手，推动智慧都市的发展。二是高校智慧图书馆的联合，其典型的是英国G5高校联合组织。该协会的目标是建立一个智慧的资源发掘平台，为学校提供全面的知识和资讯，促进学校间的相互补充，提高当地大学的服务能力。在各个行业的信息化进程中，国家科技水平、经济能力、文化教育水平都在飞速发展，人们对信息的综合性、全方位的要求越来越高，这大大促进了我国城市的信息化进程。图书馆与高校智慧图书馆、科研系统及政府部门密切协作。"综合联盟"主要由下列组成：一是由新加坡国立图书馆管理局（NLB）所组成的地区性智慧图书馆。该协会将地区各种组织联合起来，共同开展发展战略，发展计划和计划。二是"专业智慧图书馆"，即澳大利亚高校"eSmart Libraries"与重庆高校"知识产权资讯服务联盟"等专业合作模式的建立与后续的后续工作。

表 7-2 智慧图书馆联盟的类型

类型		代表	成员	联盟成就或实践
单联盟	公共智能图书馆联盟	深圳图书馆之城	深圳智慧图书馆、福盆田区智慧图书馆、宝安区智慧图书馆等	建设专业化、多层次、智慧化的统一"图书馆之城"服务平台，包括云平台、数据分析与监控平台等多个维度
		澳大利亚公共图书馆联盟	ALIA、托斯马尼亚、维多利亚公共图书馆、昆士兰公共图书馆等	提出图书馆从建筑设计热点技术、创新产业、终身学习、数字化接入、社区文化等方面参与到智慧城市的建设中
	商校智慧图书馆联盟	英国 GS 超级大学联盟	牛津大学博德利图书馆、剑桥大学图书馆、伦敦政治经济学院图书馆、伦敦大学学院图书馆、帝国理工学院图书馆	提供全篇资源导航服务，引入问答社交理念，提供情景化、社会化的参考咨询服务；注重打造应用智慧信息技术的功能空间来满足用户的创意实践需求；开辟融入智能技术的智慧图书馆
综合联盟	区域性智慧图书馆联盟	新加坡国家图书馆董事会	国家图书馆、公共及区域图书馆联盟、国家档案馆等	参与建设新加坡智慧国家，将 'RFID 技术全面用于图书的发行与追踪；开发 NLBAPP 以及 OneSeardi 检索系统，可以检索国家档案馆资源；运用社交媒体推广智慧成果
	主题智慧图书馆联盟	澳大利亚"eSmart Libraries"	澳大利亚智慧图书馆、儿童安全专员办公室、ALIA、Alannafa & Madeliiie 基金会、与 Telstra 基金会	通过与澳大利亚 1500 个公共图书馆网络合作，将图书馆及其用户与工具和资源联系起来，以改善网络安全，并促进社区的数字化发展
		重庆大学知识产权信息服务联盟	重庆大学图书馆、四川大学、电子科技大学图书馆、重庆知识产权等	充分发挥川渝地区院校特色和优质办学资源，开展多领域、深层次的交流合作；联盟成员的老师可以共引共享、互聘互用，跨学校授课、跨学校指导学生，并推动成员学校跨学生跨校交流与培训，探索学务互换认定机制

7.2.1.2　智慧图书馆服务平台为联盟发展提供契机

北美高校图书馆联合会在 1990 年代启动了"地区联合共用"的模式，以期在高校多个校园或地区联合中开展多个图书馆的合作。北美图书馆技术在 2009 年迎来了一个以图书馆为中心的新一轮的革新循环。北美地区在 2013 以后，已经步入了云主机 LSP 的年代，并通过联盟的方式进行升级和集成。随着网络技术和网络技术的不断发展，网络时代的图书馆越来越具有智慧性，迫切要求有一个强有力的应用平台，能够在海量的知识资源中，利用海量的数据进行分析和挖掘，从而迅速地获取所需的信息。图书有助于博物馆在构建知识产权主体与知识使用者间的均衡关系，完善其生态链条。但是，个人的图书馆在云计算的年代显得很渺小，很难在产业中真正起到一个有力的切入点。为了利用其优势和优秀的实力，需要以会员的形式参与到这个行业中来。

江苏大学图片工业协会在 2015 年度强调了联盟平台、图书馆、用户、服务三方的密切协作，为实现图书馆联盟的良性发展奠定了坚实的基础。南京学院智慧图书馆与途行共同合作，为有效地解决了高校图书馆数字化资源的管理问题，提升了图书馆的使用效率。重庆大学智慧图书馆在与维普智图的联合下，开展了"DALIB 智慧地图"的业务，并在世界范围内建立了第一家"智慧图书馆"。维普智图已经与 10 所大学的图书馆达成了良好的协作。与智慧图书馆结成战略合作。深圳半山腰在中小学智慧图书馆的构建上，推出了"网络 + 图书馆 + 读书"的一体化模式，并在深圳新安湖小学得到了推广，并为深圳、广东等地建成了 100 余所智慧图书馆。这个软件使用者超过 500 人。如表 7-3 所示。

表 7-3 智慧图书馆联盟服务平台

服务平台名称	开发商	主要应用案例	平台内容	联盟潜在对象
Libstar 智慧图书馆服务平台		南京大学智慧图书馆	Library- 为图书馆设计的软件，可协助图书馆内部流程改善、收藏管理满足馆员与读者需求与传递服务; Service- 以服务为导向的架构、开放的网络服务与 API 上图书馆可提供读者更优化旳服务	吉林 ALIS 成员馆

服务平台名称	开发商	主要应用案例	平台内容	联盟潜在对象
DALIB 平台		重庆大学智慧图书馆	数据智理－帮助图书馆从传统的文献管理升级到若干种类型的数据体系建设在读者服务中不断收集数据、分析数据、应用数据,由数据产生数据形成数据闭环从而驱动服务职能用广运营－智能的数据推送,个性化服务图书馆用户;因地制宜,合理规划,充分利用,打造多元化功能区,为读者提供舒适便捷的讪渎空间	电子科技大学图书馆、宁波大学图书馆、南通图书馆、赣南大学图书馆
"互联网＋图书馆＋阅读"综合解决方案专家	中国	新安湖小学智能图书馆	平台－可实时获取间读数据,能进行数据收集、分析、挖掘,获取其价值信息;设备－采用智能化设备与平台无缝对接,根据空间应用场域进行合埋投放使用,促进线上线下融合,提升读者阅读体验	深圳市博物馆、深圳各中小学图书馆

7.2.1.3 深化用户服务理念,提升智慧服务质量

(1)提高顾客与网上社群的接触。过去,我国的图书馆智慧服务大多是单向的,存在着"网上与外部"的分离现象。而在大数据与人工智慧技术的基础上,通过集成多源信息,在预设条件下,完成了图书馆的智慧互动。线上、线下、 VR 智慧书架、24 小时自动还书、 PC、手机、智慧设备多屏幕同时、平台互动,让用户、馆员、资源互联互通、服务可及、提供体验等来提高用户舒适。新加坡国立图书馆管理局于 2017 年推出了一款名为"NLBMobile"的移动应用程序。这个软件还有两项主要的特点,那就是条形码扫描和书签标签。借取图书馆材料,可以把这些资源添加到收藏册里,或者在社会网站上共享所展示的信息。同时,深圳图书馆城还推出了手机 APP,让读者能够更好地参与到网上图书馆的资源建设中来,从而达到读者和读者之间的良性交流。由于社会网路的迅速发展,国外智慧图书馆协会成立了 Twitter、脸谱、 Instagram 等社会帐号,与使用者即时交流,而全国智慧图书馆协会则设立 QQ、微信、微博、抖音等帐号,以进行

线上谘商及推广。举例来说，博德利牛津大学的网站和 Instagram 网站联合发布了一个社会网站的参照系，从不同的主题、不同的角度和重点来解答不同的问题。澳大利亚公共图书馆联合会在此次危机中由线下的公关转型为网络公关，推出了网上的技术和创意的影片，点击量达到 5,278，获得了大量的读者回复和留言。

（2）增强技术能力和提高智慧的能力。大学图书馆联合服务无论从深度还是广度上都处于领先地位。以英国 G5 高校智慧图书馆为代表，各会员馆均配有高水平的技术装备及基本设施，以适应各种创新活动的需要。在顾问业务上，各会员馆都拥有一流的技术和基本设施，可以为您提供各种创新的练习。在咨询业务方面，该协会旨在以"群策群力"的方式，以"群策群力，群策群力"的方式，充分调动广大参会者积极的"知识服务"；一是要在资源服务方面，要把大数据与智慧结合起来。基于推排法和云计算的检索技术，建立了一种跨数据库、跨内容、跨平台的新型检索平台，能够适应不同领域的用户的动态需要。使用者，就是把资源导向的服务与使用者的整个生活过程结合起来：为使用者提供资料的资料索引。

7.2.2 问题分析

7.2.2.1 标准问题

在智慧图书馆的运行过程中，各个成员图书馆采用了各种体系的平台与管理体系，构建了分布式的、非统一的资源体系。为此，必须在智慧图书馆学会内部安装标准化、一体化的信息互动感知体系，并设置标准化的信息资料传送共享平台，以实现智慧图书馆的良性互动。

7.2.2.1.1 数据标准问题

在信息资源的收集、分类、保存和利用等方面，智慧图书馆的数据规范是建立信息系统的基础。智慧图书馆的各种业务都是建立在大量的信息流基础上的，而在数据的传递中，各个资源、各使用者都有自己的需求，因此，这些都是通过各种传感器来实现的。数据规范化工作应该包含数据标准的准备，培训和数据的执行，并保证数据的一致性。但是，目前的资料规范与用户日益增长的需要相适应。有些协会则是剽窃了其它协会的资料，忽视自身的客观情况，脱离自身的需求，不顾及自身的实用性和适用性。

7.2.2.1.2 技术标准问题

智慧图书馆联盟至今还没有建立起一套完备的技术规范系统。而基于新技术的智慧图书馆联合，目前尚处在起步和应用的初期，但是由于技术发展速度太快，不能跟上发展的步伐，制约着智慧图书馆的发展。从某种意义上来说，这个同盟的发展是有限度的。而另一方面，由于技术研发人员的存在，使得技术标准的修改变得非常困难。尽管智慧图书馆具有良好的人才和科学研究的条件，但是由于馆员和企业、产业之间的相互联系还很薄弱，因此，参加的行业修订规范的数目每年都在下降。

7.2.2.2 管理制度问题

过去，我国的图书馆联盟组织结构松散、联盟不够团结，规模较大的地区联盟组织规范、经营规范较为完备，而中小规模的联盟组织体系不健全。当前，智慧图书馆的合作伙伴们也遇到了相同的问题，尽管技术可以使智慧图书馆与企业、图书馆之间形成一个"同盟"关系，但是这种"共享"的机制是通用的、通用的、没有基础的。这是基于现实的同盟。另外，目前社会对信息资源的认识还比较薄弱，例如东莞智慧图书馆学会已制订了一项策略计划，但是该计划的具体实施方案却没有在网上公布。该书中柯平《图书馆战略管理》一书显示，在图书馆的信息公开过程中，策略策划还没有被纳入其中。为此，要加强对智慧图书馆的制度建设，甚至是立法。

7.2.2.3 安全问题

7.2.2.3.1 用户隐私安全问题

图书馆既是文献资料的汇集，又是大量的读者的私人资料，因此如何保障其隐私始终受到广大读者的关注。知识产权保护和个人信息保护是智慧图书馆联盟发展的重要内容。用户的个人资料包括用户的姓名、年龄、性别、联系方式等，以及用户的阅读行为、兴趣偏好、上网行为等方面的动态数据。由于个人隐私和服务的个性化和精准化的需要，使得图书馆的安全性保障体系更加完善。在全国范围内，要完善相关的政策、规章和监督制度。在技术层面上，要防范不法份子的偷窃、网路袭击、防范使用者资料及资料遗失或遭窃，必须建立自身的网路安全核心技术。

7.2.2.3.2 信息安全问题

当前，以传统的集中式经营方式为主的传统的集中式经营方式严重限制了数据的使用、交换和传输。与传统的图书馆结盟方式不同，其重点在于建立和利用互联网、网络化、智慧化和共享信息资源。信息的安全性直接影响到电子图书馆的在线和网络的正常运行。当前，由于网络环境的开放性，智慧图书馆的资源建设、数据管理、数据服务等面临着宽带攻击、协议攻击、软件漏洞攻击、身份认证失败以及数据等多种安全问题。

7.2.2.4 人才队伍问题

智慧图书馆的建设，使高校馆员具备更高的综合素质和能力。但是，图书馆工作人员的技术水平与图书馆协同工作的智慧发展需求存在着一定的冲突。而在当前社会中，许多人因为自身的身份和危害性，对图书馆的工作模式还比较陌生，对其所发生的改变也没有足够的重视。各个行业都有技术人员紧缺的问题，比如大数据、物联网、云计算等。人力资源与图书馆在报酬与赢利性等因素上缺乏竞争力。通常情况下，利用高额的薪酬来留住技术人员，但由于其社会福利性质，在薪酬和收益上没有任何竞争力。科技人员缺乏吸引力，造成"人才荒"现象严重。

7.2.3 未来发展趋势分析

7.2.3.1 联盟建设标准化

缺乏统一的指标就很难突破图书馆和图书馆之间的界限，难以落实信息资源的共享共建共知，为落实互动协作智慧图书馆联盟，实现共享资源的基本目标，需要在建设过程中制定一个由图书馆领域统一制定和认可的专业行业标准。智慧图书馆联盟数据标准化的制定内容可以参照工业和信息化部发布的《中国区块链技术和产业发展论坛标准（CBD-Forum-002-2017)》：在数据结构的层面，设计规范涵盖了技术有关的数据分类结构和相关关系、元数据格式等基本需求；在管理数据的层面而言，是指规范涵盖了共享数据的保存规范、生产规范、过程管理规范、编辑规范等；在数据使用层面而言，设计规范则涵盖了身份认证数据、资源服务数据、知识发现数据、版权检验数据。网络信息数据、行为感知数据等诸多层面。

7.2.3.2 联盟制度规范化

智慧图书馆的分支组织实质上是几个相互依存的、共享资源、技能和服务的独立的个人。合作伙伴的数量、目的和协议的制定是合作伙伴的关键因素，科学合理、有针对性的管理制度能够有效地调节合作伙伴的相互关系，为企业的成功运营提供了有力的保证。联盟系统包括联盟章程、联盟伙伴业务发展的基础准则和相应的经营方案，通过增强合作伙伴的交流，建立一个"一无所有"联盟，防止结社建设走上"无组织""人治"等错误认识。同时，要健全公司的信息公开机制，建立公司治理体系的公开与公开，并在绩效考评中引入公司治理体系的公开与分享。

7.2.3.3 智慧馆员专业化

智慧图书馆的联合馆员自身的智慧程度，既会对自身的图书馆服务品质造成一定的负面作用，也会对联盟内的其它会员或合作单位造成一定的影响。图书馆工作者的知识渊博、机动性强、创造力强、能够精确地分析和预报海量的知识。在建设智慧图书馆的过程中，要从全方位、多方位、系统化地培养馆员，把学校教育、职业培训和专业实践有机地联系起来，强化职业伦理教育，改变馆员的思想观念。通过树立榜样，提升馆员的业务素质和业务素质，促进馆员向智慧化转变，为"智慧图书馆"提供更好的服务。

7.2.3.4 联盟合作网络化

由于它具有辐射、无线电波、交互性和及时性等特性，因此在社会生活中得到了越来越多的运用。社会关系会按照人们的喜好、生活方式和价值取向，为人们的生活和生活方式创造出个性化的用户形象，从而为人们的日常生活提供个性化的服务。随着网络化的发展，社会化网络系统是智慧图书馆的重要组成部分。这是由于读者的多元化，使得图书馆的资讯资源更加多元化。基于社会化互联网的跨地域、跨类别、跨系统的智慧图书馆结成了一个平台，它可以实现信息资源的分享，实现智慧馆员的协作，满足不同的读者对不同的信息需要，从而提高不同层次的馆员的综合能力。

7.3 智慧图书馆联盟服务的建设策略

在知识、技能和人力资源分散的情况下，仅凭一个高校的能力，很难在智慧的大背景下实现图书馆的服务。在图书馆或图书馆员方面，中国的闵炳元提出了一种"集体智慧"的看法，它使受试者能够完成更为繁杂的工作，减少了个体在完成工作或做出决定时的失误概率和代价。不能由个体完成的。把这一思想运用到智慧图书馆的构建中，就是要构建跨系统、跨行业、跨地域的智慧图书馆的联合。在此基础之上，作者在考察了国家及区域内的发展方式之后，归纳出了与现有的合作方式，并探索了其在协同方面的新的思考。

7.3.1 打造"核心＋扩展"的联盟成员发展结构，聚合优势资源

智慧图书馆的联盟在挑选会员时，要注意不要过分扩张。根据社会关系的核心理论，这表示一个人和其它人的关系愈密切，这个人的中心地位也就愈高。在此基础上，智慧图书馆的核心会员应当从技术创新能力、地位影响、服务水平、资金吸收能力、资金积累能力等方面进行优先选择。在确认核心会员后，通过其影响及传播效果，吸收与之有关的图书馆及机构成为扩充会员。另外，由于公众资讯需要的个人化，因此，要加强对资讯资源的处理与处理，特别是对资讯资源的特殊利用，同时也要加强对资讯资源的利用，使其成为各会员的中心。结盟？整合并加强了人力和技术。该协会可以有效地整合高校、公共服务机构、企业、科研机构、政府机构和智力机构等各方力量，从各个领域中选出具有较大影响和较大信息服务能力的会员图书馆。要清楚高校图书馆建设的核心和特色，要在人才、资金、信息、技术等方面发挥各自的优势，转化科技成果，研究前沿基础领域，建设区域内重要经济体和发展新兴产业的信息资源和信息支撑。比如，为了追踪某个特殊的领域，高校或者科研单位可以派遣专业人员、产业人员、资讯部门派遣专利技术人员、资料库提供者或资讯服务商等。该美术馆可以派遣市场行销人员。通过建立与完善的内部信息共享机制，实现了科研人员、企业员工、行业专家之间的深入的信息交换与数据共享。

7.3.2 以新型技术支撑智慧图书馆联盟建设，打造品牌效应

先进科技的开发与运用，将为该组织的发展和运用起到强大的支撑作用。智图公司现有技术包括大数据，云计算，数据挖掘，三维虚拟技术，RFID 技术，物联网技术，识别技术等。在当代文学的时代背景下，在读者的现实需要下，我们必须借助先进的科技来支撑我们的网络，将庞大的文学趋势进行归类，并使图书馆的读者能够快速地获取他们。他们觉得珍贵的文件。举例来说，西班牙海梅一世学院利用地理信息系统（GIS）来确定书籍的位置，通过触摸屏幕将书籍的详情和书柜的具体位置以电子地图的方式呈现出来。

建立连锁企业是智慧图书馆联合推动的外部需要，通过建立具有特色的企

业形象来提高企业的品牌意识，在这种情况下，扩展衍生物的业务和产品，能够为企业在特定的行业中争取到一定的发言权。打造专业领域，打造专业形象，打造企业的品牌。在此期间，首都图书馆联合会员单位共同发起了北京图书交易会，引起了广泛的关注。创造了一个新的环境和新的文化，促进了文化的传播和发展。当代图书馆的工作缺少创新和创新，往往会被其它行业或同行所效仿。当前，全球各国的公共图书馆都积极开展读书宣传，形成了"上图讲座""书香扬州""长江读书节"等知名的文化品牌，具有区域性和整体性的影响力。在所有的文献中，建议仅是很少的一部分，其他的都是"闲置的"，没有特定的读者。通过5G、人工智慧、云数据、数字资源画像、影像加工等技术，可以使各大图书馆在数据收集、数据共享等方面进行广泛的连接。它可以促进协会的多层面发展，24个小时内对会员的动态阅读进行实时监测，并在中心智慧平台上进行云端数据的解析和用户的肖像。在此基础上，运用混合式协作筛选技术，对用户的真实需要进行深入的分析，对用户的潜在需要进行甄别，然后对其进行资源与内容的匹配，实现了从"为人找书"转变为"为书找人"三大功能。另外，将创意的数字化阅读方式与 VR 技术相结合，可以达到虚拟现实中的"游乐"场景。特别是在某些少儿书籍中，可以选用具有较高的故事性的视频作为虚拟展示。对儿童进行高水平的现实场景仿真，既可以刺激儿童的想像力，又可以有效地提升儿童的知识和技巧。

7.3.3 以资源共享为合作基础，共同实现智慧服务

思维决定眼界，传统的图书馆结社往往聚焦于相对固定的领域，范围狭窄，这往往违背了结社的本意。未来智慧图书馆的合作，必须具有国际化的眼光和高度的冒险精神，密切注意产业发展的前沿动态，并努力采取最新的做法，以适应产业变革。二是要加强情报机构之间的协作，要以资源的分享为基础，而非单纯地从经营角度出发，要积极地进行信息资源的整合和整合，以实现信息的智慧化。提倡资源分享并不在于评估或评估，它旨在从各会员的角度，认识各会员的优点，并指出各会员的经营资料所具有的重要意义。智慧的图书馆同盟应当形成这种观念。将全部的人力物力都集中在一个藏书阁内，既不能促进整个组织的发展，也不能调动整个协会的创造力，因此，要杜绝"事不关己，高高挂起"的心态，深入开展共同发展，共同进退的战略，让全馆都能参加。

7.3.3.1 坚持资源共享

从传统的图书馆到如今的智慧图书馆，智慧服务的内涵也从技术层面转移到了内涵层面。现代智慧服务基于资源，技术驱动，知识驱动。随着信息化的发展，图书馆的服务越来越具有弹性，越来越个人化，越来越能适应人们的需要。独立地在一个有限制的实体建筑或网路中进行存取。要坚持信息的分享与开放，通过分享的方式，实现成员的图书馆享有更多的信息交流，拓宽成员的信息资源，提高地区和产业的服务水平。图书馆各部门之间的相互影响、相互影响、相互协作，最终使图书馆的信息资源增值、增值。

7.3.3.2 建立内部报告制度

以合作分享为基础的内部汇报体系，构建一个基于共同利益的内部汇报机制。协会委员会鼓励各会员主动分享和开放数据，并将其整理、整理、分析，以呈现联盟总体进步和个人进步的不同，从而推动各会员图书馆的良性交流。熟悉相关的科研资料。我们还可以在情况许可的情况下公布公司的内部报表。一是为高校图书馆学的理论与实务工作的支持；二是积极吸纳其它高校的参与，为高校的发展增添新的活力。举例来说，为使澳大利亚公共图书馆联合会（澳大利亚图书馆与资讯学会）会员及利害关系人知晓其行动，APLA将出版一本月刊，并就其战略规划实施状况发表一项内部年度报告。

7.3.3.3 采用UGC社交网络模式

在 Web2.0时代，社会化网络的生产模式从平台转移到了用户，在这一背景下，产品用户产生内容（UGC）成为了主要的社会网络生产方式。在中国，最常用的是微信，微博，豆瓣，知乎等，大家可以共享自己的生活，上传照片，视频，音乐资源，以及各种学习资源，各种平台的作用都很大，而且使用者的脸也各有特点。比如，知乎、百度的论坛，用户可以提问或者给出有意义的解答；在 UGC 的年代里，每个人都可以通过互联网的上传途径，变成一个信息的用户，通过下载或者订购而变成一个信息的共享者。这种高度交互、即时、大规模的 UGC 社区服务模式，在服务创新、协作和共享等领域有着显著的优越性。目前已有数千名社会平台使用者加入到智慧图书馆联盟的行列，这将大大充实资料库的建立。

7.3.4 制定人才战略，加强联盟人力资源共享

"知识就是力量，人才就是未来。"这是习近平在 2014 两院院士会议上发表的关于"人才观"的重要论述，对我国高校"人才观"的建设有一定的借鉴作用，"习近平"的"人才观"是智慧图书馆建设的必然要求。

7.3.4.1　建立网络知识社区，促进知识成果转化

智慧馆员在智慧图书馆中扮演着重要角色，也是其"加速器"。中国图书馆协会每年都要举行一次定期的例会，但以其为主导，以对协会工作进行总结和表彰为重点。有些天才的基层馆员，特别是拥有丰富的图书馆建设经历，无法在此共享。不过，很多国外的图书馆组织都把自己的工作人员的技术和经历当作一笔珍贵的资产，而许多外国的图书馆联合会则把其工作人员的技术和工作经历看作是一笔珍贵的资产，并把它当作会员的利益来大力宣传和共享。

网络知识社群是一个以开放、互动、聚合为基础的信息交换平台。普通馆员、专家学者、公务员、科研人员能否根据自身的信息需要、共同的利益，结成一个小型的知识群，建立一个社会化的圈子，并为企业提供更多的合作机遇。通过"人对人"的沟通，可以让使用者对彼此之间的距离与异样感觉消失，从而增强使用者之间的亲切性与信任，从而更主动地参与到团体中来，与他人共享。所以，借助网络社群，为各单位图书馆建立一个自由的沟通、互动的平台，充分发挥每个图书馆人员的特长，并主动地为图书馆的开放性协作服务，为图书馆的读者们带来持续的资讯。每位馆员都是通过智慧图书馆的交换和成员的成长而参与到智慧图书馆的工作中来，并在其工作中扮演着重要的角色。这样既能促进会员图书馆的参与，又能促进会员图书馆的凝聚力和协同，为会员图书馆的工作和人才的交流，为会员的发展注入了无限的活力。可持续发展的图书馆联合会。

7.3.4.2　加强联盟培训，打造高素质馆员队伍

智慧图书馆协会的成立和图书馆智慧化服务的开展，都需要高质量的智慧图书馆工作者的参与。图书馆要构建人才队伍，为馆协提供优质、高效、精准的智慧服务，推动馆协工作的改革。

7.3.4.2.1　重视馆员专业能力的发展

在新的历史时期，智慧图书馆在知识、技能、观念、服务等方面都有了新的需求。但这种发展在一定程度上使各图书馆的职能和工作职责发生了变化。"智慧图书馆"的本意在于寻求差异，而非"同一性"。各会员的资源、技术和基础

结构各不相同，不同的发展需求，使他们容易被过分的责任感所左右，从而忽略了他们的专业职责。在新的社交环境下，资讯的零散，图书管理员必须从读者的实际需要中，理性地评估自身的发展，以使其能够更好地利用自己的专业知识。全面融入联盟的开放性、互动性和信息技术能力，使其充分融入到联盟的开放性协作中，并在工作中发挥着重要作用。比如，CALIS建立了五个信息和管理机构：业务支持中心，信息服务中心，数据中心，技术中心，以及专业发展中心。充分发挥不同图书馆员工的特长，实现人才的有效利用；工作职责清晰，工作职责清晰，即时交互，保证了各个图书馆的经营和发展，提高了协会的团结与协作能力。

7.3.4.2.2 创新业务竞赛

从 1986 至今，我国图书市场的竞争已由以往的单纯的商业竞争转向了激烈的市场竞争。在今后的发展趋势中，应围绕"智慧"的主题，不断改革竞争机制，不断完善竞争机制，充分发挥馆员的作用。推动图书馆人员的知识结构不断更新，提高图书馆工作人员的专业素养，提高图书馆工作人员的综合能力。创意企业的竞争源于两个方面：

（1）竞赛内容与时俱进

2017 年度安徽省第一次商业技术竞赛通过线上答疑、现场竞赛、实操等方式进行，共计 48 位选手参与。竞赛的范围很大，涵盖了基础理论、公共文化政策、法律、读者服务、图书馆管理等实际操作技巧。从理论知识和业务实际出发，从国家文化政策、行政管理规范、图书馆业务基础知识、情景回顾模拟、软件运用等方面进行了丰富的论述。智慧设备的使用，个性化搜索等。

（2）竞赛形式多样

当前，图书馆管理比赛一般采用初试、复试、决赛等形式，并将实习与实地比赛相结合。在信息化、智慧化等新技术的不断发展下，图书馆业务比赛采取了灵活多变的组织方式，建立了基于业务知识的题库，实现了馆员在线应答，实现了业务比赛的三维可视。在四强、四强之间，有线下笔试、现场竞赛、实践测试、绘本讲座、阅读推广计划、情景模拟等，更有现场直播，展现图书馆专家的专业素养。有能力在当地对民众作出反应，打造职业的品牌，让企业的竞争变得更加精彩。

7.3.4.2.3 加强馆员的经验分享

作者认为，在建立智慧图书馆的时候，应该注重人员之间的相互沟通，以挖掘、分享、传承和利用这些宝贵的经验，从而为图书馆的发展和应用创造出切合实际和可操作性的专业技术。

(1) 为馆员提供交流途径

智慧图书馆学会要充分发掘有资历的社员，尤其是有专业技能的社员，把专业资料、联系方式等资料记录下来，并与各成员图书馆进行即时交流。使图书馆人员能够从资料库中直接获得有关的资料，并能与专业人员进行业务磋商。同时，智慧图书馆还能为各类馆员建立微信群、QQ群等在线交流群，通过这些平台，可以让同行业内的图书馆人员进行沟通，了解他们在工作中所遭遇的问题、对策和服务中的一些体会。同时，智慧图书馆还可以将以前的训练录像和教材上传到协会的官网，方便馆员随时进行下载。

(2) 举办专题经验分享交流会

智慧图书馆学会通过组织各专业领域的科研队伍，掌握并掌握当前的发展动向，不定时举行"阅读推广"，"文献检索"，"主题服务"，以及其它的"数字资源"。合作共享、智慧图书馆大数据应用、智慧图书馆微业务等前沿议题，或将于本年度年终总结会上，增加分享心得。

7.3.5 建立跨机构联盟，寻求广泛的合作关系

智慧图书馆是一个以智慧图书馆为主的组织，其他类型的图书馆，政府机构，公益组织，企业等。建立智慧图书馆和政府部门之间的合作关系，构建智慧图书馆和企业之间的合作关系，以及与不同组织之间的合作关系。以下是特定的形式：

7.3.5.1　智慧图书馆——智慧图书馆联盟

在知识、技能和人力资源分散的情况下，仅有一家图书馆难以在智慧背景下实现其服务。高校智慧图书馆、公共智慧图书馆、专业智慧图书馆等不同类型的跨地域、跨系统的智慧图书馆建立了战略联盟，并制定了相应的业务规则和标准。提升智慧经营的效能。重庆高校智慧图书馆协同创新联盟、吉林高校联合图书馆（ULAC）、香港高校图书馆智慧平台联盟、威尔士高校图书馆共用图书馆平台等。

7.3.5.2　智慧图书馆——政府机构联盟

《中华人民共和国政府信息公开条例》规定，公共图书馆是公共信息的法

定场所，各级管理部门既要为图书馆提供公共服务，又要为其提供公共服务。具备与之配套的装备及设施。尤其是在"互联网＋政务"这一开放性的社会背景下，我国政府提倡信息披露，并积极引导社会各界积极介入。扬州市图书馆把政府公共资讯与图书馆的数字化公共文化建设结合起来，在网上设置了可供读者查询的条目，通过扬州政务公开的网址进行了访问。计划报告，政策法规，人员变动及其它资料．同时，通过与政府机关、政府部门的密切配合，通过对政府信息进行整合，运用大数据技术对政府的就业政策、养老体系、健康等信息资源进行整合。收集的资源可以扩展到关心、食物、健康等方面，让使用者能够利用智慧检索来获取有关资讯，而在智能图书馆的建设中，智能政府与智能图书馆的建设有一定的重叠性，它们可以互相学习，互相借鉴。同时，政府要加大政策导向力度，建立专门的资金，以扶持智能图书馆和联合企业中的核心技术和技术革新。以专项行动为载体，以全方位的方式将图书馆的知识成果传递到整个社会，为智慧都市的发展做出贡献。

7.3.5.3　智慧图书馆——企业联盟

通过与企业界的合作，可以使智慧图书馆达到共赢。①智慧图书馆技术与装备的发展，依赖于图书馆的经销商、服务商等相关技术公司的大力扶持。IT产业发展迅速，市场竞争日趋加剧，企业技术革新的实力较强，资金投入、技术人才储备、产品服务经验丰富。这些公司不断研发、更新和修订智慧图书馆所使用的系统和软硬件，为各合作单位找到一套完善的系统和技术装备，为实现图书馆的信息化建设奠定了坚实的技术基础。比如，与华为、小米等企业进行了深入的合作，共同研究了图书馆服务发展规划、智慧产品研发等方面的问题。并在馆中设立5G智能产品展示平台，促进智能化图书与智能化产品的深度结合。②在技术和管理上，智慧图书馆可以从三个层面上为公司的技术和经营的提升服务。智慧馆员通过讲解智慧图书馆的使用者需要，理解政府的相关政策，解决两者的合作问题，形成共识合作方向，从而达到智慧服务业务流程对接和数据资源共享。积极推进专利信息服务、科技新品检索服务和动态知识服务，为各大公司提供市场信息、竞争信息等智慧服务。在智慧图书馆的构建中，重庆学院积极推动数字化图书的普及，并与京东等网络平台联合推出了京东读书学校，为广大师生提供手机、精美的读书服务。

204

7.3.5.4　跨系统的智慧图书馆联盟

随着科技、经济、文化水平的提高，人们对全方位的、综合化的信息的需要，建立智能图书馆的联合，拓宽其应用领域。它还必须与其他组织共同分享，包括政府部门，非营利组织，社会团体，出版商，其他联盟等。上海图书馆联盟共有81个成员，涉及公共、教育、科研和信息四大体系。再比如，丝绸之路国际图书联盟，与图书、书商合作，组成了一种全新的"书店合一"的读书服务社群。虽然不同的图书馆所提供的服务目标、不同的运作模式、不同的图书馆、企业和图书馆管理机构之间的多元化协作已经是不可避免的。英国M25高校联盟的发展策略建议，应大胆探索与其它组织、组织的协作，以促进联盟的发展，提高联盟的影响力。这说明了在构建智慧地图联盟的过程中，要从图书馆自身的角度出发，从单一的内部协作向多层次的外部协作，探索出一种跨行业的协作形式。图书馆智慧通过图书馆、企业、政府等多种形式的协作，逐步向全社会传递。同时，要把智能图书馆的核心放在国际化的组织上，与国外的机构或海外的联盟建立伙伴关系，强化自己的专业能力，强化自己的专业队伍，把自己的专业形象和服务"带出去"，把知识、标准和资源"带进来"。

7.4　国内智慧图书馆联盟服务研究：重庆"智慧图书馆协同创新联盟"个案分析

7.4.1　选取理由及联盟简介

7.4.1.1　选取理由

2020亚太平洋智能都市奖，重庆获得"2020中国领军智慧城市"。重庆大学图书馆是全国"双一流"院校，重庆的智能管理系统是一个关键环节，它作为联系学校和社区的桥梁，担负着重要的职能。重庆图书馆通过与维普资讯的战略伙伴建立了智能图书馆的战略联盟，并在此基础上建立了一个以文档元资料为基础的图书馆服务门户、"纸质＋电子化"的文献服务门户。

重庆大学在提倡图书馆信息化建设的过程中，一直秉承着"协作"的原则，积极谋求更多的协作。在2017年度，重庆大学作为20多所高校的代表，参与了"智慧图书馆"的联合会议。重庆大学与全国28所高校联合组建了"智能图书馆协同创新"联盟。"成渝经济区大学信息资源管理联盟"于2020年11月份正式建立。文章以重庆高校图书馆的工作绩效为依据，选取了"智能图书馆协同创新联盟"，通过对其进行剖析，归纳出其取得的成绩及问题，从而为今后的智能图书馆提供参考。图书馆联合会建设及健全的几点意见。

7.4.1.2 联盟简介

2018 年 11 月 23 日，智慧图书馆协同创新联盟(Union Of Smart Library Collab orative Innovation)，简称为智图联盟(SLU)在重庆大学正式成立。目前，智图联盟已经发展正式成员 44 所，服务覆盖了全国 103 所高等院校，涉及 14 个省市，创设了 6 大工作组（见表 7-4)，为智图联盟提供关于服务创新与共享、标准研究与制定、数据统计与分析等业务支持工作。

表 7-4 联盟工作组分工及职责

图书馆名称	工作组名称	工作组职责
重庆大学图书馆	研究与培训工作组	联合联盟成员开展智慧图书馆建设的基础理论、应用实践研究，以及研究成果的实践推广与人员培训
兰州大学图书馆	服务共享工作组	探索与发掘联盟成员之间开展服务共享的形式与内容，建立服务共享的权利规则与义务守则
西南交通大学图书馆	数据标准与业务流程标准工作组	联合联盟成员共同确立智慧图书馆建设的元数据标准以及业务流程标准
宁波大学图书馆	创新智慧服务工作组	联合联盟成员共同开展智慧服务研究，创新图书馆服务内容与提高图书馆服务水平
暨南大学图书馆	统计分析与宣传工作组	联合联盟成员共同开展数据统计分析研究，丰富图书馆宣传形式与内容
电子科技大学图书馆	知识服务与创新工作组	联合联盟成员开展知识服务与创新范畴的相关研究与实践

该联盟以"协同创新，共享发展"为宗旨，旨在创建紧密的协同创新机制，促进联盟成员的资源共享、服务协同、研究开发等方面的合作与共享。智图联盟

的成立，意味着国内的智慧图书馆建设从此告别了简单的个体自建模式，转向群体社群模式进行演化，这是智慧图书馆建设的全新形式与发展阶段，具有非同一般的意义，将有力地推动我国智慧图书馆的建设和发展。

7.4.2 发展成效

注重对学生的教育。智图协会与高校、企业、科研机构建立了"强强联合、共赢"的合作模式，以智慧图书馆服务平台为基础，促进高校、企业、科研机构、高校馆员、编目馆员、其他专业馆员资源业务合作，包括共享和联合书目咨询和联合编目。重庆高校领导的科研与训练小组以"人才培养"与"合作研究"为主题，在"智慧图书馆参访"的框架内，开展了智慧图书馆的科研与训练。"智慧图书馆访问学者计划"与"智慧图书馆建设与培训计划"，为智图联合会的工作人员和机构提供了支持。

建立资料及操作规范．资料规范的建立程度，直接关系到智慧图书馆所能够获取的资料的品质与深度，以及整个智慧图书馆的建设程度。为了更好地完成元数据的采集、分类与存储，智图联盟成员馆构建了一个统一的元数据库，《智慧图书馆协同创新联盟文献元数据标准 V1.0（2019 年 10 月试行）》将其分为若干独立的子级，以使其能够更好地完成元数据的收集、分类和存储，并将其作为参照范本。通过制定联盟成员的资料规范及操作程序，并对其进行快捷、灵活的配置，从而推动其在全国范围内的应用。感受到了其中的利益。

研究发现有显著的改变。推进智图网智能门户特色资源建设，促进课程文献资源、馆员科研特色资源、推荐资源等资源的共享，提高学科服务水平。宁波学院智慧推荐系统在移动端平台上，可以将课程文献资源、馆员科研专题资源、推荐资源等资源进行整合，促进智图联盟智慧门户专题资源共建，提升学科服务水平开展基础研究。"学术头条"是一种以海量信息为基础的深度挖掘技术，通过挖掘用户信息、行为等信息，形成用户个性化、智慧、精准的推荐服务。从"为"到"为用户提供的资源"，学科的服务观念已经改变，各种资源的种类包括期刊、书籍、文章、会议和专利等。网站、新闻、博客等，并设立了一个社群，让使用者随时可以发表自己的学术观点和科学观点。更多人可以参与评论，点赞，转发，扩大影响力。在今后的发展中，宁波将不断地在资源的补充、内容的拓展、算法的优化、界面的升级等领域上不断地进行升级，提高了读者的使用感受和对网站的精准程度。网络＋离网的学术研讨。为了促进中国的学术交流，扩大"智慧图书馆行业的生态协作"，联合创新联合组织在 2018 年举行了"智慧图书馆"的"创新发展"研讨会，以促进中国的图书馆发展和发展。这是一个信息技术的世界。面对 2020 年的大流行，智图联盟顺应时代潮流，积极探索网上学术研讨方式，组织各大院校的专业馆员网上授课，并撰写专题讲座 6 次。

7.4.3 出现的问题及建议

7.4.3.1 问题

智图联合会在短短三年时间里已经有了一定的成就，但是仍然存在着许多需要我们去处理的问题。

网站的建造就更糟糕了。首先，G2TU 联盟的官方网页在搜索引擎上是不能通过搜索引擎查询的，并且大部分都是成员的子连结，使得查找起来很费劲。其次，智图联盟的网址是以维普信息为技术支撑的，而这个联盟的网页设计的比较单一，缺少人情味，缺少检索，对读者使用联合站点进行查询和使用不利。三、栏目设置混乱，1、2 栏内容重复，部分栏目没用，特别是在直播间。最后，本站点可以为客户提供网上咨询，但是由于没有员工回应，所以应该强化该站点的各种功能。

关于搭建网络平台的问题。目前，智图网建立了一个基于学术信息的分享平台，但其功能还不健全，有待于不断地改进和改进。比如，平台的信息不能及时的进行更新、已有的科研结果不能按时出版、限制了用户的存取等。《学术》今天的新闻报道显示，该网站缺乏吸引力，平均每天的浏览时长不到 5 分钟，平均网页数量只有 2 个网页，而且增加的流量很小。为此，网络直播应该加强内容的输入、输出、优化，以增强网站的吸引力和使用效率。

协同式的智慧是不充分的。对于智慧型地图联盟的分析，我们并未就其执行的成果作出任何评价。目前，我国各高校的图书馆仍然是以大学为主体的，其服务的重心仍然是网络互联、数据统计、专业咨询等方面，而其服务的主体仍然是学校的学生、教师和教职员工。各会员馆的交流与协作不足，致使各馆员间相互协作的参考文献不能派上大用场。

7.4.3.2 建议

加强网上的平台功能。一是通过加入其它的连结，对平台的功能和内容进行及时的更新，并增设一些前沿的信息和服务。可以加入其它同盟的友谊连结，同时要留意网站的功能与内容，加强热门资讯的谘询与前沿研讨，以便达到更好的分享。其次，要持续印刷海量的文献资料，以充实资讯，在已有的维普学术资料之外，更需由第三人主动介入。三、调整界面的版式，在"推荐"界面中所展示的内容应该增加定制的设定。预设的会显示这个资源的标题，摘要，主题，资源类别和发布时间。默认情况下，资讯资源会显示文章，标题和摘要。、网站原创、发表日期（作者、阅读数、收藏数、点赞数等）可自行选择删除或加入。

运用新媒介技术。在形成智慧图书馆联盟的基础上，运用各种新型媒介的传播方式进行推广和转换。例如，建立一个微信公众账号，将自己的成果转发给使用者，设置打赏、抽奖、转发等方式，让更多的人知道自己想要的东西，也可以建立一个微博。通过帐号的建立，图书馆与用户、数据供应商之间的互动与交流，使得智慧图书馆联盟真正的变成了人们与人之间的连接与桥梁。

采用问答型社会观念的合作辅导。英国高校图书馆通过提问和交流的形式开展了一系列的咨询活动，它不但为使用者搭建了一个无所不在的资讯社群，也为读者搭建了一个全方位的综合性咨询服务。英国高校的智慧图书馆可以借鉴两个方面：第一，通过对无组织的、能反应使用者偏好的信息进行分析，并将其用作参照，这是一种基于检索方式的知识分享。充分发挥社会网络资源的优势，建立 FAQ 模型，突出了数据聚集的特征，提供了智慧化的检索与辅助，为图书馆提供了及时的动态资讯。在特殊情况下适时进行，未来智慧图书馆的发展前景广阔，其发展与完善任重而道远。比如：

（1）立足于信息化时代的大环境，加强实践应用的探讨，建立健全区域性智慧图书馆联盟组织运行机制、运行机制和运行模式。

（2）对智慧图书馆学会进行线上与线下协同的协同模型进行深入的探讨，从多角度、全方位、协同、系统地进行深入的探讨，最终构建起一套完备的机构运行系统，并不断改进其在实践中的应用。到现在，本文所做的一切都是对现有的文献资料进行了概括和总结，以期能够为以后的进一步的研究打下坚实的理论依据。

第 8 章　基于 5G 环境下的图书馆智慧服务创新分析

8.1　图书馆智慧服务的概念和技术支撑

8.1.1　公共图书馆智慧服务的概念

8.1.1.1　公共图书馆智慧服务的内涵

当前的数字资源库是以大数据技术、物联网技术和人工智能技术为基础的，很难适应社会对信息资源的要求。图书馆的发展与演化是不可避免的。从服务的自动化、集成、效率等方面，自动化的服务模式能够充分的利用各种资源，从而使服务和服务的自动化做出自动化的决定。如，公共图书馆采用自动控制系统，对空调机组、恒温恒湿器、新风机、排水系统、通风排风系统、配电系统、VRV 机组、电梯等进行全面的监控与管理。实现了以绿色环保、节能减排为目的的现代化管理理念，减少运行费用和能量消耗，提升图书馆的整体节能效益。采用了图书馆工作自动管理平台，实现了文献采购、编目、文献查询、流通管理、互借等功能。比如，利用射频识别技术实现图书的流转、实现图书的自动借还、实现了图书检索的自动查找、馆际互借层次的图书馆联盟实现馆际互借的自动化。

（1）以用户为中心的服务理念

公共图书馆提供的智慧服务是将用户当作核心的，对用户构建个性化服务。图书馆提供的智慧化服务是建立在用户需求从而实施和开展的，有效使用不同资源合理满足用户的需求，落实最大化的服务价值和图书馆资源。图书馆通过智慧化服务强调了智慧化以及人性化的特性，智慧化特性可以推动将知识演变为生产力，进而呈现出知识自身的价值。用户要图书馆使用自身的创造性知识服务帮助其解决在应用知识环节中遭遇的诸多问题，且对其提供全新的知识。图书馆不但需要对用户提供信息服务，还需要对其提供智慧知识服务。智慧服务的演变和发展是建立在知识服务基础上的，图书馆工作者在对用户构建智慧服务时期可使用创新思维，收集有关知识，并进行整理和研究，进而获得有关知识，全面支持用户的知识创新和知识应用，将知识演变为生产力，由此在图书馆对用户构建智慧服务环节中，需要主要考量对用户产生的经济收益和效益，且运用提供服务和产品的方式落实产品增值。

（2）智慧服务的特点

①信息共享。公共场所是消费者或生产者共享的设施或资源，是互动协作、共享治理、网络和非专业的商业方式。资源的价值直接决策于分享和参与，并非是稀有信息，共享作为图书馆核心价值的某一部分，其他信息工作者和图书馆工作者为图书馆用户构建不同的格式、信息、媒体或想法的访问权限，提倡开放获得，开放许可和开源的基本原则。"信息共享"为在图书馆内被使用在描述特定的工具和服务，例如，建立在图书馆中的免费可用的数字图书馆以及开放获得的期刊，和核心的潜在价值原则，无限制访问、开放性、非歧视等有关原则，建立在智慧化基础上的图书馆运用全新技术将用户和文献信息以及图书馆管理工作者互联，且联通图书馆中的不同信息，落实前后台用户以及管理的智慧连接，落实共享信息。

②服务高效。在图书馆管理中传统图书馆比较麻烦，有较低的服务效率。例如，图书馆馆藏资料的流通和管理，物流仓储的管理均需要投入诸多的人力成本，在管理中消费大量的时间，而图书馆使用诸多的全新技术管理图书馆，让管理环节越发便捷和高效。如 RFID 管理系统的使用直接提升了管理效率。节约人力、时间和物力，伴随图书馆服务体量越来越多，传统图书馆管理体系已经难以适应市场需求，唯有使用更加高效的服务、智能化信息系统方可对用户提供更好服务，合理满足用户需求，不但可以有更加高效的管理，并且在对用户服务时也可以更加高效，用户可自发应用图书馆服务，并突破了空间、时间的限制，对用户随时获得服务带来较大便利。建立在新技术基础上的图书馆不但实现了工作者工作效率的提升，并且还直接提升了用户的应用效率。

③服务集成。用户在应用传统图书馆服务时需要消耗大量的时间去适应图书馆的服务系统以及资源的操作界面和应用方式，为规避该情况的产生，图书馆需要有效使用专业的信息技术和知识，对不同资源与信息技术加工，产生高度的集成化信息服务。图书馆建立在云技术、物联网技术基础上，整合集群管理系统，

在诸多文献机构、文献资料之间创建跨系统的应用集成、跨库网的转换互通、深度融合跨媒体、跨部门共享、跨馆际物流速递的服务和管理方式。例如，在图书馆和图书馆之间组建的图书馆联盟，推动集成化的馆际文献，逐步提升利用资源的效率。

8.1.1.2 公共图书馆创新服务的内涵

图书馆创新服务的基本内涵是建立在图书馆创新和服务的要素基础上来说的，图书馆服务是图书馆使用馆藏资源或设施对用户构建情报和文献的一系列所有活动，创新的理念最开始是由 Schumpeter 论述的，公司运用创新可让投资的资产再次发挥自身的价值。创新的理念是运用纳入全新的定义和事物形成全新的改变，该全新是指在结构、原理、方法等层面产生显著性改变。融合图书馆创新和服务的相关要素，图书馆创新服务是图书馆使用新想法和新技术持续改变当下已有的服务，提升图书馆已有的服务质量和效率，拓展服务内容，创新服务有比较宽泛的范围，例如，图书馆服务从被动服务演变为主动服务，从现实服务演变为虚拟服务均为创新服务的一种。图书馆的创新服务是建立在用户需求基础上而开展的，用户需求直接推动了产生图书馆创新服务，用户参与创新服务的所有环节和流程。伴随信息技术的演变和发展，图书馆的传统服务业受到较大挑战，而融合智慧化发展的新理念和新技术的智慧服务演变为图书馆服务持续发展和深化发展的创新方式。图书馆智慧服务是在信息技术迅速发展的基础上，图书馆对图书馆用户服务的一种全新理念，在目前创新图书馆服务环节中，智慧服务理念为一种全新的发展途径。

8.1.2 公共图书馆智慧服务的技术支撑

8.1.2.1 RFID 技术

RFID（无线射频识别）于 20 世纪 80 年代初开始被使用在访问控制应用和物品追踪方面应用，建立在射频技术基础上的微芯片技术追踪物品，由此被叫作 RFID。该无线自动识别数据和无接触捕获系统在物流、工业、图书馆和纺织等恶劣环境中有较大作用，该环境中通常不能保存条形码标签，需要废物管理和库存控制。无线射频识别由于可以自动追踪移动物体，目前已经被使用在自动车辆识别和牲畜识别过程中。近段时间其开始被更多地使用在追踪图书馆之中的音频、书籍、多媒体和视频磁带等收藏现状。在认识到无线射频识别技术的优势后，图书馆考量将其当作比条形码识别技术更有效、更快的一种流量管理工具。

无线射频技术最大的优势是可以不依托视线，出于其应用的是射频信号对比条形码可以透过无线通信，一次性地自动读取完成诸多的标签，无须借助人力，而条形码是在读取器前使用人工的方式进行信息读取。在恶劣环境中无线射频技术同样可以开展有效工作，通常在比较恶劣的工作环境中有大量的灰尘、污垢、能见度差、湿气等，通常都会阻碍迅速识别的环节，但无线射频技术最主要的优势是可以以极快的速度在该恶劣环境中获得大量信息，普通而言，响应时间一般不足一百毫秒。

无线射频技术取代了传统安全系统以及条形码，对图书馆构建了智慧服务，实现自助借还书籍等相关服务，在借书时可运用直观简单的界面落实自动化处理；退还书籍是可运用在退还槽中完成数据化更新和签入，实现自动化管理；在盘点书籍服务中，加快了图书寻获率和盘点工作率，降低了人力时间和人力资本；并且还可以实现迅速上架，自动分类图书，降低了还书上架消耗的时间，确保图书管理收集的精准性；安防服务，可运用安全通道的提示信息和通道门记录，就可以迅速了解被带出的未借阅书籍的情况和问题。

8.1.2.2　iBeacon　技术

iBeacon 技术为苹果企业论述的低成本的信号和定位传送技术，在智能手机内内置。iBeacon 技术是建立在识别码 iBeacon 信标来落实的，信标为一种小型的低功耗蓝牙设施，需要电池提供电力。发送很少的信号，智能手机程序可以接收信号，且共享位置、执行操作。iBeacon 涵盖了两个最主要的功能，第一为定位，第二为运用结合手机程序，进而对用户传送信息，按照不同的应用程序，可发送的信息通常为个性化信息。其代表 iBeacon 可按照用户位于的位置（决策于用户打开的位置服务、应用程序）对用户传送个性化的数据和信息。

零售店是最开始使用 iBeacon 技术的区域，苹果和梅西百货将其安装在自己的所有门店范围中，用户在安装了梅西百货的 Shopkick 和在安装了苹果的应用程序之后，按照在商店中用户的位置，可收到和其他交易、销售有关的信息。在用户完成订单之后，苹果会传送信息给用户。

图书馆中通过使用 iBeacon 技术可对用户构建全新的服务，例如，建立在位置基础中的事件通知，推广全新的服务，追踪在图书馆中用户停留时间以及移动路径等。

8.1.2.3　VR 技术

虚拟现实（VR）是计算机产生的环境模拟、三维图像，可运用特殊电子设施的人以物理、真实的模式予以交互，例如，有手套的头盔传感器、有屏幕的头盔。该基础的目的是让用户形成身临其中的感触，可以实时观看具体内容。图书馆内，在某些层面虚拟现实可帮助图书馆工作者、图书馆开展信息素养活动。运用使用虚拟现实技术，用户可开展虚拟的图书馆旅程，以呈现怎么在图书馆内走动，且在图书馆内虚拟地收集和查找资源。用户可运用在智能设施中下载 VR 程序，步入 VR 生态体系，其后体验数学、历史、艺术、文学、其他任何学术的内容。EON Mobile 为可下载到 Android、iOS 设施中的 VR 程序使用案例，并开始被英国帝国理工学院、美国继梅隆大学、新加坡南洋理工大学和诸多的教育组织应用。在线学习和课堂学习的融合可对用户构建虚拟沉浸式现实体验，让图书馆工作者、教育工作者可将 3D 内容和音效、视频、解说融合起来。

8.1.2.4　人工智能技术

人工智能（Artificial Intelligence）技术为运用普通程序表现人类智能的技术。人工智能可以注重符号，解决非算法问题的问题。人工智能的分析范畴涵盖了智能搜索、自然语言处置、人工生命、机器学习、遗传算法、人工神经网络、数据捕捞、智能搜索等层面。当下，人工智能重点被使用在处理自然语言、专家系统、机器人领域、模式处理层面。专家系统是建立在知识基础上的一种计算机体系，其发挥获取有关信息网关或智能接口的功效，以及提供给数据库访问。其有特别广泛的范围，从简单的建立在规则的扁平数据到集成开发大规模。专家系统作为一种计算机体系和程序，其对某一情况中的专家构建建议和刊发，推荐、决策解决办法的程序。专家系统的构成是推理引擎、知识库、用户界面。图书馆中使用专家系统可让用户和工作者实现对话，帮助工作者客观认知到生产力提升的必要性。并且，专家系统可让用户在数据库中予以对话，不断提升用户服务品质。专家系统可以被使用在图书馆的自动编目服务、参考咨询服务、索引服务、分类服务、自然语言处置、采集服务等为让计算机将输入的语言演变为有意思的关系以及符号，其后按照目的予以处置。其设计的主要目标是构建、设计可以理解、研究、产生人类应用语言的一种计算机系统。一直以来，计算机科学的主要目标为教计算机理解论述的语言。计算机语言最终均是产生自然语言。在图书馆中自然语言处理被使用在数据库搜索中，例如，图书馆公共查询系统（OPAC）。

模式识别为在此前存储的刺激模式、新的刺激中构建密切匹配的环节。该环节中全部生命均是持续发展的。模式识别的分析涉及行为学、心理学、计算机科学、认知科学等诸多方面。模式识别是建立在先验知识或者是在模式内获得统计信息。要分类的模式一般为一组观察值、测量值，在恰当的多维空间中界定。识别模式的组成为：预处理、采集数据、选择模型、提取特征、评估和培训。在图书馆中，识别模式主要被应用在检索信息的层面，信息检索中最基本的技术就是识别关键特征。例如，自然语言处理、自动索引一般被使用在自动搜集和提取有含义的单词。并且模式识别还可以被建立在分割技术、索引基础中的图像结构、形象识别、颜色识别等的使用。例如，用户在应用场景分割技术、语音识别来识别视频、音频中的描述。

机器人一般被论述为人工智能子领域，其和运动任务、感知有较大的关系。机器人作为一种机械设施，其应用人工智能自动执行任务，可按照人类的预先定义或直接监督的程序或通用指南落实和制定自动化任务。在图书馆中机器人技术可以被使用在图书盘点、智能咨询、自动存取图书、立体自动化书库、辅助特殊群体的服务等。例如，上海图书馆的机器人图小灵可和用户予以互动，对用户构建参考咨询服务。

8.1.2.5 大数据技术

大数据作为分析怎样系统、研究获得信息，或处理传统数据处理使用软件不能处理的太复杂、太大的数据集的存在。大数据挑战涵盖了数据存储、数据捕获、数据搜索、数据研究、传输、共享、查询、可视化、数据源、更新、数据隐私等层面。大数据涵盖了三个主要特性：速度、体积大、多样性。大数据和常规数据有较大的区别，其有特别大的数据集，被宽泛地界定为软件不能研究或存储和传统硬件无法研究的数据。传统软件可被处理千字节以及兆字节数据集，而大数据工具可处理 PB、TB 级数据集。第二个属性为覆盖了数据创建的速度，例如，数千远程传感器在持续报告、测量海水温度改变的速度。第三特性为让大数据集的研究和组织有很强的挑战性。大数据集可涵盖了非结构化数据，例如，照片、电子邮件，在网络论坛中颁布内容，或者是电话记录。

出于大数据的潜在影响、普及，图书馆工作者就需要明确大数据的知识，和其怎样影响学术分析。科学图书馆工作者要明确其他学科和大数据的区别，和怎样研究大数据新兴软硬件的影响。人文社会科学图书馆工作者需要了解，在其学科中大数据是特别普遍的存在，并非单纯局限在语料库语言学中。为推动研究和发展，全部科学工作者均需要了解怎样应用大数据，和在什么地方可以获得大数据。图书馆工作者运用大数据技术处理和收集海量信息和数据，获得信息且予以预测，对用户构建智慧数据服务，提升智慧服务能力。

8.1.2.6　云计算技术

它是建立在分布式和虚拟化处理技术，运用集成诸多资源对用户构建平台、软件，其他 IT 服务以及基础设施。伴随网络的迅速发展和 Web 2.0 等全新的 Web 服务的演变和发展，云服务目前已经演变为满足 IT 扩展服务环境需求的答案。IT 服务环境是在网络计算中演变的，网格计算为在网络中分配 IT 资源的应用程序，并到公用计算，到目前的云计算。云服务主要分为 IaaS（基础架构服务）、PaaS（平台服务）和 SaaS：IaaS 租用 IT 基础架构的元素，例如，服务器，台式计算机和云服务中业务运营所需的存储形式；PaaS 接收平台，通过云服务开发业务运营所需的软件。

云服务在提升 IT 效率、降低成本、克服在时间、空间中的限制，开启业务运用的全新变革等层面发挥显著功效。例如，云服务可显著降低运营成本的计算；例如，IT 资源维护和购买成本，且持续提升 IT 效率。可以说，使用云服务组织运用诸多的计算服务并不会受制于空间、时间方面的限制，迅速灵活地响应不断改变的业务环境。与此同时，运用互联网将业务运营空间渐渐延伸到无线、有线网络空间中，云服务可运用移动办公、远程办公等智慧工作较大地提升业务连续性。最终，其必然会对环境、安全性、能源成本等层面的社会管理费用的降低形成重大影响。

8.1.3　公共图书馆智慧服务的必要性与可行性

8.1.3.1　公共图书馆智慧服务的必要性

伴随图书馆的发展，图书馆的资源需求、空间需求、用户需求均在产生较大改变。图书馆的智慧服务是合理应对用户需求改变的重点，运用拓展图书馆的空间，丰富图书馆资源的方式合理满足用户的多样需求。

（1）满足空间需求的变化

图书馆的空间需求是在传统的借阅空间演变为传播空间，并沦为交流空间。借阅空间是图书馆的物理空间主要是对用户构建基础借阅服务的存在，为图书馆对用户提供被动服务的方式。传播空间作为图书馆的知识中心，可以对用户进行信息和文化的传递以及传播，为对用户主动进行服务的方式。融合信息化空间和技术而产生空间交流，作为图书馆对用户构建开放的自由的知识交流场地，进而推动转化知识价值和实现知识创新，例如，研讨空间、创客空间、网络学习空间等，图书馆唯有持续拓展空间，改造空间，提供智慧化空间服务方可满足空间需求的改变。

（2）满足资源需求的变化

公共图书馆的资源需求开始由最初的为藏而藏演变为为用而藏，演变为创新知识。图书馆最开始为保存书籍的存在，位于"为藏而藏"的发展时期。伴随知识量的递增，图书馆储存的信息有一定限制，由此图书馆只可以选择性地不断购买新资源，进而合理满足大部分用户的知识需求，这就属于是"为用而藏"的发展时期。在图书馆有过于饱和的资源时，图书馆依托大量的知识资源储备，这也对创新知识构建了便利条件，运用图书馆管理员的专业和创新潜在用户，方可实现智慧化的知识创新的发展时期。图书馆运用大数据研究技术、人工智能技术等持续提升利用资源的效率，满足资源需求的改变。

（3）满足个人需求的变化

个人需求由在最开始的个体阅读需求演变为个性化需求。图书馆的服务最开始对用户的阅读需求而实施，运用满足核心用户的阅读需求发挥自身价值。出于图书馆多样的资源和用户多样的背景，用户的潜在需求和目前需求也表现出个性化、多样化的属性和特点。图书馆运用对用户行为数据的动态分析和积累，对用户的资源需求予以细致深入研究，并且对不同科学、背景的图书馆资源落实集成发展和多样化分类，满足用户自身的个性化需求。

8.1.3.2　公共图书馆智慧服务的可行性

公共图书馆发展智慧服务的可行性重点呈现为如下层面：第一是新技术之城。信息技术的持续演变和发展对图书馆发展智慧服务提供了动力以及基础，例如，图书馆建立在 RFID 技术中对用户构建了自助借还书的服务；第二是用户需求。图书馆传统服务已经难以满足用户的基本需求，而通过智慧服务的发展可有效满足用户需求；第三是图书馆专业工作者的基础。图书馆有网络化、自动化、数字化管理的专业工作者，可对图书馆发展智慧服务构建有力保障，确保落实智慧服务；第四是资源基础。图书馆有大量的资源，有很多的数字化资源以及藏书信息，在图书馆发展智慧服务环节中可构建数字化基础。例如，用户可运用不同图书馆之间构建不同的图书馆联盟，其后可获得联盟中不同图书馆的文献资料和信息。

8.2 中国智慧图书馆智慧服务的现状分析

本文将中国图书馆的智慧服务方式归纳为4个层面：立体互联式服务、智慧个性化服务、虚拟体验式服务、再造空间服务。个性化服务方式可被划分为个性化智慧参考咨询、智慧借阅服务、智慧推荐服务3个层面。立体互联式服务重点呈现为人和图书馆、图书馆和图书馆、人和人之间的互联。

8.2.1 个性化智慧服务的实践状况

个性化智慧服务为按照用户的信息需求，运用使用人工智能、互联网、大数据等相关技术，在对用户的个性特征、专业背景、行为模式、兴趣爱好等研究的层面中，运用系统推送、推荐、用户定制等相关功能，对用户提供有更强针对性的服务合理满足用户个性化需求。个性化智慧服务的特点是服务的层次性、针对性、互动性、主动性。个性化智慧服务针对性为图书馆对各不相同用户构建的特色服务。个性化智慧服务层次性为各不相同层次群体对信息有不同的侧重需求，图书馆按照各不相同的需求而构建有层次的服务。主动性个性化智慧服务为图书馆可以满足个体在信息方面的需求，将用户当作核心，主动研究用户需求，且将其主动传送给用户。个性化智慧服务互动性为用户和图书馆、用户和用户彼此之间的深层互动。可以将个性化智慧服务划分为个性化智慧的参考咨询、智慧借阅服务、智慧推荐服务。个性化智慧借阅服务是智慧服务、互联网技术融合产生的全新借阅方式。个性化智慧参考咨询服务是图书馆建立在人工智能基础上对用户提供的参考咨询服务。智慧推荐服务对图书馆建立在大数据技术中创建的个性分析和推荐服务。

（1）个性化智慧借阅服务

①移动智慧依托多元的借阅服务方式。移动借阅服务涵盖了微信借阅、支

218

付宝借阅、APP 客户端借阅、二维码借阅。例如，首都图书馆就在图书馆服务中使用了微信钱包、支付宝钱包等诸多的城市服务，提供微信和支付宝借阅的服务，并且还可以在 APP 内构建借阅服务；上海图书馆推出了支付宝图书馆城市服务微站，也就是读者证认证，用户可一键查询、续借的馆藏资料，并且还可以建立在位置信息基础上收集周边的图书馆，产生手机查书－借书－续借－还书的闭环，并且还可以在 APP 中对用户提供书籍借阅的服务；深圳图书馆创新了支付宝、微信等移动社交平台的图书馆移动服务，用户可运用移动终端转借文献，图书馆还构建了深圳文献港 APP 的书籍借阅服务；黑龙江省图书馆在室内创建了"智慧书房"，搭配了报刊阅读机，实现了一体机发展，读者不但可运用报刊阅读机和一体机阅读其中存放的报纸、期刊等诸多的数字资源，并且还可以将自身比较感兴趣的事物在手机中下载，也就是运用在首页中下载移动 APP，并登录账号后可下载；吉林省图书馆推出了微信借阅服务、APP 借阅服务，用户可运用 APP 和微信进行书籍借阅；辽宁省图书馆正式推出了微信借阅服务以及 APP 借阅服务；陕西省图书馆则推出了颜值识别借书、APP 借阅的服务。用户运用在陕西省图书馆微信公众号内输入人脸信息，且绑定读者证书就可以通过人脸识别免证借阅；湖北省图书馆则使用了支付宝城市服务，可以在手机上用户使用支付宝绑定自己的读者证，查看有关的借阅数量、日期、归还时间，检索信息，单击杂志精选，查看全新的公告，免费阅读微刊报刊等；湖南图书馆正式推出了微信和支付宝的借阅服务；四川省图书馆推出了微信和 APP 的借阅服务；安徽省图书馆正式推出了微信借阅服务。

并且，图书馆还直接推出了全新的借阅二维码电子证借阅的模式。在此次调研该图书馆环节内，二维码读者证实现了 30% 的借阅服务覆盖率。例如，上海图书馆就正式推出了二维码用户的借阅服务，用户在 APP 内可运用身份证产生二维码，可在借书的时候扫码，并且还可以应用在自助设施、读者门禁之中；深圳图书馆就正式对外推出了读者二维码借阅服务，用户可运用微信服务号予以办理，可应用二维码读者证开展借阅服务；辽宁省图书馆就正式推出了电子证的借阅服务；山西省则推出了二维码电子证服务，即读者在图书馆微信公众号中绑定读者证生成个人二维码电子证，即可用电子证借阅。对移动智慧借阅服务的调研结果显示，微信借阅服务的覆盖率最高，达到了 85% 左右，而支付宝借阅和二维码电子证借阅服务的覆盖率较低，为 30% 左右。

②单向智慧借阅服务向 O2O 线上线下智慧借阅服务转变。单向服务指的是图书馆线上服务以及线下服务的分离。O2O（Online To Offline）是一种电子商务模式，指顾客在线上购买服务以及商品，在线下获得商品并享受服务的一个过程。图书馆使用该方式可以落实图书馆线下和线上借阅服务的融合。深圳的图书馆正式推出了新书直通车和网上预借服务，可对用户送书上门，用户可运用深圳图书馆的支付宝城市服务中的图书馆服务和微信服务号、网站等进行图书预借，且使用快递的方式将图书运送到家；山西省图书馆、辽宁省图书馆、湖南省图书馆正式推出了线上快递、线上借阅的服务，并且用户还可以在还书时使用预约快递方式，使用快递方式还书；内蒙古图书馆正式推出了彩云服务，用户运用彩云服务的 APP 客户端就可以在线上借阅和下单书籍，其后在家中就可以获得物流企业运送的纸质书籍。

③信用借阅服务开始得到关注。图书馆信用借阅服务为用户建立在第三方平台支付宝中的芝麻信用基础上的，某信用标准可以免除押金，直接获得图书馆对用户提供的借阅服务。图书馆对用户构建的信用借阅服务，推动了建立用户信用观念和意识，并且逐渐深化了在图书馆中移动网络的使用。近段时间，图书馆开展了探索信用借阅服务。例如，上海图书馆就融合支付宝芝麻信用论述了信用借阅服务，表示在上海用户中，只要芝麻分高于 650 分即可在线上不需要押金借书，市民只需要使用一键登录的方式即可；山西省、辽宁省、湖南省图书馆正式启动了支付宝芝麻信用免押金的快递到家、线上借书的服务，用户的支付宝芝麻分位于 600 分之上就可以在支付宝的芝麻信用借书入口区域不用押金办理证书，快递到家，或者是借书。

（2）个性化智慧参考咨询服务

个性化智慧参考咨询服务重点呈现为在图书馆中使用了 IM（Instant Messaging）实时咨询机器人对用户构建的咨询服务层面。图书馆使用咨询机器人就可以显著提升咨询工作效率，降低工作者的工作负担，让工作者有更多的时间和精力去对用户构建优良的图书馆服务。IM 咨询机器人可以自动回复和匹配关键词，咨询机器人的机器人系统和图书馆预设的知识库彼此连接，在机器人显示屏中用户输入自己需要获得的问题之后，就可以运用主题匹配的模式或关键词在知识库中收集答案，进而对用户提供解答。IM咨询机器人可对用户构建实时咨询服务，帮助用户迅速获得自身需要的信息，例如，上海图书馆就应用了参考咨询机器人图小灵，机器人主要放置在办证处和中文书刊外借室接受读者问询。"图小灵"不但可以在图书馆没有值班人员的情况下对用户处理很多问题，还可以帮助用户查询路线和天气，在应用图书馆自助机器的用户排队时可和用户实现互动，例如，陪聊天等。深圳图书馆使用了IM咨询机器人"小图丁"，可以回答用户经常咨询的问题，为用户提供实时咨询服务，帮助用户更加方便获取自己想要的信息。同时可以为工作人员提供对话质量、数量，用户评价以及在线时长等方面的分析。辽宁省图书馆使用了咨询机器人"图图"，"图图"可对用户提出的简单问题进行回答，并对一般性咨询予以解答，还可以对小朋友唱歌或讲故事等，与此同时还可以实现和用户的互动，在用户发出语音后进行指路。湖北省图书馆的咨询机器人是按照用户需求定制产生的，可以满足用户的诸多需求，例如，讲故事、检索书籍目录、咨询解答等，相关内容用户在检索数据目录时，用户可对机器人直接使用语音的方式说出书名，机器人可按照用户需求研究，其后对用户提供书目索引信息，在用户有最高关注度的问题中，例如，借阅规则、借阅证办理、开馆时间等层面，用户可直接对机器人咨询。就可以清楚了解业务的有关信息和问题。当下中国图书馆在使用咨询机器人服务方面的数量比较少，咨询机器人在满足用户个性化需求层面有一定的限制，还需要逐步强化机器人的灵活度，运用挑选调研图书馆的有关样本数据，可了解到图书馆在覆盖咨询机器人服务方面实现了30%。

（3）个性化智慧推荐服务

个性化智慧推荐服务是图书馆建立在大数据基础上，按照图书馆用户的兴趣和特点，对用户推荐感兴趣的信息和数据，为一种深层次主动的个性化服务模式，图书馆运用深挖网络数据和信息数据，进而了解用户的需求和兴趣，对其构建个性化的推荐服务。

①精准挖掘用户信息数据。挖掘数据是在诸多的数据库中获得群众感兴趣的、隐含的、潜在的信息数据，挖掘个性化智慧服务是在各大数据库和网络信息空间中提取发现的含有隐含信息的知识内容，图书馆精准挖掘用户数据和信息，可以便于关联用户信息数据之间的关系，且对之后的决策和预测构建信息凭证。

②主动推送个性化用户信息。在挖掘图书馆数据基础上，按照用户需求对其进行信息的主动推送，推送个性化信息会定时将获得的用户感兴趣的信息不间断地、主动定期地推送给用户的一种个性化服务模式。主动推送个性化信息帮助用户节约了大量收集信息的时间，提升了用户获得信息的效率。

首都图书馆就正式推出了推荐阅读服务，对用户构建外文和中文、图书馆电子书籍的推荐和书籍试听等相关服务；上海图书馆在 APP 中使用了 iBeacon 技术，与此同时还融合二维码、位置定位等经常使用的移动技术对其构建推荐智慧服务。iBeacon 技术可以被使用在阅览室激活方面，用户通过阅览室就可以随时了解阅览室的具体区位和所在的具体楼层，运用单击 APP 之中的地图就可以了解阅览室具体信息和该阅览室全新的用户活动。用户可运用手机 APP 推荐和查看热门书籍以及检索自身有兴趣的书籍和查询上海市其他图书馆的馆藏信息和资源，与此同时用户倘若需要外借书籍，可运用 APP 定位，使用 APP 提交索书申请。图书馆 APP 在出库之后会将出库信息推送给用户，用户在获得提醒信息后可直接借书。吉林省图书馆推出的个性化智慧推荐涵盖了可能有兴趣的书籍、相关借阅、同名作者的其他论著和有关收藏等。

8.2.2 立体互联式服务的实践状况

公共图书馆的立体互联式服务为图书馆落实共享信息和互通互联，智慧服务的互联是建立在物联网射频识别技术和云计算技术、大数据技术中，落实图书馆和图书馆以及图书馆和用户、用户和用户之间的关联。

图书馆和图书馆之间的关联重点呈现在馆际合作方面，不同地区、级别、种类的图书馆突破时间、地点方面的限制，进而实现图书馆和图书馆之间的互通合作。馆际合作的智慧化重点呈现为建立在云计算基础上而创建的图书馆联盟云服务平台。例如，首都图书馆和我国北京的 110 多家不同类型的图书馆联合组建的首都图书馆联盟组织平台，用户只使用读书卡就可以浏览上百家图书馆的文献信息和资源，做到："一馆办证、各馆通用""一卡借阅、就近还书""一馆藏书、各馆共享""一馆讲座，各馆转播""一馆咨询、多馆服务"；上海图书馆联合金陵图书馆、浙江图书馆、南京图书馆、安徽图书馆建设的"长三角地区图书馆视障服务联盟"平台，落实共享视障文化资源，一起助力长三角区域的视障阅读；深圳不同种类的图书馆和深圳图书馆的合作，一起组建了联合平台"深圳文献港"，强调数字资源的服务以及统一，覆盖了不同成员的图书馆信息和资源，涵盖了馆际互借、知识服务等，推动了共享共建资源；吉林省图书馆与长春的 13 家高校系统、公共系统以及科研系统的图书馆建设的"吉林省图书馆联盟"平台，在馆际互借、联合采购、资源建设等方面进行合作；辽宁省图书馆联合辽宁省各公共图书馆、高校图书馆联合建设的"辽宁省公共、高校图书馆联盟"平台，读者可通过这一平台享受各成员馆的文献资源；湖南省图书馆、湖北省图书馆、安徽省图书馆等公共图书馆联合建设的"湘鄂赣皖公共图书馆联盟"平台；四川省图书馆加入的"丝绸之路国际图书馆联盟"平台；云南省图书馆参与建设的"云南省公共图书馆参考咨询联盟"服务平台。

图书馆和用户之间的关系主要表现为图书馆建立在射频识别技术提供的智慧自助服务基础上，让用户可以突破地点时间方面的限制进行泛在化服务，自助服务重点涵盖了自助借还书服务、自助借还书籍、其他自助类型的服务，例如，自助复印、自助办证、自助充值等相关内容。运用对有关图书馆的样本信息进行分析和调研，可获得该图书馆均使用了射频识别技术，对射频识别技术使用最多的服务是自助借还书服务、自助办证服务，例如，在图书馆中设置了自助借还书机，且可以实现 24 小时对用户提供服务。用户和用户之间的关系重点呈现为用户和图书馆工作者之间的关系，以及用户和用户之间的关系，用户和图书馆工作者之间的关系重点呈现为工作者结合全新的技术对用户提供服务，例如，建立在大数据研究技术中创建的个人阅读账单。在年末，深圳图书馆对用户创建的个人阅读账单，是专门对工作者予以设计和研发的，在大量的用户信息和数据内获得用户普遍关注的信息和数据，且按照有关主题与分类让用户可以清晰明确图书馆的应用现状和数据阅读现状，用户和用户之间的关联则呈现出用户之间的线上书籍的转借服务方面，要借书和要还书的用户在网络中确认转借，确定之后两者按照约定见面扫描二维码确定书籍转借。如深圳图书馆推出的文献转借服务，用户之间通过手机版"我的图书馆"APP 即可进行图书的转借；内蒙古图书馆的线上图书转借服务是用户之间通过"彩云服务"手机 APP 来进行线上扫码确认，如果用户之间无法见面还可直接通过预约附近的彩云智能中转云柜来完成，即还书的用户对云柜进行扫码开箱并将图书放置在箱内，借书的用户再对同一台云柜进行扫码开箱即可完成图书转借手续。

8.2.3 空间再造服务的实践状况

信息技术的迅速发展直接更改了信息知识的传播、交流和互动模式，用户在泛在化环境方面有更高的需求。伴随图书馆服务开始演变为以用户为核心，图书馆演变为用户学习、交流、研讨的主要空间，图书馆空间在建设智慧化环节中有显著功效和作用，并被添加了更多的服务职能和作用。在智慧服务中图书馆空间表现出其空间可以满足用户比较多变复杂的需求，提供智慧感知服务。传统的图书馆空间目前已经很难满足用户的多样需求，并且伴随建设智慧图书馆的基本需求，不同图书馆均在强化空间再造方面探索和实施。

历经分析和调研，目前有 50% 的图书馆均创建了创造空间，但出于图书馆不同区域的服务理念和经济的不同，创造的创客空间有显著区别。例如，上海图书馆是在我国最开始探索建立创客空间的存在，在 2013 年其构建了创新空间，建立在馆藏信息、创新工具、数据技术基础上，将文化创意当作中心，以激活创意交流知识为核心，以不同种类的创新活动项目当作基本载体，创建了创新的氛围，落实设计和灵感的有效衔接，创建出学习交流、共享信息的复合型空间，对创新者构建了孵化空间。深圳市图书馆创建了汇集"探索、学习、思维开拓"为一身的创客空间，且在空间中搭载了四个功能区，分别是制作创意区域、展示创意作品区域、研究学习区域、交流探讨区域，在该空间的青年用户可进行创意的实践以及交流。深圳图书馆开展的创客空间提升用户创新活动，并将创客的特质传播给用户，例如，创客的想法、观念、素养、能力等，并且还提倡用户积极实践，对用户的想象力、创新力、协作能力不断培养，且将机器人实训、3D 打印、手工机床等诸多创客文化服务系统纳入空间中；黑龙江省图书馆创建了创造空间，在创作空间中构建 VR 虚拟体验，开展教育培训活动，并强调训练记忆力和专注力的课程，手工创意课程、速读体验课程等致力研发课程，与此同时还实施了体能训练沙龙、疯狂英语、易物沙龙等诸多活动。云南省图书馆构建了青少年创客空间，提供文化、教育、创客种类等讲座和培训。以上图书馆再造空间服务中除却打造了创客空间之外，还打造了共享知识空间、交流文化空间和物理绿色空间、知识共享空间，涵盖了学习空间、研讨空间、新技术体验区的相关内容，文化交流空间则涵盖了休闲交流空间、学术交流空间、文化娱乐空间等诸多内容。绿色物理空间是在图书馆物理空间中使用绿色环保技术，例如，首都图书馆就直接改建了北京地方文献的数字书房，提升了研究环境；改建古籍阅览室，营造中华传统交流氛围和文化研究。吉林省图书馆就创建了娱乐休闲空间，建设 4D 影院、数字电影放映室，构建了物理绿色空间，应用地源热泵技术和光伏发电让物理空间演变得更加环保和节能；使用智能楼宇控制和发布信息系统的技术，让图书馆空间服务员变得更加人性化以及智慧化发展，山西省图书馆就创建了"悦读'心'体验"空间，用户可运用影像动作识别技术和红外感应技术体验空中翻书，并且还可以依托人体红外检测法和图像识别技术，矫正坐姿，依托视频识别技术捕捉动作，玩体感游戏。湖北省图书馆创建了绿色物理空间，例如，在图书馆中使用地缘热泵、蓄冷泵、低温送风等环保体系，运转中央空调，并在建筑外搭载了保温屋顶，其主要特点是使用绿植在屋顶种植，在馆内供水层面则应用了群主集热太阳能体系，在管理建筑层面使用了自控楼宇系统，落实统一管理建筑中的机电设施。湖北省图书馆创建了项目研讨空间、学术交流空间，并组建了空中花园、咖啡厅，创建了用户休闲交流的空间，设计了影视观摩厅、音乐厅、搭建了娱乐文化空间；安徽省图书馆对用户创建了人文空间、交流空间、休闲空间；四川省图书馆创建了数字文化服务区域，并被划分为新媒体影音体验、智慧家庭图书馆等六方面，可落实海量利用和查询数字资源，欣赏高品质影音，互动体验新媒体等相关功能。

8.2.4 虚拟体验式服务的实践状况

图书馆的虚拟体验服务是建立在 VR 技术基础上对其提供的一种沉浸式服务体验模式，在图书馆智慧服务中心里体验服务主要表现在三个层面：图书馆资源的检索和管理、空间导航和 VR 阅读和漫游。在全部分析和调研的图书馆内，虚拟体验服务重点呈现在 VR 阅读之中。例如，黑龙江图书馆对其构建了多样的 VR 体验，有禁毒互动场景、安全科普等。吉林省图书馆则使用 VR 虚拟现实技术直接举办了数字文化虚拟现实体验活动，且持续进行 VR 活动素材的更新，2019 年组建和设计了新 VR 产品，将在春节期间的民间故事和传统民俗使用场景的方式呈现，设计交互式实景体验，让用户沉浸式感受春节文化，强化用户了解传统文化。辽宁省图书馆组建 VR 体验区，在传统文化中使用了虚拟现实技术，对用户创建沉浸式的体验感和场景，湖北省图书馆以及深圳图书馆、湖南省图书馆均创建了 VR 体验活动，在检索和管理图书馆资源层面，为将 VR 技术使用在文献检索环节中，系统可引导用户进行有关操作。例如，深圳图书馆可对图书馆予以 3D 建模，图书馆的位置精准呈现在三维位置中，对用户构建导航服务。上海图书馆则创建了虚拟现实服务系统，在漫游和空间导航层面，深圳图书馆的不同空间布局使用三维图的方式展示，且添加文字说明，可以让用户更加清晰地明确空间布局。

出于使用 VR 技术有较高的技术壁垒和成本问题，进而图书馆在应用 VR 技术方面的使用深度不高，且应用范围有一定的限制。

表 8-1 我国公共图书馆智慧服务内容开展情况表

地区	图书馆名称	RFID服务	移动服务	空间服务	云服务	人工智能服务	大数据服务
东部	首都图书馆	自助办证、借还书机；智能书架；城市街区24小时自助图书馆；RFID安全门禁	支付宝、微信的城市服务微站；手机APP客户端借阅	"创客空间"主题馆	"首都图书馆联盟"云平台；学习互动平台—"市民学习空间"		阅读推荐
	上海图书馆	自助办证、借还书机；智能书架；24小时自助借还书亭；RFID安全门禁	手机APP中应用iBeacon技术用于位置定位、图书定位；扫码借书；支付宝芝麻信用借书；支付宝图书馆城市服务微站；微信公众号的市民数字网站微阅读频道；二维码电子证借书	创新空间	"长三角地区图书馆视障服务联盟"平台；"上图发现"云平台；城市公共文化机构移动服务平台	参考咨询机器人"图小灵"	阅读推荐；个人阅读账单；数据展示墙

地区	图书馆名称	RFID服务	移动服务	空间服务	云服务	人工智能服务	大数据服务
	深圳图书馆	自助办证、借还书机；智能书架；智能书车；图书快速盘点；城市街区24小时自助图书馆系统；图书分拣设备；RFID安全门禁	网上预借、新书直通车、快递到家服务；支付宝、微信的"图书馆之城"移动服务；APP客户端借阅；二维码电子证借书	创客空间	"图书馆之城"服务平台；"深圳文献港"服务平台	IM咨询机器人"小图丁"	阅读推荐；个人阅读账单；数据展示墙
东北	黑龙江省图书馆	自助办证、借还书机；24小时自助图书馆	APP客户端借阅	创客空间	"龙江学习中心"服务平台		个人阅读账单；数据可视化展示
	吉林省图书馆	自助办证、借还书机；24小时书社分馆	APP客户端借阅	数字电影放映室、4D影院；VR体验区	"吉林省图书馆联盟"服务平台		阅读推荐
	辽宁省图书馆	自助办证、借还书机；24小时书社分馆	支付宝芝麻信用在线借还书，快递到家；二维码电子证借书；APP客户端借阅	创客空间；VR体验区	"辽宁省公共、高校图书馆联盟"服务平台；一站式学术资源发现与获取平台	咨询机器人"图图"	图书馆移动数据墙

地区	图书馆名称	RFID服务	移动服务	空间服务	云服务	人工智能服务	大数据服务
中部	山西省图书馆	自助办证、借还书机	支付宝芝麻信用借书；微信"颜值识别借书"；二维码电子证借书；扫码支付；APP客户端借阅	"悦读'心'体验"空间	文献共享平台统一检索系统		图书馆移动数据墙
	湖北省图书馆	自助办证、借还书机；24小时自助图书馆	支付宝城市服务	绿色物理空间；学术交流空间；创客创业空间；项目研讨空间；交流休闲空间；文化娱乐空间	"云上鄂图"服务平台；"湘鄂赣皖公共图书馆联盟"平台	咨询机器人	用户信用管理系统
	湖南省图书馆	自助办证、借还书机；24小时自助图书馆；RFID安全门禁	支付宝芝麻信用在线借还书、快递到家		"湖南省公共图书馆参考咨询联盟"服务平台，"湘鄂赣皖公共图书馆联盟"平台		个人阅读账单
	安徽省图书馆	自助办证、借还书机；24小时自助图书馆	二维码电子证借书		"安徽省公共图书馆联盟"服务平台；"湘鄂赣皖公共图书馆联盟"平台		个人阅读账单

地区	图书馆名称	RFID服务	移动服务	空间服务	云服务	人工智能服务	大数据服务
西部	内蒙古图书馆	自助办证、借还书机；24小时自助图书馆；24小时街区图书馆			"彩云服务"平台		阅读推荐
	四川省图书馆	自助办证、借还书机；24小时自助图书馆			图书馆直播视频云服务；"丝绸之路国际图书馆联盟"平台		阅读账单
	云南省图书馆	自助办证、借还书机；24小时自助图书馆	手机扫码阅读	青少年创客文化空间	"云南省公共图书馆参考咨询联盟"服务平台		

8.2.5 成效分析

8.2.5.1 东部地区公共图书馆智慧化发展较为发达

东部区域的图书馆依托经济优势全面推广发展智慧化图书馆的建设，并和其他区域的图书馆智慧化程度予以对比，其一般有更高的智慧化程度，也有更发达的智慧化发展现状，可以更深入的提供服务内容，东部区域在应用新技术方面时间比较早，并且使用深度较高。例如，在应用射频识别技术方面，东部区域的图书馆不但将其使用在图书借还书层面中，还用在安全门禁和智能书架方面。深圳图书馆还可以将射频识别技术使用在智能书车、快速盘点图书、分拣图书的服务方面，上海图书馆最开始推出位置定位和 iBeacon 技术、二维码等技术，用户可运用手机 APP 的方式就可以迅速定位到图书的具体书架位置，在浏览室中就可以了解自身位于的具体楼层和阅览室的区域位置，单击 APP 中的地图就可以查看阅览室的有关信息和最新用户开展的活动。

8.2.5.2　各公共图书馆智慧服务各具特色

以上公共图书馆在提供智慧化创新服务时，需要融合自身现状，对其提供创新性的特色服务。首都图书馆创建了市民学习空间，落实了线下、线上实体空间的交流以及互动学习；上海市图书馆使用 iBeacon 技术对用户构建定位服务，并且还应用图小灵的参考咨询机器人和用户予以交流；深圳市图书馆构建图书馆之城服务平台，对用户构建高效、便捷、没有区别的一站式服务；黑龙江图书馆构建了智慧书房，不但可提供在线数字资源的阅览服务，还可以使用手机下载；吉林图书馆使用 VR 技术举办了虚拟现实的贺新春体验活动，对用户构建了新春文化的沉浸式体验。辽宁省图书馆构建了"辽图约书"服务，用户可以在家庭中，就运用网络借阅书籍，实现送书上门；山西省图书馆提供"颜值识别借书"服务，读者通过在山西省图书馆的微信公众号中输入人脸信息并绑定读者证就可以通过人脸识别免证借阅；湖北省图书馆建设"楚天智海"学习中心，创建学术交流空间、创客创业空间、项目研讨空间、文化传播空间；内蒙古图书馆推出"彩云服务"，读者可以在任一地点的任一书店直接下单借书；四川省图书馆建设智慧家庭图书馆，为全省每个电信家庭建立了虚拟书房。

8.2.5.3　各公共图书馆智慧服务以人为本

不同图书馆在对用户构建创新智慧服务环节中，需要秉持以用户为核心、以人为本的理念，让用户可以便捷、高效地应用图书馆提供的服务，图书馆对其提供的射频识别技术让用户在借还书层面实现自主化发展，其中 24 小时街区图书馆和 24 小时自助图书馆的使用让用户可以突破时间空间随时应用图书馆，并且在图书馆中还添加了咨询机器人，不但可以对用户解答简单问题，还可以实现互动，用户在无须图书馆工作者的基础上，还可以了解图书馆的有关信息，而工作者通过整理咨询机器人的咨询记录，就可以获得用户的主要需求，进而针对性地改良，提升服务，确保图书馆有更加高效的服务。图书馆提供的支付宝芝麻信用信用服务可以让用户有更简单的借阅流程和环节，在家庭中用户就可以实现书籍的借阅，无须交纳押金就可以迅速地享受书籍快递到家的服务，如上图书馆构建的创新智慧服务对用户产生了较大的便利性，并且还可以让图书馆服务深入用户内心。

8.2.5.4　各公共图书馆智慧服务以技术应用为主

不同图书馆提供的创新智慧服务是建立在当代技术的使用基础上的，将技术创新融合到图书馆服务环节中，提升服务的基础效率，射频识别技术是建立在无线射频识别技术中而开展的一种服务射频技术服务，是一种自动识别的非接触式技术，该技术的使用可以落实自动分拣、智能盘点、自助借还等相关内容，还可以将图书馆工作者在传统的分拣书籍、借还书籍工作中解脱出来，开展其他的工作，并且也便利了用户。VR 体验区使用了 VR 虚拟技术，VR 技术对用户创建了沉浸式阅读，让用户可深刻、直观地感受到知识的魅力。云服务是建立在使用云计算技术基础上而开展的服务，涵盖了不同类型的云平台服务。人工智能服务是建立在人工智能技术基础上而产生的一种服务，涵盖了图书馆论述的咨询机器人服务，大数据服务是建立在使用大数据技术中而开展的一种服务，在图书馆中重点被使用在数据展示墙、阅读账单、采集用户数据、数据挖掘和数据集成、用户画像、阅读推荐、用户建构、数据竞赛等相关内容中。

8.2.6 问题分析

尽管诸多的图书馆均高度关注到建设智慧化图书馆的必要性，且融合自身现状开展了智慧创新实践活动，构建了有关的智慧服务，并获得较大成果，但目前依旧有一定问题。

8.2.6.1 公共图书馆的智慧化管理有待加强

图书馆要落实智慧化发展，必然需要开展智慧化管理工作。当下，该图书馆在管理工作中普遍使用单向管理，在参与活动中，用户被动获得图书馆的管理，在该被动管理方式中，用户很可能会直接忽略用户建议，进而制约了图书馆想要实现的以用户为核心的基本目标，不能满足用户对图书馆多变复杂的基本需求，在调研图书馆环节中可了解到图书馆对智慧服务用户的反馈渠道设置比较少。用户在获得图书馆对其提供的智慧服务之后，倘若需要反馈某一智慧服务的具体建议，该过程难以实现。在开展智慧化管理图书馆环节中，图书馆工作者也发挥了显著功效，并且还需要持续强化工作者的专业能力。

8.2.6.2 公共图书馆重应用轻开发的现象有待改善

目前在图书馆构建的智慧服务层面而言，较多的图书馆均强调技术的使用，而直接忽略了开发等有关问题，还有很多的图书馆重点依托业务外包的模式创新智慧服务，进而造成在开发智慧创新服务中缺乏力度。首都图书馆自主研发的智慧服务重点是在市民学习空间在线学习互动平台中，而上海图书馆研发的智慧服务则是被使用在发现知识资源平台和公共文化移动服务平台中；深圳市图书馆自主研发的智慧服务主要是结合图书分拣与立体智能技术设备的调剂书库项目以及"图书馆之城"统一服务平台；黑龙江省图书馆研发的智慧服务重点是黑龙江学习中心服务平台、大数据研究平台、文化共享网络点播台和讲座直播系统等相关内容；辽宁省图书馆自主研发的智慧服务主要是辽宁省公共图书馆数字文献信息资源平台以及图书馆联合参考咨询平台；湖北省图书馆自主研发的智慧服务主要是公共文化数字服务平台及其移动服务平台"云上鄂图"；安徽省图书馆研发的智慧服务重点是公共阅览室管理云平台和云服务平台；内蒙古图书馆研发的智慧服务重点是云服务"彩云服务"平台。该图书馆没有较多的自助研发服务数量，并且自助研发服务是建立在云平台基础上，进而可了解到图书馆在研发智慧服务方面的研发力度方面比较匮乏，在研发服务内容层面需要关注多样性问题。

8.2.6.3　公共图书馆的服务广度及深度有待加强

智慧化图书馆构建的服务需要是建立在以用户为核心的泛在化服务基础上，用户可以突破时间空间的现实应用服务。当下，图书馆只有有限的服务范围，要落实泛在化服务就需要持续拓展服务范畴。例如，不同图书馆尽管创立了二十四小时的图书馆，但组建的数量不多，和用户跨越时间、空间的应用有较大的距离。

图书馆当下的智慧服务普遍汇集在传统服务层面，例如，云服务、移动服务、智慧物联、智慧数据等有较大关联的智慧服务的运用、开发均不多，进而造成该类型的智慧服务发展速读较慢。例如，很多的图书馆建立在 RFID 技术中，依托自助借还，而被使用在物流体系和图书馆分拣体系、图书财产管理、数据管理、盘店书籍、管理书库方面的服务较少。

8.2.6.4　公共图书馆的功能需求空间改造有待完善

伴随信息技术的演变和发展，图书馆构建的学习空间以及阅读已经难以满足用户的多重需求。针对图书馆而言，图书馆空间是服务功能和用户需求的表现模式，空间布局必然会伴随需求的改变而持续调整，图书馆要持续使用科学方式和技术提升第三空间的服务能力，创建图书馆的新需求核心功能空间：文化空间、学术空间、社交空间、休闲阅读空间、体验空间。当下图书馆的智慧服务、再造空间的融合普遍是叠加简单的功能，并且还需要逐步强化创新融合情况。图书馆可以使用智慧仓储技术，落实自动化借书还书、高密度存储、自动跟随座椅、自动化保湿和保温、自动归位等相关功能，将 RFID 的智慧改造和服务功能、空间功能结合，还可以将移动服务和建设创客空间、虚拟空间结合，尽管有的图书馆开始了实践，但改造新空间要融合全新的服务理念、逐步完善服务内容、功能等。

8.2.6.5 不同地区的公共图书馆智慧化发展不平衡

运用对东部区域 13 个一级图书馆的分析和调研，可了解到东部区域的图书馆有最高的提供智慧服务程度，东部区域的智慧服务综合现状要高于中部区域的图书馆，西部区域的图书馆综合现状为该 4 个地区中最少的一个。在一个层面而言，东部区域的图书馆坐落于我国的经济发达区域，政府有较大的扶持力度，并且在资金、人力的投入方面均获得了保障。但是西部区域的图书馆则受制于财政方面的限制，硬件设施没有中东部区域好，在应用高科技技术方面也非常迟缓。例如，云南省的建设信息化经费、购书经费、人员经费、运行经费等普遍比较匮乏，并且还存在显著的设施老化、资源短缺的情况和问题。在该基础上，云南省图书馆落实智慧服务缺乏支持。西部区域的图书馆在发展智慧服务中比较落后，并且也有比较薄弱的智慧服务。图书馆发展智慧化服务主要依托智慧设施、当代新技术、充足的物理建筑空间以及资金等，需要大量的物力和人力确保实现智慧化演练和发展。出于西部区域的图书馆在建设智慧化环节中缺乏充足的资金并且缺乏专业高素质人才，在实施智慧创新服务方面有较大的发展空间。例如，在人工智能服务层面三个西部图书馆并没有开展实施和实践，在移动创新服务层面只有云南图书馆构建了手机扫码阅读，并且提供的智慧服务内容不多。

在另一层面，东部区域的图书馆和国外图书馆会有更频繁的交流，可以更迅速地了解国际上的全新技术和理念，进而学习国外的优秀经验，持续发展自身，更好地提供创新和智慧服务。例如，首都图书馆参与美国图书馆学会年会和国际图联大会，积极参与到国际图书馆的交流活动和业务研讨环节中，组织短时间的境外培训，造就和培养了大批有国际创新精神和视野的高品质人才，选派业务骨干到美国和英国开场短期培训工作，借鉴和学习国际顶尖的实践经验和管理方式，且开展了国外图书馆和首都图书馆的合作交流项目，深化和国外图书馆的交流以及合作。上海市图书馆强化馆际互借业务和国际文献传递，目前已经演变为亚太区域借入馆的前 20 名中，是我国大陆区域上榜的一个图书馆，在借出馆中位列前几名，也是我国大陆区域排名比较靠前的图书馆。图书馆服务面对诸多方面的问题的原因比较多，网络免费服务和资源商业机构的信息产品在较大层面对图书馆服务产生了较大的竞争压力，消费习惯信息素养的更改对图书馆服务也产生很大的挑战，由此需要积极探求图书馆产生该问题的原因。综合分析后可以了解到服务式微发展的主要原因是服务难以紧随时代的演变和发展，在5G技术层面研究重点呈现在如下三个层面：

（1）缺乏对用户需求和体验的深刻理解。

图书馆服务主要是对用户提供服务。图书馆服务价格并不是表现为图书馆消耗的成本和努力，主要表现出在获得服务环节中用户获得的效用和满足感，由此对图书馆服务来说其需要将用户体验当作主要分析和考量的相关要素。图书馆传统服务渐渐式微。并没有深刻理解用户体验的主要原因表现在四个层面：第一是服务理念。虽然我国很多的图书馆均论述了读者至上、以用户为核心的注重用户体验的服务理念，但理想和现实有较大的差异，在很多图书馆的组织和服务提供环节中并没有将用户需求和体验当作第一要务，例如，为了面对评估，构建的纸质资源太强调数量，直接忽略了品质，导致资源供给和需求两者表现出不均衡发展的态势，由此直接影响了纸质资源的使用；第二是服务态势。出于体制和历史方面的原因，图书馆员工普遍有比较复杂的人员结构，虽然很多图书馆工作者具有较高的素质，可以对用户提供良好的服务，但普遍很难适应工作的基本要求，在用户服务环节中形成的较多问题，还有可能会和用户形成冲突，造成被投诉率较大，不但会对用户形成较大消极体验，还直接影响了综合形象；第三是服务水平。例如，学科服务参考咨询等服务均有很强的专业性，图书馆工作者的自身素养和能力直接影响服务能力和水平，工作者较低的服务水平很难满足用户的日常需求，进而造成图书馆难以开展服务；第四是服务条件。很多的图书馆受制于空间、资金层面的限制，在硬件环境、资源条件、人员组织等层面很难满足自身需求，并在较大层面对用户体验产生直接影响。

（2）生态相对封闭。

目前的图书馆普遍可以被当作是一个相对封闭的生态系统，缺乏充足的开放性，和其他领域缺乏融合度，在借阅纸质文献环节中开放性不足主要表现为如下层面：一是有的图书馆制定了比较复杂的手续，并且还需要对用户收取一定的押金，直接将用户挡在自身提供服务的范围外；第二是缺乏开放性的文献资料，很多用户制定了建立在文献类别基础上的借阅限制，有的文献是不是被过分保护需要进行推敲；第三是高校图书馆当下对社会群众没有一定的开放度。尽管高校图书馆开始在社会中开放实施。但并没有演变为主流图书馆。在数字资源的提供层面很多图书馆制定了建立在 IP 地址的访问限制，在较大层面对用户使用数字资源进行了制约和阻碍，影响了发挥数字资源的功效和价值，其有数据库商、知识产权保护的协议问题，但运用身份识别、远程访问等技术可直接解决该问题，而很多的图书馆只对有的用户构建远程访问。在参考咨询、科学服务等方面，多馆创建的服务联盟是开放生态的主要途径和渠道，尽管在中国存在服务联盟，但并没有良好的实施成效。由于图书馆有过于封闭的生态系统，在较大层面直接影响了服务效率和品质，限制了社会价值的发挥和使用。

（3）缺乏连接。

有关主体之间的有效连接是提升综合效率和配置资源的主要前提，但当下图书馆用户缺乏连接，是影响图书馆服务水平和效率的主要因素，在资源建设中出于没有和用户实现连接，图书馆无法精准地掌控用户的信息和需求，造成图书馆的供给资源和需求很难实现匹配，由此直接影响了借阅文献服务和数字资源服务的品质。图书馆有诸多高品质的馆藏信息和资源，而用户也需要使用资源，但两者由于缺乏充足的连接，造成用户不了解图书馆有无如上资源，或尽管知道有如上资源但没有能力获得该类型的资源，造成不能合理利用和应用纸质资源以及数字资源。在图书馆参考咨询和学科服务方面中，用户同样有相同的需求，图书馆构建该类型的服务，但出于用户和图书馆并没有实现广泛连接，在遇到问题时，用户很难使用该服务，在较大层面直接影响了服务的实施和开展，在服务环节中由于两者没有连接，用户和图书馆工作者也没有进行充分的沟通，直接对服务品质产生了影响。

8.2.7 解决措施

8.2.7.1 加强智慧管理

（1）培养智慧馆员

在建设图书馆智慧环境中，智慧馆员是必备的基本内容，是智慧化图书馆提供创新服务的重点和核心。在全新的发展态势中，智慧馆员必然会面对更大的困境和挑战，在对用户构建智慧服务环节中，需要使用技术设施明确用户的真正特点和需求，运用大数据研究用户的阅读兴趣和潜在需求，将用户当作核心，对其创建个性化服务，进而对工作者的工作能力和素质有更高要求。工作者不但需要了解新设施和新技术的应用，并且还需要帮助用户获得知识、发现知识、整合知识，图书馆需要强化建设团队的能力和素质，培养高素质人才，对构建创新智慧服务奠定基础。

持续提升工作者的专业能力，图书馆需要制订清晰明确的培养对策和计划，持续提高工作者的专业水平，并且实施到馆交流和跨学科学习，对工作者的发展构建优良的发展机遇和成长环境，强化工作者对有关技能知识的学习，例如，管理学、信息技术、大数据、物联网、心理学、数据挖掘、云计算技术、人工智能等相关内容的学习。图书馆还可以和社会组织机构、学校等其他机构进行交流和合作，对工作者创建学习和交流的组织平台，逐步培养工作者的创新观念和意识。工作者需要持续培养个体的创新能力，在掌握基本的专业能力基础上，实现创新能力的发展，作者需要主动学习新知识、新思维、新技术，持续提高个体能力，对用户构建更优良的服务。在图书馆中需要工作者创新，对创新能力的发展构建良好的大环境，加大宣传创新理念的思维和力度，提倡工作者不断创新，制定创新人才激励体系和制度。

（2）加强智慧管理

智慧化图书馆在管理环节中需要强调合作协作和用户参与，涵盖了诸多类别，例如，管理系统和管理的透明度，用户决策参与的环节，优化和自动管理的程序，实施研究应用图书馆的现状，持续提升图书馆决策和战略的品质。图书馆用户是图书馆的利益关联者，且参与到管理图书馆环节中，智慧管理是建立在用户和图书馆工作者的集体智慧基础上的，集体智慧是建立在一个团队可实现当下不能实现的任务，其主要含义是使用群体智慧进行问题的解决。其彼此之间的协作和沟通并非是单纯依赖很少人的能力。运用降低某一个人决策或执行任务时可能产生的故障成本和概率，以及运用增加参与者数量来处置更复杂的工作，实现个人不能实现的任务，图书馆用户管理可逐步提升服务的综合效率，对教育和文化做出突出贡献，并改良用户对有关社会服务和信息的获取。图书馆需要逐步强化技术平台和设备设施的自动化管理，构建比较完善的安全信息管理体系和制度，全面推动应用和建设信息服务系统，提升网络信息化水平和自动化管理能力，落实数字图书馆管理体系和自动化管理体系之间的彼此互通，推动图书馆服务和业务的全流程的网络化以及数字化发展。

8.2.7.2 强化科技驱动

（1）强化图书馆云平台建设，提升信息化服务

创建智慧图书馆云服务平台，落实一体化资源服务，建设网络化、标准化的平台、建设建立在云服务、云存储、大数据基础上的平台，逐步提升设施管理能力和水平，对不同类型海量信息的有效存储、管理、利用和研究，强化业务管理系统对新的服务环境和信息管理的适应性调整，完善统计优质的平台，提升平台的保障速度以及运行性能，对诸多业务的开展构建强有力的技术保障。

（2）注重新技术的研究，创新服务内容

伴随当代信息技术的持续发展和演变，图书馆使用全新技术落实创新驱动发展战略，在科技驱动中推动创新服务内容，图书馆需要实现公共文化服务和科技创新的融合，提升图书馆的综合服务能力和水平，全面推进云计算技术、大数据技术、物联网技术、移动网络技术的分析，对图书馆转变服务内容，满足群众在全新阶段的需求构建技术支撑，使用聚类研究和关联数据等开展交叉分析，预测群众的阅读热点问题，注重在公共文化服务系统中大数据技术的使用，动态研究用户的多元阅读需求。完善网络系统等建设基建设施，运用物联网技术（RFID）落实智能化管理文献，有效使用新兴媒体、先进技术等和图书馆服务融合实施智慧创新服务，并对用户构建泛在化、个性化服务，逐步提高用户和图书馆的互动，落实创建智慧化的用户服务，打造不但有文化传承属性，还契合未来群众多样需求的智慧类型的图书馆。

（3）加大信息安全保障系统建设

图书馆需要逐步强化保护数据安全的力度，且评估信息安全的风险，创建监控信息安全的系统。提升防控网络安全事件的能力，降低流传有害信息和数据，健全信息安全的安全通报制度和应急指挥制度，持续完善应急管理信息安全的预案，强化重要信息系统和基础设施的灾难恢复和抗毁能力，加大投入保障信息安全保障工作资金，强化网络信息的管理以及审查，规避传播和发布不良信息，保障图书馆服务和信息资源的安全性和绿色性。

8.2.7.3 拓展智慧服务内容

（1）延伸服务范围

积极拓展服务领域，实现服务延伸，探索符合延伸服务的方式和模式，使用网络等全新的技术，扩大图书馆服务的影响力以及辐射面，延伸智慧化图书馆服务范畴。强化建设二十四小时的自助图书馆，将用户需求为引导，增设了个性化、人性化的服务，持续提高服务能力和水平，实现服务效能的持续提升。强化建设流动服务。组建流动类型的图书馆，扩充覆盖流动服务的具体范围，在站台、公交车、轨道交通、出租车等城市设施中积极拓展智慧化图书馆服务，表现出可触摸、可阅读、可交流的立体阅读方式，强化服务点和分馆的建设，提升服务点以及分馆的建设能力和水平，丰富服务点和分馆的服务手段和资源种类，提升服务能力和水平，创建其数字资源和纸质信息融合、新媒体服务和传统借阅服务融合的服务点和分馆服务方式。加大支持社区图书馆的力度，完善建设流通网点，落实对服务点、分馆量化考核服务项目。构建完善的馆外图书流通系统，持续拓展服务的半径，拓展图书馆服务进入企业、机关、学校、社区、军营等诸多的活动，按照具体现状，对不同群体构建有针对性的服务。组织多样方式的漂流书籍活动，让图书走入商场、社区、咖啡屋、家庭、娱乐空间、广场公园、广播节目之中。

（2）深化服务层次

完善用户的自助服务，持续提升服务的自动化程序。使用物联网、移动网络、书数据等，运用云平台，落实诸多类型的新媒体体系的聚合，提升深等级的创新智慧化服务。聚焦不同产业的关键技术的示范使用，推进自带设施、移动自助的服务。深层整合文献资源和信息，渐渐落实馆藏资源的重点揭示，并从文献层渐渐拓展到关系层、内容层，构建建立在内容基础上的多元、立体知识体系和网络，逐步提升专题服务能力。使用大数据技术，实时落实信息的抽取、采集、处置和挖掘，对诸多不同类型的信息服务体系构建输入数据、提升服务的深度以及层次。强化利用馆藏信息和资源，并且深挖和研究用户的信息行为数据，以信息社群为基本单位，构建个性化、差异化、多元化的服务，合理满足各不相同用户的诸多需求，持续提升资源整合对个性化需求的适应性以及针对性。

8.2.7.4 打造智慧空间

智慧化图书馆的服务模式和服务方式对比传统图书馆均产生了较大改变，

让用户之间可以落实信息共享，图书馆需要建立在以人为本的基础上，全面推动智慧化管理和服务，对用户构建互助、自由、参与的共享文化信息空间以及创意空间。图书馆需要持续探索服务智慧化的空间再造，并对普通用户和专业工作者创建体验专业技术的空间以及主题服务知识平台，对接智慧生活服务和智慧城市建设，加大建设泛在服务环境以及智能感知，落实再造空间链接。构建面向不同层次群体的文化科技体验服务，例如，展示新技术、提供工具、开设创新空间、体验全媒体阅读、培训信息素养等。提炼和完善创新空间等再造空间的全新方式，对用户和读者构建主题不同，便利化、成本低、开放类型、全要素的"众创空间"，激发和培养用户的创新理念和思维。强化和社会其他众创空间的交流和合作，联合举办创意课堂、创意展览等，创建丰富的成就平台和创新思想。服务全部的创客，构建有价值的信息、知识和情报服务，构建在网络环境内创业创新的服务组织和平台。

8.2.7.5 加强对外合作与交流

将图书馆联盟当作平台，将业务协作、科研合作当作支持，推动图书馆和图书馆之间的协作、交流，积极参与全国性、区域性的学术分析活动，推进合作项目的深入开展以及开发。强化高等院校图书馆、科研院所图书馆等诸多类型图书馆的协同服务、共享资源，构建互补资源、共赢互利的合作体系，强化我国产业的交流和合作。

积极落实国际交流合作，积极拓展对外交流的广度以及深度，扩充扩大影响力的交往范围，积极落实和开展有关的行业组织、国际组织的活动，持续拓展合作范围以及合作领域，持续发展和国外图书馆之间的友好关系。运用业务培训、学者访问等模式，学习国际先进图书馆的理念、手段、技术。运用创建信息共享和服务平台、图书馆联盟等模式，推进和国际重要区域和国家有想象力的图书馆之间的合作。

8.2.7.6 树立新思维

思维创新作为创新服务的基础，建立在 5G 基础上的图书馆创新服务的首个步骤为构建网络思维，并且在创新图书馆服务环节中融入了网络思维，重点涵盖了如下的三种思维。

（1）用户思维

用户思维是在用户方面思考问题。在图书馆服务创新层面强调用户思维和观念，主要是在图书馆服务创新环节中制定以用户为中心的理念，在用户方面进行问题的思考，落实换位思考。用户理念和思维并非局限在口号方面，要搭配可操作的措施，在尊重人性的层面精准把握和理解需求，深挖用户的焦点以及想法，强调用户体验。用户理念和思维要在设计服务、提供服务环节中让图书馆忘却依托产生的专业，为和服务的处置办法和传统流程，开始将专家模式、专业方式演变为小白方式、用户方式。在创新图书馆服务环节中强化思维和理念，重点可在如下层面切入：

第一，使用网络有效了解和明确用户需求，精准掌控用户需求对用户理念强化改变思维方式，树立图书馆工作者的认知：不管是在怎样的领域，有怎样的专业，在内心中均需要承认用户、关切用户，进而充分敬畏和尊重用户的想法、思维、认知。图书馆需要使用诸多的模式了解用户需求，最大可能性地挖掘、发现痛点，且对该痛点论述有针对性服务。一个层面，需要使用邮箱、表单、在线留言等被动或的用户的需求信息以及服务反馈；另一层面，需要建立微信、微博、QQ 等建立在网络的社交社会化媒体以及问卷等调研工具，自发和主动地明确用户需求。

第二，出于用户理念再次审视图书馆服务。用户理念并不是天然存在的，其是日常工作中渐渐积累、提升的存在。工作者要深刻分析和思考，分析体验图书馆各不相同的服务规则、设计目的、业务流程均无法表现出用户的思维和理念。例如，图书馆借阅服务内的续借、借阅、归还的操作流程、设定期限、反馈、有关提醒是不是和用户理念符合，在用户层面而言有没有改进的潜力以及空间。

第三，实现图书馆服务的体验。图书馆工作者不但要在思考提供服务者的用户，且在用户方面融合不同身份、场景，体验图书馆构建的很多服务。在互换身份后，更便于了解服务内现存的不足和问题，更可能进行针对性的提升以及修正。

(2) 平台思维

网络的平台思维为共享、开放、共赢，图书馆为繁杂的平台，不但涵盖了建立在纸质文献资料中的线下资源平台，并且覆盖了线上数字平台。强化平台思维可从三方面切入：

第一，移动网络平台的强化。线上图书馆平台可被划分为建立在 APP、WEB、微信基础上的公众号平台、移动图书馆平台、官网平台。不管是图书馆官网，还是微信公众号、移动图书馆，该平台均汇总了图书馆的信息服务、信息资源，对落实共享、开放、共赢的思维构建了基础。但伴随移动网络的发展，使用智能终端的信息沦为更多用户的习惯，改变习惯，并改变图书馆。尽管当下很多的图书馆均组建了建立在 APP 中的公众号、移动图书馆，但是对比官网来说，这一平台的服务提供和资源缺乏完善度，有的服务、资源只需要官网进行提供。由此，图书馆需要渐渐加大微信公众号、移动图书馆的建设力度，运用该平台最大可能、最多地提供服务和资源。

第二，推动服务平台的共享、共建、开放。共建服务平台是在共建图书馆信息服务组织和平台中，由此可降低服务平台的建设成本，逐步提升建设效率。在运营服务环节中，共享平台是为了实现共享资源，实现共同服务，落实资源互补，提升服务效率以及品质。服务平台开放为对社会和其他图书馆等开放图书馆的信息平台，进而可提升图书馆服务的社会收益，推动落实信息服务的价值。网络服务平台共享、共建、开放构建了技术层面的保障，图书馆要持续更改思维和观念，积极促进和推动服务平台的共建、共享、开放，构建了多方共赢的生态圈。

第三，善于使用目前的网络组织和平台。图书馆设立的信息服务平台的获得并非是购买和建设，善用网络的现有平台可节约很多的购置成本，但在系统的稳定性、质量、开放性层面依旧有显著的优势。例如，目前很多的图书馆公众号应用腾讯企业构建的公众号平台，运用这一平台，图书馆可运用很少的成本研发信息服务，且有极强的开放性属性和特质。与此同时在信息服务方面可应用很多的网络平台，例如，将豆丁网、百度脑图、腾讯微盘、石墨文档、坚果云、优酷、谷歌学术、维基百科、wikiHow 当作经典的网络文库、在线思维导图、网络存储平台、在线视频平台、学术搜索平台、网络百科平台、网络经验平台等均被使用在信息服务内。

(3) 迭代思维

迭代思维是结合网络思维中用户环境、需求等要素改变，快速对产品、服务开展持续的、不断整改的理念和思维。这一思维不注重问题的解决和研究，关注在不断试错环节中的修正。在创新图书馆服务环节中注重迭代思维，重点是需要图书馆关注个体的需求，且迅速对用户需求予以反应，并且在用户细小需求中切入，将用户视为中心，不断迭代和更新完善图书馆的信息服务，提升对外环境改变、用户需求的适应性。

8.2.7.7 使用新技术

信息技术在图书馆领域中的普及和推广，直接推动了图书馆的发展和进步，互联网和图书馆的融合在较大层面直接影响和改变了图书馆的业务方式，伴随信息革命的深化发展，技术革命目前已经演变为图书馆发展的重要能动力，建立在互联网+基础上图书馆创新服务需要更注重新技术的使用，使大数据、5G、人工智能、云计算、虚拟现实等技术在图书馆中发挥显著功效。

（1）大数据

大数据不但更改了图书馆演变和发展的外部环境和信息环境，并且对图书馆的工作模式、业务流程等均是挑战，还对创新服务构建了发展机遇。

从外部方面来说，互联网中的大数据资源、工具对信息服务创新构建了手段以及模式。伴随大数据的逐渐发展，很多的网络平台均对群众推出了免费产品，例如，百度指数、谷歌趋势为重点的搜索指数，将阿里指数为典型的电商指数，以微信指数、微指数为典范的社交指数，以腾讯文职、高的位置为典范的交通指数等。例如，免费公开的大数据产品对服务创建了新工具和新手段，推动了图书馆服务的创新。在图书馆内部层面而言，在服务环节中图书馆有关数字资源平台累积了大量信息和数据。例如，OPAC用户的所有搜索均会留下搜索时间、检索词、驻留时间、登录IP等有关信息，历经较长时间的信息累计，就节省了用户检索数据的时间。对该数据的分析可帮助深挖用户习惯和偏好，掌握用户，且对深刻理解用户的图书馆服务创新构建了前提以及基础。建立在大数据基础上，图书馆可对用户构建个性化的信息推送、检索、数据挖掘、数据分析、学科设置等诸多的服务，由此可以显著提升图书馆服务的品质以及水准。

（2）云计算

云计算作为网络发展和深化信息革命的产物，依托其自身强大功能，在诸多层面实现了发展和实践，并且也对创新图书馆服务构建了全新的发展机遇，传统图书馆服务目前已经演变为云共享服务，传统图书馆沦为云图书馆为图书馆未来发展的主要方向，云计算和图书馆的融合创新，整合图书馆全部部门或图书馆产业下的全部服务资源结构，建立在某一场景中实现服务资源的网络化、碎片化、云端化、定制化提供，对该图书馆产业构建灵活的服务和资源，逐步降低综合服务品质和成本，落实综合配置服务资源的效率、提升服务品质，图书馆的业务运行和服务提供均和云平台支撑有密切关系：图书馆购买的 WOS、CNKI 等数据库在本质上就是经典的云服务；图书馆整合的政府权威查询体系、MOOC 资源等免费服务和资源在根本上为云服务；图书馆业务工作中应用的 QQ 号、微信公众号是建立在云平台基础上的工具。云计算的强项是整合资源和共享资源，建立在分布式计算、虚拟化技术、效用计算等技术基础上，整合图书馆内外的诸多资源，直接降低资源消耗成本，拓展资源共享的具体范围，形成资金池，整合形成云服务平台，对用户创建便捷、高效的信息服务。与此同时，云平台便于图书馆的认证统一。图书馆之中的很多数字资源均是要建立在权限控制基础上的，传统控制权限办法是建立在访问 IP 网络地址的限制基础上的，但是这一建立是建立在网络地址，并非是用户身份中的，很难和当下用户多 IP、多终端的需求吻合，用户访问图书馆资源均限制了机械控制权，极大降低了用户体验。运用云认证，用户可获得数字证书落实身份确认多平台，进而运用一次认证的方式直接解决在诸多平台中登录的有关问题，便于跨平台进行资源的检索，直接提升了资源的利用以及获得的效率。

(3) 人工智能

人工智能目前已经逐渐渗透到人们的社会、生活等诸多层面，传统产业和人工智能的结合在当下也发挥了显著价值，在图书馆服务创新方面来说，人工智能目前有极大的发展潜能，主要表现在以下层面：第一，人工智能可以显著提升图书馆服务的效率，图书馆业务和人工智能的创新融合，重塑业务流程，推动服务的智能化和自动化发展，进而不断降低服务成本提升服务效率。经典的使用覆盖了超期自动提醒借阅书籍、自助借还纸质书籍、建立在自然语言理解基础上的自动咨询参考服务等；第二，通过人工智能可以显著提升服务品质。使用人工智能，在对用户服务环节中图书馆可以更清楚细致地了解用户的需求，并对其提供更个性化、针对性、精准性的服务，让用户获得更加优良的服务，逐步提升用户体验，进而提升服务品质。

8.2.7.8　塑造新模式

图书馆服务质量和效率的提升是建立在重塑业务模式基础上的，5G 理念和技术对创新图书馆服务方式构建了能动力，在 5G 基础和发展中，创新图书馆服务重点表现在如下两个层面：第一是塑造新的服务模式，第二是传统服务模式的重塑。

　　(1) 图书馆传统服务模式的重塑。

　　图书馆创新服务的主要模式是重塑传统服务信息技术，尤其是在网络发展时期，当下高度关注传统服务业重塑。

　　馆藏查询作为图书馆最重要的一种服务内容，其模式变迁在较大层面呈现出网络和信息技术对图书馆服务创新的促进以及推动，计算机被应用在图书馆产业之前，图书馆馆藏和查询的主要内容是运用手工卡片查询的方式，不但查询效率较低，并且也没有较高的查询品质，用户只可以运用查询确定在图书馆中是不是存在这些文献资料，对于该文献流通和馆藏的有关细节并没有充分掌握和了解，直接影响了用户使用图书馆的体验以及效率。局域网和计算机在图书馆的使用直接推动了馆藏查询从手工方式演变为联机方式，建立在 CS 架构中的联机书目查询系统，整合了局域网中输入信息和馆藏数据的查询功能，直接提升了书目查询的效率和品质。伴随网络普及和发展，馆藏查询在局域网中的联机系统渐渐延伸为 WEB 在线查询，很多图书馆创建的是建立在网络基础上的馆藏查询信息。建立在网络中可收集和查询国外、国内很多的图书馆馆藏数据。移动网络的发展直接推动了服务的发展，微信公众号、移动 APP 渐渐演变为图书馆对用户提供服务和享受服务的主要平台，建立在微信公众号、移动图书馆基础上的查询馆藏系统开始演变为图书馆服务的主要构成内容。在移动网络的背景中，图书馆馆藏创新服务不但表现出平台迁移，并且表现出在某细节中网络思维、5G 理念的呈现。

　　图书馆借还为在 5G 时期技术进步推动创新服务的经典代表。手工时期，图书馆借阅登记依托的是图书中粘贴借还记录单、手工台账等，图书有过于低下的借还效率。计算机的应用将比较复杂的人工操作解脱出来，创建在图书馆信息管理体系中，工作者使用扫描条形码的方式就可以快速地进行书籍的借还，不但提升了书籍借还的效率和品质，还对图书馆累积了大量的数据，且对挖掘大数据创建了数据和资源。伴随自动借阅机、RFID 的产生，图书馆借还步入自动化发展时期，用户可依托借阅机落实自动实现图书借阅，显著降低了图书馆的工作量，且逐步强化了用户的参与感，提升用户体验，并且是传统业务创新的尝试。

借还服务和馆藏查询服务的改变为技术进步重塑传统图书馆服务的缩影，与此同时，还有诸多的传统图书馆服务方式在融合信息技术内呈现出全新的业务方式，提高了服务品质和效率。

(2) 新型服务模式的塑造。

重塑传统服务方式为 5G 时代推动创新图书馆服务的存在，与此同时，技术进步、思维演变、图书馆产业融合创新产生了很多的全新服务方式。这一全新服务方式的产生不但对用户产生了很多的服务项目，并且在服务品质、效率层面均有显著的提升和发展。建立在 5G 基础上的全新图书馆服务方式重塑呈现在图书馆的不同业务内。建立在 5G 时代基础上的全新图书馆业务方式的塑造为综合创新图书馆模式，近段时间产生在城市、社区的 24 小时的自助图书馆为经典的典范。在阅读推广、空间服务等层面中，表现出构建在互联网＋基础上的创新，例如，朗读亭、IC 服务。

8.3 智慧图书馆服务创新研究——个案分析

在 5G 时代，对智慧图书馆的业务革新进行深入的探讨，利用天津中新友好图书馆的实例，进行了个案的调研，利用 5G 技术，我们将天津中新友好图书馆作为智慧图书馆，在理解过程中，找出问题所在，并建议相应的改进措施。天津中新友好图书馆是我国与新加坡合作的第一座 5G 智慧图书馆，它是由我国与新加坡联合发起的 5G 智慧图书馆工程。天津中新友好图书馆于 2018 年 11 月 18 日开幕。拥有 600,000 本的图书馆拥有大量的书籍，一些小型的关于智能机器人的小图出现在各大报刊的首页。

8.3.1 天津中新友好图书馆介绍

天津中新友好图书馆是由德国 GMP 建筑事务所设计的总高度 35 米，图书馆的面积在 3.3 万平方米左右，从设计到完成花了三年的时间，建筑面积 6.7 万平方米，共五层。第一层设有视障阅览室，停车场，设备间，馆外设有汽车穿梭还书处，使得阅读者不用下车就可以轻松实现借书与还书。场馆主要的入口在二层，读者可以从南北两侧的花园进入共享中庭，中庭以西为图书馆，以东为档案馆，设有 1600 平方米的新加坡主题馆，由新加坡的专业团队进行室内的设计，1 000 平方米的海洋主题的生态儿童馆，报刊阅览区，档案服务大厅，档案展厅等功能区。三层设有社会科学图书阅览区，古籍阅览室，作家协会阅览室，动漫体验区，多媒体体验区，档案库房等功能区。目前四层五层只开放按照国家绿色图书馆的标准进行建设的自然图书阅览区，报告厅，演讲厅整个中庭被书架完全包裹着，从地面到墙面到天花板，连续不断像梯田一样，同时书架也是从室内延伸到室外，在立面上也是形成了一个遮阳的百叶，遮挡了比较强烈的阳光，同时也是为了保护书籍不被阳光直射，不光是可以让读者获取书籍的知识，同时也是一个可以让读者进行社交的空间，可以让大家看到未来的图书馆可以使用的各种的可能性。场馆内设有多项节能低碳环保技术，光照处理设计，靠空气自然风自然光调节室内的温度湿度和亮度，利用可再生的能源设置了太阳能热水供应系统，地源热泵系统，降低供热的制冷能耗，实现水的循环利用，尽一切的可能节约资源。为读者提供最舒适的阅读环境，提供了读者惠民利民的智慧体验。

这样的前卫设计使得中新友好图书馆成了网络上最受欢迎的打卡、阅读万卷书、旅行万里的天堂。图书与观光的融合，与我国的文化观光计划是一致的，因为它是连接和沟通传统的桥梁。张爱玲说："你的气质里藏着你走过的路，读过的书。"而文旅融合的图书，则可以将文化和旅游融合在一起，既能促进区域的发展，又能促进区域的发展。一是发展旅游，二是要改善当地的特色文化。正面的宣传能够激励青年人对自己的文化和对旅行的支持。文旅融合可以参照图书馆与宿舍楼相融合，长廊内摆放着书柜与书本，充满了书香的屋子，并设有一家图书储藏室。多看点书，与此同时，如在景点打卡点开设了图书和旅游景点，丰富了读者和旅游者的休闲活动。在阅读的同时，也能让读者和参观者领略到本地的风土人情。同时，我们也会定期举行相关专题讲座，以方便广大的参观者及参观者，为我们的图书馆增添生机与活力。

8.3.2 中新友好图书馆的智慧服务应用

在对中新友好图书馆的概况及一些基本建设情况进行了简单的介绍之后，向大家详细地讲解了中新友好图书馆的智慧服务。将在此感受到高质量的个性化的高科技。我们的服务不但方便了我们的阅读，而且提高了我们的工作效率。

8.3.2.1 自助借还书

在传统的图书馆方式中，人们要先借阅一册书籍，要想知道这本书是属于哪个类别的，还得看一看才行，最后才能得到自己所需的书籍。很多图书馆都可以让通过阅览机来检索，但是还是要把这本书的条形码贴到书里，这样就可以方便地找到想要的东西，也可以用条形码把书翻出来。以往，借还图书既麻烦又麻烦，给读者和员工带来负担，也会降低借阅的兴致。这样做更加容易，更加便捷，而且可以减少工作的负担。同时，工作的效果也得到了改善。在5G时代，人们可以很容易地借阅书籍。进入图书馆后，用户可以通过手机 APP 与图书馆联网，通过软件查询到指定位置，并通过相应的程序，自动为位置匹配。同时，用户只要在自己的位置订购，自动售书机就会自动为用户提供所需书籍，既方便又省时间。若要借出书籍，用户可以通过软件设定，选定借出日期。所有的要求和命令都可以由软体发出，由机器人在幕后接受命令，并进行合理的安排，并将书籍送达。读者在看过书籍后，可以按下 APP 提交，然后由图书馆的工作人员到指定的地方进行收集、分类。这样既能节约用户的归还时间，又能减少员工存放图书的工作量。

在5G技术的发展下，实现了万物互联的实时监测，用户在阅读过程中，利用用户的面部表情、行为等信息，对用户的思维进行识别、分析，并将其归类。资料库我们为用户提供了一套完整的图书借阅、送货、送还等全方位的个性化的服务，提高了用户的使用体验，并为用户提供个性化的个性化的服务。读者，书籍和书籍也是以读者喜好的关系联系在一起的。不同的使用者会组成一条建议链条，5G网络的连通量很大，而且可以很容易地进行数据链接。而图书和图书也会因为阅读习惯的关系而建立联系，现在的图书已经不是单纯的按类来划分了，而是根据大量的数据，将所有人的阅读和查询结果结合在一起，就会变成一条信息。因为5G超级互联，所以很方便地进行了资料的互联。找到一本书籍，用手机扫描一下，就能找到5G，再加上5G和地磁场等高科技，书山有路是板上钉钉的事情。只要找到正确的方向，就能找到自己要找的地方，要找的书籍。手机图书馆可以通过 APP 的方式实现，现在，我们正在普及的超星手机库正在被学生所利用，只要在手机上键入自己的名字和学号，就可以得到相应的授权。同学们可以通过自己的方式查找杂志和图书。同学们可以随时通过手机访问该软件的各种资源和业务。

在技术发展的今天，各大图书馆都有自己的一套 APP，以协助读者加入图书馆，方便用户在自己的图书、借阅、选择座位、定时、餐厅和咖啡店等。软件可以查看，解决和处理选项和提供的业务。该系统有别于常规的员工服务方式，能达到自助式的工作，节约员工的工作时间，改善工作的质量。许多图书馆都会有售票服务，但是得从图书馆指定的设备中挑选位置，或是让图书管理员事先为挑选位置。造成这种情况的原因，除了人力、装备等方面的费用外，还有智力不足，使工人的工作负担加重。而且，订座的时候，也有很大的概率会出问题。不过，因为不能实现自动显示座椅，所以大部分时间里，还是要靠手工操作书本或者书包来坐，这样就会引起与工作人员和读者的矛盾。5G 模式下的智慧图书馆，根据读者的实际需要，根据用户的预定需要，确定预定的时段和座席，并随时在系统中进行用户的选定。会籍号码及地点的使用将在系统中自动进行升级和显示。这样既便于选择座位，又便于管理，为读者和图书馆的选座提供智能高效的选择服务。

8.3.2.2　瀑布流电子书借阅机

瀑布流的图书阅览器带给了用户一种新的阅读感受，从瀑布流的电子图书阅览器中挑选自己喜欢的书籍，用手机扫描二维码，扫描二维码就能在自己的手机上查看，还能收藏，还能保存在微信里，存于手机，等回到家中，再通过微信浏览。新手机的研发将会带来更多的用户使用方便。5G 手机通讯网的施工已逐渐开始，而 5G 的发展已经进入第 11 次国际移动宽带国际会议，它也让世人看到了中国 5G 的发展状况。随着信息技术的飞速发展，人们可以在图书馆里进行信息的交流和分享，而我们的电子图书也越来越受欢迎，我们可以在图书馆里使用电子图书，也可以在外面通过下载软件来挑选自己感兴趣的书，从而达到了一个共享的目的。馆外网登陆软体为用户提供了一种可供选择的电子图书，方便了不能进入的用户查阅所需的图书。

8.3.2.3　图书馆机器人

中新友谊一层，在寻找书籍的过程中，通过机器人的导航，可以为用户提供书籍。当需要向一个能帮查找图书的导航机器人时，可以向它求助。用户还可以用手机扫描二维码，找到问题书籍的具体|位置。这个软件有自己的定位功能，一旦找到了图书的名字和名字，软件就会自动弹出一张地图，让用户可以按照地图上的指示，找到自己想要的书。

目前，该馆拥有 3 个智能清点机器人，每个小时可以清点 60,000 多本书籍，每天晚上可以清理 560,000 多本书籍。三位图书管理员每次清点清点都要花上两周的功夫，当归还的图书存放在错误的位置无法找到的时候，特别要进行清点。中新友谊图书馆是我国第一个使用 FID 技术进行清仓的图书馆。我们的智慧清点机器人，会在晚上对所有在货架上的书籍进行分类，并制作出错架的报表，并在最短的时间内向图书馆管理员发出通知，这样就可以更好地保证图书的摆放和查找。

中新友好图书馆的图书已达七十万多万本。整理图书是件很困难的事情，但是有了一台自动化的分类机器人，这件事就简单多了。在用户还书后，由智能调度系统引导的自动分类机器人将书籍按最佳的路线放置到特定的栅格中，实现了对书籍的分类。如果有一本书装满，那么它就会立刻把书拿出来，并且会在第一时间告知工作人员进行即时的操作。中新图书馆现有分类机械设备 15 部，装卸机械 2 部，一小时能处理 1500 册书籍，工作速度比一般手工作业快 10 倍，节约了大量的人力和物力。中新友谊图书馆二层公共阅览室设有自助阅览室，透过玻璃窗，让阅览室的人能够清楚地了解到图书的分类。书承载着历史与文化，智慧技术承载着将来。

5G 的业务方式，充分发挥了宽带与高速的优势，为读者提供了一种崭新的服务方式。智能的服务，在线预订和预订，让体会到智能的服务与智能的抉择，以及大数据带来的海量信息所提供的强大的力量，以及舒适的环境。这不但能让读者有更好的阅读体验，也能让工作人员的工作变得更轻松，图书的清点与清点更是耗费了不少的精力，5G 技术的运用，使回收、盘点变得可行。同时，该系统具有较好的自动控制能力，可以有效地减少人工差错的发生，从而显著地提升工作的工作效率。智慧图书馆将从单纯的教学与文化交流转变为一种全方位的服务经验。

在人工智能技术发展的今天，在智能机器人、智慧图书馆等方面，5G 技术的飞速发展，使其能够更好地进行智能作业，提高通讯能力，创造出更多的智能机器人。可与馆内的系统联网，进行数据交换，帮助管理员整理、分发和归还图书。该系统能够完成图书馆全部资料的集成与储存、解答读者提问、与阅览者进行沟通，而智能化的机器人将极大地缩减图书馆的人力资源，并逐步替代了机器人。为广大用户提供更加便捷、快捷、准确的信息和信息。通过 5G 技术，我们的移动设备将进一步改进，使用户能够在网上阅读，并为残疾人的特别的服务和特别的帮助。让智能图书馆变成一个人人都能享受的地方，让每个人都能获得自己想要的东西。

8.3.2.4 还书自动分拣系统

在归还图书时，图书的自动还书和分类是十分便利的。在传统的图书馆中，图书的归档与整理是一件很重要的工作，因为还书的时候，要花费更多的时间，所以要将这些书按顺序排列起来，这是一件非常耗费精力的事情。中新友好图书馆不但实现了对图书的认领，而且实现了图书的顺利归还，使用户既可以直接感受到机器人的分类加工，又可以享受到高技术的智慧服务。把书籍还回去后，许多人站在那里等着，等着机器人把书籍拿出来。另外，每个楼层都设有自动阅览器，将全部书籍放置于自动阅览机上，并自动识别出该书籍的名称及数目。那是一部小说。便于读者使用，易于操作和包装的书籍。

另外，在图书馆外面设有24个24个小时的班车还书制度，使用户不用下车就能方便地还图书，为广大用户节约了大量的阅读时间。请将这本书籍归还到附近的分支机构。该技术在降低员工工作量的前提下，可以有效地降低人力资源造成的差错。机器代替了手工工作。这种智能的设备和人性化的服务，让读者在阅读过程中感受到了更多的乐趣，发掘了新的读物，节约了读者的时间，提高了他们的阅读经验。

8.3.2.5 有声读物和音像试听室

中新友好图书馆是广大人民群众的阅读之所，为居民创造了一个良好的阅读氛围，让居民共享阅读，享受阅读的乐趣。甚至连不识字的人都能听到声音书。而这正是"绿色城市"中的家长们所为。这是我亲自录制的。随着时间和受众偏好，有些人喜爱纸质书籍，有些人喜爱电子书籍，有些人则喜爱阅读书籍中所包含的信息。而有声阅读区则是为阅读的人创造了一个安静的地方，让人能够集中精神去听，而在朗读的过程中，朗读的人会将自己的注意力集中在书中。在图书馆，读者不但可以感受到图书的声音，而且可以在家里使用这个 APP 来收听。这是一个让视力障碍者可以在家里用 APP 软件浏览和阅读图书的功能。影音工作室是影迷们的乐园，可以在此观赏2000 余首国内外原创影片，纪录片，在一块屏幕上，可以选择一部自己喜爱的影片，也可以播放歌曲，此外录音棚内设有索尼 DVD 及马兰士 CD 播放设备，可实现高纯、高质量的播放，让广大影迷尽情欣赏高质量的艺术品。既能为读者营造一个良好的学习氛围，又能为学生的读书提供丰富的资料。

5G 高清实时视频共享也是一个很好的选择。可以在他们的图书楼里看见他们一起分享好的书籍。已存在的网路。我们的 5G 智慧图书馆可以实时实时进行云课堂实时播放，并能播放优秀的教学视频，极大地提高了网络教学的效率和教学水平。关于更多的信息，见我们的读者。云实况可以为读者提供师生间的在线交流。老师还可以用学生的回馈录像来解释。在现场直播时，若无法清晰地看到，也可以回放。我们已有的培训模式。这样做对孩子们的益处在于，尽管目前的教学资源并不十分均衡，但 5G 所带来的直接经验将使他们得到同等的教学品质与资源。智慧图书馆不但能让同学们聆听到名流的实况转播，而且还可以通过各种形式进行文化、书籍的交换，这些都是没有限制的。而这种直播方式也不同于其他的直播方式，通过 5G 的沉浸式体验，让所有人都能亲身体会到游戏中的一切。

8.3.2.6　智能监控安防

5G 的出现，不但使我们的监视、安保设备变得更智能、更清晰、更高分辨率，同时也使我们的影像资料传送得更快，让安全变得更有智慧。通过这种方法，可以使监视器与监视器的影像不存在任何的时滞，从而达到对图像的即时监测。另外，利用大数据和 AI 技术，可以对用户的面部表情进行识别和处理，在发现有疑似的、有记录的面孔的时候，系统会自动给出相应的提示，从而提升了图书馆的安全等级，避免了可能的事故，比如，该系统会自动地发现火势和其它突发事件，并采取相应的措施，并及时发出警报。5G 具有较低的时延和较高的速率，能够快速地处理紧急情况，同时也会使现有的监测设备得到很好的改进。现在所有的高清摄像机都是用电线来传送的，不但会出现延迟，而且还会影响到网络的传输。不但会有延时，而且，当监视转变为空中监视时，不但会因延时所产生的不确定因素，还会因意外情况或标志的变动而产生数据的实时传送。

由于 5G 技术的飞速发展，这种技术若能在智能图书馆中得到运用，不仅能实现对整个系统的全面监视，而且还能加强对智能图书馆的读者和藏书的保护。目前的图书借还需要扫描条形码，经过上磁性和磁化后，再将其送出图书馆，从而降低了工作的速度，而当图书管理员与保安系统结合时，会自动将所有的图书都进行存取，从而极大地增强了对图书的安全性和对现存的图书的监管能力。

8.3.3 5G智慧图书馆服务存在的问题和服务创新对策

通过对中新友谊图书馆的调研与调研，发现当前智慧图书馆的业务已逐渐发展，但还会有一些问题，并会随着今后的发展而改进。分析了5G时代下图书馆的业务发展现状，并就如何提高服务质量，提供了相应的建议。

8.3.3.1 5G智慧图书馆服务建设存在的问题

5G智慧图书馆目前还面临着许多问题：一是建立智慧图书馆的费用，二是支持系统与技术，三是人才。培养依然要求在上述问题上作出变化，并且能够采取有针对性的创新性应对措施。

8.3.3.1.1 建设成本问题

当前5G还处在初期，还有很长的发展余地，但是在智慧图书馆的建立上还需要投入巨大的资金。智慧图书馆的前期投入，大数据、网络、 AI这些高品质的技术，不仅要有高技术的人才，还要有技术支持。在初期，智能图书馆的投资将会非常庞大。除了人力投入外，购置设备及运行费用也很昂贵，且必须经过长期的试验与研发。这个过程是一段很长的过程，而且一旦投入的初期费用和后期收益很难估计和计算，那么在短期之内，这些巨大的投入是不可能很快地被回收的，因此，要支付大量的资金，包括建造和研究。

而在这三个方面，在开发出了智慧图书馆以后，它的维修费用很高，除了要对它进行持续的维修和检验之外，而系统也是不断的升级和完善的。如果一个问题在系统中被找到并且必须进行不断的修理，那么维修费用就会增加。同时，要有高水平的管理者，懂得各种先进的智慧图书馆的应用，以及遇到紧急状况下的应急反应能力。管理人员要更多地提供建议、回应和处理紧急情况。而不是单纯地象传统的图书经理们那样，只是将书本归类和归类，更多地要求管理者们去进行咨询和解决问题的处理。要多学，要在技术上不断的进步，要不断地学习最新的知识、新的业务方式，与时俱进，提高自己的综合素质，提高自己的综合实力。高素质的经理会相应地得到相应的高薪酬，同时也会提高费用。

8.3.3.1.2 支撑的平台和技术问题

5G的快速发展使智慧图书馆能够充分地使用人工智能的云计算，但是目前的技术还不够成熟，5G正在进行中。技术的研发与实验，是一个非常专业的技术队伍，而技术的研发与发展，则是建立一个持续的技术系统与系统，并提供所需的技术支援。这就需要技术人才的专业技能和技能，同时也给智慧图书馆的构建带来了新的机遇。

8.3.3.1.3 工作人员的培养问题

可以看到，随着 5G 时代的到来，智慧图书馆的工作方式将会发生变化，某些基本的工作和基于书籍的工作将会被机器和机器人代替，而智慧图书馆的工作也将会发生变化。不仅要熟练的掌握基本的业务，而更需要全方位、全方位的培训和建立评价体系来测试员工的能力。还要有一种全方位的培训与评估制度。雇员们所提供的服务并不象机器一样冷漠，而且他们的思维方式和问题的处理能力也不如人。

8.3.3.2　5G 智慧图书馆服务创新的对策

本文通过对 5G 智慧图书馆的服务现状分析，针对这些问题，我们可以采取一些有创意的措施来使智能图书馆能够获得更多的重视和更多的访问。

8.3.3.2.1　合作共享

5G 时代的智慧图书馆，既要做到开放，必须要做到区域之间的直接协作，提升整个智能图书馆的协作能力，这就要求各方联合起来，形成一种资源的分享。协调各方，建立起跨地域合作的长效机制。中国图书进口集团张纪臣于 2020 年 8 月提出，要把高质量的文化活动置于"云端"，以应对当前的疫情形势。5G 将为广大读者带来新的阅读体验，为读者提供智能的服务，构建更加具有广阔未来的智慧图书馆。

随着 5G 技术的普及，作为传统的文化载体，图书馆必须持续地进行创意、协作、研发和生产，5G 技术已经越来越深入到人们的生活中，并且越来越成熟。5G 还在不断扩大中，但是作为一个技术支持，可以大大降低工作负荷，从而提升图书馆的业务能力。现在 5G 的发展，也是各个行业的共同努力，在这个技术和 AI 都在大力推动的时候，我们必须要抓住这个机会，让所有的产业都加入到 5G 当中。本文介绍一种基于智能化的多用途图书馆系统，以实现对用户的需求。跨区域、跨馆合作对于图书馆的资源与资讯的集成具有十分重大的意义，特别是在馆内资源与资讯的集成上，若能做到资讯分享，则是一件既省时又省时的事情，若能利用智能图书馆的服务，协助读者解答所提出的问题，为读者与管理者提供一个沟通的平台。

　　而行业之间的协作，除了地区之间的协作，也是非常关键的。在智能科技不断发展的今天，人们对于智慧图书馆的要求已经不仅仅是单纯的查找图书和资料了。同时，智慧图书馆在融合图书、资讯的过程中，也要让用户有更丰富的经验与情绪。亲身经历能为虚拟实境体验提供一种不同的体验方式。因为亲身经历要求画面时延较慢，比如 5G 技术，可以让用户在 VR 和 AR 领域中，获得一种身临其境的感觉，只有 5G 才能让人感受到这一点，因为只有在游戏中才能让用户体验到更高的延迟和更高的画面质量，超高清晰度影像将更好地反映出不同的业务。

　　5G 技术的运用也将扩展至医疗教学等各个领域，透过智慧图书馆与医疗教学，并经常举行学术讲座或社会联谊活动，以使智慧图书馆能更好地服务于不同的阅读需要。在娱乐性上，VR 技术能让人与现场近距离接触，让人体会到视觉上的震撼和美感。在教学上，5G 能够使地区之间的高频率训练模式得到更好的发展。在医学方面，可以进行远距离的外科和现场的现场操作。

　　当前，有些图书馆24小时营业，以方便广大读者，许多人希望能有一个宁静、舒服的学习氛围。除了24个钟头的学习室，还有部分的图书馆也会有，比如现在晚上都关门的图书馆食堂和咖啡店。－我们会为午休图书馆的读者们在没有人的食堂里，为那些在午休的人们打气。同时，若有读者到图书馆去找麻烦，也可以通过智慧图书馆 APP 进行阅读和查阅。而且还能让人满意。通过对智能图书馆的不断研究，它将逐渐成为一个更加完善和更广阔的领域。而我们的生命也将逐渐走向智能，我们的都市将会成为一个智能的、被数码管理的都市。

8.3.3.2.2　技术的创新与开发

　　5G 技术对智慧图书馆的发展起到了重要的推动作用，5G 网络基础设施的建成与推广，极大地促进了网络速度和速度的提高。面向特定软件开发、后台开发、管理开发人员及用户使用的服务管理体系，都离不开技术人员的技术支持与支撑。为了使设备互联、人员互联、物料与制品的互联，技术的进步与革新是必不可少的。对海量的数据进行分析和判定。云平台大数据、云计算服务、物联网、人工智能等技术将会在 5G 网络中发挥最佳的作用和效能。

　　人工智能可以加快 5G 与智慧图书馆的融合，人工智能可以将机器学习、机器人、计算机视觉等技术融入到智慧图书馆中，并且随着科技的发展，而智能化的自主化将进一步提高智能图书馆的功能。随着 5G 业务的不断发展，新技术的不断发展，将会大大缩短数据收集的速度，提高数据的处理能力。随着智能技术的发展，以及对海量信息的持续分析，它将会给人类提供更多的智能生命，并逐渐改善其业务模式。智能技术能够为用户提供个性化的用户肖像，而大量的信息经加工后，将为用户提供更加个性化和智能化的服务。我们会回顾和持续地对5G 应用所带来的宽带、延迟和移动的需求进行升级。此外，还要求对智慧图书馆的后续终端技术进行不断的维护和完善。

2018 年 5 月，上海第一次 5G 高清电视实况转播，5G 的无人机将为带来360°全景的观影感受。中国联通于 2019 年 9 月 16 日与北京邮电学院合作，两校区师生共用 5G 全息实况转播，教师影像全方位呈现。在教室里，教师让他们有一种亲身经历，仿佛他们是在台上授课。由于 5G 网络的高频段和较短的时延，师生们能够共享 5G 科技知识和经验。这不但是在学到了很多东西，还在经历着前沿科技，这些都将给我们的生活带来实实在在的改变。如果这个模型继续发展下去，那么老师们的工作就会明显地降低。就象我们上学时，同样的教师也许会为不同的班上的同学上课。在 5G 时代，教师将被压缩。单凭学习和反复练习还远远不够，但是相同的知识和导师会教给他们。

而如今有了物联网技术，可以通过外部环境的照明，实现智慧图书馆的使用，既节约了能源，又节约了人工。5G 技术所产生的人脸指纹，可以逐步转变为人体和声音的辨识。同时，机器人技术的持续革新，也为智慧图书馆的管理和管理工作带来了便利。随著时间的推移，科技将会在不断地更新、革新，让智慧图书馆始终保持新鲜、实用。要继续加强对智慧图书馆技术的深入和深入的探索，以更好地为广大的读者提供信息。

8.3.3.2.3　提升工作人员的能力

随着智能化的发展，工作人员的工作模式也随之发生变化。以前要有员工的场所，现在要用机器和科技代替了。目前所需的是提高工作效率和提高服务水平。不但要了解新设备和技术的智慧，还要体现出他们的职业素养。首先要加强对职业技术人员的基本技能训练，加强对职业技术人员的培养。在技术的发展和设备的不断更新中，对人员的技能要求越来越高，对他们的业务技能要求也越来越高。机器人能够持续地学会人的动作与言语，但是与之不同的是，雇员要有较强的职业素养，有良好的工作方式，有良好的工作作风，以及对突发事件的应变能力。所以，必须持续地从雇员的专长中吸取教训，并制定评估人员技能的评估手段。为了适应新的智慧图书馆的新业务，员工也要进行相应的变革。更让在了解智慧图书馆的最新科技技术的同时，更能充分利用自己的优势，为客户提供更好的服务。

在工作中，首先要做好工作，其次才是公共关系。由于热门和受众所处的时段不一样，所以经常性地进行适当的推广很有必要。在互联网发展的今天，开发、视频直播等方式日益受到人们的重视，因此，优秀的公共关系管理是每个人都要掌握的一项基本素质。当前，各种宣传手段层出不穷。通过适当的方法，从我们的电视频道定期发布新闻，并将演讲内容和信息及时反馈给我们。现在是修改知识库或者发送信息的时间。这不但可以促进图书馆信息化建设，而且还可以提高馆员的素质。

最后，要为员工制订一系列的绩效考评制度，无规矩不成方圆，要使公司的内部控制达到完美，使整个服务系统无懈可击。

8.3.3.2.4　重视服务反馈

而只有在 5G 高速的互联网环境下，才能更好地反映出用户的服务品质。积极的评论能让我们更好地工作，消极的评论能帮我们修正和提高。聪明的图书之所以能取得如此巨大的成就，并非因为其华丽，而是因为其受众的满足程度。目前，大部分的读者都把重点放在了提供个性化的服务上，而对于智慧图书馆来说，是否能够真正地解决他们的问题。大数据与人工智能将使个体化的业务得到发展。这个功能类似于我们的购物软件，它能够通过用户喜欢的书籍或者频繁的关键词来实现用户的形象，从而实现用户对商品的需求。推荐和推荐。同时，我们的智慧图书馆也会根据 5G 时代的特点，提供用户所喜爱的资料，并通过各种形式的教学和教学，来提高阅读人数。唯有依靠智慧的图书馆，经常的推动，可以和用户建立起良好的沟通关系。

由于智慧图书馆与 5G 技术的便捷，使其能够独立地进行各种工作，而无需借助工作人员的协助。我们的智慧图书馆的读者、阅览员都是各自的个人，需要各有各的需要，因此大多数工作都是由人工智能和机器人来做。要是不喜欢，我们可以改善。因此，作为一个平台，为用户进行沟通，并为用户提供回馈，就显得尤为关键。首先，用户可以在此网站上进行沟通，与其它的用户进行沟通、探讨、对用户及相关的信息进行反馈和评估，从而极大地增强了与智慧图书馆的连接。要使智慧图书馆更好地发挥其作用，更好地满足大众的需要，对其进行有针对性的改善。因为智慧图书馆的受众年龄、专业领域广泛，因此，无论年龄、行业如何，要获得广大读者的积极的评论，都需要持续地整理和改进。

此外，还可以通过积分进行交互，比如购买书籍，阅读积分，每日签到积分等等。同时，还可以为玩家们提供一些免费的奖励。任何能够提高阅览室和智能图书馆的粘性的活动，都能得到相应的点数，就好像在点数商店里可以买到礼物一般。与智慧图书馆、积分商店等不同，智慧图书馆也是一种全新的体验，它是读者休闲、休闲、阅读的理想之地。

总之，以5G为基础的智慧图书馆，将会给广大的用户带来更为全方位、细致的个性化的服务，为员工提供工作上的便利，持续的技术开发和试验，给用户带上智能的高端体验。在2020年，由于新冠疫情的爆发，人们开始重视云端服务和云计算的应用，技术让所有事情都变的更聪明、更方便。5G是一种智慧的图书馆，将有效推动大数据与人工智能、智慧与其它科技的深度融合，将会让智慧图书馆选址更智慧、管理更智慧、服务更智慧，从而产生全方位、深入的改革，并对现有的图书馆进行更好的服务和服务。利用这些联系作用，可以拓展5G在智慧图书馆中的作用和利用价值，从而推动整个国家的文化、工业和社会的发展。发展的高品质。

第9章 基于5G环境下的智慧图书馆阅读推广服务研究

　　培养阅读习惯解决是为阅读的持久性、惯性问题，个体唯有培养优良的阅读习惯，方可将阅读当作某一生活模式，就像是水、空气对待，不能分开。该工作模式和生活模式的融合，就演变为道德力量、创新力量。显著提升阅读品质解决的是阅读的品位问题以及内容问题，人生有涯，而知识无涯，以有涯人生面对无涯知识，只能择善而读，所以好书需要挑选，读书要持续引导。所有的均是关于书籍的推荐、出版、导读等，其主要目标是提升群众的阅读品质。提升解决阅读能力的为技术问题、阅读办法，为解决阅读效率问题。无论是对角线读书法、一目十行读书法、不求甚解读书法、蚕吃桑叶读书法等，均有自身的优势，需要将诸多的加速阅读效率的办法教给用户。提升阅读效果解决的为阅读理解能力和水平的问题，也就是阅读的吸收、消化等相关问题。阅读最主要的目标是吸收书籍的内容，落实阅读的基本目标。推广阅读服务为开展全部正当阅读的基础和目的。无论是休闲阅读、功利阅读，均不能被当作是阅读推广嘲讽或者是歧视的对象，阅读推广活动需要帮助诸多有正当目标的群体落实理想。在阅读推广活动内，阅读习惯、兴趣、能力、质量、效果的定义，有极强的通约性，直接规约了阅读推广的外延以及内涵，所有的阅读推广活动均是按照该5方面实施以及开展的。

9.1 图书馆阅读推广概述

9.1.1 阅读推广概念及内容

　　王波表示中国国内推广阅读有关的分析现存的问题：只是单纯粗浅论述了阅读推广的定义和理论，分析重点汇集在开展阅读推广活动中，但是尚未就中国推广阅读活动的科学性、可行性予以分析和检验，研究目前有很多的缺陷和不足，难以紧随时代的发展脚步等问题。结合分析中存在的如上问题，论述了推广阅读的 5 个层面：对国际推广阅读活动予以调研、对推广阅读活动构建理论支撑、主要分析推广阅读活动的有效性、对比国外和国内推广阅读活动的优势和劣势、分析推广阅读的长效制度和机制。

陈翠英、刘振东及韩风华指出，伴随互联网＋时期的来临，阅读表现出内容多元化、目的多元化、阅读方式多元化的发展特性，进而让图书馆在推广阅读服务环节中面对较大挑战和问题，例如，用户在研究阅读行为中缺乏深度，在推广阅读活动中缺乏权威性以及系统性，推广阅读的多元合作体系不够健全，缺乏有关的推广活动法律保障和评价制度等，并且还对图书馆的推广模式、阅读方式等论述了全新的需求，论述了在互联网＋建设阶段的长效推广全民阅读的思路：实现常态化分析用户的阅读行为、组建专门的阅读推广组织、创建专门的推广阅读团队、规划推广阅读活动的效果评价和监督制度、创建推广阅读的跨界融合方式、完善以及构建推广阅读的法律保障体系和制度。

李明表示，推广阅读的主体开始表现出多元发展态势，推广阅读的有关活动可运用单独的图书馆推广个体、民间读书会、图书馆平台、推广阅读活动志愿者等有关渠道实施。与此同时，推广阅读活动需要更多的力量介入和用户的广泛以及积极参与。王海红通过分析学生阅读之后表示，需要创建推广学生阅读的专门组织机构，且设立专门的阅读推广基金和青少年阅读基金，并在国家发展战略中纳入学生阅读，进而确保青少年和学生阅读推广活动的有效性、持续性和长期性。孙鹏飞也表示，当下对图书馆来说未成年群体是最主要的阅读群体，其阅读表现出偏好数字阅读、多样兴趣、阅读消费主要是自行购买等相关特性，并且也有功利性突出，缺乏精准的阅读引导的问题，图书馆需要逐渐丰富推广阅读的具体活动、强化建设推广阅读的人才团队、有效使用媒体强化推广力度以及逐步优化阅读环境的对策来合理面对未成年人阅读的有关问题。

吴高和韦楠华表示，中国高校推广阅读存在缺乏阅读推广主体、过于单调的活动主题、缺乏充足的数字推广资源、较长的活动推广周期、单一的推广途径、缺乏健全的推广合作机制等相关问题。并结合如上问题，论述了推广高校图书馆阅读的具体对策，创建了完善的阅读推广组织机构，逐渐丰富推广途径和推广内容，逐步优化推广数字阅读的环境，试图实现和多方合作。

姜进表示，需要使用微媒体时代的新媒体途径和技术的优势开展推广阅读服务方式，使用微媒体落实读者图书馆和真人的在线互动，并且双管齐下开展推广阅读。Hossain Z 论述了构建终身学习型社会（Lifelong Learning Society，简称 LLS 社会）与全民推广阅读的彼此影响和促进的关系，论述了研究推广阅读的持续性发展的全新研究角度。Tang CA，Chen KM 及 Chang LC 提出了针对儿童阅读开展情况和效果的可测量模型，并针对该模型的测量结果对发展儿童阅读推广工作的开展提出了相关建议。杨颖和郭继军表示培养推广阅读活动内的推广阅读专业工作者的内容、模式、途径等，且论述了培养阅读推广工作者的具体方案。孙玉艳在推广阅读方式中使用了全媒体和大数据，论述了在大数据时期中全媒体推广阅读的方式，其目的是落实全方位、立体、互动性、个性化的推广全媒体阅读的方式。

王莫离表示，推广阅读和图书馆创新服务之间是相辅相成、彼此互动的关系。范并思表示，近段时间图书馆在推广阅读环节中表现出四个显著的发展态势：全民推广阅读活动越来越日常化发展，在推广阅读活动中不同地区也有更小的差异，推广阅读有更多的活动主体，有更广泛的信息技术被使用在推广环节中。Sun L，Xie J. 表示，针对我国的公共图书馆而言，读者咨询和推广阅读为其最主要的一种服务内容，且建立在该基础上论述了数字平台开展全新服务的必要性，并且这也是推广阅读的全新办法和全新渠道。康媛媛，胡曦玮及陆和建以香港图书馆为此次分析对象，明确了香港图书馆推行的教育、团体学校开展的紧密合作、设立图书便利站、读书会、流动图书车等有关推广阅读对策，并论述了在我国推广委员会、学会阅读的引导，构建以图书馆为核心，政府提供资金和政策支持，文学出版社对外输出优秀书籍，发挥社会志愿者和民间阅读组织的人力优势，将社区和学校当作重要的着力点，加大媒体宣传的力度，并且逐步推动阅读的图书馆推广阅读方式。

9.1.2 阅读推广的要素

推广阅读和其他事物相同，在组合构成中均有一些必备的基本要素，该要素直接呈现了推广阅读的特点。阅读推广的构成分为主体、目的、活动、内容、对象、效果、内容层面。推广阅读的共同要素有比较丰富的含义，有多样性、个别性、不可分割性、识别性的特性。推广阅读不同要素之间是彼此紧密联系的，在推广阅读环节中推广主题是建立在某推广目的，面向某阅读推广对象，选择推广阅读内容，实施开展推广活动，进而发挥推广效果。

其中，"目的"传达着推广阅读的目标取向和主导思想；其中主体是推广阅读的直接力量和能动要素；推广阅读对象为推广阅读的服务归宿以及目标群体；其他内容均需要按照对象发挥价值，内容直接规定了推广阅读的运行核心以及本质内涵，是联系对象和主体的内容媒介；活动呈现出推广阅读的规模范围以及外在样式，是联系对象和主体的媒介，并且是发挥其他要素功能的平台；效果呈现出推广阅读的文化成果以及社会效应，为其他要素一起发挥功效的结果。

结合现实情况而言，客观认知所有项目的阅读推广要素就是深化认知阅读推广，逐步优化不同阅读推广要素便于优化阅读推广整体。

9.1.3 阅读推广的目的

阅读推广的主要目的是通过推广阅读的方式获得一定的阅读价值和作用。推广阅读的目的有预测性、领导性、主观性、贯通性等相关特性，分析推广阅读的主要目的重点是确定为何推广一种事物的价值和作用，是群众对该事物的情感寄托，社会群众对推广阅读价值以及作用的理解直接关乎群众对推广阅读的重视度、认同度、支持度、参与度。通过阅读人类可产生多方面的影响，但最根本的价值和作用是在最新产生的、历史积累的越多资源中获得信息，进而让所有参与阅读的个体均可以提升智慧、增进知识、修养品行、愉悦身心、成就事业，社会成员的发展和进步必然会带动社会综合层面的演变和发展，主要呈现为教化群众、传播文化、推动创新、开发智力、助力生产，直接提升社会综合层面的阅读能力和水平，发挥振兴民族的作用。

但对社会中的成员、社会整体来说，阅读有深远的意义，在当代文明高度发展的当下，人类在接受技术方面表现出高速发展，新兴技术也制造了大量的信息，提供了有效科学的检索信息和获得信息的方式，群众可以突破全方位、时空的限制，并且快速地获得自己需要的所有资源；在另一层面而言，由于人文环境表现出多元发展态势，导致社会阅读风气逐渐低落，例如，图书借阅率降低、实体店越发萎缩、读经典书籍的人数逐渐降低、过于浅尝辄止、实用的"伪阅读"数量的递增等。

9.1.4 阅读推广的主客体

9.1.4.1 阅读推广的主体

阅读推广的主体一般是经常所说的推广阅读者，在推广阅读环节中发挥主要的义务和责任的个体和社会组织，涵盖了推广阅读活动的领导者、倡导者、实施者、组织者和支持者，推广阅读的主体有能动性、社会性、合作性、多元性的特点，推广阅读主体涉及不同社会力量，所有社会力量均在隐性或显性地发挥推广阅读的作用。

（1）阅读推广的主体类型

阅读推广的主体遍布在社会的不同阶层，社会个体和国际组织均有涉及，都可以将其当作是推广阅读的主体。

第一，国际组织。阅读直接关乎人类的演变和发展，推广阅读也演变为一场国际性话题，受到国际组织的普遍关注，例如，国际阅读协会在 1955 年成立，作为一个非营利性国际性推广阅读的专门组织，其主要目的是提高群众的阅读能力和水平，提倡群众培养终身阅读的习惯，强化对个体的阅读指导，推动分析阅读问题。

第二，国家和政府。国家和各级政府可运用政府的权威性和影响力，制定有关政策，协调不同层面的资源，诸多国家均将阅读推广当作国家工程和国家战略来实施。

第三，社区。推广阅读活动在社区中开展，便于子女、家长全面参与，便于群众在家门口开展阅读活动，直接拉近了邻里关系。

第四，社会个体。不管是普通公民、社会名人均可以对推广阅读贡献力量。

第五，家庭。对子女阅读来说父母的示范、家庭氛围均是特别重要的存在，我国自古以来就是耕读传家的优良传统，在英国风靡存在的阅读起跑线，就值得所有的家长借鉴以及学习。

第六，阅读推广人。推广人士使用诸多形式渠道和载体对群众传播阅读理念，实施阅读指导，逐步提升阅读能力和兴趣的业余工作者以及专业工作者。其为一个全新的社会身份，并有自身职业，并非为了名利，在做相同的工作：告知老师、家长、孩子什么是好书籍，怎样阅读、挑选优秀的书籍。还有的将其界定为职业，在强大的利益需求和群众的渴望中，承担模糊的中介职能；有人将其界定为荣誉，为商业洪流内秉持良知，分析不同群体的精神需求，端庄地推荐个体的所爱、所知、所信。其具有以下功效：①推广功效。推广阅读工作者的具体职责是传递阅读价值理念，推广阅读，帮助其他群体特别是青少年培养纯正的阅读品位和阅读兴趣，获得思辨能力、阅读能力和批判能力，其注重建设阅读能力和培养阅读兴趣，推动他人将爱读书演变为会读书，并且还注重阅读的公平性，对弱势群体构建优良的阅读条件。②凝聚功效。通常来说，阅读为私人化的方式和行为。但阅读同样涵盖了社会性的特点，其不但有社会性特点，并且还涵盖了阅读的交锋和交流。推广阅读工作者运用一对多的方式，在社区、学校、网络、机关中凝聚产生彼此激励、探索真理的阅读类型的团体，产生了更多的阅读类型的团体，为导风气、求学问的直接呈现，其不但给予了某城市活力，并且还给予了城市超越肤浅表层的高度以及深度和沉稳文明的性格。③塑形功效。推广阅读人在日常读书活动内开展推广阅读，一般要团体亮相以及开展经常性阅读，提醒其他人坚持阅读，崇尚阅读，明确他人让阅读演变为生活模式的生命价值坐标和文化时尚。运用个体的精神气质，塑造城市全新的文化传统。④下沉功效。推广阅读人在基层的不同推广阅读活动和阅读组织，在较大层面弥补了图书馆推广阅读服务的缺陷，推动下移阅读中心，逐渐将阅读引入民间和基层中。

9.1.4.2　阅读推广的对象

阅读推广对象为推广阅读的目标受众，其有广泛性、受众性、反馈性、差异性等诸多的属性。阅读推广是对所有社会群众来说的，需要清楚地了解不同个体阅读方面的属性和特质，便于针对性地实施阅读活动。

（1）从阅读需求看

所有的社会个体均是在某社会环境中生存的，所有的群体均是生活在某社会环境中的，群众的生活经历、个体特征等，倘若比较相似或者是相同，那么就有相似、一样的阅读需求；相反，就有较大概率存在不同或相反的需求。推广阅读的时期需要细致研究，进而使用有关的推广阅读方针。

第一，同质群体。其是特性相似或者是一样的群体组合产生的。例如，在某组织结构中，其成员通常有相似的能力，一样的工作任务，类似的学习环境，由此在阅读活动开展的时期，就需要按照阅读目标，制定书目，诚邀共同辅导教师，按照某阅读办法。进而所有个体均会形成一样的阅读话题，很可能会产生共情的氛围以及态度，且获得彼此的支持和理解。

第二，异质群体。该类型的群体是彼此依赖、特点不同的群体，是对比同

263

质群体来说的，在各类型群体中其有不同的特点，有着不同的阅读需求，在实施阅读活动环节中除去必读书目外，不同成员还可以按照自身特点广泛地进行书籍阅读，进而就演变为和而不同的阅读。

（2）从阅读环境看

群众位于的阅读环境一般都是不平衡发展的，其有不同的经济能力，可以使用的资源也有一定的区别，进而会直接影响阅读行为。通常来说，在人居住区域的书店、图书馆通常很难借阅到书籍，或在网络中无法轻易下载或打开书籍，则就会放弃阅读这一书籍。

第一，不便群体。不便的群体为运用努力之后才可以获得阅读资源的群体。在日常的活动中，书店、图书馆等和其工作单位、居住地均比较远，可以使用的数据库资源、网络资源均高度匮乏。

第二，方便群体。方便群体为可以便利获得资源的个体。在日常的活动之中，其不但可以便利地使用书店和图书馆，还可以合理顺畅地使用数据库和网络。

第三，困难群体。困难群体是运用自身努力也难以获得资源的群体。在日常的活动空间中，书店、图书馆和其有比较远的距离，普遍不能应用数据库资源、网络资源等。对比来说，推广阅读者在本质上就需要帮助弱势的阅读群体，降低信息之间的鸿沟。

（3）从认知水平看

推广阅读对象有不同的阅读能力和认知水平，推广阅读者所使用的推广阅读力度和办法有一点区别。在日常的社会活动中，信息不对称是一种持续递增、客观存在的阅读资源，对比有较强阅读能力的高端群体则表现出显著的时差问题，对比有较低阅读能力的特殊群体则表现出"势差"问题。

第一，高端群体。高端群体为可以超常阅读的群体，其普遍有较强的阅读意愿。有优良的阅读能力，可以熟练使用诸多的阅读资源。推广阅读重点是帮助其获得全新的阅读信息和资源，迅速掌握全新的检索体系。

第二，普通群体。该类型的群体是可以正常开展阅读的群体，其普遍有一定的阅读意愿，有优良的阅读能力，推广阅读重点是帮助该类型群体提升阅读品质，让其可以更有效、更充分地使用阅读资源。

第三，特殊群体。该类型的群体是无法正常开展阅读的群体，例如，没有阅读意愿的群体、有较低文化程度，并且没有较强阅读能力的群体，缺乏信息技能、并且无法使用数字资源，由于存在患病、残障、体衰的问题，对阅读能力产生影响的个体。

由此，推广阅读需要提供的是一种更强介入性的改造、建立、重塑阅读行为的一种服务，或者是可以帮助其提升信息技能或读写能力，落实有效的阅读救助的活动。

9.1.5 智慧图书馆技术在阅读推广中的应用综述

近段时间伴随越发注重推广阅读活动，且该活动获得大范围发展，图书馆在推广阅读活动中也开始应用智慧图书馆的智慧技术和新技术。王云萍表示，秦皇岛使用移动图书馆的方式搭建了移动阅读平台，这一平台合理使用了高校图书馆和公共图书馆的资源，移动图书馆全面覆盖到有 Wi-Fi 信号的地区，但凡有 Wi-Fi 均可以进行资源的浏览和阅读。王彦力运用对比研究了重庆大学、北京大学、四川大学等我国高校图书馆实施的推广阅读活动和推广阅读项目，汇总获得了建立在五种信息技术基础上的推广阅读方式，该技术为新媒体平台、多媒体技术、游戏推广理念、大数据理念和再造业务流程五方面，且在该基础上论述了中国图书馆在推广阅读环节中需要关注使用智慧图书馆计算，实现了阅读推广方式、信息技术、活动实施的融合，渐渐提升推广阅读的成效。钱兴彦论述了将 IPTV 使用在推广阅读活动环节中，且结合在中国图书馆推广阅读活动中 IPTV 技术的可行性分析进行解读和研究，论述了中国图书馆使用 IPTV 技术实施推广阅读的方案。王天泥对建立在大数据基础上对中国图书馆在推广阅读环节中遭遇的挑战和问题予以分析，论述了建立在大数据基础上的"3A5 步"法，中国图书馆推广阅读的具体环节和流程，且对这一技术使用在推广阅读的可行性予以论证和研究。轩红则在智慧图书馆的层面研究，建立在整合图书馆资源、智慧图书馆技术、智慧化的图书馆设施、智慧馆员等层面论述了智慧图书馆、推广阅读融合的概率。王清飞论述了使用智慧图书馆的新发展理念来设计新流程和推广阅读的全新模式。例如，可以建立在智慧图书馆发展的 SoLoMo 理念和技术中，将其使用在推广阅读项目的宣传、设计环节中。

9.2 5G 环境下的阅读推广模式

模式为在生活经验、生产经验内历经升华、抽象获得的核心知识系统。可以说，其为解决某种问题的办法和模式，将该问题解决的办法汇总归纳为理论高度，其为模式。推广阅读模式为在推广阅读环节中，运用实践产生的且证明为特别有效的解决问题的方式和办法，为有操作办法、活动主题、效果测评、运行程序等所有核心问题的指示系统。推广阅读工作唯有依托媒体平台方式实施和运转，5G 大环境中，伴随爆炸式的数据信息递增，还需要依托有关媒体落实推广阅读。

9.2.1 5G 时代的阅读

9.2.1.1 我国的 5G 时代

5G 时代为数字化时期的演变和发展，一般所说的数字化时期为将生活的信息使用计算机的模式演变为 1 和 0 的环节，为信息领域的数字技术对人生活的诸多层面推进的环节。通信领域涵盖了大众传播中的传播技术方式使用数字类型全面替代传统模拟制式的演变环节。数字化时代为伟大的时代，特别是在传媒方面运用计算机处理、存储、传播的信息获得最快速度的传播以及推广，数字技术目前已经演变为诸多类型传媒的普遍和核心技术。在 5G 时期其涵盖了 4V 特性，也就是多样性、规模化、价值性，高速性 4 个层面。中华民族有 5000 多年的文明发展历史，悠久的传统文化对人类发展和进步做出突出贡献，独特的文化传统、特殊的历史使命和我国独特的基本国情要求中国需要走适合中国现状的发展道路。在该特殊的时期，需要合理使用信息技术，持续推动教育创新和教育变革，构建数字化、网络化、终身化、个性化的教育系统，创建处处能学、人人皆学、时时可学的社会。

9.2.1.2 5G 时代阅读的特点

（1）阅读内容的特点

阅读内容，即"读什么"，在 5G 时期，在技术的驱动中，媒体实现了重塑传播和传媒，其涵盖了自媒体和社交传播的力量，与此同时也覆盖了个性化推荐的能量。在挑战层面而言，该问题是由于人性对消遣、娱乐、猎奇、八卦有一定的好奇心，自媒体形成的在客观真实、全面权威等关键指标均和传统媒体的内容有一定区别，在社交化传播和个性化推荐的合力发展中，进而获得更大的传播范围。群众每天获得大量令人特别担忧和没有意义的内容，所有人都可能会演变为生产信息者，也会演变为信息消费者，这和传统媒介有很大的区别，实现了从生产到消费的转变，并没有设置信息安检员，由此产生的信息有较大的品质问题。

在庞大的数据流中，寻找阅读内容的环节变得越发繁杂，如何发现有价值信息进行研究，获得更大的研究价值为重点？在5G时期群众阅读什么内容演变为核心。

（2）阅读方式的特点

"阅读方式"就是"怎么读"，目的是"善读书"。由于受到数字媒介快速发展影响，传统阅读方式并非是唯一的阅读方式，伴随时代的演变，即时在线浏览开始沦为主流阅读方式，阅读正式步入数字化时期。

数字媒介阅读对比传统的纸质阅读而言有较多优势。在阅读效果方面而言，其在数字书籍中融合了视频、图片、文字、音频等所有可以使用的介质，让原本呆板的文字变得更加灵动，还原场景和环境，帮助用户更好地理解和吸引大量用户；其次数字化书籍有更低的成本、更大的容量、便于传播、容易携带；最终还有比较便利的阅读模式，可随时使用移动设施，浏览自身有乐趣和兴趣的信息和文献，最大可能性地满足在阅读方面的愿望。

（3）阅读环境的特点

"阅读环境"即"在哪儿读"，5G时代"阅读环境"涵盖了实体环境、物理空间、阅读氛围，并涵盖了虚拟环境。阅读环境的优良需要在舒适性、便利性、可交流性的层面分析和评判。在5G时期，群众不用辗转在图书馆、书店就可以便捷的获得网络的文献资源和信息。阅读平台提供用户互动和交流的平台，阅读并非是书本和个人的单向点对点获得信息的模式，其为运用互动平台使用对话体系，让获得信息演变为点对面的社交群体模式。在虚拟环境中可以更好地传播自身观念和建议，便于传播和分享信息。

9.2.2 传统的阅读推广模式

9.2.2.1 传统的媒体模式

传统的媒体模式为使用墙报、室内广告、室外广告、报刊、广播、宣传栏等诸多传统媒体实施的推广阅读活动而形成的一系列办法，例如，读书活动、推荐图书、图书馆论坛、阅读交流、图书馆教育等诸多方面，伴随跨媒体阅读和新媒体的普及和产生，传统推广阅读模式也在持续发展和创新。

（1）图书推介

图书推荐为将书籍推荐给用户，让用户了解书籍且接受推广书籍的活动。图书推荐是将新图书或书籍为标本，运用介绍其特色和内容的方式让用户了解自我需求，进而精准界定自身需要的书籍。其为最直接、最简单、最有效的推广阅读模式，涵盖了介绍新书、推荐书目、评价书籍、展示样书、现场签售等推荐模式。

（2）书目推荐

推荐书目也可以被叫作举要书目、导读书目、必读书目、选读书目、劝学书目，对某用户来说，对某一问题历经精心编写和选择的书目，提供给用户了解某一事件或者是了解某知识，涵盖了为研究和配合专业学习而制定的阅读的专业书目。

推荐书目不但可以引导群众读什么样的书籍，明确读书的前后顺序，还可以指导群众如何进行阅读，目前推荐书目的主体不但涵盖了政府、专家学者、图书馆、社会组织、高校等非营利机构，并且还有网站、商业性出版社、职业推广员等诸多内容，进而造成推荐书籍品类的逐渐递增，并表现出数量泛滥、多元倾向性的特点，正是由于信息技术的迅速发展，推荐方式和载体也有较大进步，直接弥补了传统推荐的缺陷和不足，有专家学者在消除网络信息迷航的层面切入，将专业搜索引擎和科学导航融合视为推荐书目的变体。

（3）新书推介

新书推介为将全新颁发的书籍推荐给用户，让书籍获得用户的认可，最大可能性地获得社会收益。而该推广阅读活动的实施和开展，重点需要新书要新、迅速推荐、明确介绍。

第一，新书要新。新书最主要的价值是新。该区域所说的新，为新出版的，通常时间越近就更好，通常6个月内才可以被叫作新；进而为内容新，新书需要是社会科学、自然科学领域中用户的全新研究结果，或者是人文科学用户创作的全新作品，为全新的人类智慧结晶；最终是书籍需要有新的品相，新的装帧、印刷、面貌。新为推广阅读的重点，并且是吸纳用户关注的重点和亮点。

第二，快速推荐。推广阅读者需要构建在通顺的信息网络基础上，精准、敏感地获得出版信息，挑选获得最适合个体的新书，并迅速发布信息。在推介新书活动中，谁抢占先机，那么谁就是赢家。

第三，明确介绍。推荐新书，并且让用户可以顺利地接受，就需要依托介绍。新书的介绍，需要抓住新书的核心特色、内容区域。介绍策略为融合用户特点抓住个体的阅读欲望，必要的情况下可以打背景牌、作者牌，提高吸引力；论述的内容需要特别简单，不但要有悬念，抓住要点，还需要吸引用户。

9.2.2.2　读书活动

推广阅读工作的最终目标是让更多群体读书，在该层面而言，读书活动是直接指向推广阅读最终目标的，其结果有显著性成效。读书活动，是将读书为活动主体的主要内容和项目，让用户在读书环境中更好地走进书籍，热爱阅读，且长期地开展阅读活动，传统阅读活动涵盖了读书沙龙、读书节、读书征文、读书演讲等诸多类型。

（1）读书月

读书月为以推动图书阅读为核心的推广阅读活动，其为选择某一特定的日期或者是时间，实施和开展诸多的推广阅读活动。例如，在 4 月 23 日举办读书日活动，还可以设置该时间为终点、起点、中点的读书月、读书周、读书节等很多的活动。

（2）读书沙龙

读书沙龙为对比讲座来说的，为一种更活泼、轻松的交流聚会的模式，是由热爱读书的用户聚焦而产生的阅读交流活动。其是建立在分享阅读成果、交流阅读经验基础上的。举办读书沙龙有诸多的模式：媒体举办、自发用户举办，或者是由出版社、图书馆、民间协会、书店等一起举办。

（3）自发举办的读书沙龙

读者有一样的阅读取向、阅读兴趣，日常围绕某一个题材、主题，或者是某作品的著作、作品而实施阅读讨论或者是交流。

（4）媒体举办的读书沙龙

通常是围绕有较大影响力、重大的作品、选题、作者，诚邀媒体评论家、作家、读者、学者等进行讨论，进而推广主要作家的作品，引导社会阅读取向，引发群众的普遍关注，并且提升媒体的使用率以及影响力。

（5）图书馆开展的阅读沙龙

将聚合同类用户当作基本方式，分析和研讨类似或一样的阅读问题，进而推动用户和用户的交流。

（6）出版社和书店开展的阅读沙龙

结合某一种类的畅销书籍、热门素材，提升用户的关注度，推动销售书籍，不但可以产生更多的社会收益，并且还可以提升经济效益。对比读书月而言，读书沙龙有更强的应时性、随机性、专题性的属性和特质，与此同时其参与对象为有较强知识能力和阅读品位的高端群体和用户。由此，读书沙龙需要高度关注学术性问题。

9.2.3 5G 环境下的阅读推广模式

9.2.3.1 信息技术与阅读推广

（1）信息技术环境

目前的信息技术环境已经可以支撑推广阅读活动，例如，平板电脑、云计算、微博、智能收集、游戏式学习、社交网络、微信、二维条形码、体感技术、在线教育等诸多方面。其均可使用在推广阅读之中，并且被使用在技术平台内，开始向着云平台、移动互联网层面演变。

第一，广泛的覆盖面。传统的推广阅读活动，例如，读书分享会、经典导读讲座，参与者通常只有很少的人，但是运用信息技术搭建阅读平台，则可以吸引上万群众参与阅读，但涵盖了正式的图书馆用户，并且还可以面向图书馆同行、社会群众等进行推广，由此有更好的推广效果。

第二，较高的效率。较高的工作效率，运用信息技术创建的推广阅读平台和系统，在一个层面可以实现推广阅读活动的推广活动、用户报名、统计研究等相关工作，工作者无须介入所有流程和环节，并且在之后还可以重复应用，由此有较高的工作效率；在另一层面而言，系统还可以将活动的诸多流程的信息均告知给用户，有较高的推广效率。

第三，对用户有较大的吸引力。运用 5G 分析、多媒体、在线游戏、虚拟现实等模式创建推广阅读活动，或运用微信、微博等新媒体平台予以推广实施，为用户经常使用或关心的一种技术方式，由此对用户可产生更大的吸引力，有更多的参与度。

（2）信息技术阅读推广模式

第一，5G 理念推广模式。伴随 5G 理念开始被使用在社会的诸多层面，图书馆也更强调在日常业务中形成大量的用户借阅数据、用户数据、访问数据，进而形成了建立在 5G 理论基础上的推广阅读方式。在 2012 年开始，上海图书馆就一年对用户发放个性化的年度阅读账单，上面罗列了用户的阅读足迹，按照书籍借阅的数量，用户可以收获极客、文青、书虫等。该账单还涵盖了上海图书馆用户的平均每人借阅的书籍的数量、最大借阅数量的用户借阅了多少书籍、最高借阅频率的书被多少用户借阅过、图书馆规模等有关的信息和数据。上海图书馆按照账单，及时对用户构建诸多的贴心服务。厦门大学图书馆在 2013 年开始，就对毕业生递送了"圈－时光"贺礼，分五个部分："缘起、初恋、故事、书单、告别"，五幅插画搭配文字，就像是画册，将在图书馆中毕业生的借阅数据和足迹使用故事的方式呈现出来，特别温馨，极具文艺范，获得了用户的喜爱。其他图书馆也提供了相似的毕业生服务。

第二，游戏推广方式。游戏推广由于其强有力的参与优势，创新了推广图书馆阅读的内容，演变为图书馆的活力。游戏推广运用互动性、多样性的网络游戏和用户予以沟通，诸多的游戏可运用个性化、有趣味性的互动设计，不但可以激发用户兴趣，还可以将推广阅读的信息传送给用户，获得了优良的效果。例如，武汉大学图书馆在推广阅读中融入虚拟馆员，贴近了和用户之间的距离，其后将虚拟馆员当作核心，推出了"拯救小布"，该游戏是运用游戏的方式进行书籍的推荐，让用户在答题活动中可以主动、自觉地收集、关注、学习、整理有关的名著信息，潜移默化地获得经典阅读的影响以及教育。

9.2.3.2 移动新媒体与阅读推广

（1）移动新媒体环境与阅读

阅读模式，针对高校用户的阅读认知均形成了较大的影响。当下，新媒体阅读开始演变为高校学生检索信息、获得资源的主要模式，新媒体技术也逐渐更改了群众的额交流和学习模式。诸多的学生均是使用新媒体的方式获得信息的。移动新媒体演变为群众提供阅读的基本渠道，演变为学生拓展事业，创建知识系统的有效工具。并且，在移动新媒体理念中的碎片化阅读模式，直接更改了群众此前的阅读方式，进而让"碎读现象"演变为常态。建立在新媒体基础上的阅读方式有立体化交互的属性，用户可使用微信等进行信息的交流，构建了更多的乐趣。

（2）移动新媒体阅读推广模式

第一，电子阅读器数字阅读推广模式。电子阅读器是专门获得数字阅读信息的移动设施，其有做标注、设置书签、存储信息等相关功能，和数字阅读功能的平板电脑等有一定区别，对比来说其更容易携带、有更多的功能，不但可以存储大量的海量信息，还可以保护视力。近段时间中国的方正集团、当当网均推出形式多样的电子阅读器，以用户为核心，提供数字阅读的便利性，最大可能性地抢夺中国市场。中国国家图书馆最先推出了以外界电子阅读器为核心的数字阅读推广服务，只需要交纳一定的押金就可以获得电子阅读器，且运用图书馆网站下载和检索自身有兴趣的内容，不但可以满足用户在数字阅读方面的个性化需求，还可以提升利用数字资源的效率，该业务在推出之后就获得了更多用户的喜爱和欢迎，并获得了其他图书馆的关注。

第二，移动图书馆数字阅读推广模式。用户使用智能手机等进行移动 APP 下载之后，就可以在线进行图书馆数字资源的访问，并且办理申请资源和图书借阅的相关业务。移动图书馆服务的使用可以整合不同平台、不同机构的数字阅读资源，强调推荐数字化资源，可以融合用户不同需求，主动对用户提供阅读资源的信息、查询和下载等相关服务。高校图书馆在建设移动 APP 的层面中，融合用户需求，实施阅读推广的体验式服务，将用户需求当作基本导向，生产有关的移动产品，创建用户和图书馆之间的良好互动。运用整合外部和内部数字资源，强调在数字阅读服务环节中的用户体验与需求，引导不同层次阅读产品的实施和开展，并且有效使用电子报刊、微博等移动媒体强化宣传高校图书馆，让用户深刻认识移动图书馆提供的服务，由此可以获得更多用户的信任。

9.3　基于智慧图书馆的阅读推广模式构建

9.3.1　模式构建框图

图 9-1 是图书馆在宣传活动中的重要内容：阅读推广主体，阅读资源，宣传活动，宣传媒体，和受众。从图表中可以看到，要促进图书馆的文化建设，必须要有专门的宣传组织，正确地运用好读者的阅读，运用宣传媒介，策划宣传活动的内容与方式。必须有一些行动。这将会对读者的宣传造成一定的冲击。在该时间中还可以获得用户的持续反馈，不断优化和调整推广阅读工作，进而实现最佳成效，建立在如上研究基础上，本文在图书馆的层面切入，分析了重要模块，也就是阅读推广主体、阅读资源、阅读推广活动和阅读推广媒介。

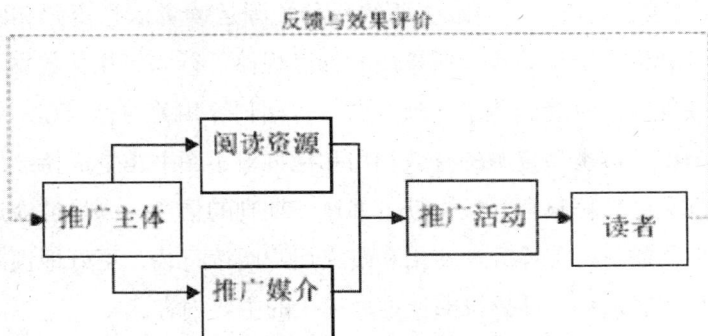

图 9-1 阅读推广五要素及其关系

历经如上研究阅读推广模式的五种要素，本文在图书馆的层面切入，将阅读资源、阅读推广主体、阅读推广活动和阅读推广媒介作为建立在智慧图书馆技术中的阅读推广模式的主要内容，创建了智慧图书馆的图书馆推广阅读模式组织架构，涵盖了四种子模式，分别是阅读推广服务智能化、阅读推广资源知识化、阅读推广活动规范化、阅读推广媒介多元化，其主要为图 9-2。

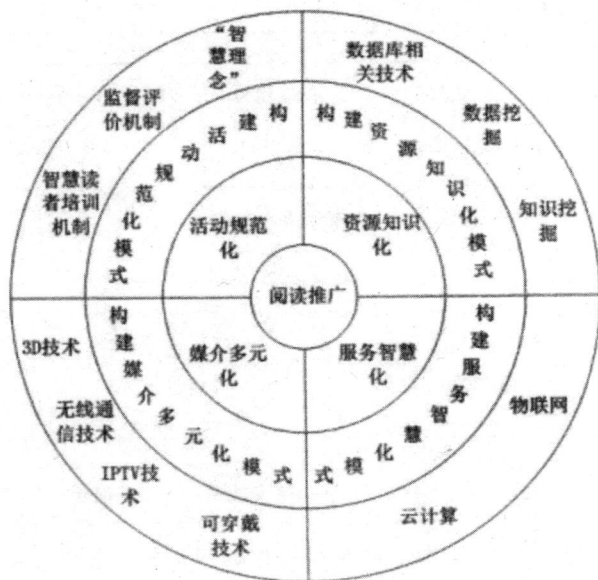

图 9-2 基于智慧图书馆的阅读推广模式框架图

9.3.2 阅读推广资源知识化模式构建

9.3.2.1 阅读推广资源知识挖掘模式构建

在图书馆推广阅读活动中最主要的两种资源是读者信息资源和阅读推广的资源，其中读者信息资源为读者所形成的阅读规律、行为等相关数据和读者的心理偏好；阅读推广信息者涵盖了文献、书籍、期刊等相关内容。在不间断开展的阅读推广环节中，该类型资源的有效利用和挖掘对于图书馆全面持续地开展推广阅读有显著意义。怎样整合升级文献、书籍、期刊的信息，满足群众逐渐递增的差异化、个性化需求，怎样合理使用和研究用户阅读行为，更好地预测推广阅读的发展内容和发展趋势，是分析阅读推广模式的主要内容。

近段时间，我国政府高度重视阅读推广和教育等，中国图书馆目前的馆藏信息和数量在逐渐递增，并且在阅读推广中的资源数量显著递增，但图书馆在开展和实施阅读推广环节中，用户真实接触和阅读的资源比较少，导致极大浪费了在阅读推广中图书馆的资源。并且在阅读推广活动内，图书馆尚未研究用户的阅读规律和行为，尚未紧随时代发展中用户的阅读属性和特质，尚未合理满足用户的差异化、个性化需求。进而呈现出创建阅读推广资源为知识库的重要性以及必要性。

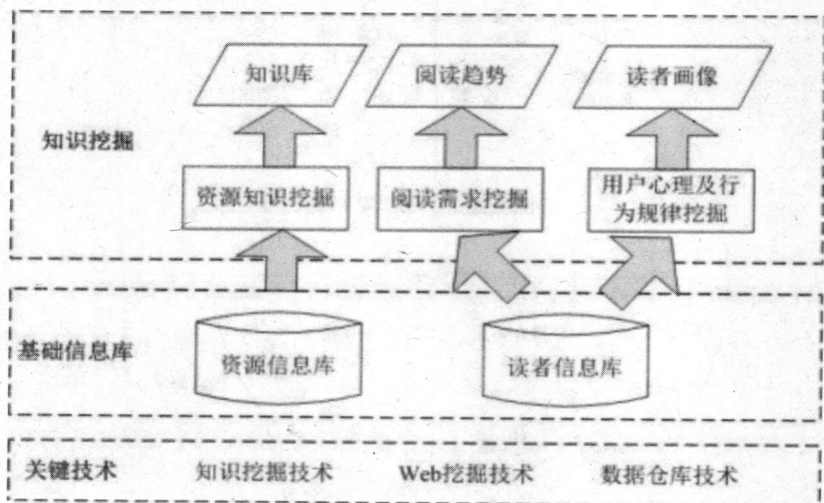

图 9-3 阅读推广资源知识挖掘模式构建框架

如上研究内容，本文章以智慧技术为核心和基础，创建了构建阅读推广资源知识库的基本框架，具体为图 9-3 所呈现的。构建推广阅读知识库是建立在读者信息资源、馆藏资源基础上的，使用知识挖掘技术、WEB 挖掘技术、数据库有关的技术直接深挖资源，创建了推广阅读的文献、书籍等读者信息资源知识库、资源知识库等，且在该基础上产生了用户画像。

9.3.2.2 基础信息库的构建

（1）阅读推广资源信息库的建立

阅读推广资源信息库的构建为该推广阅读服务的基本内容，也是重要内容，同样为特别艰巨的任务。建立信息库为该服务运转的基础，同样为一项特别艰巨和基础的任务。系统、完备地推广阅读信息服务库的创建，是图书馆开展持续性、长期性阅读推广服务制度的基础和内容。被使用在创建推广阅读资源信息库的数据涵盖了 3 个种类，第一个种类是图书馆的数字图书馆信息和资源；第二是网络信息和资源；第三为共享的其他资源（例如，共享的情报组织的资源）。数字图书馆的资源覆盖了文献、图书、图片、音频视频等诸多类型的实体信息、电子资源（例如，数据库、电子书等）。对资源数据予以收集、采集、导入，且预处置和清洗资源数据，剔除其中没有作用的信息，最大可能性地规避重复和噪音。推广阅读资源信息库的构建主要为图 9-4。

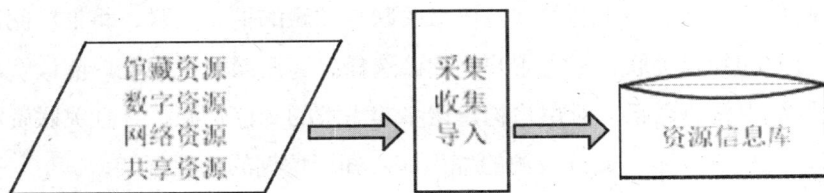

图 9-4 阅读推广资源信息库的构建

（2）阅读推广读者信息库的构建

在推广阅读环节中的推广阅读的用户信息为最主要的资源。用户完整的信息库可确保在深入挖掘中，充分了解用户的差异化、普遍化、个性化的需求，进而制定有典型性和针对性的推广活动以及方案。运用研究用户的信息数据，将其中创建了用户信息库的数据划分为三种种类。第一种类型为用户固定长期的信息，例如，用户的身份信息，涵盖了用户的性别、姓名、年龄、民族、地址、教育程度等诸多内容；第二种类，用户的阅读行为数据，也就是使用 web 日记、跟踪日志记录的用户阅读行为数据，其涵盖了静态数据（例如，停留的 web 时间、到访数量、图书点击率、下载数量等），动态信息涵盖了对推送书籍的响应频率、性别比重、年龄遍布等；第三种类，用户的个人信息，例如，用户有兴趣的方向、领域，希望可以获得的信息、喜爱的书籍种类、论述的改进建议、反馈信息等诸多层面。

将用户的三种基本信息予以收集、采集、导入，且在建库前预处置基本信息和数据，降低无关信息或数据冗余的干扰，对挖掘知识提供更有用、规范的数据。将预处置后的数据历经挖掘和研究，提取获得输入信息的主题以及定义，解析获得信息库的关键字段，将数据放置在推广阅读对象的信息库内。推广阅读对象的信息库则需要按照跟踪日志、web 日志的改变而予以更新。运用构建推广阅读对象的信息库，可在其中获得有更多价值的模式以及信息，进而提升推广阅读模式对用户发展和需求趋势的匹配度。

9.3.2.3 知识挖掘与阅读推广资源知识化

（1）阅读推广资源知识挖掘与知识库的建立

运用挖掘知识技术将推广阅读资源库内的大量信息和数据予以纵横融合、深入知识内在关系的知识挖掘和数据研究，聚类研究知识。运用某知识挖掘工具和算法，研究不同知识的主题关联、语义关联、馆藏的借阅关联，将推广阅读资源键开展有效的知识关联，丰富用户的阅读选择。运用深入挖掘推广阅读资源，可在馆藏资源中构建联系，对用户构建诸多其需求的阅读资源，并且关联资源创建知识库。图 9-5 为推广阅读资源的知识库、知识挖掘的构建框架。

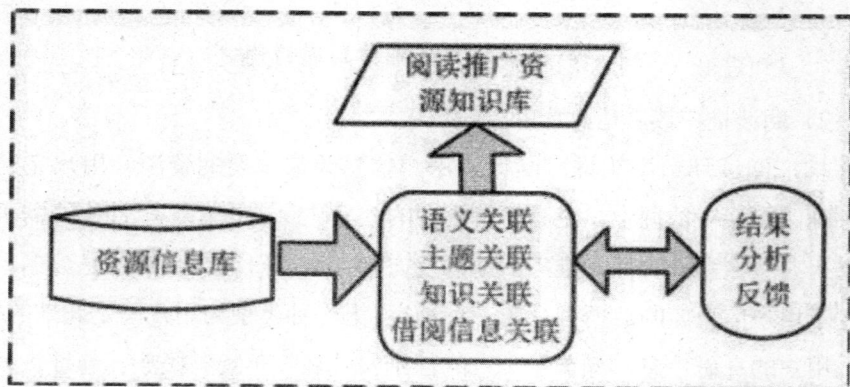

图 9-5 阅读推广资源知识挖掘与知识库构建框架

（2）读者信息资源的知识挖掘与读者画像的建立

276

首先是要发掘读者的阅读需要。读者的阅读需求可以归纳为三种类型：目前读者的阅读需求、读者对阅读需求的模糊认知、读者自身尚未认识到的阅读需求，也就是阅读的发展方向。利用已有的阅读习惯和想要的读者的需要和获取的行为，推测出他们没有表现出来的和没有察觉的，从而对他们的需要做出预期的改变。

其次是从学生的阅读习惯中发掘出学生的阅读习惯。通过阅读和分析、整合、关联分析、聚类分析等方法，发掘阅读过程中的心理模式、心理特征和阅读行为规律，从而揭示阅读行为的心理模式，并分析评价阅读行为的结果。运用知识的发掘技术，使"读者画像"更加准确和人性化。为每个读者的个性化"读者画像"，为用户设计更具针对性、人性化和个性化的阅读服务，比如不同的显示格式，不同的人机互动，并充分利用个性化的阅读体验。读者的需要能使读者获得最大程度的满足感，并能使他们产生更多的兴趣，从而形成终身的阅读习惯。图 9-6 是对读者进行知识的发掘和对受众形象的描述。

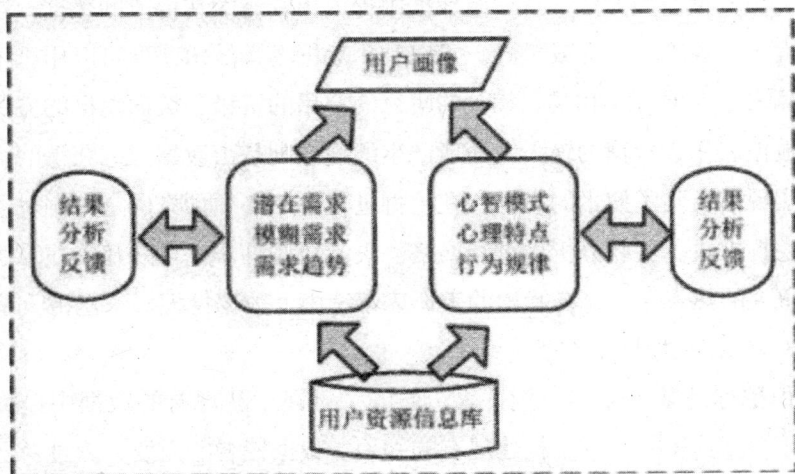

图 9-6 读者信息资源的知识挖掘与读者画像构建框架

9.3.2.4 关键技术

（1）数据库相关技术

总之，在互联网和大数据时代，数据库有关的技术已变得不可或缺和重要。其中有关的技术主要涉及到了数据库体系结构的构建和计算机技术的研究。通过与数据库有关的技术，可以存储、组织和研究海量数据，并能进行数据的集中收集和数据的技术研究。随着技术的发展，数据库技术也在发生着巨大的变革。首先是一个独立的数据库。计算机数据库技术既是逻辑上的，也是实体上的。在数据、数据项和类型的意义改变时，不需修改数据库的原始数据，而使其逻辑结构改变。有关资料变更。实体上的独立性是指在使用资料库进行解析时，变更资料库架构并不会对程式或程式程式产生任何影响。第二是资源共享。建立资料库最主要的目标就是在不同地区及不同机构间进行资料分享。第三是对资料库的结构特点。在数据库中，各个数据表格之间有着紧密的联系，并构成了相应的组织架构。NoSQL是目前应用最为广泛的一种新型数据库技术，它突破了传统的关联模式，实现了对数据的自由储存，并为用户创建了一个全新的存取界面。

（2）数据挖掘技术

数据挖掘技术是一种有效利用数据信息、分析数据和挖掘数据的关键技术，并在数据的基础上发掘出其自身的价值。数据挖掘技术通过一系列的数据，数据挖掘是运用一种新的方法，从一组数据中提取出具有潜在价值的数据，这些数据可以被表示为规则、概念或模式。可以利用数据挖掘技术获取可以用于下一步决定、预测未来发展方向和其它相关的研究的有用的资讯。数据挖掘的方法是将所构建的数据库作为数据的输入，而所产生的规则则是由数据挖掘获得的。该算法的具体实现涉及到了搜索的设计。在挖掘过程中，必须预先确定挖掘对象、挖掘任务和挖掘方式。关联分析、神经网络、决策树和机器学习的基因演算法是目前国内外研究的热点之一。在我国的数据库系统中，数据挖掘技术已被大量采用。

（3）知识挖掘技术

知识挖掘是基于数据挖掘技术，它的关键在于从现有的数据中提炼出新的知识，并根据具体的目的来构建现有的知识。根据读者的需要，通过对已有的分析和数据处理，为读者提供新的潜在需求，而这些需求是以前的读者所不了解的。这个新的潜在需要是之前没有被阅读过的。现有数据大量、嘈杂、无规则，但是经过对数据的挖掘和分析，得到的数据具有很大的实用价值和广度。知识的发掘能使数据库中的资料得到更全面的使用，并能得到新的知识和模式。目前已有的主要算法有顺序模式、聚类分类树、混合学习和灵活模式的知识。

9.3.3 阅读推广服务智慧化模式构建

9.3.3.1 阅读推广服务智慧化模式框架构建

从整体上来分析（国内各公立图书馆），我国的主要阅读推广机构——公共图书馆在推动读书的过程中起着关键的作用。在阅读推广中起着关键的地位和作用，为了达到智慧化的推广服务，需要在公共图书馆之间广泛的互联、融合和共享，这一点在图9-7中得到了体现。图书馆要实现图书馆、网络、人物等多种功能之间的相互联系，实现图书馆与读者之间的智慧互动。为了使图书馆与读者之间的相互联系，一个具有广阔的连通性的公共图书馆将成为今后的读书宣传工作的一项关键支持；二是要将智慧的信息资源整合与分享。三网融合、跨界融合、新旧融合、各类融合。

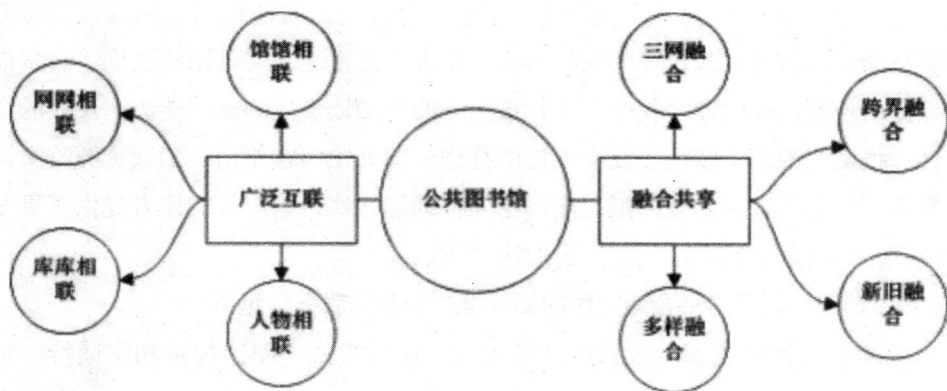

图 9-7 图书馆共联共机制体制

在微观层面（个人）层面上，要建立智慧化的宣传服务，必须建立相应于不同类型的宣传主体的智能化服务。在图书馆信息化建设中，实现了移动图书馆、数字网络平台、实物图书馆三大主体的智能化管理。

9.3.3.2 以移动图书馆为主体的阅读推广智慧化服务构建

据《十四届全民阅读》的数据显示，在2016，我们的国民对电子书的使用有了更多的偏好，而且其使用人数每年都在增长，更倾向于使用手机阅读、光盘阅读、各类电子书阅读等。特别是移动阅读速度最大的一种。由于时空的制约，广大的读者无法利用公共图书馆的信息，导致了有限的阅读和宣传。同时，借助于移动的图书馆，可以使广大的读者在任何时间、任何地点，都能随时与公众及其它的读者取得良好的沟通，使广大的民众能够更好的了解和了解国家的发展。

279

随着移动网络技术的不断普及，现代公共图书馆的阅读推广模式、读者需求范围、阅读方式、需求等方面都有了很大的改变。手机图书馆能够正确地把握受众的需要，并根据受众的不同特点来确定其需要。近几年，网络技术与图书市场的结合，使我国的公共图书馆在读者的宣传手段和业务上得到了进一步的发展。通过手机、Kindle 等移动阅读设备上的手机 APP，用户可以在任何时间、任何地点使用手机、手机和手机。手机图书馆为广大用户更便捷地获取广告资料。移动图书馆把知识资源与读者进行了交流，使其能够为广大的读者在任何时间、任何地点都能获得大量的数字化信息。而我国公立高校图书馆的数字化文献资料的更新水平和类型也在逐步提高。

移动图书馆为广大用户提供更加丰富和个性化的智能信息。在阅读宣传方面，移动阅读能为广大市民的阅读咨询、个人信息推送、文献馆藏查询、日常借阅等提供便利。在阅读过程中，用户最关心的是阅读反应的反应能力、反应的全面性、推送资源的丰富性以及个性化的推送。图书馆内容使用、阅读资源收集、日常借阅等业务都由传统的纸质图书馆向移动端迁移，为广大的读者提供了更多的便利，其简单的操作，也为广大的读者所认同。

9.3.3.3　以网络平台为主体的阅读推广智慧化服务构建

随着互联网的发展，人们的阅读方式、阅读方式、阅读规模和阅读特征都在不断地改变。同时，数字化图书馆的网上服务系统能够在任何时间、任何地点为用户提供服务，并与广大用户保持长久的紧密关系，从而促进持续有效的阅读宣传。与此同时，在豆瓣，知乎，人人网，微博，微信等社交网站上进行了大量的社交媒体的宣传和宣传。比如，清华图书馆通过"图书馆社团""好友社"等方式，在"人人网"上宣传"读书"。

数字网络平台让推广阅读的途径、形式、时间越发地多样和灵活。推广阅读的时间可使用周期性和常规性的日常推广阅读和持续推广阅读的模式融合。建立在数字网络平台基础上，全媒体的网络组织使用不同内容方式、不同媒体的形式均可以落实在传播途径中阅读推广的提升。使用全媒体的模式构建移动终端阅读推广客户端、图书馆推广阅读等，制定了用户留言和交流、推广阅读活动预告、真人图书、讲座培训、推荐新书等类型。数字网络平台可以逐步提升推广阅读的个性化。个性化的推广阅读可运用移动终端、数字网络平台，使用微博、豆瓣等实施推广阅读的书目、推送阅读活动信息服务，使用有关的载体和工具对用户构建属于自身的个性化阅读知识库，便于用户随机查询以及阅读。在满足个性化需求的基础上，还可以满足用户在交流阅读方面的需求。数字平台让原本单一的用户活动，演变为多元的交流和讨论活动，用户可结合书籍等交流建议和讨论话题。

9.3.3.4　以实体图书馆为主体的阅读推广智慧化服务构建

实体的公开图书馆要进行多种形式的文化推广，虽然没有"消失"的现实意义，但是在因特网与资讯科技的发展下，将会有更大的发展，更具现代与人性化。以更具人性化的智慧服务及读者的经验为阅读宣传活动。在图书馆的日常使用中，图书馆的读者数量较多，通过智能化的预约方式，实现了全方位的自动化、智能化的图书预约。为读者提供便利。智能订阅台的设置极大地便利了用户。当用户把预定好的图书放置到预定的位置时，系统就会发出提示，提醒他们已经预定好了。用户在预定书架区域刷完后，通过用户的个人资料，把预定的图书和预定的用户的预约资料进行比对和比对，最后再进行反馈。有关资料，在智慧书柜上点亮指定的书籍预定地点，在读者拿到书籍后，再刷一遍卡片，就可以实现对书籍的自动借书。智能化的预定书柜可以加速用户查找预定书籍，从而有效地促进图书馆的阅读。

9.3.3.5　关键技术

（1）物联网技术

在智慧图书馆中，物联网是其中一个重要的智能化技术。物联网就是利用无线电波等技术把各类信息探测装置和对象与互联网连接起来，该技术是一种能够使系统进行智能识别和处理的技术，包括 GPS，红外传感器，射频识别设备，激光扫描设备等。物联网的实质是以相关的资讯科技为支撑，实现跨时空的物物互联与物物互联。通过对真实环境中的对象进行实时的自动识别、定位、监控、跟踪等工作，可以实现对真实环境中对象的自动识别、定位和跟踪。物联网开创了我国的新一页，也为推动我国图书馆的发展与改革开辟了一个全新的空间。

（2）云计算技术

云计算是继分布式、并行、网格之后的一种以数据为核心的计算方式，它是一种方便的访问和个性化的业务方式。云计算拥有计算机数据存储，数据管理和数据处理和程序设计的特殊能力。随着云计算业务的不断发展，目前已经成为一个以云架构为中心、以云架构为中心、以云架构为支撑的全球性 IT 服务体系。

　　图书馆在使用大数据的时候就有过这样的经历，5G 时代，数据的数量将会再度激增，这一点，大部分都是外包，因为这一点，图书馆并没有太大的进步，而在云平台上，却起了很大的作用。这种趋势是可以预见的。云计算具有较高的安全性、较强的计算能力和资源节约等优点，因此，若将现有的数据资源与资源集中到云中，既可以加快数据的处理效率，又可以节约资源。不会受限于伺服器的效能。5G 技术能够有效地解决目前的各种技术缺陷，云计算将会在 5G 环境中充分利用其实际技术，从而促进智慧图书馆的发展与建设，使用户和图书馆的使用都变得更为便利。

　　随着云计算技术的发展，基于海量信息技术的业务外包，其核心业务是基于云业务的云服务。例如，湖南大学图书馆、宝安图书馆的预约服务，以及东莞图书馆智慧的录像流量数据，可以使图书馆的空间与设施得到更好的使用与管理。在节约阅读的同时，也能增加服务的效能。浙江图书馆的"U-Book 速借"云图书馆，在线选书，付款，和我网上付款差不多，我选书，用电话订购，把书送到了图书馆。在 11 个省份 78 个县级行政区，广州市图书馆，广州市少儿图书馆，广州市少儿图书馆，以"我的需要"为导向，共 681% 图书馆。以及一年的还贷比率（再次借款 >90%）。还要求云来解决书籍的流动，这样就可以跟踪到全部的书籍。中山"书香中山图书 e 漂流"活动，每个月可以进行 5000 次的漂流，广州少儿馆东风东路小学分馆中心参加了 701 本图书的漂流活动，共完成 653 本，参加的读者达到 1,200 人次。

9.3.4　阅读推广媒介多元化模式构建

9.3.4.1　阅读推广媒介多元化模式框架构建

　　建立在智慧技术基础上的推广阅读媒介可以被划分为 2 个类别：第一类别为基础型的推广媒介，涵盖了推广主题——图书馆搭建的移动 APP，实体图书馆、网络数字平台的 3 个层面；第二类别是拓展性的媒介，涵盖了新媒体平台（微信、微博等）推广阅读的媒介，建立在新媒体技术基础中的推广阅读媒介和建立在可穿戴设施中的推广阅读媒介。建立在新技术基础上的拓展性推广阅读媒介和目前用户的阅读模式和方式比较吻合，特别是符合年轻群体的阅读需求。将基础型推广阅读媒介为基础，将拓展性媒介为新生补充力量，直接推动图书馆的推广阅读活动，促进实施全民阅读，对于推广阅读的满意度、参与度有显著的含义和意义。

9.3.4.2 新媒体平台阅读推广媒介

新媒介在推动读者的阅读中扮演了一个非常关键的角色。新媒介主要包括博客，微博，微信，各种移动 APP，维基，豆瓣，优酷等社会化的内容网站。利用新媒介进行图书借阅等新媒介的宣传，并能及时获得读者的意见，并提出相应的建议，从而极大地增强了广大读者的积极和毅力。另外，借助新媒介的优势，可以将社会各界的各种力量广泛地结合起来，如广告商、电子书销售商、网络公司等。例如，广东省中山市的公共图书馆通过移动 APP，在网上开设了一个微信公众账号，为读者提供了一系列的阅读推广、信息查询、兴趣推广、周边图书馆等服务。是我干的。为阅读提供便利。读行为。运用新媒介进行读者的传播，其优点是：首先，社会应用和网络内容的应用将大大增加了阅读的参与和对阅读的兴趣。二是促进和宣传图书馆的读书运动，把读书的范围扩展到所有人。第三，以与读者随时沟通的方式来促进和改进和促进我国的文化传播。图 9-8 以图书馆利用微博为实例，说明了图书馆在阅读推广方面所做的各项工作，包括：读者互动，阅读提示，阅读信息推送，阅读推荐，阅读推广活动，数据库资源及服务。

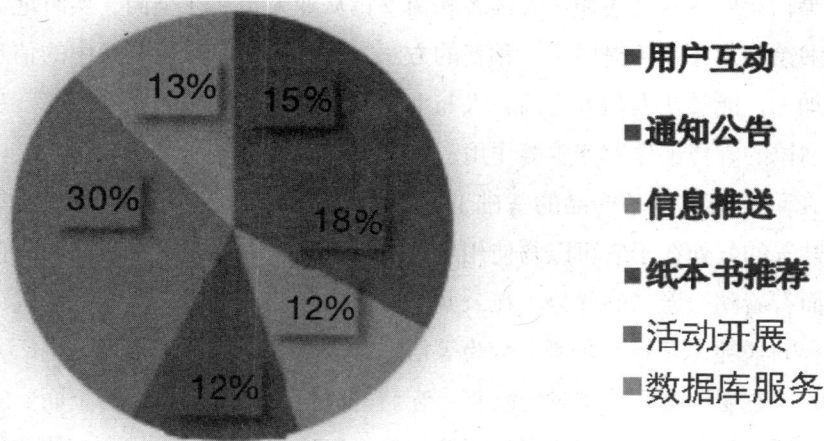

图 9-8 图书馆利用微博开展的阅读推广服务

9.3.4.3 新媒体技术阅读推广媒介

更多的新媒体技术被使用在图书馆的推广阅读活动内。结合如前论述的 IPTV 技术的具体特点，让其演变为图书馆开展推广阅读时期最主要的技术支持，近段时间 IPTV 技术持续发展，并对图书馆推广阅读服务构建了基础。融合这一技术图书馆落实了将图书馆的阅读信息、馆藏资源对用户推广的工作。当下，IPTV 技术已经逐步渗透到群众的生活中，图书馆只需要和有关组织合作，就可以运用 IPTV 技术将图书馆的诸多资源传送到群众的生活中，电视有更高的普及程度，群众喜爱观看电视，使用诸多的数据支持观点，则可通过电视普及这也是一种绝佳的渠道和途径。同时，为适应社会的需要，读者可以在任何时候利用数字化的电视渠道访问和阅读，实现自主阅读、自学和日常阅读相结合，实现全民阅读。

9.3.4.4　基于可穿戴设备的阅读推广媒介

以可佩戴式装备为载体的媒介扩展，是构建智慧图书馆和推动新时期读者行为的一种有效途径。透过可佩带式的阅读促进工具，通过对读者的全面认知，全面搜集读者信息，提高读者的智能，提高读者的阅读能力。

一种能够完全辨识出读者促销行为的可佩戴式装置。可佩带式阅览室、阅览室、会议室、馆员等设备可以与物联网技术、RFID、传感器等设备集成在一起。它能使读者充分了解和获取一种全方位的资源，包括图书阅览室、会议室、馆员等，此外，本文还为广大读者和图书馆从业人员，在全面、实时地监控和管理图书馆的工作中，提出了一种新的方法。通过对可佩戴性装置中的信息进行分析和加工，能够使人与人之间、人与书、书与书等智能化的互动关系，从而为推动图书馆的宣传工作发挥重要作用。

在可穿戴式电子产品的基础上，能够实现对读者的全面的信息收集。可佩带式装置的好处在于它可以与使用者进行多次亲密的联系，并且在搜集使用者资讯方面有着独一无二的优势。在公共图书馆的阅读活动中，可穿戴装置可以搜集到用户的兴趣、喜好、习惯、行为等信息，以及可能的心理模式、生活方式和社会行为。它能够全面、实时地收集、存储、分析并实现对目标的全面、实时的理解与分析，为正确地把握读者的阅读欲望，制定与受众需要相适应的宣传方式，有着十分重大的意义和价值。

智能阅读推广是在智能移动上应用的基础上进行的。以可穿戴式装备为基础的阅读宣传媒介，能够对读者的各种资讯进行充分的搜集与剖析，为广大读者在开展的过程中，向他们的需求和需要作出适当的服务，并对他们所面临的问题和问题提出建议，全面推进智能读书的宣传，尤其是提高老年人、儿童和残疾人的素质。

9.3.4.5 关键技术

（1）3D 技术

现在 3D 技术已经在影视、传媒、交通、医疗、教育、游戏等各个方面得到了应用。

3D 技术是一种将 3D 交互设计、虚拟现实和即时模拟技术相结合的新兴技术。3D 技术是将不同的影像分别表现在两只眼睛上，从而形成立体影像，其应用范围包括 3D 眼镜的制造、3D 技术、人眼全息影像等。3D 虚拟技术是将电脑软体与电脑软体结合而成的一项综合性技术，它能为使用者设定一个立体的虚拟环境，让使用者可以依自己的意愿，运用不同的传送侦测装置设定其所需的虚拟空间。即时查看和操纵情感／情境，并参加到一个虚拟的情境中。3D 印刷技术是把实体物体合成成立体形状的一种快速成形技术，能够把电脑中的虚拟物体作为真实物体进行展示。专其中包括建模软件、 CAD 辅助设计、计算机辅助成像技术等。

（2）智能手机及无线通信技术

智能手机越来越多地被用在了我们的日常生活中。在图书销售和图书业务发展的今天，智能手机作为一种新型的信息传递工具，正日益受到人们的重视。智能型手机配备了一个单独的操作系统，它可以让像台型计算机或计算机那样，在使用 Wi-Fi、 ZigBee 等无线通讯技术的情况下，积极参加各种读书宣传；同时，在任何时间、任何地点，都可以为广大的用户免费提供有关的信息。

（3）IPTV 技术

互联网协议电视（Internet Protocol TV）它是将多媒体技术、因特网和通信技术结合起来，利用互联网技术为客户提供交互式媒体的一种信息服务。IPTV 技术是互联网迅速发展起来的一项新型信息技术，它能为使用者的视频节目、文本信息以及各类在线游戏服务。IPTV 技术相对于传统的被动接受模式来说，其主要特征在于：一是 IPTV 为使用者的交互提供了完善的交互能力，使得IPTV 的最大特色就是可以由 IPTV 进行交互。二是 IPTV 能够进行个人化播放，IPTV 不仅能为消费者提供电视节目，还能为广大网民提供数字电视、数字图书馆、网络游戏、网页浏览等个人网络资讯及数字资源。第三， IPTV 技术为互动服务提供了支撑，使客户能够按照自己的意愿和要求与电信公司沟通，并向其递交服务请求。

（4）可穿戴技术

可穿戴技术是一种全新的计算机智能化技术，能够将计算机的运算和知觉应用于日常的装饰品或服装中。在可穿戴技术的基础上，利用多媒体技术、传感器设备和嵌入服装的无线通讯技术，实现了身体手势和眼睛的各种互动。在此基础上，可穿戴式智能移动不但具有硬件的特性，而且可以利用计算机技术，如大数据分析、云计算等，实现人机交互和实时网络更新。该装置能够与网路连结，并即时作出反应，透过内部计算机的计算机晶片，收集、分析及识别使用者的各项行动及指令，具有良好的使用者介面能力。可穿戴的装置包括眼镜，帽子，手镯，手套，手表，耳机，耳机，按钮和腰带。

9.3.5 阅读推广活动规范化模式构建

9.3.5.1 阅读推广活动规范化模式构建框架

要实现规范化的助读，必须对学生的阅读需要进行搜集、剖析，建立新的、明确的助读主题，并在助读中对主题进行修正。在此基础上，通过各种途径进行宣传，为读者做好阅读宣传和宣传的前期工作，并对其进行评价和反馈，并对其进行全面的实践和总结。在进行智慧图书馆宣传的过程中，阅读推广应重视运用"智能"理念，建立"阅读推广"的督导与评估体系，培养"阅读推广"的智能阅读。

9.3.5.2 智慧图书馆"智慧理念"的运用

阅读促进的发展依赖于图书馆自身的发展，而智慧图书馆是未来发展的必然趋势和主要内容。因此，在实施智能图书馆时，必须确立相应的发展趋势和内涵。在推进智能阅读的过程中，如何将其融入并应用到读者的日常生活中，这对推动智能阅读的普及有着十分重要的作用。比如，SoLoMo技术是智慧图书馆发展的一个新领域，它可以用于宣传阅读的宣传。SoLoMo技术将与三大要素一起工作：社交，本地和移动。在宣传的过程中，要利用社交软件、社交平台、社交网络等手段，加强对读者的宣传和推广。最终，利用网络和 APP 进行了一次全民参与的阅读宣传，提高了读者的参与程度。

基于图书馆技术与思想，在公共图书馆中，应该建立一种常态的对阅读宣

286

传的研究机制。阅读的方式、场所、结构、规模都在改变，要确保宣传的真正效果，必须对读者的阅读倾向和需要进行持续的调查，因此，必须对其进行常态化的探讨。同时，要达到可持续发展的目的，必须注重对受众进行剖析，以使其达到可持久的发展。

9.3.5.3　阅读推广活动规范化监督评价机制构建

要使新模式的阅读宣传活动能够更好地进行，就必须对其进行标准化的监督和评估。在实施过程监控、事后评估等活动中，对其进行评估、利用、读者参与、活动范围等都具有十分关键的作用。对所产生的冲击进行剖析。在实施新的读书宣传方式时，要利用微信、微博等社交平台以及数字图书馆、移动图书馆等媒体，构建一套规范化、切实可行的、适用于新的阅读推广方式的监管与评估体系，从而促进图书馆的发展。

在新的阅读方式下，要使我国的读者能够更好地进行，就必须要有完善的法律保障机制与机制。从国外的读书宣传实践来看，我国要大力发展我国的文化建设，必须要有相应的法律法规和制度上的支撑。目前，我国在全国范围内的文化宣传和文化传播缺乏有效的立法保障，而且缺乏对当地的相关制度保障。我国在《阅读促进法》及相关法律制度的制订上，与世界各国比较，仍存在许多缺陷。相关部门要适时出台相关的法律、规章，推动和推动我国图书馆的发展。

9.3.5.4　阅读推广活动规范化智慧读者培训机制构建

在智慧阅读推广方面，读者的培养显得特别的关键。在此基础上，结合智慧图书馆技术的特点及阅读促进发展的特点公共图书馆应当开设与之对应的读物资讯技巧与提高知觉之智力训练课程。在公共图书馆举办的"智能读者"培训活动中，读者可以充分认识图书馆的馆藏资源和使用方式，掌握图书馆数字化资源与馆藏文献的查询技巧，从而提高与其有关的阅读与宣传资料利用率，增强其资讯能力与实际操作能力。同时也可以获得图书的数字化资源和检索技术、意识、应用和实践技巧。在智能阅读教学中，图书馆可以通过智能技术、智能技术和多种信息技术对智能读者进行培养。

教育的基本内涵可以分成三个方面。一是通过读书来提高新学生对智力的认识。其中，通过引入搜索、查询、利用数字化、知识等方式来推进读者的读书；引入智能化的服务内容来推动读者的阅读；二是加强对广大读者的急救服务和宣传。通过设立各类应急通道栏目，为广大市民提供有效的咨询服务，为广大市民提供有效的咨询服务。另外，可穿戴设备，物联网，无限传感器设备等都能为用户提供全方位、实时的阅览服务。三是对老年人进行读书宣传的宣传。在公共图书馆中，读者可以利用智能读者的学习活动及时、适当的活动，从而达到主动邀请、通知和反馈的目的。另外，在智慧读物的教学中，应重视和关怀弱势读书人，并开展有目标的读物宣传活动。

9.4 5G 环境下的阅读推广案例

9.4.1 5G 时代下的阅读现状

9.4.1.1 5G 时代的阅读

计算机资讯科技的发展加快了 5G 的发展。《纽约时报》在 2012 发布 5G 的消息后，立刻引起了广泛的注意。5G 的高速发展使得大量的资料被挖掘、分析、处理，无时无刻不在生成大量的资料，为人们的生活、工作、学习以及整个社区提供了大量的信息。在这种历史环境下，读者对图书的选择越来越多，更倾向于强调个性、独立性和创造性，5G 技术的应用为读者带来了极大的便利。

9.4.1.2 5G 技术在阅读方面的应用

（1）5G 技术促进阅读发展

传统的图书阅览大多采用静态的形式，这是一种很好的学习方法，但是，由于受时间、地域等因素的制约，使得学生在图书馆内的学习效率并不高。越来越多的人开始意识到需要在空闲的时候读书。另一方面，一些图书馆的文献资料比较老，而且还没有及时的进行整理和整理，使人们难以获得最新的资讯。分类、规则等图书品种数量的限制，很难满足多个读者的同时阅读与研究。受上述原因的制约，广大读者的参与程度大为降低，从而使他们对图书的研究与研究产生了浓厚的兴趣。随着 5G 的来临，传统的图书阅览方式将会受到极大的影响，现在，我们可以使用现代化的科技和手段，在网上建立了一个网上的电子库，通过智能移动、平板计算机等设备，读者可以通过网络上的电子书资源进行网上的下载。通过各种形式的书籍和文献的外借，使读者在任何时候、没有任何的限制都能充分利用有限的空间和空间来进行阅读和研究。

（2）5G 技术应用中的问题

虽然承认了 5G 对读者的巨大好处和优越性，但 5G 技术在推进图书馆的过程中所存在的不足与问题却是不可忽略的。

第一，对混乱的市场进行了解释。5G时代的到来，使充满各种色情、暴力、血腥、反动信息的移动阅读市场变得更为错综复杂，也给某些没有自制能力的人造成了很大的影响。

第二，图书阅读质量差。由于追求利润最大化，电信公司忽略了用户的需求，以微博、短信、微信等短信息来传达信息，给用户带来了休闲的机会，忽略了用户的需求。这是一种很好的学习方式。

第三，缺乏对学生的阅读思考。由于5G给读者带来了更多的阅读机会，因此，读者在享受更多娱乐的同时，也会对冗杂的文字感到乏味。对阅读的有效充实并不能促进人们的思想形态和个性发展。目前，我国的图书馆在全国范围内依然占据着重要地位，但是，借助5G技术，开展各种形式的宣传，增强民众的文化素养，并主动响应中央情报部门的号召。在利用5G对阅读活动进行推广的同时，也要注意引导阅读方向，合理利用先进技术促进阅读发展。

9.4.2　5G环境下阅读推广案例

图书馆作为阅读推广的主体，在阅读推广工作中占据着重要的地位。在当前社会中，随着5G时代的发展，传统媒体与新媒体也在逐渐融合，但对大多数图书馆来说，阅读推广活动还是以传统媒体为主要方式。不过，借助网络的发展，融入阅读推广工作，并在有条件使用新媒体技术的同时，主动积极地融合阅读推广工作，是非常有必要的。

9.4.2.1　移动图书馆与阅读推广

（1）移动图书馆发展背景

移动图书馆就是借用网络平台以及手机、移动阅读器等新媒介，无线下载图书馆的文献和信息资源，实现移动在线阅读和交流等功能。在以手机为主的移动设备非常普及的今天，推出移动图书馆服务具有必要性与可行性。

首先，随着国民文化知识水平和文明素质的提高，阅读需求也在逐渐提升，娱乐消遣性、功利追求性等浅阅读充斥网络媒体，图书馆阅读作为人类文化知识传播的重要途径，要占领国民知识阅读的阵地，引导国民在全媒体环境中，走向提升文化知识和精神品质的深阅读。移动图书馆就是要在时尚文化消费中争取一席之地，就是为了在当今的大众化阅读方式中不缺位。这些，说明了移动图书馆的推广是非常必要的。

其次，手机的普及让大众移动阅读成为可能，而其他高端移动新媒体的增多，更扩大了移动阅读的群体。相比较其他机构的阅读推广，移动图书馆更具有知识性、公益性和无偿性，提供更有深度广度和准确性的知识，开展科学的专业性知识服务。

（2）移动图书馆的功能

第一，OPAC 的移动。读者可以使用移动手机进入图书馆的 OPAC，进行初步的实地考察。通过将所需的文献资料传送至用户的移动手机，便于用户查询。通过移动阅读，可以获得更多的资料和更多的更新。

第二，短信服务。读者可以利用移动短消息获得文献资料。用户可以选择订阅提醒，预约提醒，图书馆资源更新，最新消息等。

第三，WAP 服务。移动版 WAP 站点可以在移动端完成相应的功能。整合查询系统可为图书馆文献、电子期刊、论文、会议论文、电子书等提供一种全方位的查询服务，并在移动端完成对文献的浏览。

第四，读者互动。在移动的电子图书和电子期刊上，用户可以浏览电子书籍，撰写评论，批注，做笔记，发送微博，这种崭新的交互式阅览方式，让您随时可以记录、表达、分享自己的读书经验与心得。

（3）移动图书馆阅读推广发展

第一，5G 环境下的定制服务。在移动技术快速发展的今天，人们对移动的预期也会越来越不可预料。使用者将会成为资讯产生的一个积极的使用者，而非消极地接收资讯。在 5G 移动时代，大多数的资讯都是使用者所能获得，而使用者的个性化订制也将成为移动数字图书馆发展的趋势。因此，在移动图书馆的阅读宣传中，要注重对 5G 现有的数据进行有效的挖掘，正确地预计到用户的需要，并在业务方式与功能上进行革新，以更好地适应读者的个性化需要。

第二，移动服务能力。当前，针对移动图书馆业务的研究大多是以业务模式的传递为基础，对移动业务的性能与评估进行了较少的探讨。这是迫在眉睫的事情。为推动移动图书馆的发展，应从提升其服务效能、改进服务经营、创建品牌、创建服务业绩评估等方面着手。

第三，移动图书联合。通过馆际协作，可以有效地减少移动业务的研发与维修费用，同时也可以促进各地区的电子文献资源的分享。要推动我国移动图书馆的协作方式与共享机制的建设。

第四，提高了图书馆的服务水平。读者的满意程度是目前图书馆工作的首要任务，而服务的质量保障则是其中的一个重要内容。我国传统的图书馆服务品质的研究经历了引进、成长和发展的过程，目前有关的研究已经比较完善。与常规的图书馆不同，其业务品质是动态的，其影响因素复杂多变，难以识别。因此，要重视移动图书馆的服务品质，促进图书市场的发展。

9.4.2.2 电子阅读器与阅读推广

（1）电子阅读器概念

电子阅读器是一种便携式、低功耗、高解析度数字版的装置，它用来显示书籍，杂志，报纸和其它印刷品。在大部分的案例中，诸如便携式计算机和移动手机等其它的主要用途的装置都可以作为电子书的阅读工具。有些电子书也可以使用诸如博客，网站，新闻提要等的电子文件。电子书是一种特殊的文字显示装置，大部分的电子书阅读机都采用了一种叫做"电子墨水"的技术，它可以在液晶显示屏上调节尺寸。通过一个电子阅览机，可以存储，注释，突出文本，并在图书馆中增加一个书签。电子图书阅读系统为读者提供了一种新的信息采集方式，对传统的文字采购与复用方式进行了补充。该网站为整合内容更加灵活，促进信息更新，涵盖非常规发行的内容，并为学生准备了大量个性化教材。

（2）电子阅读器外借与阅读推广

第一，电子阅读器外借服务。进入信息时代，以海量资源和方便快捷为特点的电子阅读成为阅读时尚已经势不可当。电子阅读成为"新宠"与新媒体的普及密切相关，也与现代人的生活方式与工作条件密切相关。数字化技术让多媒体信息交换成为可能，计算机网络让人们可以随时随地地发布或浏览信息，现代社会快节奏生活让人们更愿意选择足不出户、方便快捷的数字阅读。上海图书馆推出的电子阅读器外借服务，正是适应了当下国民数字阅读的需求，所以产生了广受欢迎、供不应求的良好效果。

第二，电子阅读器外借服务内容。拥有海量存储内容的电子阅读器。电子阅读器属于高端电子产品，价格不菲。上海图书馆拥有数百台汉王电子阅读器。因此，并不是所有图书馆都有能力开展电子阅读器外借业务。电子阅读器只是一个工具，让其由单纯的"器"演变为"书"，就必须存储海量电子图书。这些电子图书的来源有多种渠道，或者通过采购从数字图书供应商处购买，或者将本馆馆藏的纸质图书数字化，或者在线购买并下载整理一些公共资源。有一个接受电子阅读并愿意来借电子阅读器的读者群相对于传统的纸质阅读，电子阅读更加便捷。但是，并不是所有的读者都喜爱电子阅读。习惯纸质阅读者对电子屏阅读的不适应、电子阅读器的保管和使用必须遵守技术规范、书本阅读更容易感受文字的内涵等因素，让一些传统读者，尤其是中老年读者不太容易接受电子阅读。另一方面，电子阅读器的借阅手续比较复杂，因为价格不菲，大部分图书馆还有收取押金的制度。所以，一个图书馆要开展电子阅读器外借服务，要充分调查并论证这两个条件。完整规范的电子阅读器外借服务制度，这是保证电子阅读器外借业务正常顺利开展的需要，也是确保国有资产完整性和正常使用的需要。这包括对馆员和读者的培训制度、借还规则、违约处罚制度、丢失与损坏赔偿制度等。

第三，电子阅读器外借服务步骤。①购置电子阅读器并储存资源。根据图书馆经费能力以及读者需求状况，购买适量的电子阅读器。购置得太少，享受资源的读者就太少，自然会引起读者抱怨、失去信任等负面影响；购置太多，经济上既难以负担得起，也会造成资源浪费。数字图书资源的存储要紧密结合读者的阅读需求，既要考虑大众读者，也要关注专业读者。电子阅读器的存储空间都很大，完全有必要实现存储最大化。②开展宣传与培训工作。对馆员和读者都要开展培训，培训馆员的服务技能，以便能进行操作演示、常规问题解答及故障排除；培训读者，让读者能顺利高效地使用电子阅读器，也避免操作失误损坏电子阅读器。此外，还要进行借阅规则的教育和培训。③开展借阅服务。要按照借阅规则，实行预约制和押金制借阅。④通过反馈调节实现良性循环。要建立馆员与读者之间畅通的交流机制，采用电话咨询、网络在线咨询等方式，及时收集电子阅读器外借读者的意见和要求，解答疑难问题，及时调整不科学的借阅程序，及时帮助读者排除电子阅读器出现的故障，实现外借工作的良性发展。

9.4.2.3　绘本阅读推广

（1）我国绘本阅读推广模式

随着图书馆界对绘本阅读推广的重视，各地出现了一系列优秀绘本阅读推广活动案例。目前，较为普遍的绘本阅读推广模式包括以下几种：

①绘本书目推荐活动

绘本书目推荐活动是指在阅读推广活动中以制作绘本推荐书目、举办绘本主题展览、设置绘本图书专架等形式和途径向读者推荐绘本的导读活动，旨在向读者"传递信息、推荐经典、分享好书"。

②绘本故事会活动

绘本故事会活动是由图书馆面向阅读受众群体举办的以绘本为载体，融入故事、游戏、表演等内容的活动，旨在培养读者的阅读兴趣和引导阅读。

③绘本创意活动

绘本创意活动是指通过创新，丰富绘本阅读推广活动的形式和内容，从而玩转绘本、传递智慧、分享快乐，如引导读者手工制作趣味绘本等。

④大型综合性绘本阅读推广活动

这类型活动主要是以"演"绘本剧和"讲"绘本故事为内容的竞赛型活动，旨在通过大范围的宣传推广而引起广泛的社会关注度。

（2）国外绘本阅读推广模式

绘本阅读推广在国外历来备受重视，并形成了成熟的推广模式。

①英国"阅读起跑线"

图书馆、保健所、幼儿教育机构等机构为 4 周岁的小朋友提供了适合年龄的读物，同时还为父母和子女开展了各种形式的读书活动。例如：儿歌时间、故事时间、蓝熊社团、国家体育活动等，让父母们学会如何培养他们的读书方式与技能，从而提高他们的读书兴趣。

②美国"出生即阅读"

各基金会、各大图书馆及卫生机构联合起来，为儿童设计了一种"出生即阅读"（包括书籍，儿童早期教育信息，婴儿读卡器，玩具，儿童用品等）以及硬纸板书籍。除对学龄前的父母进行培训外，该方案还为那些有文化程度低的父母、低收入家庭和未成年人家长，提供了一些新的读物和接受教育，以促进他们的文化水平。

以上举了两个国外的例子，从现在的阅读趋势来说，绘本不仅仅局限于儿童，不少优秀的绘本，虽然语言浅显但是值得品读。目前国内的绘本针对不同年龄段，还有更远的路要走。

（3）5G 环境下新的绘本阅读推广

在 5G 时代，移动阅读的发展给图画阅读的普及提供了一个新的发展机会。由于移动上网、智能机的不断发展，人们可以在任何时间、任何地点，随时都可以看书。数码互动与新媒介的兴起，使得读者的阅读活动从单一的文字到图片，各方面都对促进图书的阅读工作起到了一定的促进作用。与此同时，移动阅读也给图书的普及带来了严峻的考验。首先，随着移动的普及，读者可以随时随地的在阅读，而信息的获取却呈现出断断续续的、碎片化的特点。其次，在移动读书的条件下，读者获得的书籍更方便，但是，在移动的阅读环境中，书籍的品质却是不统一的。改善读书的条件。第四，在数字生活中成长起来的"数字原住民"对传统的纸本读物并不了解，甚至于排斥。这些都是促进图画读物发展的重要因素。

9.4.3 精品阅读推广活动"一间书房"的实践与探索
9.4.3.1 项目源起

2015 年 4 月 23 日，福田区图书馆的"一间书房"揭牌，深圳市作家协会主席杨争光、国内著名影评人王樽及著名散文家、出版家李松璋等文化界、出版界人士参加了揭牌仪式。"一间书房"推出的阅读推荐单页《一页》也在当天推出了创刊号。《一页》特别选择了美国著名作家 E.B. 怀特推荐给读者，推荐文章的标题是《我喜爱这世界》，在这期《一页》封面引用了怀特的一句话："我生活的主题就是，面对复杂，保持欢喜。"这是向读者表明一种对待生活与阅读的态度。"一间书房"倡导"有诚意的写作，有诚意的阅读与分享"。它立足于经典阅读，满足部分个性化阅读者的需求，力图在激发读者创造力和想象力、艺术欣赏与文化表达、探索多样性等方面做出一些尝试与探索。深圳市作家协会主席杨争光在发言中表示，从福田区公共图书馆"一间书房"设立的初衷与目标来看，从本年度的阅读推荐书单，包括刚推出的创刊号《一页》来看，福田区图书馆在进行一种非常有意义的探索，这种探索就是如何更高层次上实现公共图书馆的使命，由"一间书房"所实施的各种实践与探索，体现出了福田区图书馆的一种责任担当。一直以来，精品阅读推广在国内都没有像大众普及性阅读推广那样得到十分的重视。今天，在深圳这座新兴城市里，由"一间书房"开始，探索如何在经济发达城市做精品阅读推广，意义不凡。

"一间书房"起点高，立意好，是一个好开端。国内著名影评人王樽认为，福田区图书馆"一间书房"邀请资深媒体人郝纪柳作为领读人，一方面，体现出对社会资源的充分利用；另一方面，向外界展示出一种开放性。公共图书馆作为一个平台，就是要不断吸引各种优质资源，不仅要实现作者的表达展现，也是与读者面对面交流的好机会。著名散文家、出版家李松璋对《一页》的出品表示赞赏。他说："无论装帧设计还是推荐文章的水准，都和经典阅读这个主张相匹配，线上电子版和线下纸质版的免费发行，让更多读者受益，这在国内公共图书馆内还是首创，是一个值得推广的经验。"

"一间书房"精品阅读推广机制包括推荐书目的甄选原则、经典阅读分享与推广的主要载体与推手《一页》《一册》的推出机制、精品阅读推广的延伸。

9.4.3.2　推荐书目的甄选原则

《一页》选择推荐书目的基本原则之一：首先，选一流的作品，同时考虑作品的体量以及进入的门槛是否适合非专业读者。其次，要考虑的是所选作品对进一步阅读和理解作者的其他重要著作是否有帮助；要考虑是否对理解"基本问题或基础性问题"有所帮助与启发。

举例来说，托尔斯泰是一位伟大作家，他的三大巨著无疑是经典。但是对没有一定相关知识储备的读者来说，推荐这三大巨著就显得缺乏诚意。《一页》的做法是推荐托尔斯泰的中短篇小说集，把一般读者带到托尔斯泰那里，有兴趣了，再去看他的那些巨著。同时，选择资深人士撰写的有一定深度的经典阅读札记，配合《一页》的有关推荐，进一步引导和启发对此有兴趣的读者。

再以老舍为例，他最有名的作品是拍摄成电视剧的《四世同堂》《骆驼祥子》，以及搬上舞台的话剧《茶馆》。经过分析认为，前两部作品的阅读体量较大，而剧本对读者阅读也有一定的障碍，现代文学史大多推荐的是他的中篇《月牙儿》。《一页》选择推荐了他的一部短篇小说《断魂枪》。这是一部被忽略的经典短篇。深读这个短篇，是进入老舍内心世界一个独特的入口。在叙事语言方面，也是深度品味他的"京味儿"的典型作品。

其他，如在有关环境保护方面，《一页》推荐了美国海洋生物学家、现代环境保护运动的先驱蕾切尔－卡森的《寂静的春天》；在有关两次世界大战历史著作方面，《一页》推荐了世界著名军事理论家、与克劳塞茨齐名的现代战略大师李德·哈特的《第一次世界大战战史》；有关第二次世界大战和中国远征军历史方面，《一页》推荐的是普利策获奖作品《史迪威与美国在中国的经验》一书，虽然这本书的体量较大，但是综合评估下来，还是推荐此书，一是考虑了全书阅读十分流畅；二是在这方面它是一流的作品，集二者于一书，仍是力推的书籍。有关中国哲学史方面，胡适的《中国哲学史大纲》肯定是值得推荐的，但是经过评估，《一页》推荐的是冯友兰在民国年间写的《中国哲学小史》，大约6万字体量，没有选他的《中国哲学简史》或《中国哲学史新编》。在《中国哲学小史》这本小书里，冯友兰似乎拿了"奥卡姆的剃刀"，三下五除二把中国哲学做了解剖，颇似庖丁解牛。对于著作等身的著名社会学家费孝通，《一页》选择推荐的是《乡土中国》，而不是他的成名作《江村经济》。后来再推荐他的《生育制度》。这两部书可以加深对中国社会的认识，当然《生育制度》也是一流的好作品。

《一页》选择推荐书目的基本原则之二：侧重选阐述"第一原理"的经典作品。例如，目前市面上关于创新的书非常之多，特别是此类话题的书大都是畅销书和被各种管理课程推荐阅读的书籍，但是如果追溯"创新"理论的鼻祖，应该回到熊彼特那里。因此，《一页》向读者推荐了熊彼特的《经济发展理论》。在这部书中，作者以"创造性破坏"的理论阐释了经济增长的真正根源——创新。换句话说，我们注重带有某种普遍意义上的"智慧"传播，排斥（或者说不做）那种属于技能知识的推荐。在新经济史学方面，《一页》推荐的是这个方面的开山之作——《西方世界的兴起》（诺斯著）。在藏书票方面，《一页》推介的是《藏书票的故事》。这部书的内容来自大英博物馆的收藏，可以说是一般读者进入藏书票世界的指南。

《一页》选择推荐书目的基本原则之三：注重选择能扩大眼界与培养独立思考能力的书籍。例如，诺贝尔文学奖获得者奈保尔，《一页》没有选择推介他的小说，而是选择了他的纪实性随笔作品，如《信仰的国度》。

《信仰的国度》写了作者在7个月的时间内在四个伊斯兰国家旅行的见闻与感受。《非洲假面剧》记录了作者2009年至2010年间在非洲乌干达等国家的游历见闻。作者从非洲的中心乌干达出发，先后经过加纳、尼日利亚、象牙海岸、加蓬，以及非洲最南端的南非。作者以一个旁观记录者的身份，将位高权重的国王、普通的贩夫走卒、外来宗教的皈依者、古老非洲信仰的追随者的百样形态——记于笔下。上述国家与地区对大部分读者而言都是难以到达的，即使有以旅游者身份去过，也是听从旅行社的安排走马观花，甚至连一点皮毛都触及不到。推荐此书，不是满足读者的好奇心，而是透过一位诺贝尔文学奖作家之眼，较为深入地去看、去了解和我们经验之外迥异的社会与文化，逐步培养出对不同文明社会的观察和理解能力，进而增进自己的包容能力。关于日本，《一页》推荐的是著名人类学家麦克法兰的《日本镜中行》，作者以英格兰的历史文化为镜，写他对日本的认识，颇有启发意义。《一页》推荐的两本漫画书《这里》与《方向》，绝不是为烧脑而推，这两部书对启发读者的自主思考非常有益，后一本除有书名《方向》二字之外，内文就是一本无字书，没有自主思考就无法推进阅读。推荐类似这样的书，表明《一页》的推荐在上述原则之上，是不受体裁限制的。并且，《一页》的推荐会坚持原则，不会受国内各大平台的相关评分与社会潮流影响。

《一页》选书其他方面需要考虑的因素还有以下几点：

(1) 会考察出版社的知名度，会认真选择和比较译本

例如，《小王子》有多达 10 个版本，《一页》选择推荐了两个版本：上海译文出版社周克希的译本与北京十月文艺出版社郭洪安的译本。

(2) 会考虑普通读者的进入门槛问题

文字体量一般控制在 20 万字以内，但是也不绝对受此限制。同时用延伸阅读的方式推荐相关重要著作，会考虑进阶类作品推荐。例如，有关音乐类作品的推荐，先从作家余华的一部听乐随笔《音乐影响了我的写作》开始，后来推荐杨照的《想乐：聆听音符背后的美丽心灵》与《经典唱片》，在此基础上，推出《歌剧的误会》与《为什么是马勒？》这类有一定阅读门槛的作品。这是逐步走进经典音乐的路径之一。

(3) 会主动挖掘被忽视的经典之作

类似过往推荐的《中国政治二千年》《中国哲学小史》《断魂枪》《汉娜的手提箱》《继承与叛逆》等。

9.4.3.3 精品阅读推广出版物机制

9.4.3.3.1 《一页》的形式和推出机制

《一页》是"一间书房"经典阅读分享与推广的主要载体与推手，同时推出线上电子版与线下纸质版。纸质版《一页》为 32 开大小，单页双面印刷，一

面类似一个封面，是推荐人按照自己的理解或者说想向读者传达的某个观点的画面，同时配有 100 字左右的推荐文字，以及推荐书目的基本信息。另一面是一篇 1000 字左右的推荐文。《一页》每 10 天推出一期，每年共推出 36 期。截至 2019 年年底，总共推出了 168 期，其中主推作品 172 部、作家 160 位，这些作家涵盖了亚洲、欧洲、美洲与非洲四大洲范围。延伸阅读推荐作品 200 多部，涉及 120 位相关作者。内容包括世界文学经典、社会科学经典、历史与哲学经典、艺术经典、美育与音乐、科普与管理经典等，涵盖了哲学，社会科学，自然科学，综合性图书四大部类 12 个基本大类。

"透过看似很单薄的《一页》，我们可以重返'昨日欧洲'（《昨日的世界：一个欧洲人的回忆》），了解你不曾了解的历史（《镜子：照出你看不见的世界史》）；还可以涉猎未来学的研究（《21 世纪词典》）；或跟随台湾建筑设计系的教授编织对异乡的向往，在旅行的同时修正内心世界（《旅行的速度》）。"这是深圳市福田区公共图书馆理事会理事长程亚男在一篇专文中对《一页》的描述。她说，《一页》又像公共图书馆写给读者的一纸便笺。对大多数读者而言，这些似曾相识，又不曾相知的作者、故事和事件，总是在不经意间提醒着："不要太热衷于卷入外部世界。慢慢阅读吧。"

"一间书房"领读人郝纪柳认为，阅读经典著作在实际生活中就表现为一种经典阅读行为。实际上这对应了施特劳斯有关阅读经典的一段表述：一般读者几乎没有机会遇到伟大的作家，他们就像是非常特殊的老师，通过对经典作品的推荐，让更多的读者在"阅读伟大心灵留下的伟大著作"中与这些特殊的老师相遇。"一间书房"所做的经典阅读推介，就是要提供与特殊老师相遇的机会，力图可以协助提高读者的思考力、判断力和尽可能开阔的眼界。通过阅读这些书目，不仅可以分享到人类文明发展过程中那些体现人类价值和美好事物带来的愉悦，也可以逐渐培养读者对多元文化的包容、对话、欣赏能力，为培养读者的想象力和独立判断能力输送养分。

有读者提出疑问：伟大的作品是否需要推荐？实际上这是对有关经典作品与当代生活之间的关系、经典作品与现代读者之间的关系这两个大问题的提问。"一间书房"提出"做有诚意的阅读与分享"，就是要把基于领读人的真实体验与读者建立起一种有机的联系。不是哗众取宠，不是盲目追捧，而是基于领读人的个人体验与读者交流。强调交流与对话，而不是灌输与指教。通过搭建经典作品与读者之间的桥梁，领读人在推介过程中，注意通过多种方式建立起读者对经典作品的兴趣与反应。为此，"一间书房"会配套做各种活动，包括多种形式的读书会、换书会、读者征文等活动，并推出了一些文创作品与外界交流互动。

9.4.3.3.2 《一册》的形式和推出机制

《一册》是"一间书房"深度阅读交流的载体，包括特邀作者的阅读分享文章、读书札记。目前得到了国内著名影评人王樽，著名散文家、出版家李松璋，著名作家五味子，青年作家欧阳德彬及青年书评人魏小河等知名人士的支持。

《一册》同时是承载"一间书房"辅导或参与的读书会的交流内容主要载体。《一册》的装帧设计简洁、高雅，适宜阅读，不仅是经典阅读文章的精彩汇集，也是公共图书馆对外交流的一个重要载体。2016 年，《一册》获得中国图书馆学会阅读推广委员会颁发的"阅读刊物的阅读推广实例"三等奖。

《一册》以半年为周期出刊，内容主要由"半载"与"共读"两大部分组成，其中"半载"部分是以月度为单位，主要内容包括推荐"一位作家"、介绍"一家公共图书馆"、推出"一词双解"、对《一页》介绍的三本书做文摘、安排读书札记、深度解读有关作品。截至 2019 年，共计出刊 9 期，推荐了 44 位作家、44 座世界著名公共图书馆、90 个名词解释、50 篇读书札记。这前半部分被称为是"房间里的风景"。

"共读"部分每期安排一组对某一部作品或作家的解读文章，包括邀请参与共读者撰写的读书随笔、读书分享会纪要、若干知名作家对某一作家作品的阅读笔记的文摘等。截至 2019 年，安排共读作品近百部，主要包括《乡土中国》《查令十字街 84 号》《蒙田随笔集》《名利场》《德伯家的苔丝》《双城记》以及海明威与康拉德的作品。《一册》的后半部分被称是"阅读的风景"。

关于《一册》，深圳市福田区公共图书馆理事会理事长程亚男在上述同一篇专文里写道：安妮·弗朗索瓦有言："书有两个生命，它们讲述自己的故事，也是见证了我的生活。"《一册》正在尝试实现两个生命的融合。

9.4.3.4 精品阅读推广的延伸

9.4.3.4.1 形式的延伸

《一页》强调推广延展层面的工作。在设计中《一页》实现了提示和预留装订线，让用户自我装订构建了便利性；"一间书房"也推出了形式不同的合订本。《一页》在2019年的时期，使用周历的模式，将封面当作素材，制作和设计了"一页"的台历。在展览层面中，在图书馆设计了关于《一页》的封面海报展览，时间累计1个月。2019年7月4日，在福田区图书馆一楼大厅举办了主题为"赋能未来"的书展，书展从《一页》推介的书目中选取12本书，做成四个板块。第一个板块叫"关键词"，读者选择自己感兴趣的关键词卡片，如"理智""情感""爱情"等，获取相关的书目推荐。第二个板块叫"节选"，在这个区域读者可以读到12本书的精选片段，形成对这些书籍的初步印象，激发兴趣。第三个板块叫"核心"，这是书展的重要核心，12本纸质书集中展示在书架上，读者可以直接取阅，也可以通过扫描书旁的二维码听书。第四个板块叫"互动"，读者可以用笔写下留言，或分享自己对书籍的读后感悟或对书展的一点心得，也有读者写下了自己的生活体悟。许多参观者对在卡片上手写留言充满兴趣，甚至拍照留念。

9.4.3.4.2　内容的延伸

"一间书房"倡导对作品的精读与深读——一种对文字与书籍的敬畏。"一间书房"不定期举办"阅读与观影"沙龙，主要是对根据文学名著改编的电影作品进行赏析与交流，力图通过电影媒介，带领读者进入文学名著的深邃世界，经由这个过程再回到对文学作品文本的解读。

从俄国大作家列夫·托尔斯泰的经典名作《战争与和平》《安娜·卡列尼娜》《复活》改编而成的电影开始，推出了俄罗斯经典文学作品改编系列；在纪念法国著名作家雨果210诞辰周年暨《悲惨世界》出版150周年之际发行的新版电影《悲惨世界》开始，推出了法国近代经典文学作品改编系列；从改编自同名科幻小说《2001太空漫游》入手，推出了科幻优秀作品系列。部分优秀文章分别在《一册》与公共图书馆的微信公众号上刊发，同时配合电影欣赏，在《一页》上推出了《伟大的电影》《人间烟火》等电影评论作品的推介文章。从阅读到观影，再从银幕回到阅读，文字与影像在"一间书房"交织，让读者产生无尽的想象。

9.4.3.4.3　读书会

"一间书房"特别高度关注培育和孵化，且提供了阅读指导和空间层面的支持和帮助。近段时间，培育以及孵化了涵盖智者沙龙、"静阅思读书会"等五个读书会，在我国"智者沙龙"是最早的一批以"知识管理"为核心的读书会，在行业中其有较大的影响力。"一间书房"也纳入了"深圳不止读书会""奥斯汀读书会"实施分享阅读活动的实施。运用如上活动的实施，对群众和用户构建了深度阅读的概率和可能，对比传统类型的读书活动和推广阅读活动，"一间书房"引导在开放阅读、泛阅读基础上，实施深层的经典阅读和分类阅读，运用设计小而精的书房，呈现出阅读的深度以及精度，使用书房的模式，对用户构建个性化阅读交流的机遇和场地。在2019年后，除却如上应用的小型专题读书会的模式外，在福田区图书馆中还可以一个月举办1次大规模的读书会，诚邀行业知名成员或名师担当分享嘉宾。例如，诚邀了著名书法家沈默、剪纸艺术家何曼君、著名音乐评论人王俊、资深电视媒体人段建仁、知名青年插画师谭绷绷等到现场与读者分享交流。读书会受到市民读者的欢迎，现场互动热烈、生动。

9.4.3.4.4　活动的延伸

"一间书房"作为福田区图书馆的一个名片，在深圳各种阅读推广活动中出现，一方面，为社会与市民读者提供服务；另一方面，通过交流互动，在宣传和传播"一间书房"品牌的过程中，了解读者的需求与想法，为提高"一间书房"的服务质量做调研，在具体的活动中让读者对"一间书房"有亲身体验，形成线下良好互动。

2015年10月31日，在福田区第十六届"深圳读书月"启动仪式上，"一间书房"领读人郝纪柳做了标题为"阅读是一场没有终点的马拉松"的演讲。

2016年10月29日，在福田区"阅者善行"联动暨福田区第十七届"深圳读书月"启动仪式上，"一间书房"领读人作为嘉宾参与启动仪式。

2017年10月28日，福田区第十八届"深圳读书月"活动启动当天，福田区图书馆在中心书城举行了"阅分享·越有趣"主题分享会。"一间书房"领读人郝纪柳先生分享了标题为"一页·读书"的阅读心得，并与现场市民热情互动。

2018年11月3日，在深圳图书馆水幕广场举办的第二届"阅在深秋"公共读书活动上，福田区公共图书馆阅读区搭建了"一间书房"，以独特的书房外观展示了多个品牌活动，包括欣赏书艺装置等，同时展示了自主研发的"选书帮"自助借阅机，这是国内第一台真正实现了市民读者即选即借、全市通还的自助机器。读者只需通过手机简单操作，便可自行将全新图书借阅到手。

2018年11月11日，福田区图书馆在深圳华强广场举行了第五届广场换书大会。广场换书大会是福田区图书馆的品牌活动之一，从 2014 年开始，通过四年的持续运作，换书大会在深圳市民中已经拥有广泛的知名度和影响力。在第五届广场换书大会上，"一间书房"在显著位置设置展位，且设有 10 个主题摊位。

2019 年 11 月 23 日，作为深圳读书月系列活动之一，第六届广场换书大会暨阅读生活节在福田区华强北华强广场启动，"一间书房"推出《一页》书单赠书活动，这次采用的是通过谜面封面或插图文摘猜谜出书名的方式获得赠书，同时邀请"一间书房"征文入围者到现场参与互动，赠送作家签名本和"一间书房"的原创手袋与书笺。

9.4.3.5 初心与发展

在"一间书房"微信公众号上，"一间书房"的简介是这样表述的：一间书房，立足于当代，但着眼于社会的发展与未来，放宽知识的眼界，做有诚意的阅读推荐与分享，以涓涓溪流奔赴大江大海的信念，以润物无声的心境，生根落地。

"一间书房"自创立以来，在实践过程中，既扎实推进，又持续探索与调整。例如，《一页》的设计最初是黑白版式结构，在出刊以后，做了调整，变成四色全彩印刷，封面增加了部分文字，让读者可以第一时间看到最重要的基本信息与内容，在推荐文字之后增加了"信手而写"一栏，主要是提供延伸阅读书目内容，增大了本页内容承载量。进入 2019 年，每月 3 期的《一页》出刊周期未变，但是将两期合并装订成册，内附十几张白纸，变成了有一定实用功能的小型记事本，另一期仍然按照原来的版式出刊。这一改变受到读者的欢迎，记事本形式的《一页》常常供不应求。同时，也对《一册》进行了调整，首先是在开本上，从原期刊大小向书籍的开本调整，栏目结构上则向书籍方向调整，且保留了原来读者反映喜欢的内容，如推荐一位作家，介绍一家图书馆和读书札记等，新增了对城市和影像的部分，包括作家与城市、城市记忆、老照片解读等内容。新刊出炉，受到读者的好评，一些公共图书馆也发函要求增加邮寄数量。在读书会方面，同样做出了微调，一方面在选题上，不断探索与当代社会的结合度上如何保有一定的距离，同时兼顾到读者的参与互动能够比较充分；另一方面，在形式和规模上向"适度与可持续"方向积极探讨，稳步推进各项活动的开展。

"一间书房"运行 5 年多时间，在书目推荐方面有了一定积累，未来会继续探索，逐步建设出一个初具规模的"一间书房"推荐书目。深圳市福田区公共图书馆理事会理事长程亚男说，"一间书房"是一间看得见风景的房间。书架上"每一本书，都是一道风景，或大气磅礴，或小桥流水；或崇山峻岭，或风花雪月；或历史，或未来；或访谈，或影像……道生一，一生二，二生三，三生万物。""一间书房"《一页》《一册》，恰好体现了中华文化的某些精髓和真谛！让他们汇集于此，探讨，交流，分享他们的阅读心得。"一间书房"不仅寄托了福田区图书馆阅读推广的理想与诗情，也寄托了一个"书香社会"的理想与诗情。

参考文献

[1] 王世伟 . 主题图书馆述略 [J]. 山东图书馆季刊，2019(04)：36-38.

[2] 李玮 . 墨子思想对提升数字时代图书馆服务效能的启示 [J]. 图书情报工作 ,2019,55(S1)：41-43.

[3] 李佳 . 基于知识发现的图书馆个性化知识服务研究 [J]. 图书与情报，2019(05)：100-102.

[4] 蒋勋，徐绪堪 . 面向知识服务的知识库逻辑结构模型 [J]. 图书与情报，2019(06)：23-31.

[5] 徐绪堪，房道伟，蒋勋，苏新宁 . 知识组织中知识粒度化表示和规范化研究 [J]. 图书情报知识，2014(6)：106.

[6] 蔡生福 . 对县级图书馆公共文化服务效能的启示与思考——以宁夏贺兰县图书馆为例 [J]. 图书馆理论与实践 ,2020(11)：71-73.

[7] 陈卫东，李红霞 . 广东"基层文化馆站服务效能提升计划"实践探析 [J]. 图书馆论坛，2014,34(12)：85-88.

[8] 邱冠华 . 公共图书馆提升服务效能的途径 [J]. 中国图书馆报，2015,(4)：14-24.

[9] 刘婕 . 浅谈公共图书馆读者服务工作效能的提高 [J]. 图书情报导刊，2019,1(04)：38-39.

[10] 庄严，李国良，冯建华 . 知识库实体对齐技术综述 [J]. 计算机研究与发展，2020,01：168.

[11] 韩冰，李晓秋 . 内蒙古图书馆"彩云服务"探究 [j]. 图书馆论坛，2020(03)：65-69.

[12] 董玮，詹庆东 . 图书馆知识服务模式辨析 [J]. 图书馆学研究，2021(03)：72-79.

[13]刘峤，李杨，段宏，等．知识图谱构建技术综述[J]．计算机研究与发展，2021(03)：588．

[14]高玉清．浅谈基层公共图书馆的社会服务效能[J]．柴达木开发研究，2021(02)：41-43．

[15]熊军，李英，等．主题图书馆发展趋势[J]．四川图书馆学报，2017(6):33．

[16]姚丹茵．公共图书馆服务效能提升现状及完善对策探析[J]．信息记录材料，2017,18(04)：173-174．

[17]高艳红，李爱萍，段利国．面向实体链接的多特征图模型实体消歧方法[J]．计算机应用研究，2017,34(10):2909．

[18]孙丽．少儿图书馆服务效能提升管见[J]．图书馆学刊，2017,39(06):89-91．

[19]庞亮，兰艳艳，徐君，等．深度文本匹配综述[J]．计算机学报，2017,40(4):985-1000．

[20]宋微，李亚平．基于公共图书馆服务效能调查的分析思考——以重庆图书馆为例[J]．图书馆研究，2017,47(04):22-27．

[21]庞莉．智库型图书馆知识服务的需求分析及优化策略[J]．图书与情报，2018(04)：105-110．

[22]潘杏仙，许良，贾媛媛．基于数据思维的图书馆精准知识服务探讨[J]．情报资料工作，2018(05)：68-71．

[23]张磊，贺晨芝，赵亮．面向数据与知识服务的第三代图书馆服务平台[J]．国家图书馆学刊，2018(06)：40-74．

[24]DL4NLP.基于Attention机制的Bi-LSTM关系抽取（分类）读书报告[EB/OL].[2018-07-05]．

[25]胡敏．"馆店合作"视域下图书馆精准服务模式探析[J]．河南图书馆学刊，2018(09)：69-71．

[26]柳益君，李仁璞，罗烨，等．人工智能＋图书馆知识服务的实现路径和创新模式[J]．图书馆学研究，2018(10)：61-65．

[27]深圳"图书馆之城"2017年度事业报告[R]．深圳：深圳图书情报学会，

深圳图书馆，2018.

[28] 柯平，邹金汇．后知识服务时代的图书馆转型 [J]．中国图书馆学报，2019(1):4-17.

[29] 薇拉 vera，知识图谱系列基础知识简介 [EB/OL],[2019—10—16],http://polaris-lab.com/index.php/archives/474.

[30] 自信哥．自然语言处理 (NLP) 基础理解 [EB/OL],[2019—10—16],https://blog.csdn.net/yzhou86/article/details/78932398.

[31] 深圳"图书馆之城"2018 年度事业报告 [R].深圳：深圳图书情报学会，深圳图书馆，2019.

[32] 尹昌龙．深圳全民阅读发展报告 [M].深圳：海天出版社，2020.

[33] 李铭．探究高校图书馆文献传递服务模式 [J]．兰台世界，2014(32).

[34] 朱慧明，陈能华，杨思洛．信息资源共享的竞争与可持续发展 [J].图书馆学研究，2006(11).

[35] 柳贝贝，李润斌，张志勇．智慧图书馆背景下高校图书馆人才共享机制研究 [J].图书情报导刊，2021,6(02).

[36] 陆康，杜京容，刘慧，任贝贝．我国智慧图书馆制度变革研究 [J].国家图书馆学刊，2020,29(06).

[37] 刘兹恒．图书馆未来发展的十大趋势 [N].中国出版传媒商报，2016-04-08(013).严栋．基于物联网的智慧图书馆 [J].图书馆学刊，2010(07).

[38] 王世伟．未来图书馆的新模式——智慧图书馆 [J].图书馆建设，2011(12).

[39] 徐向东，王方园．公共图书馆智慧服务体系建设研究 [J].图书馆学刊，2021,43(01).

[40] 鲁晓明．轻量级的 O2O 社区智慧图书馆体系研究 [J].图书馆理论与实践，2016(03).

[41] 梁一丹．扬州市高校图书馆智慧服务的问题与对策研究 [D].扬州大学，2018.

[42] 张新鹤．我国图书馆信息资源共享机制的体系构建研究 [D].武汉大学，2010.

[43] 司姣姣．图书馆与用户网络互动机制研究 [D]．福建师范大学 ,2009．

[44] 卢小宾，宋姬芳，蒋玲，洪先锋，刘静，张蒿．智慧图书馆建设标准探析 [J]．中国图书馆学报 ,2021,47(01)．

[45] 刘艳．云计算环境下图书馆的服务模式与运行机制研究 [D]．黑龙江大学 ,2012．

[46] 高建博．中国政法院校图书馆信息资源共享机制建构研究 [D]．华东政法大学 ,2014．

[47] 李琼．中外智慧图书馆的发展比较研究 [D]．山西大学 ,2018．

[48] 陈力．数字时代的馆际互借与文献传递 [J]．国家图书馆学刊 ,2008(3)．

[49] 刘洁璇．"互联网 +"文献传递服务升级问题研究 [J]．图书情报工作 ,2016,60(10)．

[50] 郭春玲，林晓晨．跨界合作促进公共图书馆创新发展 [J]．公共图书馆 ,2020(3)．

[51] 方家忠．美国洛杉矶郡公共图书馆的组织、管理和服务 [J]．图书馆杂志 ,2010,29(08)．

[52] 周萍．我国公共图书馆总分馆建设模式研究 [D]．南京大学 ,2015．

[53] 杜桂华．苏州模式对公共图书馆总分馆建设的启示 [J]．图书馆学刊 ,2019,41(03)．

[54] 叶梓．标准化、特色化、长效化的"嘉兴模式"[N]．新华书目报 ,2017-03-31(005)．

[55] 马俊．基于公共图书馆总分馆的技术服务难点与对策——以上海市中心图书馆为例 [J]．图书馆杂志 ,2020,39(07)．

[56] 张军营．新加坡和香港公共图书馆考察的思考 [J]．新世纪图书馆 ,2004(05)．

[57] 王永丹．德国公共图书馆服务初探 [J]．图书馆理论与实践 ,2016(02)．

[58] 刘兰，黄国彬．国外公共图书馆总分馆制典型案例分析及其启示——以洛杉矶公共图书馆总分馆制为例 [J]．图书馆建设 ,2010(08)．

[59] 段宇锋，王灿昊．内蒙古图书馆"彩云服务"的创新之路 [J]．图书馆杂志 ,2018,37(04)．

[60] 李娜 ."互联网＋"环境下高校图书馆智慧化服务模式探究 [J]. 才智 ,2020(15).

[61] 刘洁璇 ."互联网＋"文献传递服务升级问题研究 [J]. 图书情报工作 ,2016,60(10).

[62] 谢蓉，刘炜 .SoLoMo 与智慧图书馆 [J]. 大学图书馆学报 ,2012(3).

[63] 郭山 .5G 智慧时代公共图书馆参考咨询服务 [J]. 办公室业务 ,2020(09).

[64] 徐涛涛 . 人 工 智 能 环 境 下 智 慧 图 书 馆 的 建 设 探 究 [J]. 出 版 广角 ,2020(08).

[65] 蒋轶平 .5G 技术环境下公共图书馆智慧服务发展路径研究 [J]. 图书馆学刊 ,2020,42(04).

[66] 王辉 .5G 时代我国图书馆智慧服务发展研究 [J]. 图书馆工作与研究 ,2020(05).

[67] 叶焕辉 . 我国省级公共图书馆智慧服务研究及发展建议 [J]. 内蒙古科技与经济 ,2020(09).

[68] 程柳音 . 图书馆 APP 智慧服务的实践探索与思考 [J]. 新闻研究导刊 ,2020,11(08).

[69] 廖嘉琦 . 图书馆智慧服务核心要素理论框架构建 [J]. 图书馆 ,2020(04).

[70] 马舒 . 智慧图书馆服务实现路径分析 [J]. 中外企业家 ,2020(12).

[71] 胡博越，王炳儒 . 基于超高频 RFID 智慧图书馆视角下智能机器人建设研究 [J]. 世纪桥 ,2019(09).

[72] 杨宪苓，李晓妍，许邦莲 . 图书馆智慧服务创新 [J]. 内蒙古科技与经济 ,2020(06).

[73] 樊睿 . 浅析智慧图书馆及其服务模式的构建 [J]. 才智 ,2020(09).

[74] 罗文英 . 地区性智慧图书馆服务的问题和对策探析 [J]. 黑河学刊 ,2020(02).

[75] 李玉海，金　，李佳会，李珏 . 我国智慧图书馆建设面临的五大问题 [J]. 中国图书馆学报 ,2020,46(02).

[76] 王晓慧 . 我国智慧图书馆研究现状与问题——基于 CNKI 文献计量分析 [J]. 高校图书馆工作 ,2020,40(02).309

[77] 于萍．无人化智慧图书馆管理系统的研究与设计 [J]. 计算机产品与流通 ,2020(06).

[78] 王明辉．智慧图书馆发展困境及对策分析 [J]. 大学图书情报学刊 ,2020,38(02).

[79] 高琳．新媒体时代智慧图书馆的构建与发展形态分析 [J]. 中外企业家 ,2020(07).

[80] 李伟东，陈颖．智慧图书馆建设模式与路径研究 [J]. 办公室业务 ,2020(05).

[81] 杨红岩．从知识传播到知识服务——"阅读 +"时代公共图书馆智慧阅读服务建设路径 [J]. 出版广角 ,2020(04).

[82] 罗文英．"互联网 +"背景下智慧图书馆服务模式评价——基于惠州地区图书馆的调查研究 [J]. 图书馆学刊 ,2020,42(02).

[83] 张恺．公共图书馆智慧服务新模式实践研究 [J]. 内蒙古科技与经济 ,2020(04).

[84] 范云欢．智慧环境下基于大数据挖掘的图书馆学习支持服务 [J]. 情报探索 ,2020(05).

[85] 王佳．基于"互联网 +"的智慧图书馆服务平台设计研究 [J]. 四川图书馆学报 ,2020(01).

[86] 鲍凌云．智慧时代下图书馆的阅读推广工作研究 [J]. 菏泽学院学报 ,2020,42(01).

[87] 王世伟，冯洁音．纽约公共图书馆的发展历史与服务管理特点——世界级城市图书馆研究之一 [J]. 图书馆杂志 ,2003(03).

[88] 张玲．我国智慧图书馆的研究现状和研究热点 [J]. 贵阳学院学报（社会科学版）,2020,15(01).

[89] 谢洪卫．新媒体视野下智慧图书馆建设的思考 [J]. 产业与科技论坛 ,2020,19(04).

[90] 陈文娣．推动智慧图书馆转型发展的路径 [J]. 兰台世界 ,2020(02).

[91] 马慧萍．图书馆的智能化研究——我国智慧图书馆标准体系构建探讨 [J]. 科学咨询（科技·管理）,2020(02).310

[92] 王雨，盛东方，王铮．我国智慧图书馆研究热点分析与趋势预测 [J]. 图书馆论坛 ,2020,40(06).

[93] 曾湘琼，秦顺，杨玲，季茹莹．"智慧城市"理念下中美社区图书馆服务比较研究——以芝加哥与深圳市属社区图书馆为例 [J]. 图书馆学研究 ,2019(23).

[94] 胡庆，刘晓妍．浅析智慧图书馆 APP 客户端的设计与移动图书馆的实现 [J]. 农家参谋 ,2019(23).

[95] 钱丹丹，刘洋，胡姗姗，俞凯君，许孝君．智慧图书馆知识服务构成要素及服务架构研究 [J]. 情报科学 ,2019,37(12).

[96] 郭春凤．新时代智慧图书馆建设路径研究 [J]. 图书馆学刊 ,2019,41(11).

[97] 吴闯，孙波，王春蕾，李婧．国外智慧图书馆现状研究与启示 [J]. 新世纪图书馆 ,2019(11).

[98] 孙守强．多元协同视角下智慧图书馆泛在智慧服务研究 [J]. 图书馆 ,2019(11).

[99] 余凯璇．智慧图书馆的建设实践与措施研究——以江西省图书馆为例 [J]. 科技广场 ,2019(05).

[100] 刘妍，王天泥．"双一流"背景下高校图书馆智慧化学科服务研究 [J]. 图书馆工作与研究 ,2019(10).

[101] 魏引娣．智能技术视角下智慧图书馆的功能应用 [J]. 科学技术创新 ,2019(28).

[102] 吴长乐．英国 G5 超级精英大学图书馆智慧服务经验分析 [J]. 出版广角 ,2019(16).

[103] 陈宋敏，吕希艳．智慧城市中智慧图书馆的模型与功能研究 [J]. 数字图书馆论坛 ,2019(09).

[104] 冯占英，陈锐，姚敏，王璇，苏叶，雷帅，刘天．新时代图书馆文献资源共建共享的挑战与机遇 [J]. 中华医学图书情报杂志 ,2020,29(08).

[105] 金武刚，李国新．中国公共图书馆总分馆制建设：起源、现状与未来趋势 [J]. 图书馆杂志 ,2014,33(05).

[106] 何战．新加坡图书馆事业的发展 [J]. 东南亚纵横 ,2004(12).311

[107]张行．图书馆总分馆制的特点及建设方法[D]．东北师范学院,2012.

[108]杨巧兰．德国图书馆及其"四级服务"[J]．图书馆,2009(04).

[109]陶俊,孙坦,金瑛．总分馆制下公共图书馆的服务模式研究——以美国波士顿公共图书馆系统为例[J]．图书馆建设,2010(08).

[110]Brian T. Sullivan, Academic Library Autopsy Report, 2050[EB/OL].https://www.chronicle.com/article/academic-library-autopsy-report-2050,2011-2-2.

[111]Aittola M,T Ryhanen,Ojala T. Smart Library:Location-Aware Mobile Library Service[J].International Symposium on Human Computer Interaction with Mobile Devices and Services,2003(5).

[112]Abu Umaru Isaac and Isaiah Michael Omame. APPlication of Social Media and Video Conferencing in Smart Library Services[J]. Library Philosophy and Practice, 2020.

[113]Min B W. Next-generation library information service - "smart library" [J].International·Journal of Software Engineering & Its APPlications,2012,4.